정치사상사

정치사상사

박 윤 형 지음

한국학술정보㈜

  정치학의 기초는 정치사상에 있다. 또한 정치사상에 대한 이해는 역사를 따라 추적되어야 한다. 정치적 질서, 사회, 자유의 관념은 역사 안에서 성장해 온 것이고, 따라서 고대, 중세, 근대라는 인류역사의 오랜 축적물이다. 민주주의, 자유와 평등, 권리와 의무, 정의, 공동선 등 정치철학의 중요한 개념은 인류의 역사를 따라 파악되어야 하는 것이다. 그러한 점에서 정치철학을 논하기에 앞서 정치사상사에 대한 폭넓은 이해가 전제되어야 한다. 이 책의 목적은 바로 그 점에 있다.

  지금까지 정치사상사에 대한 연구는 학계 전반의 서유럽 편향적 시각 때문이기도 하지만 서양 정치사상사에 집중되어 왔다. 동양 정치사상사에 대한 연구는 상대적으로 빈약하게 전개되어 왔던 것이다. 필자는 평소 이러한 점을 안타깝게 생각하여 오던 터에 정치사상에 대한 淺學菲才에도 불구하고 서양과 동양의 정치사상사를 개괄적으로나마 하나의 책으로 정리해 보려고 하였다.

  서양 편은 고대, 중세, 근대의 여러 사상가를 중심으로 논의를 전개하고 있으며, 현대의 경우는 마르크스주의, 사회주의, 자유주의, 보수주의, 민족주의 등 오늘날 영향력이 있다고 생각되는 이데올로기를 간략하게 정리하고 있다. 동양 편은 고대, 중세의 경우는 중국을 중심으로 논의를 전개하고 있으며, 근대의 경우는 중국과 일본 그리고 한국으로 나누어 그 사상적 추세를 개괄적으로 정리하고 있다. 시대의 구분은 전적으로 필자의 개인적 견해에 따른 것이다.

  이 책을 집필함에 있어 서양 편은 Mulford Q. Sibley의 <Political

Ideas and Ideologies: A History of Political Thought>에 의존한 바 컸으며, 동양 편에서는 중국의 경우 金谷治 외 공동저술한 <중국사상사>에 많이 의존하고 있다. 그리고 근대 일본과 한국의 경우는 원로정치학자이신 최영 선생이 집필한 <한·중·일의 근대정치사상>을 많이 참고하고 있다. 이 책은 필자가 서양과 동양의 정치사상사를 개괄적으로 이해하려고 집필한 것이기 때문에 앞으로 계속적인 수정·보완이 필요함은 물론이다. 강호 여러 학자들의 따가운 叱正을 부탁드린다.

끝으로 이 책이 나오기까지 가족들의 희생이 너무 컸다. 어머니, 아내, 그리고 두 아이들 모두에게 미안한 마음과 깊은 고마움을 느낀다. 5년 전 이 책을 집필하기 시작한 프레스센터 집필실의 선배언론인들, 어려운 학문의 여정에 따뜻한 배려를 아끼지 않으시는 강남대학교의 김종찬 선생님, 그리고 선후배 교수님들 모두에게도 감사를 드린다. 또한 어려운 출판 사정에도 불구하고 이 책의 출판을 맡아준 한국학술정보(주) 측에도 감사드린다. 이들 모두에게 큰 영광과 행운이 함께하기를 기원한다.

2008년 2월
북아현동 서재에서 박 윤 형

contents

contents

제 2편　　　동양 편

contents

제 1 편

서 양 편

제1장 고 대

제1절 소크라테스(B.C. 469 – 399)

서양의 철학자들은 늘 소크라테스를 그들의 이상적인 인물로서 취급한다. 실제로 그는 언제나 우리들의 철학적 이상으로 여겨져 왔고, 진리를 향한 탐구노력을 멈추지 않은 인물이었으며, 사실상 모든 논쟁에서 결코 져본 일이 없었다. 그리고 그는 결국 그의 이상을 위해 죽음을 선택했다. 이 모든 것은 진실임에 틀림이 없지만, 우리는 또한 그의 정치적 견해와 그가 관여하였던 정치적 상황을 이해하지 않고서는 소크라테스와 그의 철학을 이해할 수 없다. 그는 지금까지 우리가 알아 왔고, 찬양하거나 혹은 조롱해 왔던 순수하고 초연한 철학자, 공허하고 사회와 동떨어진 철학교수는 전혀 아니었다. 그는 철학적 의무감을 가진 인물이었으며, 그가 늘 말해왔듯이 "자신의 영혼을 구제하는" 것이 그의 가장 중요한 사명이었다. 그것은 마찬가지로 그의 정치적 사명감이기도 하였다. 거기에는 민주주의에 대한 그의 거부감을 포함하고 있다. 그러나 그는 그것과 동일하게 '전문가'가 아닌 사람들에 의해 통치되는 모든 형태의 정부에도 반대했던 것 같다.

플라톤에 따르면, 적어도 소크라테스는 철학자들에 의해 통치되어야만 하는 '공화국(Republic)'이라는 완전한 국가의 이상향을 마음속에 품었다. 사실상 소크라테스가 알았던 아테네는 이상향과는 동떨어져 있었다. 도시는 '30인의 참주들'에 의해 통치되어 왔고, 그들은 조직적으로 공포정치 속에서 시민들을 통치하였다. 30인의 지도자는 소크라테스의 제자 가운데 한 인물인 크리티아스(Critias)였다. 30인 체제가 무너지고 크리티아스가 살해되었을 때, 도시에 잔존했던 민주정치는 소크라테스에게 복수의 눈길을 돌렸다. 사면에 관한 법률은 과거의 정치적 범죄에 대한 기소행위를 금하고 있었지만, 지금처럼 그때에도 법을 둘러싼 다양한 해석이 존재하였다. 소크라테스는 "아테네의 신들을 믿지 않고 젊은이들을 타락시킨다"는 이유로 기소되었다. 죄목은 조작된 것이고 불합리한 것처럼 보이지만, 그것은 당시의 보다 넓은 정치적 상황을 고려치 않았을 때에만 그렇다.

소크라테스는 재판에 회부되었다. 그러나 법정은 소크라테스의 활동 시 그에게 창피를 당하거나 공격을 받았던 바로 그 시민들로 구성되었다.[1] 플라톤의 <변명(Apology)>에 다소간 솔직히 언급되어 있듯이, 소크라테스의 답변과 자기방어는 탁월하고, 자부심 넘치며, 신랄한 것이었음은 의문의 여지가 없다. 도대체 있지도 않은 죄목에 어떻게 자신을 변호할 수 있단 말인가? 소크라테스는 뻔뻔스럽게도 법정이 자신에게 연금을 내어줄 것을 요구했고, 법정은 그에게 사형을 언도함으로써 이에 답하였다. 의심의 여지없이 법정은, 정의는 아니더라도 역사에 입각하여, 그를 귀양 보내는 것이 더 나을 수도 있었을 것이다. 그러나 소크라테스는 더욱 신랄한 연설을 함으로써 자신의 운명을 마감하였고, 마침내 B.C. 399년 그는 사형에 처해졌다.

이것은 철학사에 있어 참으로 안타까운 사건이었다. 소크라테스가 "젊은이들의 정신을 타락시키고 있다"는 이유로 처형당할 때, 아테네는 그리스에서 가장 민주적인 도시국가(polis)였다. 그리고 소크라테스는 그때 이미 가장 위대한 철학자들 가운데 한 사람으로서 명성을 얻고 있었다. 그 후로 그는 높은 이상향을 수호한 외로운 사상가의 이상적인 전형으로서 추앙을 받아 왔고, 오늘날에도 그것은 마찬가지이다. 소크라테스는 '덕행(virtue)'이야말로 모든 소유물 가운데 가장 가치 있는 것이라고 가르쳤고, 진리는

---

1) 그리고 소크라테스는 당시 이미 70세의 노인이었다.

우리들 일상적 경험의 '그림자' 뒤에 놓여져 있으며, 우리가 실제로 얼마나 무지한지를 보여주는 것이 철학자의 올바른 자세라고 가르쳤다. 그는 그러한 덕행의 모범이 되기 위해 죽음을 택했고, 그가 아주 오랫동안, 그리고 훌륭히 가르쳐왔던 그 이상을 저버리지 않기 위해 죽음을 선택한 것으로 간혹 운위되어 왔다.

그것은 맞는 말일 수도 있고, 틀린 말일 수도 있다. 소크라테스는 고결한 인물로 죽었음에 틀림없지만, 그러나 오늘날 간과할 수 없는 것은 그의 정치적 관계가 당시의 상황을 규정했음에 틀림없다는 사실이다. 그리고 그는 "자신의 영혼의 안녕"이라는 그 자신의 자기이해 속에서 죽는다는 것을 스스로 고집하였다. 그는 뛰어난 인물이기도 하지만, 또한 모호한 인물이기도 하였다.

소크라테스는 그의 사상을 일목요연한 질서 속에서 나타내려 하지 않았고, 또한 그가 철학 체계와 같은 어떤 것을 가졌다는 증거는 없다. 여러 면에서 그는 구약의 예언자들과 같은 그러한 전통 속에 있었다고 할 수 있고, 그리고 그는 때때로 예수와 대비되기도 한다. 그는 박식하고 현명한 인물이면서, 또한 '소피스트(Sophist)'였다. 그는 그 자신의 덕행에 모범을 보이고, 또한 권위에 도전하면서, 아테네의 광장에서 사적, 공적으로 자신의 철학을 설파하였다. 우리가 그를 아는 것은 다른 사람들의 '보고'를 통해서 아는 것이다. 그리고 우리가 아는 것은 주로 그의 '방법론'이다. 즉 그것은 그의 '변증법(dialectic)'에 따라, 이 견해 저 견해를 평가하면서 대화를 요구하는 그의 질문식 대화이다.

그러나 우리가 알고 있듯이, 소크라테스는 기원전 5세기 아테네의 탁월한 소피스트 논객들 가운데 한 사람이었을 뿐이다. 다른 소피스트들과 마찬가지로, 그는 수사학적 기술과 논리학 부문에 있어 매우 뛰어났다. 소피스트들 대다수는 당시 그 분야에서 탁월했던 파르메니데스(Parmenides)와 제노(Zeno)로부터 많은 것을 배웠다. 소크라테스는 당연한 이치가 자체의 패러독스(paradox) 속에서 어떻게 붕괴되는가, 진부한 것을 어떻게 대립으로 몰고 가는가, 문제를 제기한 상대에게 날카로운 화살을 되돌리면서 어떻게 토론을 역전시키는가를 잘 알고 있었다. 그는 "반대의 예"를 가지고 어떠한 일반화에도 맞서기 위해 어떻게 생각해 낼 것인지 혹은 필요하다면 가능한 예를 어떻게 만들어 낼지를 잘 알고 있었다. 그리고 그는 아주 도발적인 이론을 내보이면서, 어떻게 하면 가장 어려운 질문을 던질 것인지와, 토론 상대의 가장 중심적인 인물들이 이치에 어긋나거나 틀렸다고 보일 때까지 그들을 어떻게 풍자할 것인지를 잘 알고 있었다.

그러나 소크라테스의 관점은 비록 아주 드물게 그 자신의 질문에 해답을 주기도 했지만, 다른 사람의 주장과 논점을 곧바로 붕괴시키는 것은 아니었다. 그 요점은 다른 사람들로 하여금 스스로 답을 찾도록 하는 것이었다. 소크라테스는 다른 소피스트들과는 달리, 실제로 이러한 질문에 대한 해답이 존재한다는 확신을 가졌던 것 같다.

우리가 알고 있듯이, 소피스트들은 이미 수많은 논쟁 속에서 능수능란한 수사학 기술을 나타내면서 중요한 논쟁점들을 만들어 냈다. 오늘날 그들에 대한 평가는 그들을 '사기꾼'으로 몬다든가, 그들의 논쟁을 '궤변'이라고 폄훼하고 있지만, 진실은 그들이 교훈적인 많은 가치들을 가지고 있었다는 것이다. 실제로 그들은 덕행을 가르치려고 주장하였다. 소크라테스는 여기에 동의하지 않았다. 덕행은 가르쳐질 수 없다고 그는 말했다. 그럼에도 불구하고, 그는 덕행의 중요성에 대해서는 그들과 의견을 같이했고, 단지 그들의 방법론을 문제 삼았던 것이다. 그들은 모두 함께 소크라테스 이전 철학의 추상적이고 난해한 혼돈에 건전한 해결책을 제공하였고, 특히 파르메니데스와 제노에 의해 추구된 절대적인 확신에 의문을 제기하였던 것이다. 아이러니컬하게도, '궤변가'라는 말은 그 후 소크라테스에 대비되는 것으로 나타나고 있는데, 그것은 모든 철학자들의 우상인 플라톤에 의해서 발생한 것이었고, 그것은 또한 소피스트들의 인과응보였던 것이다. 실제로 플라톤은 많은 소피스트들을 그의 대화상대로서 소크라테스의 희생양으로 삼았다. 그들은 좋은 평가를 얻지 못했고, 그것은 거의 언제나 소크라테스 한 사람의 것으로 남았다.

그러나 실상 소크라테스는 소피스트들과 맞서지 않았다. 오히려 그는 그들 자신의 수사학적 논쟁 속에서 그들과 친하게 지냈다. 그는 그들이 너무 빨리 자신들의 주장을 펼치는 것을 문제 삼았다. 그는 그들이 그의 열정적인 변증법적 테스트를 통과하지 못했을 때 스승으로서 그들의 잘못을 지적해 주었다. 소크라테스는 지식에 대해 아주 높은—아마도 불가능할 정도로 높은—수준을 제시하고 있었다. 따라서 그는 언제나 자신의 무지함을 인정했으며, 무엇보다도 다른 사람들의 무지를 밝히는 데 뛰어났다. 그는 소피스트들 가운데 가장 뛰어난 인물이었다. 그는 또한 무언가를 믿고 있었다. 그리하여 그는 운명처럼 역사 속에서 큰 대중적 평가를 받았던 것이다.

소크라테스의 제자 플라톤(B.C. 427−347)은 그의 스승이 행한 행동과 가르침을 옮겨 적었다. 플라톤은 훌륭한 제자였고, 충실한 레포터였으며, 또한 뛰어난 작가였다. 그의 후기 저작에서 플라톤은 그 자신의 견해와 사상을 더욱 많이 덧붙이기 시작했음에 틀림없다. 실제로 오늘날까지 우리가 소크라테스에 대해 알고 있는 것 가운데 얼마만큼이 소크라테스의 것이고, 얼마만큼이 실질적으로 플라톤의 것인지에 대한 생생하고 풀리지 않는 논쟁이 계속되고 있다. 그러나 많은 것이 플라톤 초기 저작의 원본을 모아놓은 것이라는 가정하에, 우리는 고대 철학사 속에서의 생생한 에피소드 가운데 하나임이 틀림없을 것이라고 상상해 볼 수 있다. 당시 철학은 아테네의 '아고라(광장)' 거리에서 행해졌고, 준비된 철학 세미나라기보다는 올림픽 경기와 같은 것이었다. 따라서 우리는 소크라테스의 정치철학과 그의 죽음을 그러한 배경 속에서 바라볼 필요가 있고, 그의 시대로부터 오늘날까지 그의 제자와 많은 사상가들이 왜 그를 '진정한 철학자'로 바라보는지를 이해하도록 해야 할 것이다.

소크라테스를 '최초의 철학자'라고 평가하는 것은 물론 단순히 시기가 앞서기 때문이 아니라, 철학사에서의 그의 위상에 따른 것이다. 실제로 그의 이전에 있었던 모든 철학자들[2]이 모두 "소크라테스 이전"으로 알려진 것은 철학에 있어 그의 독자적인 지위를 생각할 때 어쩌면 당연한 것이라고 할 수 있다. 그들은 정식 철학의 역사와 관련되는 한, 실질적인 역사 이전으로 평가되어 왔다. 그러나 소크라테스 이전 철학자들을 철학의 주류로 분류한다면, 소크라테스는 모든 면에서 자신의 철학적 업적을 평가받는 데 실패했을 수도 있다.

소크라테스식 대화는 단순한 일직선의 사고를 나타내지 않았고, 철학적 이론과는 전혀 거리가 멀었다. 단지 소크라테스의 독특한 스타일과 개성을 나타내고 있을 뿐이다. 학자들은 오늘날까지 소크라테스가 어떤 일관된 논제를 펼쳤던 것인지 혹은 그가 단순히 그를 둘러싼 대화 상대자들에게 질문만 남긴 채 그들을 물리쳤던 것인지에 대해 논쟁을 벌이고 있다. 소크라테스는 결코 그의 철학을 기술해 놓지 않았고, 대신 그것을 그와 동시대에 살았던 제자들이나 철학자들과의 생생한 대화 속에서 펼쳤던 것이다. 그는 현명하였고, 간혹 그의 논쟁 속에서는 뛰어난 직관력을 볼 수 있지만, 철학적 논제라고 할 만한 것을 지속적으로 나타내지는 않았다. 그리고 그는 그의 전임자들이 제기한 문제가 무엇이었든지 간에 그것에 아무런 관심을 갖지 않았던 것처럼 보인다.

그럼에도 불구하고, 우리는 플라톤과 제노폰(Xenophon)의 저작 속에서 그의 가르침에 관한 많은 자료들을 찾아볼 수 있다. 소크라테스는 철학적 이론의 어떤 점을 강조하였는데, 그 요체는 '덕행(virtue)'에 대한 특별한 언급이었다. 덕행은 인간에게 있어 가장 최선의 것을 나타내는데, 이 가운

---

2) 여기에는 그와 동시대인이었던 데모크리투스(Democritus)도 포함된다.

데 가장 중요한 것은 철학적 혹은 지적 덕행이다. 소크라테스의 죽음은 이러한 덕행의 감동을 반영한 것이라고 할 수 있다. 아리스토텔레스가 후에 언급했듯이, 철학의 첫째 미덕은 철학적 사고를 하려고 하는 요구인 것이다. 그러나 소크라테스는 또한 "자신의 영혼을 위해" 삶을 포기한다고 강조하였다. 여기에서 우리는 이후 2천여 년 동안 도덕주의자들의 마음을 사로잡은 그러한 철학적 금언들 가운데 하나를 발견할 수 있다.

소크라테스는 우리가 '자기 자신(the self)'의 경계를 어떻게 규정할 것인지에 대해 애매모호한 것으로 특히 유명하다. 소크라테스는 자신을 조화롭게 하는 '영감(daemon)'이라는 내부의 목소리를 가져야 한다고 주장했다. 이러한 영감은 그가 얼마나 모르며, 또한 얼마나 무지하였는지를 일깨워준다. 그러나 단지 지식만이 그의 영혼을 구할 수 있는 것이었다. 그럼에도 불구하고, '델피의 神殿(Oracle at Delphi)'은 소크라테스에 대해 세계에서 가장 현명한 자라고 적고 있다. 그러한 두 가지의 목소리를 생각해 보면, 우리가 많은 것을 알지 못한다는 엄격한 자각으로부터 지혜는 탄생된다고 결론지을 수 있다. 그런 점에서 소크라테스는 당시의 아테네 시민들, 특히 자기들이 아주 많은 것을 알고 있다고 생각하는 교육받지 않은 민주주의자들이야말로 실질적인 저능아라고 보았던 것이다. 그는 또한 그들이 이것을 알도록 해야 한다는 책임감을 가지고 있었다. 그들에게 "덕행이란 무엇인가", "지식이란 무엇인가", "정의란 무엇인가" 등의 질문을 던지면서, 그는 능숙하게 이러한 철학적 질문의 난해함과 그의 민주주의 동료들의 무지함을 내보였던 것이다.

우리가 소크라테스의 실질적인 철학에 관해 상세한 것을 알 수 없다는 것은 참으로 이상해 보일 것이다. 그 이유는 다시 말하지만 그가 주장한 것이 아주 적었다는 사실이다. 그는 인생에 가장 중요한 것은 자신의 영혼을 구하는 것이고, 훌륭한 영혼의 표상은 덕행이며, 그리고 인생의 가장 중요한 목적은 지식, 즉 지혜를 얻는 것이라고 가르쳤다. 그러나 덕행은 가르쳐지는 것이 아니라고 그는 주장했다. 실제로 그는 그 자신의 제자들에게 '다가서려는' 노력을 거의 하지 않았다. 그는 영혼의 불멸뿐 아니라 환생(reincarnation)을 믿었던 것 같다. 아마도 그는 이 부분에 관해서는 피타고라스(Pythagoras)의 영향을 받았던 것으로 추측된다. 그는 확실히 그 자신의 이상향과 이성의 힘을 믿었다. 그의 전 생애의 대화를 통해서, 소크라테스는 비록 그의 철학을 관통하는 하나의 분명한 강조점이 "덕행은 지식이다"라는 것이었음에도 불구하고, 그 자신의 무지와 그 자신의 덕행을 계속 강조하였다. 그러나 그 이상 소크라테스는 아무런 결정적인 주장을 펼치지는 않았다.

소크라테스의 영혼에 대한 개념은 결정된 것이 아니고, 열린 마음을 갖는 것으로 유명하다. 그것은 확실히 종교적인 것이 아니었고, 형이상학적 혹은 신학적 독트린을 전제로 한 것이 아니었다. 그것은 또한 영혼은 살아 있는 '생명(breath)'이라는 전통적인 견해와 같은, 어떤 자연적인 혹은 물질적인 언급을 포함하는 것도 아니다. 실제로 영혼은 불멸이라는 그의 언급조차 그가 지속적으로 추구하려고 한 것이었는지도 불분명하다. <변명(Apology)> 속에서 "(만일) 그랬으면 얼마나 좋을까"라고 단 한차례 말했을 뿐이다. 자신의 영혼을 위해 살고 죽는 것은 순전히 개인적인 성격이나 성실성과 관련된 것일 뿐, 미래의 보상에 대한 어떤 기대와는 아무런 관련이 없는 것이다. 소크라테스의 관심은 그의 전임자들을 매혹시켰던 우주론적 맥락과는 무관한 철저히 '윤리적'인 것이었다.

그리하여 여러 소크라테스의 대화 속에서 나타나는 덕행에 대한 중요한 언급과 덕행에 대한 분석은, 고작해야 덕행은 훌륭한 사람이 되고 훌륭한 삶을 누리는 데 필수적이라는 것을 계속 강조하면서 덧붙여진 예증과 반증의 비조직적인 일련의 나열에 불과한 것이다. 거기에는 덕행의 '이론'이라고 부를 수 있는 혹은 무엇이 덕행이고 무엇이 아닌지를 명확히 하는 어떠한 것도 찾아볼 수 없다. 좀더 상세히 말하자면, 소크라테스는 그의 대화 희생자들이 완전히 패배했을 때와, 어떤 계몽적 지침이 절실히 필요했을 때조차 아무런 말을 하지 않았다. 소크라테스는 그들이 스스로 그것을 찾을 것을 강조했고, 그래서 우리는 소크라테스로부터 아무것도 얻을 수 없다. 심지어 그가 확실한 언급을 한 것처럼 보일 때도, 그는 같은 대화 속에서조차 간혹 그것을 철회하거나 모순된 발언을 하거나 하였다.

예를 들면, 대화 '크리토(Crito)' 편에서 소크라테스는 그의 친구와 의도된 석방자 크리토와 더불어 열심히 논쟁을 벌였다. 그가 잘못 기소되고 부당하게 언도받았을 때, 감옥에서 나가기 위해 아테네의 법을 위반할 권리가 있는가? 그는 법이 불공정하고 그에게 적대적일 때도 시민은 실정법을 준수해야 할 절대적 의무가 있다고 주장하였다. 그러나 몇 년 전, 소크라테스가 참주들로부터 무고한 시민을 체포하라는 명령을 받았을 때, 그는 그렇게 하기를 거부하였다. 따라서 그 당시 그러한 논의는 미리 준비되어 있었던 것으로 보이지는 않는다.

역시 그래서 소크라테스는 어떤 대화나 책(예를 들면, 해태론(Laches)이나 국가론(Republic) 제1권)에서는 용기나 정의의 구분을 논박하고, 또 다른 대화나 책(예를 들면, 프로타고라스(Protagoras)나 국가론 제10권)에서는 유사한 정의를 개진하곤 하였다. 몇몇 대화편에서 소크라테스는 플라톤의 용어로 "형상(Forms)의 이론"이라고 알려진 것을 논의하고 있는 것처럼 보인다. 그러나 다른 곳에서 소크라테스는 그러한 이론에 중대한 의문을 나타냈고, 그것에 결정적인 반대를 제기하기도 하였다.

아마도 학자들이라면 대다수 독자들을 혼란케 하는 이러한 분명한 모순점을 가려내고, 해결해 낼 수 있을 것이다. 그러나 모든 대화편을 관통하는 것은 놀라운 소크라테스의 개성이라고 할 것이다. 소크라테스를 그렇게 존경스럽게 하는 것은 어떤 특정한 주장의 본질이나 설득력에 있는 것이 아니라, 인간 자체로서의 매력과 그의 철학적 방법론이다. 소크라테스는 진정으로 철학을 실천하였다. 그는 그것을 위해 살았다. 그리고 그가 이론적인 방법으로 철학을 했건 하지 않았건 간에, 그는 우리들에게 철학자는 어떠해야 하는가를 보여주었다.

그러나 우리는 철학의 미래와 관련하여, 그의 '개성'과 그의 '방법론'이라는 두 가지 매우 다른 영향을 소크라테스의 철학에서 구분해 낼 수 있다. 그는 매우 독특하고 탁월한 인물이었다. 그는 대화와 토론을 좋아했고, 의심의 여지없이 거기에서 승리하고, 상대방을 물리치면서 더욱 깊은 논의로 몰고 가고, 그들에게 한 가닥 희망을 주면서 다시 그것을 뒤집는 등의 것을 즐겼다. 소크라테스가 철학하는 것을 보면, 마치 언어의 쿵푸 도사를 보는 것 같다. 그는 그의 제자들이었던 젊은 도전자들에게조차 강한 인상을 남겼던 인고의 참을성을 지니고 있었다. 그는 또한 익살스럽고, 아주 풍자적이었으며, 매우 활달했다. 그는 솔직담백하고 격렬했으며 열정적이었다. 그는 그가 아테네의 젊은이들 사이에서 전설이 될 만한 매력을 충분히 가지고 있었다. 그리고 그는 물론 언제나 대화하였다.

그러나 소크라테스는 또한 하나의 방법론을 가지고 있었다. 이것은 또한 특히 플라톤의 후기 저작 속에서 그의 철학적 본질로서 등장한다. 여기에서 소크라테스는 그의 개성은 적게 취급되고, '순수한 철학자'로서 보다 많이 취급되고 있다. 지난날 소크라테스에 대한 많은 평가의 핵심 논점이었던 그 방법론은 '반어법(method of irony)'으로 알려져 왔다. 그 이유는 그가 그 누구보다도 잘 알고 있을 때, 잘 모른다고 강조했기 때문이다. 혹 그것은 아마도 상대를 당혹스럽게 하는 반대심문의 방법이라고 하는 편이 나을지도 모르겠다.

소크라테스는 '명확성'을 추구하면서 논의를 시작했지만, 그때마다 실질적으로 모든 기존의 정의를 부정하였다. 명확성을 추구함에 있어, 소크라테스에게는 어떻게 그 말(예를 들면 정의, 덕행, 용기와 같은 것)이 사용되는가 하는 단순한 사전적 정의를 의미하지는 않았다. 그는 정의, 덕행, 용기 등을 그 순수한 형상 안에서 그 자체의 본질을 찾으려 하였다. 그렇기 때문에 그의 방법론은 모든 부당한 정의가 내버려졌을 때, 변증법적 과정 (혹은 단순히 열정적인 대화)에서 남아 있는 것이 진리라는 점을 주장하고 있는 것이라고 할 수 있다. 결국 그러한 참된 정의는 우리에게 (정의, 덕행, 용기) 그 자체의 이상향을 제시하는 것이다. 그러므로 소크라테스는 평범한 인간의 경험 뒤에 존재하는 이상향을 믿으려 했던 것으로 보인다.

이러한 이상향이 덕행을 규정하는 것이고, 인간 영혼의 가치를 결정한다. 더욱 놀라운 것은 소크라테스가 심지어 태어날 때부터도 영혼에 의해 그것은 인식될 수 있다고 강조하고 있다는 점이다. 그러나 이러한 이상향은 결코 단순하게 '우리 안에' 존재하는 것이 아니다. 그것은 오로지 현명한 사람, 즉 철학자만이 이해할 수 있는 이상향의 세계에 속하는 것일 뿐이다. 그것이 왜 오직 철학자만이 궁극적으로 통치자로서 적당하고, 왜 무지몽매한 자들에게는 그들의 부적당함이 깨우쳐져야 하는지를 말해주는 것이다.[3]

따라서 결론지어 말하자면, 우리는 소크라테스가 추구한 일반적인 철학의 방법과 접근태도는 크게 세 부분으로 나뉜다고 평가할 수 있을 것이다. 그것은 첫째 변증법적 이론, 둘째 목적론적 언급, 그리고 마지막으로 세 번째는 형상(Forms)의 이론이라고 할 수 있다. 그리고 소크라테스가 언급한 이 '형상의 이론'은 그의 제자였던 플라톤에 의해 더욱더 체계적이고 발전된 모습으로 나타나고 있음을 알 수 있다.

---

3) Robert C. Solomon & Kathleen M. Higgins, *A Short History of Philo-sophy* (New York: Oxford University Press, 1996), pp.43 −49 참조.

제2절 플라톤(B.C. 427 – 347)

기원전 5세기의 역사학자, 비극작가, 소피스트, 그리고 희극작가들이 정치적이고 철학적인 많은 의문을 제기하고, 소크라테스가 기원전 4세기경 철학적이고 정치적인 방법론을 기초하는 동안, 최초로 정치사상의 큰 체계를 이루어낸 인물이 바로 플라톤이다. 플라톤은 그러한 전통 속에서 최초로 일관된 형이상학적 기초를 세우고, 몇 가지 다른 수준의 정치적 분석을 제시하려고 하였다.

1. 플라톤의 정치 역정

지금까지 플라톤에 대한 연구는 간혹 그의 어린 시절과 청년기의 환경 속에서 플라톤 정치철학의 진수를 파악할 수 있다는 점을 간과해 왔다. 때문에 그의 잘 알려진 아테네 민주주의에 대한 혐오는 민주주의를 반대하는 집안에서 자라난 데 따른 것이라고 단정지어져 왔다. 그러나 이러한 주장은 잘못된 것이라고 할 수 있겠는데, 그의 가족은 실제로 모든 정파들과 긴밀한 교류를 가지고 있었다.

기원전 427년에 태어난 플라톤은 펠로폰네소스 전쟁4)이 발발한 직후 아

---

4) 기원전 431 – 404년 아테네와 스파르타를 중심으로 한 그들 동맹 사이에 벌어진 전쟁을 말한다. 그리스의 패권을 둘러싼 전쟁으로, 페르시아의 원조를 받은 스파르타의 승리로 끝이 났다.

테네에 들어왔다. 페리클레스가 죽었고, 전염병이 아직 창궐하고 있었지만, 그때 아테네에서는 그들의 승리 가능성에 전적으로 낙관하고 있었다. 후대 전설에 의하면, 플라톤은 아테네의 고대 왕족 가문이고, 포세이돈 신에서 유래한다고 알려져 왔다. 모계 쪽으로는 그의 선조 가운데 한사람이 솔론의 가까운 혈족인 드로피데스(Dropides)였던 것으로 알려져 왔다. 그의 모친 페릭티오네(Perictione)는 그러나 후에 '30인의 참주' 가운데 한사람이 되는 카르미데스(Charmides)와 남매간이었다.

플라톤이 아주 어렸을 때, 그의 아버지 아리스톤(Ariston)은 죽었고, 그의 어머니는 뒤에 피릴람페스(Pyrilampes)와 재혼했다. 그래서 미래의 철학자가 자란 곳은 그의 계부 밑에서였고, 그의 유년시절에 관해 잘 알 수는 없지만, 그가 아주 일찍부터 그러한 가정환경 속에서 활발한 정치적 토론을 들었을 가능성은 충분히 있음직하다. 피릴람페스는 페리클레스의 절친한 친구였고, 온건한 민주적 지도자가 죽은 뒤 페리클레스 진영의 후원자로서 계속 활동을 하였다. 플라톤은 그의 계부를 통해 민주주의적 견해에 대한 지지라는 폭넓은 논의를 들었을 터이고, 동시에 그는 아주 일찍부터 카르미데스를 알고 있었기 때문에, 페리클레스와 클레온의 민주주의에 대한 비판이라는 견해를 반영할 수 있는 충분한 기회를 가지고 있었다고 볼 수 있다. 그의 가족의 이러한 혼합된 정치적 배경은 그가 아주 일찍부터 유난히 과두제적 정치에 대한 우호적 견해를 강조하는 데서 잘 나타나고 있다고 할 수 있다.

플라톤이 소크라테스를 처음 만났을 때를 우리가 잘 알 수는 없지만, 아마도 그가 성인이 되면서부터가 아닌가 추측된다. 이때는 많은 종교적 전환이 발생하고, 개인의 정치의식이 처음으로 싹트기 시작하는 시기이다. 플라톤의 높은 수준의 교육은 그의 계부가 제공한 훌륭한 정규교육과, 그리고 후에 있은 소크라테스와의 대화를 통해서 얻어진 것임에 틀림없다. 병 때문에 그는 소크라테스가 그의 동료들과 많은 중요한 대화를 나누었던 마지막 감옥에서의 모습에는 참석하지 못하였다. 소크라테스가 사형에 처해진 후, 플라톤은 메가라(Megara) 시로 떠났다.

B.C. 398년 그는 키레네(Cyrene), 이탈리아, 그리고 이집트 등지를 방문하는 첫 여행길에 올랐다. B.C. 388년경 그는 시라쿠제(Syracuse)의 디오니시우스 1세의 독재를 관찰할 수 있는 기회를 가졌던 시칠리 지방에 있었다. 그는 또한 독재자의 이복형제 디온(Dion)을 만났는데, 그와의 친밀한 교류는 B.C. 353년 디온의 암살이 있기까지 지속되었다. 그의 '제7서한'에 잘 묘사되고 있듯이, 플라톤은 시칠리의 화려함에 혐오감을 갖고 있었다. 이때 이미 그는 금욕주의적인 경향을 나타내고 있었다.

디오니시우스 1세의 독재를 공개적으로 비난했을 때, 그는 바로 그 왕에 의해 노예로 팔려 가는 운명을 맞았다. 그의 친구들이 몸값을 치르고 난 뒤에야 플라톤은 풀려날 수 있었고, 그는 B.C. 387년에 다시 아테네로 돌아왔다. 이후 곧 그는 서방세계에서 최초의 고등교육 기관으로 알려진 '아카데미(Academy)'를 설립하였다.

원래 플라톤은 정치적인 경륜을 쌓으려고 했으나, 그가 그것을 정식으로 시작한 바로 그때는 30인의 참주들이 권력을 장악하고 있었다. 그들의 정치적 행태는 플라톤에게 혐오감을 주었고, 그는 그들과 함께할 수 없다고 생각했다. 그는 우리에게 30인의 참주 정치는, 말하자면 황금기의 이전 정체를 구성한다고 말하고 있다. 민주주의의 복구 후 그는 다시 한번 정치권에 들어서려고 하였다. 그는 도시로 되돌아온 사람들이 많은 훌륭한 점을 갖추었다고 말하고 있다. 그러나 소크라테스의 죽음은 다시 한번 그로 하여금 그러한 그의 삶의 계획을 포기토록 만들었다. 더구나 그는 도시의 정치적 개혁을 위한 신뢰할 만한 정치적 동지들을 얻을 기회를 갖지 못하였다. 그래서 그는 "결국 예외 없이 우리 시대의 모든 나라들은 잘못 통치되고 있다는 것을 깨달아야만 하였다." 그는 아카데미의 연구가 '도대체 올바른 국가란 건설될 수 없다'는 것을 넘어선 지식을 탐구할 수 있기를 희망하였다. 이러한 여러 에피소드는 그가 민주주의에 비판적인 것과 마찬가지로 비민주주의적인 정치체제에도 비판적이었다는 사실을 강조하고 있는 것이다.

그러나 그는 계속 실천적 정치학의 날카로운 관찰자이면서 또한 학자로서 남아 있었다. 그래서 시라쿠제 정치에 대한 관심을 놓지 않았고, B.C. 388년부터 387년까지의 첫 방문 후 적어도 두 차례 이상 그 도시를 다시 방문하였다. 그래서 B.C. 367년 그의 나이 60세에 디온의 부탁으로 다시 돌아왔다. 디온은 플라톤이 디오니시우스 2세의 교육에 도움이 될 것이라고 생각했던 것이다. 몇 년 뒤인 B.C. 361년이나 360년에 그는 다시 이 도시로 돌아왔는데, 이때는 시칠리의 그리스 도시국가 연맹을 결성하기 위한 헌법 조항을 만들기 위해서였다. 그러나 역사상 모든 통치자들과 다름없이, 디오니시우스는 모든 학자들을 의심의 눈초리로 바라보았고, 플라톤을 떠나도록 협박하였다. 그러나 현실 정치에서의 이러한 마지막 좌절적 모험 후에도 플라톤은 시칠리 정세에 깊은 관심을 계속 가졌는데, 특히 디온이 디오니시우스 2세의 축출에 성공하고, 스스로 시라쿠제의 통치자임을 선언했을 때 더욱 그러하였다. 아리스토텔레스가 플라톤보다 더욱 '현실적'이라는 평가가 있어 왔지만, 사실상 플라톤이 아리스토텔레스보다 더욱 직접적으로 현실 정치에 관여하고 있었다.

한편, B.C. 387년부터 그가 죽은 B.C. 347년이라는 긴 기간동안 그의 주된 관심사는 가르치고 연구하는 데 모아졌다. 그 이전의 소크라테스처럼, 그의 지적 호기심은 일상적인 인간들의 도덕적 혹은 정치적 물음에 의해 자극받았다. 플라톤은 이러한 물음들을 인식론적이고 형이상학적인 궁극의 문제로 되돌린 후에도 언제나 다시 평범한 인간들의 문제로 되돌아왔다. 도덕적이고 정치적인 문제가 그에게 중심적인 것으로 남았고, 다른 모든 철학적인 것들은 도구적 관심사로 남아 있었다.

플라톤의 말년은 아테네 도시국가의 황혼기에 보내졌다. 그가 죽은 지

불과 10년 내에 아테네의 독립성은 발흥하는 마케도니아의 권력에 의해 파괴되고 있었다. 아카데미에서의 그의 마지막 강의는 당시의 정치적 사건들에 대한 언급으로 채워졌을 것으로 추측된다. 그 자신 구두 강연이 정식으로 쓰인 것들보다 도덕적, 정치적 가르침에 더욱 적절한 방법이 될 것으로 생각했지만, 불행히도 그의 강연은 남아 있지 않다. 그러나 그의 '대화록'은 비록 모든 정신을 찾아낼 수는 없지만, 적어도 그의 비정식적 연구의 일부는 반영하고 있다.[5]

2. 국가(Polis)[6]의 기원과 본질

플라톤은 '정의(justice)'가 개인에게 있어서나 사회에 있어서나 같은 것이라고 주장하였는데, 이러한 주장은 이후 정치사상사의 전개에 있어 아주 중요한 의미를 갖는다.[7] 아리스토텔레스 역시 아무런 문제의식 없이 그러한 견해를 계속 받아들였다. 그러나 고대 그리스 이후의 철학은 그것에 어느 정도 의문을 표시하였고, 크리스트교는 개인과 정치사회 사이의 긴장관계를 조성하려는 경향도 없지 않았다.

근대적 개념에서 볼 때, 플라톤은 '무엇이 정의이고 옳은 것인지'라는 윤리적 질문을 던짐으로써 그의 탐구를 시작하였다. 그러나 그 해답을 찾으려

---

5) Mulford Q. Sibley, *Political Ideas and Ideologies: A History of Political Thought* (New York: Harper & Row Publishers, 1970), pp.60 −62 참조.

6) 'polis'는 대체로 도시(city) 혹은 도시국가(city state)로 번역되어 오고 있지만, 여기서는 논의의 확장을 위하여 편의상 '국가'라고 하겠다.

7) 정의(justice)의 개념은 플라톤 이래로 서유럽 정치사상의 중요한 관심사였다. 예를 들면, 뒤에 살펴볼 아리스토텔레스, 아우구스티누스, 홉스를 비롯하여 근대 정치사상을 논구한 존 롤스(John Rawls)의 고전이라고 할 수 있는 <A Theory of Justice> 등이 이 문제에 크게 집착하고 있음을 알 수 있다.

함에 있어, 그는 정치 안에서 개인의 윤리적 딜레마를 찾으면서 자연적으로 그것을 정치로 향하게 하였다. 칼 포퍼(Karl Popper)와 같은 근대의 비평가들에게 있어, 이것은 플라톤이 개인의 훌륭한 삶을 국가의 정치적 목적에 종속시키는 것처럼 비치게 만들었다.[8] 그러나 이것은 플라톤의 본래 목적과 방법을 잘못 이해한 것이라고 할 수 있다. 그는 결코 본질적인 윤리적 문제라는 시각을 잃지 않았다. 국가와 개인의 정신 모두 공통된 '진리의 형상(Form of righteousness)'에 따르는 것이다. 그리고 국가가 개인에 종속되지 않는 것처럼, 개인도 국가에 종속되지 않는다. 확실히, 국가가 단순한 역사적 우연이 아닌 정치사회의 요체를 뜻하는 것처럼, 개인도 진정한 인류로서 이성적인 존재를 뜻하는 것이다.

정치사회의 본질을 탐구하기 위해서, 또한 그것을 통해 더욱 확장된 개념의 '정의'로서, 플라톤은 인간 본성의 함축된 목적에 맞추면서, 어떻게 국가가 심리적이고 목적론적으로 구성되는가를 보여주려 하였다. 몇몇 근대의 비평가들은 플라톤을 국가의 기원에 대한 역사적인 평가를 내린 것으로 잘못 해석하고 있다. 때문에 그들은 플라톤 사상의 역사적 부정확성을 비판하곤 한다. 플라톤이 역사학과 덜 친숙하지 않았다고 해서, <국가론(Republic)>에서의 그를 주로 정치제도에 대한 역사적 기술에 관심을 기울인 것으로 해석하는 것은 아주 잘못된 것이다. 그가 역사적인 기술을 하고 있다고 생각한다면, 우리는 인간이 한때 고립된 삶을 살았고, 그들이 한때 비사회적인 존재들이었다는 견해를 그의 탓으로 돌려야만 할 것이다. 그러나 이러한 해석은, 플라톤의 일반적인 인간에 대한 이론에 비추어 볼 때, 결코 타당한 것이라고 할 수 없다. 그가 모든 것을 역사적으로 생각하고 있을 때조차, 그가 前사회적(presocial)인 상태를 믿었다는 아무런 증거는 없다. 그가 인간에 대하여 말할 때, 우리는 언제나 '사회 속의 인간'인 것으로

---

8) Karl Popper, *The Open Society and Its Enemies* (New York: Harper & Row, 1963), vol.1: The Spell of Plato를 참조할 것.

가정되고 있다.

이것은 물론 사회적 관계가 발전할 수 있는 데 넓은 사상의 폭이 없다는 것을 의미하지는 않는다. 인간의 사회적 성격은 예를 들자면 상대적으로 간단한 사회적 구조나 혹은 고도의 복잡한 것이거나 간에 그 자체로 나타날 수 있다. 인간의 삶은 아주 원시적인 것 가운데 하나이거나 혹은 발전된 노동의 분업 가운데 하나일 수 있는 것이다. 국가는 인간들의 필요에 의해서 발생한다고 그는 지적하였다. 어떤 사람들은 농사꾼으로서, 또 다른 사람들은 건축가나 직공으로서 분화된다. 단순 노동자들 역시 필요하다. 그러나 인간의 본질은 상대적으로 단순한 노동의 분업으로 충족되는 것이 아니다. 그것은 기본적인 욕구가 충족되는 즉시 보다 화려한 것을 찾는다. 그래서 우리는 소파, 향수, 황금, 상아, 자수품 등을 얻는다. 아이러니컬하게, 플라톤은 (아마도 시칠리에서의 경험들을 떠올리면서) 화려한 국가는 이제 과식과 과음, 그리고 운동의 부족 등에 따른 질병을 치유하기 위해 의사라는 직업이 필요하게 된다고 보고 있다.

화려한 국가로 들어서면서, 플라톤은 전쟁의 심리적 기원을 보고 있다. 획득과 호화에 대한 욕구가 인간을 추가적인 영토를 찾는 것으로 이끄는 경향이 있다. 그리하여 그는 이웃 영토의 한 부분을 장악하려 하고, 이에 따라 물리적인 충돌이 나타난다. 부에 대한 무한정의 축적이라는 욕망이 전쟁과 모든 종류의 갈등을 발생시키는 경향이 있다. 그리고 그 동일한 원인은 국가 내부의 거의 모든 악의 근저에 있다. 그러한 악은 공중이든 개인이든 차별이 없다.

그러므로 플라톤은 인간의 본성에서, 그 다양한 측면들 가운데 하나로서 탐욕적 경향을 보고 있는 것이다. 그리고 그는 경제적인 요인들이 어떠한 정치사회든 아주 중요한 역할을 한다고 강조하고 있다. 실제 플라톤은 이것이 인간 본성의 모든 것이라면, 우리는 그것의 한 부분만을 보고 있는 것이라고 말하고 있다. 그렇지만, 경제를 기초로 하는 인간의 사회적 본질을 따라 존재하는 (희소한 상품에 대한 경쟁이라는) 분배와 갈등으로 수반되는 것은 바로 경제적인 문제인 것이다. 인간의 목적은 물질적인 상품들을 획득하려는 욕구뿐만 아니라, 다른 사람들과 어울려 지내야만 하는 필요를 포함하고 있다. 둘 모두는 뚜렷이 구분되는 인간 목적의 측면들이다. 그러므로 둘 모두는 똑같이 본질적인 것이다. 그것들은 공존하고 있고, 인간의 정신은 간혹 둘 사이에서 분열되어 있다. 경제적인 경쟁은 친선에 대한 요구를 해칠 수 있고, 친선은 희소하거나 경제적인 물품에 대한 필요를 망각시키는 경향이 있다.

그러나 친선과 경제적 욕구는 간혹 서로 전쟁에 들게 하기 때문에, 둘의 조화에 대한 요구는 똑같이 중요하다. 경제적 투쟁과 친선의 추구는 단순한 합의에 대한 욕구를 제기하지 않는다. 오히려 조화와 정의에 대한 요청이 어떤 이익의 단순한 균형을 넘어선 질서를 암시한다. 정의 혹은 진리는, 각자의 친선과 물질적인 필요와 관련하여, 양자 모두를 '선의 형상(Form of the Good)'에 따르려고 하는 인간의 궁극적 목적의 바로 그러한 측면이다. 정의는 각 개인과 그룹이 각자 자연스럽게 살아나가는 데 최적인 과업을 이루어나가는 전반적인 능력이라고 할 수 있다. 국가에 정의가 실현되면, 친선과 사회성에 대한 인간의 본질적인 요구는 이제 더 이상 그의 동일한 물질적 상품과 감각적 만족에 대한 본질적 욕구와 갈등관계에 있지 않을 것이다. 모든 분야에서 정의를 알게 되면서, 각 인간은 다른 사람과의 평화에 실질적으로 적대하는 요소들을 찾아낼 것이고, 전체적으로 그는 그의 이웃들과 조화 속에 있는 자기 자신을 찾게 될 것이다. 심리적인 평화는 공동체적 평화의 기능이고, 그 역도 성립한다. 그리고 이 모두는 정의 없이는 불가능하다.

그러나 정의의 구체적인 내용들은 국가 내부에 있는 몇 가지 종류의 정신이 자연스럽게 형성하는 기능들을 보다 정확히 살펴보아야만 발견될 수 있다. 정신의 형태와 그것들의 다양한 형태의 상호관계를 살펴보면서, 우리는 또한 그에 조응하는 여러 가지 정치적 관계를 알아볼 것이다. 여러 대안적인 국가 형태는 다양한 종류의 정신들을 반영하고, 정신들은 특정의 국가 형태를 반영하는 경향이 있다. 정신이 다른 것들과 관계하는 특별한 경로 속에서, 우리는 정의 혹은 진리를 발견해 낼 수 있을 것이다.[9]

3. 정신과 국가: 그 형태와 관계

테일러(A. E. Taylor)는 소크라테스가 이후 서양 사상의 발전에서 가장 중요한 것으로서 정신(psyche)의 개념화를 시도한 첫 번째 인물이라는 점을 강조하고 있다.[10] 소크라테스 이전 그리스에서 'psyche(정신)'에 대한 언급은 견해의 다양성과 같은 의미로 사용되었다. 예를 들면, 호머(Homer)는 그것을 일종의 영혼으로, 실제 보이는 인간은 신체로 생각하였다. 신체에서 분리된 정신은 의식을 갖지는 않지만, 그것은 인간이 죽을 때 마지막으로 발산하는 생명과 같은 것이었다. 초기 그리스의 물리학자들 가운데 몇몇 사람은 정신을 단순히 인간이 살아 있을 때는 각 개인들에게 들어가 있다가, 죽을 때 다시 공기로 돌아가는 신성한 공기로 생각하였다.

이에 비해, 신비주의(Orphism)는 정신을 신체에 들어가 살도록 운명지어진, 그러나 적절한 훈련을 통해서 스스로 몸에서 빠져나올 수 있는 실질적인 인격체로 생각하였다. 신비주의학파와 피타고라스학파들 모두 정신을 일상적으로 생각하고 행동하는 것으로 보지 않고, 오히려 꿈이나 상상 속에서 스스로 나타내는 그 무엇으로 인식하는 경향이 있었다. 호머가 생각한 정신과는 달리, 그것은 실질적이고 지속적으로 개인적인 것이었지만,

---

9) Sibley, op.cit., pp.65−66.
10) A. E. Taylor, *Socrates* (New York: Doubleday Anchor, 1953), pp.133−140을 참조할 것.

매일 개인적으로 활동하고 숙고하는 것과는 거리가 멀었다.

반면 소크라테스는 이러한 호머와 신비주의학파-피타고라스학파적 전통과는 달리, 정신을 인간의 모든 감정과 철학적 삶 속의 전체적인 개성과 지성에 내재하는 것으로 보기 시작하였다. 소크라테스는 정신이 개별적이라는 피타고라스학파의 견해에 동의하였지만, 더 나아가 그는 그것이 불멸적인 것이라고 주장하였다. 그러나 신비주의학파와 피타고라스학파들의 견해를 넘어서, 인간의 특별한 과제는 다양한 의식과 금식 등을 통해 정신을 맑게 하는 것이 아니라, 이성을 통해 그것을 계발하는 것이었다. 정신의 중심 역할은 알고 이해하는 것이다. 그리고 특히 선과 악 사이의 차별을 알고 이해하며, 선이 고양되는 방식으로 행동 방향을 결정하는 것이다.

일반적으로 말해, 플라톤은 정신에 관한 소크라테스의 견해를 받아들였고, 국가에 대한 그것의 관계를 나타내는 것을 자신의 중요한 과제로 인식하였다. 그는 도시의 통치원리들이 어떻게 정신을 반영하는가를 아주 상세하게 설명하고 있다.

그는 어떠한 국가가 실행되어야만 하는가를 기본 과제로 스스로에게 자문하면서 이것을 수행하였다. 다시 말해서, 헤로도투스(Herodotus)가 관찰했던 것과 같은 헌법구조의 다양성을 넘어서는 것이 가능한가, 그리고 한 국가가 다른 국가와 유사하게 되고, 그리스 정치사회가 야만사회와 유사하게 되는 기본적 기능들을 발견하는 것이 가능한가 하는 것이었다. 그는 사람들이 그러한 공통의 기능과 목적을 실제로 구분해 낼 수 있다고 생각하였다.

제일 먼저, 모든 국가는 물질적 기초를 가지고 있음에 틀림없다. 플라톤은 물질적인 재화에 대한 필요에 큰 강조점을 두었다. 그리고 우리가 살펴본 바와 같이, 호화 국가는 경제적인 영역에서 보다 잘 살려는 인간들의 욕구의 결과로 형성된다고 보고 있다. 그러나 물질적 재화에 대한 강조에 함축된 의미는 경제적인 것을 넘어선 목적, 즉 지식에 대한 목표와 목적인 것이다. 다시 말하면, 경제적 재화는 그 자체로 목적이 되는 것은 아니고, 인간이 '선의 형상(the Form of the Good)'을 추구하는 과정에서 삶을 유지하기 위한 수단인 것이다.

두 번째로, 모든 국가는 몇 가지 유형의 방위와 질서를 필요로 한다. 경제활동 그 자체는 맹목적인 것이고, 우리가 살펴본 대로 사회를 혼란케 하고 타락시키는 경향이 있다. 다시 말하면, 비경제적인 원리와 목적에 의해 억제되거나 조절되지 않은 국가는 내부적으로 곧 분열되거나, 외부적으로 지속적인 전쟁에 들 가능성이 있는 것이다. 그러므로 자기파괴로부터 경제활동을 구원하기 위해 경제를 초월하여 관찰할 수 있는 보호자가 필요하다. 질서를 위한 '의지'가 필요할 것이고, 이것은 관리의 집단 속에서 구현될 수 있을 것이다. 플라톤은 그들을 '군인들'이라고 불렀지만, 그가 의도한 것은 단순히 좁은 의미의 군사적인 것보다 더욱 넓은 것이었음에 틀림없어 보인다. 그가 말하는 바는 또한 우리가 입법 활동, 경찰, 그리고 실제로는 전반적인 공공행정이라고 할 수 있는 것을 모두 함축하고 있다.

마지막으로, 모든 도시는 질서의 '원리'를 필요로 한다. 예를 들자면, 옳은 것과 그릇된 것을 구별하는 군인들과 행정가들, 그리고 기술자들이 얼마나 신중한가 혹은 신중치 못한가? 정책에 제공되는 기본 지침은 무엇인가? 어떻게, 누구에 의해서 미래 세대들을 위한 교육체계가 설립될 것인가? 이러한 것들이 국가의 '통치' 요소로서 고려되어야만 하는 질문들이었다.

이제 플라톤은 모든 국가의 이러한 세 가지 측면이 인간의 정신 속에도 마찬가지로 존재한다는 것을 찾아내고 있다. 모든 정신은 얼마간 물질적 재화를 추구하고, 자신의 삶을 위한 몇 가지 질서와 보호를 세우려 하며, 통치 원리와 지침을 찾으려 하는 경향을 내포하고 있다. 그리고 확실히 이러한 경향은 각각 다른 정도로 존재하고 있다. 몇몇에게는 물질적 재화와 감각적 만족에 대한 욕구가 중심이고, 다른 사람들에게는 명예, 의지의 실현, 그리고 활동적 삶에의 추구가, 그리고 또 다른 사람들에게는 지식의 추구가 중심적이다. 그러나 물질적 욕구의 인간들은 그 획득 능력으로 규정되지만, 그들 또한 어느 정도의 의지력과 지식의 수준을 반영하고 있다. 정신적인 인간들은 의지를 그들 존재의 중심으로 놓지만, 그들 또한 일정 정도의 지식 능력과 물질적 욕구를 가지고 있다. 그리고 지적 사색에 몰두하는 사람들은 주로 이상형(Form)을 이해하려는 열망을 나타내지만, 그들은 어느 정도의 물질적 재화 생산 잠재력이라든지 선을 추구하려는 의지가 없이는 존재할 수 없다.

플라톤은 어떤 직업이 이러한 세 유형의 정신에 자연스럽게 조응하는가에 대해서는 자세히 밝히고 있지는 않지만, 물질욕구의 인간들은 농민, 상인, 직공, 이발사, 갓바치, 땅장사꾼, 고리대금업자, 어부들과 어울릴 것이고, 정신적인 인간들은 말하자면 의사, 기술자, 군인, 정부관리, 경찰, 선생, 직업작가들을 말하며, 지식추구 인간은 과학자, 철학자, 학자, 예언가, 예술가, 점술가 등을 일컫고 있는 게 아닌가 해도 크게 잘못된 것은 아닐 듯싶다.

국가의 기본 역할과 정신의 유형을 연결시킴에 있어, 플라톤은 도덕적으로 바람직한 것과 마찬가지로, '이상적 유형학(ideal typology)'이라는 관점에서 말하고 있다는 것을 늘 기억해 두어야만 한다. 플라톤이 특히 시칠리와 아테네의 헌법 역사에서 보고 생각했듯이, 현실의 정치에서 그 관계는 언제나 뒤섞이고 혼합되어 있었다. 그래서 그가 본질에 있어 그 관계를 다룰 때, 그는 먼저 '선의 형상'은 순전한 국가가 될 것을 요구한다는 것을 이해하려 하였고, 둘째로는 다양한 비국가적(nonpolis) 유형은 어떤 모습이 될 것인가를 이해하려 했다. 어떠한 경우도 그는 역사상 실제로 존재한 도시를 말하고 있지는 않았다.

그리하여 그가 국가의 '이상' 혹은 '형상'을 말할 때, 그는 우리가 이성, 관찰, 그리고 변증법을 통해서 발견할 수 있는 '선의 형상'을 완성한다는 것이 본질적인, 그러한 정신과 정신, 그리고 정신들과 공동체 사이의 상호 관계를 늘 마음속에 가지고 있었다. 모든 기존의 국가들은 국가의 이상형이라는 견지에서는 다양한 정도로 진정한 국가들이라고 할 수 없다. 왜냐하면, 연필로 그려진 삼각형이 삼각형의 형상이 되듯이, 아테네와 스파르타와 테베 시는 그러한 국가의 형상이 되는 것일 뿐이기 때문이다.

이와 유사하게, 플라톤이 비국가—자연적인 국가로부터 완전히 유리된 그러한 국가—의 유형들을 살펴볼 때도 그는 역시 이상적 유형을 마음속에 가지고 있었지, 역사적인 국가를 마음속에 갖고 있지는 않았다. 그래서 그가 민주주의를 탐구하고, 자연적인 혹은 진정한 국가라는 견지에서 그것을 비판해 나갈 때, 그가 소위 말하는 아테네의 민주주의를 생각하고 있었던 것은 아니다. 아테네의 민주주의가 그에게 제시될 때, 비민주적인 요소들과는 다른 어떤 경향들이 이상적 유형의 민주주의를 가져올 수 있다는 것은 사실이다. 그러나 이상적 유형은 역사적인 구성물들과 등치될 수는 없는 것이다. 왜냐하면, 그것들은 언제나 '선의 형상'의 혼합물이고, 선의 형상으로부터 어느 정도 벗어나 있기 때문이다.

이러한 점에서 심각한 문제점이 플라톤의 분석으로부터 발생하고 있다. '선의 형상'으로부터 완전히 분리된 패턴들이 그 자체로 현실의 한 부분인가, 아니면 단순히 최선에서 떨어져나간 부정적인 것인가? 암암리에 이것은 오래된 악의 문제를 불러일으키고 있다. 만일 플라톤이 비형상들(nonforms)이 형상(Form)과 독립해 존재한다고 말하고 있다면, 그는 '일원론적 세계(universe)'를 부정하고 '이원론적 세계(duoverse)'를 주장하는 것이 된다. 신학적 용어로 말하자면, 그는 세계를 창조이전의 선과 창조이전의 악으로 나누어진 것으로 보는 조로아스터교(Zoro—astrianism)적 유형을 받아들이는 것이 된다. 다른 한편, 만일 플라톤이 부정적 패턴들을 단순한 선으로부터의 부정적 이탈을 말하고 있다면, 그는 탈선을 고려하고 있음에 틀림없다. 왜 악은 선으로 지배되는 일원론적 세계에 존재하는가?

전체적으로 플라톤은 그의 정치적 대화록과 티마에우스(Timaeus)와 같은 책자 속에서 이러한 질문에 명확히 답변하고 있지는 않다.

한편으로 그는 국가 혹은 폴리스의 형상은 "하늘나라에 있다"라고 적고 있다. 이것은 그가 본질적인 현실(형상의 세계)과 대비되는 실존적인 현실 속에서 정의의 형상은 언제나 단지 왜곡된 방식으로 변화와 물질의 재료에 각인되어 있음을 말하는 것이다. 그러나 이상형의 비국가들은 실존적 현실 속에서 완전하게 반영되고 있지 않은 것도 똑같은 사실이다. 그러므로 아테네나 스파르타는 한번도 국가인 적이 없고, 그러나 똑같이 완전히 비국가인 적도 없는 것이다. 그들의 실질적인 정치적 구조와 추세가 무엇이든 간에, 그들은 한번도 올바른 적이 없었다. 그들은 어느 정도는 언제나 정의를 구현해 왔다고 말하는 것 또한 똑같이 진실이다.

플라톤 정치철학의 이러한 측면을 강조하는 것은 아주 중요한데, 그 이유는 칼 포퍼와 같은 현대의 비평가들이 그가 역사적으로 존재했다고 추측되는 어떤 질서를 복구하려고 했던 것으로 생각하는 듯하기 때문이다. 그러나 이것은 플라톤 이론을 잘못 전달하고 있는 것이다. 기존 질서들이 타락하게 된 것은 그들이 모두 정의의 형상에 미치지 못하기 때문이지, 어떤 순수한 의미에서 그러한 형상을 구현했던 어떤 역사적인 질서 때문이 아니라는 것을 강조한 것은 확실하다. 플라톤은 (예를 들면 아리스토파네스가 그랬던 것처럼) 과거를 이상화하고 있지 않다. 오히려 그는 모든 역사적 질서들을 평가할 수 있는 어떤 불변의 원리들을 구별해내려 하고 있는 것이다. 그는 그리스의 물리학자들이 세계에서 관찰되는 변화의 뒤에 숨겨진 영원한 어떤 것을 파악하려고 물질의 세계에서 그랬던 것처럼, 도덕적이고 정치적인 영역에서 그렇게 하고 있는 것이다. 도덕적, 정치적 세계에서 '선의 형상'은 규범이며, 사실의 언명 ─ 도덕적이고 정치적인 삶의 즉각적인 경험 뒤에 자리하고 있는 형이상학적으로 실질적인 사실 ─ 이라고 부를 수 있는 것이다.[11]

4. 국가의 형상(Form)[12]

정의의 형상은 실존적 국가가 갖추려고 추구하는 것이며, 플라톤에 따르면 통합조정되는 것이다. 그것이 존재할 때, 지적인 인간들은 그들 정신의 탁월한 경향을 지식 혹은 지혜에 집중하며, 용기 있는 인간들은 그들의 주요 활동을 행하고 활동하며 질서를 잡는 데 집중하며, 육욕적 인간들은 그들의 주요 에너지를 얻고 쓰며 감각적 쾌락에 쏟는다. 지적인 인간들에게, 그들의 주요 에너지를 얻고 쓰고 감각적 쾌락에 바치는 것은 그들을 불행하게 만들 뿐만 아니라, 그들을 확실히 그릇된 것으로 규정하게 하는 것이다. 본질이 그들에게 가장 잘 어울린다면, 그들은 그렇게 되지 않을 것이다. 비슷하게, 육욕적이고 용기 있는 인간들이 그 형상을 이해하려고 노력해야만 한다면, 그들은 자신들이 "사태를 혼란스럽게 한다"는 것을 발견하게 될 뿐만 아니라, 진정한 자신을 위한 만족과 성취가 각각 얻고 보호하는 데 있기 때문에 그들은 좌절하고 불행해 할 것이다.

그러므로 정신의 각 유형이 가장 잘 어울리는 행동을 수행할 때, 정의는 국가에 스며들고, 또한 개인의 영혼에도 정의와 행복이 찾아들 것이다. 국가와 정신에 관련된 정의는 물질적 육체에 대한 건강과 같은 것이다. 그것이 성취되었을 때, 사람들은 알게 모르게 노력해 왔기 때문에, 그것을 인식하게 되는 것이다. 정신들의 좌절과 불행처럼 역사적인 이른바 국가들의 어려움과 동요는 정의가 아직 완성되지 않았다는 것을 단순히 나타내

---

11) Sibley, op.cit., pp.66−68.
12) 형상(Form) 개념은 플라톤의 지식론에서 중심적인 위치에 놓여진다. 한편 그는 <국가론>에서 그것과 비슷한 의미를 지닌 또 다른 중요한 개념인 '이데아(Idea)'를 말하고 있다. '이데아'를 '형상'의 또 다른 이름으로 번역하든 그것과 미묘하게 다른 것으로 이해하든 크게 상관은 없을 것이다. 플라톤의 이데아론에 대한 최근의 국내 연구물로는 박재용, 『서양정치사상연구』(서울: 세계아기선교출판국, 2001), 44−48쪽을 참조할 것.

고 있는 것이다. 그러므로 정의는 기본적으로 도구적인 것이 아니다. 오히려 그것은 모든 개인과 모든 국가 안에서 이루어지는 궁극적이고 형이상학적으로 실질적인 목적(형상)이며, 자체를 보다 분명하게 거기에 각인시키려는 노력인 것이다.

몇몇 현대의 주석자들이 반대로 주장했음에도 불구하고, 플라톤은 육욕적인 인간들이 모든 면에서 용기 있고 지적인 정신들보다 '열등한' 것으로 생각한 것은 아니었음이 분명한 것으로 보인다. 또한 그는 후자가 모든 면에서 우월한 것으로 인식하고 있지도 않다. 전 과정을 통하여 그는 세 종류의 정신들 간의 유기적인 상호의존 관계를 밝혀내는 데 관심이 있었다. 그래서 올바른 사회에서 지적인 사람들은 그들의 부족한 물질적 재화로 말미암아 육욕적인 사람들에게 완전히 의존되어 있고, 반면 육욕적인 인간들은 조화와 도덕의 원리라는 문제 때문에 지적인 인간들에게 의존하고 있는 것이다.

경제적인 문제를 날카롭게 인식하고 있었기 때문에, 플라톤은 부와 빈곤의 문제에 큰 관심을 기울이고 있다. 그는 강조하기를, 빈곤은 악함과 천함을 낳고, 과도한 부는 호사와 게으름의 씨앗이 되기 때문에, 올바른 국가는 가난하지도 부유하지도 않을 것이었다. 이것은 물론 델픽 신전(Delphic oracle)의 "과도해서는 남는 것이 없다"라는 격언을 재인용한 듯하다. 국가가 하나는 부유하고 다른 하나는 가난한 두 도시로 이루어져 있다면, 조화와 정의는 불가능하다. 그것은 시민들의 이해가 분열되고, 공통의 혹은 시민적 의식이 사라질 것이기 때문이다. 재차 재차 플라톤의 저술들은 이러한 주제를 강조하고 있는 것이다.

경제적 혹은 육욕적인 인간들은 플라톤의 세 범주 가운데 가장 많은 수의 그룹을 형성하고 있다. 그가 아주 확실히 말하지는 않았지만, 플라톤은 경제적 기능을 담당하는 사적 소유, 계약, 결혼과 가정의 제도들을 보전하려 했던 것으로 추측할 수 있다. 정의에 의하면, 육욕적인 것은 가장 널리 퍼져 있다. 경제적 획득의 추구는 일정한 한계 속에서 사회와 불가분의 관계에 있기 때문에, 플라톤은 물질적 생존을 위한 사회적 요구와 함께 물질적 재화에 대한 심리적 욕구를 조화시키고 있다. 개인적인 재산과 가정이 없이, 어떻게 육욕적인 인간들이 그들의 중심적 목적을 성취해 나갈 수 있는지 이해하기는 어렵다. 그러나 그들은 두 가지 요인에 의해 제한을 받을 것이다. 첫째, 통치자들에 의해 제공되는 전반적인 정의의 정신이, 도시가 또다시 부유한 자와 가난한 자들로 나누어지지 않도록 하기 위하여, 그룹으로서의 육욕적인 인간들뿐만 아니라 어떤 개인의 획득 정도를 제한할 것이다. 둘째, 육욕적인 그룹은 지배에 참여하지 않고 대신 지배당할 것이기 때문에, 그들의 행동은 그들 스스로는 형성할 수 없는 원리에 의해 제한당할 것이다. 그러나 아마도 '선의 형상'의 이해에 기초한 제한들이 물질적인 목적을 얻기 위한 충분한 정도의 자유에 대한 필요성을 산정하게 될 것이다.

경제적인 인간들은 얻고 쓸 수 있지만 정부에 참여하지 않을 것이고, 활동적이고 지적인 인간들은 정부에 참여하지만 얻고 쓰지는 않을 것이다. 육욕적 인간이 사고팔고 축적하는 데 필요한 자유를 위해 지불하는 대가는 정부에의 참여를 포기하는 것이다. 비육욕적인 인간이 정부에 참여하는 데 지불하는 대가는 사고팔고 축적하는 자유의 포기이다. 더욱이 통치하는 사람들은 물질적 재화의 견지에서 볼 때 실질적으로 금욕적인 수준에서 살아야만 한다. 그들은 사적인 경제적 이익이 공공의 의무를 방해할 수 있는 가능성을 감수할 수는 없는 것이다. 그들의 금욕주의는 나태와 안일, 그리고 다른 불필요한 것들을 먹고 마시는 경향으로부터 막아낼 것이다. 그들은 먹고 마시고 입는 것을 전적으로 육욕적인 인간들에게 의존하고 있고, 그들이 소유하는 물질적 재화들은 공공의 것이며, 개인적 필요에 의해 분배된다. 그러나 플라톤의 경제적 공산주의는 근대의 공산주의자들과 사회주의자들이 강조하는 풍요의 공산주의가 아니라, 훈련되고 헌신적이며 사심없는 인간들의 그룹을 북돋기 위해 고안된 공공적 빈곤의 공산주의인 것이다.

부와 개인 재산을 포기해야만 할 뿐 아니라, 활동적이고 지적인 사람들은 가족생활과 일부일처제 결혼을 경멸해야만 한다. 여기에서의 목적은 그들을 '자유연애'로 이끌기 위한 것이 아니라, 사적인 의무의 부담으로부터 벗어나게 하기 위함이다. 플라톤은 묻기를, 인간이 계속적으로 아이들의 질병과 부채 혹은 가정불화로 정신이 산란할 때, "어떻게 그가 공적인 문제에 온 시간을 바칠 수 있겠는가"라고 하였다. 여성은 남성과 동등한 것으로 간주되어야만 하고, 통치 의무를 분담해야만 한다. 출산 목적을 위한 성관계는 최적의 조화를 추구하는 '계획기구'에 의해 조정될 것이다. 그리고 공적인 혼례로 인정되는 사람들은 혼례에 참여하는 아이들에 의해 승인될 것이다.

플라톤적 관리들의 생활은 그러나 당시 통치자들의 그것과 얼마나 다를까? 전자는 금욕적이고, 후자는 상당한 정도로 탐욕적이었다. 전자는 여성을 동등하게 포함하고 있지만, 후자는 (아테네에서) 여성을 배제하고 있었다. 전자는 개인 재산을 갖지 않지만, 후자는 재산 문제에 깊숙이 관여하고 있었다. 전자는 통치를 위해 안일함과 안정을 포기해야만 하지만, 후자는 안일과 안정을 위해 직위를 자주 이용하였다. 이러한 현상은 귀족들뿐 아니라, 아테네 시민들에게도 똑같이 적용된다.

또한 플라톤의 공산주의는 아리스토파네스(Aristophanes)가 그렇게 조롱하였던 공산주의와 얼마나 다른지도 분명하다. 이 위대한 극작가는 주로 "부를 나누고 여성을 나누는" 것으로 된 공산주의를 묘사하였다. 아리스토파네스의 공산주의가 어느 정도 당시의 급진적 사회개혁자들의 견해를 날카롭게 반영하고 있다고 보았을 때, 플라톤의 체계와 아테네의 민주적 급진주의자들 간의 큰 견해차를 지적할 수 있다.

그러면 지적이고 활기찬 사람들의 구체적인 과업은 무엇인가? 전자는 본질적으로, 그리고 첫째는 형상을 찬찬히 살피고, 둘째는 그들의 형상에 대한 지식을 조화와 지배의 기능에 적용하는 데 훈련하는 것이다.

형상에의 숙고는 물론 "정치를 넘어서는" 것이다. 그것은 물질적이고 도덕적인 세계의 실체인 항구적 이념을 추구하는 것이다. 그러나 질서, 조직, 그리고 교육이 없이, 숙고에 훈련된 사람들이 결코 그렇게 할 수 없다는 점에서, 형상에의 숙고의 전제조건은 정치적인 것이라고 할 수 있을 것이다.

숙고 능력이 크게 국가의 조직에 의존하고 있다는 바로 그 사실이 '선의 형상'의 이해와 함께 국가를 이끌도록 하는 지적인 인간들의 의무를 만들어 낸다. 그들은 이러한 과제를 좋아하지는 않겠지만—실제로 그들이 숙고하면 할수록 그들은 거기서 벗어나고 싶어 할 것이다—정의는 분명히 그들이 그것을 완수하도록 요구할 것이다.

이러한 정치적 과제의 개념 속에서, 플라톤은 '국가의 형상'이 법률국가라기보다는 도덕국가라는 것을 제시하고 있다. 달리 말하면, 지적인 사람들은 플라톤이 간주하는 실정법이라는 서투른 방법을 통해서 다스리는 것이 아니라, 우리가 공평성이라고 부를 수 있는 것으로 모든 사안을 다룰 수 있는 직관력과 지식을 갖는 것이다. 엄격한 통치는 언제나 독특한 개인들과 독특한 경우들을 순전한 의미에서 정의가 전혀 어울리지 않는 패턴으로 몰고 가면서 정의를 훼손한다.

이것이 지적인 인간들의 정치적 과제를 아주 어렵고 민감하게 만든다. 거기에는 "법률에 이르기를"이라든가, "옛날부터 그래왔다"라는 판에 박은 방식의 여지는 없는 것이다. 대신 통치자는 그를 이끄는 전례를 갖는 것이 아니라, 각 상황에 적용될 수 있는 지혜로써 행동해야만 하는 것이다.

지적인 인간들이 숙고하고 지도하는 동안 활기찬 사람들은 실행한다. 그들의 정신은 그들 스스로 형상을 숙고할 수 있는 능력을 가지고 있지는 않지만, 지적인 사람들의 결정의 적절성을 이해할 수는 있는 그러한 것이다. 더구나 그들의 "정의에 대한 분개"와 행동의 잠재력은 고도로 발달되어 있다. 지적인 사람들은 무엇을 해야 하는지를 이해하고, 그래서 행동보다는 정책결정에 특별한 재능을 갖는다. 반면에 활기찬 인간들은 행동하지만, 행동의 규준을 지식인들에게 의지해야만 하는 것이다.[13]

5. 플라톤의 역사적 중요성

플라톤이 이후 세대에 끼친 영향은 실로 엄청난 것이라고 할 수 있다. 고대 말기 플라톤의 아카데미는 비플라톤적 학파에 의해 넘어갔음에도 불구하고, 플라톤 사후 곧 그의 제자들은 각 도시에서 자문역을 계속하였고, 그의 개념들을 정교화시켜 나갔다. 아리스토텔레스는 그러한 제자들 가운데 한 사람이었다. 아리스토텔레스는 자신의 학문체계를 구성하였지만, 그 사상의 기본적 요소들은 결국 플라톤적인 것이었다.

아리스토텔레스의 사후에 이어지는 시기는 물론 뒤에서 다루어지겠지만, 플라톤적 가르침이 매우 다양한 견해들에 의해서 비판되는 것으로 규정할 수 있다. 그러나 이러한 비판에도 불구하고, 사람들은 계속 <국가론(Republic)>을 읽었고, 그 내용은 아닐지라도 그 스타일을 모방하였다. 예를 들면, 스토아학자 제노(Zeno)는 그의 위대한 유토피아적 저작을—지금은 불행히도 분실되었지만—'국가론'이라고 이름붙이고 있다. 더욱 뒤에, 키케로(Cicero)가 로마 공화정의 쇠퇴기에 자신의 정치철학을 발전시켜 나갔을 때, 그는 자신의 정치사상을 플라톤의 가르침에서 큰 영감을 얻었음에 틀림없다. 이들뿐만 아니라 플라톤에 대한 고대 세계의 다른 추종자들도 많이 찾아볼 수 있다.

---

13) Sibley, op.cit., pp.68−71.

플라톤의 정치적 저작물들은 고대로부터 A.D. 5세기 서유럽 로마제국이 붕괴될 때까지 계속 읽혀지고 있었다. 5세기 중엽 프로클루스(Proclus)는 아직도 고대 아테네의 정치철학자 플라톤의 저작물들을 인용하고 있었다. 플라톤의 아카데미 자체도 그것의 비판정신이 크리스트교에 위험하다는 우려에서 유스티니아누스 황제가 해산령을 내렸던 A.D. 529년까지 폐지되지 않고 있었다.

그러나 플라톤의 저작들은 A.D. 1세기 이후부터는 B.C. 4세기에 형성되었던 것과는 매우 다른 지적, 사회적 조건이라는 맥락 속에서 읽혀져 오고 있었다. 이제 그것들은 광범한 신비주의 종교들, 영향력 있는 스토아철학, 그리고 그리스 고전을 후기고전적 그리스와 헤브류 사상과 접목하려는 다양한 시도들과 경쟁해야만 하였다. 뒤에서 우리가 다루게 될 혼합주의적이고 절충주의적 시기에, 순수 플라톤주의가 번성했다는 것은 놀라운 일이 아닐 수 없다. 그것의 영향은 A.D. 3세기경 플로티누스(Plotinus, A.D. 205-270)의 저작과 관련된 신플라톤주의(neo-Platonism)로 알려진 사상적 운동을 통해서 바뀌는 경향이었다.14) 플로티누스 자신은 어떤 면에서 이탈리아 내에 공화정과 같은 실험적 공동체를 건설하려고 했지만, 후기 신플라톤주의의 경향은 정치의 세계에서 점점 멀어지고, 후기 고대 사상가들의 철학적 기초를 사회적 문제로부터 회피케 하는 빌미를 제공하였다.

그러나 플라톤 사상의 형상(form)이 성 아우구스티누스와 가깝게 만든 것은 신플라톤주의를 통해서였다. 그는 초기 중세 세계의 정치적 견해에 기초를 많이 놓은 인물이다. 그러나 아우구스티누스 이후 플라톤주의의 직접적 영향은 사라지기 시작하였다. 서유럽 세계가 점점 더 동방으로부터

---

14) 플로티누스의 사상에 대한 대표적인 연구는 W. R. Inge, *The Philosophy of Plotinus* (London and New York: Longmans, Green, 1918)를 참조할 것.

고립되어감에 따라, 서유럽은 대부분 자신의 자리에 머무르게 되었고, 결국 플라톤의 정치적 저작물조차 갖지 못하게 되었다. 플라톤은 비잔틴 제국 안에서는 계속 읽혀지고 있었지만, 서유럽 세계는 그의 저작물 가운데 단편적인 것들에 겨우 만족해야만 하였다. 그리고 서유럽 문명의 유토피아적 충격이 최저점에 있었던 것은 크게 보아 A.D. 500년부터 1450년까지라는 긴 기간이었다. 물론 많은 요인들이 이러한 현상에 영향을 끼쳤고, 우리는 뒤에 그 가운데 몇몇을 다룰 것이지만, 정치적 상상력의 쇠퇴에 있어 확실한 한 가지 중요한 요소는 고대 세계의 가장 위대한 정치사상가를 망각한 데 따른 것이었다.

15세기 플라톤이 서유럽 크리스트교 세계의 학자들에 의해 다시 읽혀지기 시작했을 때, 인간의 상상력에 끼친 그의 영향력은 아주 즉각적인 것이었다. 여기저기서 나타나기 시작한 유토피아적 연구의 모든 것들이 그의 재발견을 뒤따랐고, 그 가운데 거의 전부는 <국가론>에 의해 자극을 받은 것이었다. 1500년 이후 그의 영향력은 사회사상가들의 정치적 상상력에 있어 아주 중요한 요소로서 계속되었다. 예를 들면 웰즈(H. G. Wells)와 같은 20세기의 공상작가들은 그들의 정치 연구에 있어 이 고대 철학자로부터 깊은 영향을 받았던 것이다. 심지어 많은 저술가들이 플라톤의 정치적 가르침에 심하게 반대하는 곳에서조차, 그들은 간혹 플라톤으로부터 깊은 감명을 받았다고 고백하곤 하였다. 그래서 20세기의 선구적 플라톤 비판가였던 워너 피테(Warner Fite)는 플라톤의 <국가론>을 사용하지 않고서는 프린스턴 대에서 정치학 강의를 진행할 수 없을 것이라고 밝힌 바 있다. 또한 지난 세대 동안 플라톤의 정치학이 계속 논의되어 왔다는 바로 그러한 열정이 그 자체로 그의 광범한 영향력을 잘 나타내고 있는 것이다.

정확한 혹은 일정한 해답을 제공하기는 어렵다고 하더라도, 우리는 플라톤 정치철학의 어떤 모습이 그를 그렇게 영향력 있게 만들었을까 하는 의문을 가질 수는 있을 것이다.

첫째는 아마도 근본적인 문제에 접근하기 위해 비본질적인 것들을 잘라내는 그의 대담성에 있는 것 같다. 어느 시대의 정치든 항상 아주 복잡한 것이기 때문에 이것은 언제나 존경을 받아 왔던 위업인 것이다. 세 가지 혹은 네 가지 수준의 정치적 이슈들은 주어진 시대에 특별할 것이지만, 그것들을 지탱하는 것은 어떤 주어진 세대의 특수성을 초월하는 본질들인 것이다. 인간에게 영향을 주는 이러한 본질들을 규정하고 있는 것이 플라톤의 절대적 능력이었다.

또한 우리는 플라톤 이론의 급진적인 성격이 아주 중요하다는 것을 제시할 수 있을 것이다. 그는 본질적인 질문으로 곧바로 나아갔을 뿐만 아니라, 그가 제시한 해답 또한 그것들이 가능한 해답의 근본을 다루고 있다는 점에서 급진적인 것이다.

마지막으로, 모든 시대에 첫 번째 질서의 도전자를 구성하였던 정치의 딜레마에 대한 열쇠로서 지식의 가능성에 플라톤이 확신을 가졌다는 것이다. 인간 자체를 이성적인 것으로 규정하면서, 플라톤은 인간을 단순히 원시적 자연의 구현으로 보는 그러한 모든 견해에 도전하고 있다. 우리는 성취되지 않은 목적 혹은 목표라는 점 말고 인간을 이해할 수 없다는 플라톤의 함의는, 인간이 완전한 과학적 견지에서 설명될 수 있다는 것에 의문을 표시하는 모든 도덕적, 정치적 견해에 대한 기초를 마련하고 있는 것이다. 지식은 과학자들이 올바르게 주장하듯이 부분들로 분류되고 있다. 그러나 그것은 또한 그 자체로 부분들을 형성하고 부분으로 분류될 수 없는 목적론적 전체라는 견지에서 현상을 산정하고 있는 것이다.

기원전 347년 죽기 전에 플라톤이 그의 저작물들을 정리하고 있을 때, 37세의 제자 아리스토텔레스는 의심할 바 없이 그의 스승을 향하는 비판적 견해를 숙고하고 있었다. 또한 이미 아리스토텔레스는 플라톤의 그것과는 전혀 다른 강조점과 모델을 제공하는 생물학 연구에 대한 열정을 강조해 오고 있었다. 그리고 아리스토텔레스는 소크라테스가 제시하였고 플라톤이 정성들여 재구성한 '형상의 이론'을 더욱 발전시키고 있었다.

다음 장에서 더욱 상세히 살펴보겠지만, 아리스토텔레스를 통해서 고대의 고전적 정치사상이 완성되고, 플라톤적인 직관이 완결되고 있음을 우리는 알 수 있다.[15]

---

15) Sibley, op.cit., pp.83 −84.

제3절 아리스토텔레스(B.C. 384 - 322)

플라톤이 이성적 국가의 구조적인 분석이라고 간주한 것들을 고안해 냈다고 한다면, 우리는 아리스토텔레스를 형상(Forms)과 일상적인 정치적 경험세계 사이의 간과된 연계를 아주 상세히 설명하려고 한 인물이라고 생각할 수 있다. 기본적으로 아리스토텔레스는 비록 강조점에서는 다르지만, 플라톤의 존재론과 인식론의 거의 전 부분을 받아들였다. 그러나 그는 그러한 것들을 그의 전임자들이 다루었던 것보다 덜 모호하게 파악하려고 하였다. 또한 그의 정치이론은 그의 스승에 대한 비판적인 견해에도 불구하고 플라톤의 업적 위에서 세워지고 있다.

확실히 아리스토텔레스의 정치학에 대한 기본개념이 그의 스승 플라톤과 흡사한 점이 많은 것은 사실이지만, 그러나 정치학 발전에서의 그의 위대한 업적으로 평가할 수 있는 것은 그가 경험적이고 귀납적인 연구방법을 수립한 것이라고 말할 수 있다. 이것은 국가에 대한 이전의 윤리적 내지 철학적 사색과는 구별되는 정치 '과학(Science)'의 진정한 시작을 의미하는 것이었다.

1. 아리스토텔레스와 당대의 정치

기원전 384년 스타기라(Stagira)에서 마케도니아 왕의 궁정의사로 태어난 아리스토텔레스는 의학적 분위기 속에서 자랐고, 일찍부터 당시의 생물학적 지식에 친숙하게 되었다. 이것은 지적으로 그에게 깊은 영향을 주었는데, 그 이유는 그의 윤리학적, 정치학적 담론에서 생물학적, 의학적 유추의 영향을 찾아볼 수 있기 때문이다. 그는 아마 적어도 의사로서 적절한 기초훈련을 받았던 것으로 보이고, 정식적인 의학 연구를 진행했던 것으로 보인다.

아리스토텔레스 초기생애의 공식적인 영향을 알아보기 위해서는 당시의 급변하는 정치상황을 염두에 두는 것이 매우 중요하다. 그는 스파르타 몰락의 시작과, 테베에 의한 스파르타 패권의 최종종식 그 중간시기에 태어났다. 스파르타의 몰락은 스파르타식 생활의 많은 면을 찬양하는 경향을 보여 왔던 그리스인들의 마음속에 깊은 인상을 남겼던 것 같다. 동시에 테베를 알고 있던 모든 사람들은, 실제로 그랬지만, 테베의 패권은 짧을 것이라는 점을 자각하고 있었다. 한편 마케도니아의 세력은 점점 더 커지고 있었고, 그것을 막기 위한 유일한 희망은 그리스 도시국가들을 효과적인 방식으로 연합하는 것이었다. 이것은 잠정적인 연맹과 동맹에도 불구하고, 그들에게 불가능한 것처럼 보였다.

아리스토텔레스가 17세에 아테네의 아카데미로 학습차 보내졌을 때, 소년 아리스토텔레스의 예민한 마음이 삶의 이러한 정치적 현상들을 알아차리지 못했을 리 없다. 그 때가 기원전 367년으로, 아리스토텔레스가 도착했을 때, 플라톤은 그의 정치적 여정 때문에 아카데미를 떠나 시칠리에 머물고 있었던 것으로 보인다.

20년 동안 아리스토텔레스는 아카데미 주변에 머물러 있었다. 처음에는 학생으로, 뒤에는 아마도 교수의 일원으로서 머물렀던 것 같다. 우리가 살펴보았지만, 그 끝 무렵에는 플라톤 철학의 어떤 면들에 대해서 비판하기 시작했음에도 불구하고, 플라톤과의 관계는 아주 밀접한 것이었다.

아카데미 지도자의 죽음으로 아리스토텔레스는 소아시아 아타르네우스

(Atarneus) 시에 살기 시작하였다. 거기서는 아카데미의 이전 학생이었던 히피아스(Hippias)가 정치적 지도자로 부상해 있었다. 그는 친구인 아리스토텔레스를 반겼고, 뒤에 아리스토텔레스는 히피아스의 조카딸과 결혼하였다. 히피아스는 그의 학문적 관심을 전적으로 포기하지는 않았지만, 페르시아 왕의 압력을 막는 데 더욱 활동적인 정치인으로 참여하고 있었다. 한편 아리스토텔레스는 3년 넘게 해양생물학을 연구하였다.

기원전 343년 히피아스는 페르시아 왕에 의해 고용된 암살자에게 살해당하였다. 이것은 자연히 정치적 견지와 오랜 개인적 친분이라는 점에서 아리스토텔레스에게 깊은 인상을 심었다. 아리스토텔레스는 히피아스를 추모하는 찬가를 지은 것으로 알려지고 있다. 그러나 얼마 후 그는 마케도니아 궁정에 참여해 달라는 초청을 기꺼이 수락하였고, 거기서 그는 한 공후의 가정교사로 봉직하였다.

그 공은 알렉산더 대왕이었는데, 그때 그는 13세의 소년이었다. 그때나 지금이나 훗날의 왕과, 뛰어난 과학자이며 철학자 사이의 정확한 관계가 무엇이었는지에 대한 연구는 상당히 많다. 그러나 진실은 우리가 그것에 대해서 알고 있는 것이 많지 않다는 것이다. 근대의 권위자 테일러(A. E. Taylor)와 같은 사람은 "알렉산더의 성격 형성에 아리스토텔레스의 영향이 컸던 것으로 보이지는 않는다"고 생각하고 있다.[16] 반대로 플루타르크(Plutark)와 같은 고대의 저술가들은 아리스토텔레스가 부분적으로 알렉산더의 정치적 사고의 형성에 기여한 것으로 분명히 믿고 있었다.

기원전 336년 알렉산더의 부친 필립 마케돈(Philip of Macedon)이 살해당하고, 알렉산더가 왕위를 계승한 것은, 그가 더 이상 공부에 전념할 수 없다는 것을 의미했다. 그래서 아리스토텔레스는 다시 아테네로 돌아오게 되었다.

---

16) A. E. Taylor, *Aristotle* (New York: Dover Publications, 1955), p.9를 참조할 것.

그가 자리잡은 아테네는 이미 마케도니아의 세력권에 있었다. 카에로네아(Chaeronea) 전투는 기원전 338년에 벌어졌고, 그리스 전체는 곧 급속히 발전하는 제국의 일부가 되는 것이 분명해졌다. 그러나 이러한 사건들은 이상하게도 아리스토텔레스의 정치적 견해가 형성되는 데 거의 영향을 주지 않은 것 같다. 기원전 335년에 아카데미의 총장 스페우시푸스(Speusippus)가 죽었고, 어떤 사람들은 아리스토텔레스가 그 자리의 후보자였을 것으로 추측한다. 그러나 대신 제노크라테스(Xenocrates)가 뽑혔다. 이것이 아리스토텔레스가 자신의 독자적인 학교 '리세움(Lyceum)'을 설립하는 징조가 되었다. 그리하여 기원전 335년부터 그가 죽을 때까지 그는 연구와 행정적인 업무를 수행하였다.

놀랍지는 않지만, 리세움에서 수행한 중심과목이 생물학과 역사학이었다는 것은 아주 중요하다. 아리스토텔레스는 매우 다양한 생물학 표본을 수집하였고, 그의 학생들은 표본 채집을 하기 위해 전 그리스를 돌아다녔다. 그의 역사 탐구는 우리가 오늘날 '헌법사'라고 해야 할 것을 강조하였다. 이 분야에서 그와 그의 제자들은 158개 그리스 도시국가들의 발전상을 수집하고 출판하는 데 기울여졌다. 그러나 리세움의 그 누구도 알렉산더의 정복이 초래한 변화의 모습을 적고 있지는 않다.

알렉산더 자신은 기원전 326년경 그의 스승에게 점차 냉담해지고 있었다. 그의 점증하는 적대감의 절정은 칼리스테네스(Callisthenes) 사건에서 발생하였다. 칼리스테네스는 아리스토텔레스와 가까웠고, 역사적인 문제들에 능력 있는 조언자로서 알렉산더의 궁정에 참여하고 있었다. 그는 독립적인 사고를 가진 인물이었고, 알렉산더의 존경을 얻게 된 것은 그의 발언의 예상을 뛰어넘는 솔직함 때문이었다. 예를 들면, 그가 동양적 전제군주의 장식을 따르려는 알렉산더의 의도에 반대한다는 것을 모든 사람들에게 알렸다. 페르시아 양식에 따르는 알렉산더에 대한 충성을 거부하면서, 그는 궁정의 많은 젊은이들로부터 칭송을 받게 되었다. 그들 가운데 한 사람이 "세상에서 가장 뛰어난 인물이 되려면 어떻게 해야 합니까"하고 칼리스테네스에게 질문했다고 플루타르크는 언급하고 있다. 칼리스테네스는 기다렸다는 듯, "이미 세상에서 가장 뛰어난 인물을 죽이면 될 것"이라고 응답한 것으로 알려지고 있다. 비록 칼리스테네스가 잠정적인 음모에 가담하지는 않았지만, 그의 발언은 곧 밝혀지게 되었다. 그 철학자는 그 뒤 투옥되었고, 처형되었거나 옥사하였다. 알렉산더는 즉각 칼리스테네스의 태도로 말미암아 아리스토텔레스를 문책하였고, 인도를 정벌코자 하는 준비에 시간을 소비할 수 없다는 판단에서 옛 스승을 체포하였던 것으로 보인다.

그와 동시에 아리스토텔레스의 아테네에서의 활동은 모호한 것이었다. 그가 알렉산더의 정치적 야심에 동조하지 않았고, 알렉산더는 그에게 적대감을 갖게 되었지만, 아테네의 여론은 그를 친마케도니아 파벌에 관계토록 하였다. 그래서 기원전 323년에 알렉산더가 죽은 후 아리스토텔레스는 '불충'을 이유로 기소되었다. 공식적인 죄목은 그의 친구 히피아스가 죽은 뒤 쓰인 시 때문이었다. 그 시는 그가 알렉산더와 교류하기 전에 지어진 것이었지만, 그것은 그의 친구를 신격화하고 있고, 때문에 반알렉산더 진영에게 그를 기소할 수 있는 구실이 되었던 것이다.

그러나 아리스토텔레스는 소크라테스가 아니었다. 그가 기소된다는 소식이 알려지자, 그는 그가 말한 것으로 알려진 바대로, "아테네 사람들이 철학에 대해 두 번 죄를 짓지 않게 하기 위해" 피신하기로 결정하였다.

그는 생애 마지막 해를 유보에아(Euboea)의 칼키스(Chalcis)에서 보냈다. 여기서 그는 연구를 계속하려고 마음먹었지만, 소화장애로 어려움을 겪었다. 기원전 322년 그가 죽었을 때, 그의 주치의는 사망원인이 "과로로 인한 만성적인 소화불량" 때문이었다고 밝혔다.

그의 정치학 혹은 윤리학적 이론은 그의 전반적인 철학에 대한 태도를 살펴보지 않고서는 결코 올바로 이해할 수 없다. 그러므로 먼저 우리는 그의 '인과율 이론(theory of causation)'을 살펴보기로 할 것이다.[17]

2. 플라톤적 '형상'의 인과와 변형

아리스토텔레스는 플라톤의 형상이론을 아주 신랄하게 비판한 인물 가운데 한사람이다. 그러나 그는 그렇게 비판적인 마음으로 시작했지만, 기본적으로는 그의 스승과 한마음이 됨으로써 끝을 맺었다.

플라톤의 형상이론에 대한 그의 비판은 세 가지 점이다. 첫째, 그는 어떻게 '일반적인 것'이 '실제적인 것'이 될 수 있는가 하고 물었고, 물론 그것은 그렇게 될 수 없다고 하였다. 둘째, 그는 플라톤이 그것 자체가 속성인 사물 '밖에서' 사물의 '속성'을 찾으려 하는 것을 공격하였다. 속성이 사물의 밖에 있다면, 어떻게 속성이 그 자체로 사물 속에 포함될 수 있는가 하고 그는 물었다. 마지막으로 그는 움직이는 힘을 결핍한 형상 혹은 이데아가 어떻게 현상의 '원인'이 될 수 있는가에 대해서 플라톤에게 묻고 있다.

플라톤의 모호성을 수정하는 가운데, 아리스토텔레스는 물질(matter)과 형상(form) 간의 고전적인 구별을 발전시키고 있다. 물질을 그는 그것으로부터 구체적인 것들이 나타나거나 만들어지는 원래 그대로의 원료로 생각하고 있다. 그것은 모양이 없고, 그 자체로는 확정되지 않는다. 그러나 모든 물질 안에는 다른 것들로부터 특별한 것을 구별해 내는 어떤 종류의 잠재적인 형상들이 있다. 아리스토텔레스는 형상은 물질 안에 있는 것이지, 밖에 있는 것이 아니라고 강조하고 있다.

물질과 형상 간의 관계는 물질은 '잠재적인 것'이고, 형상은 '실질적인 것'이라는 점을 강조하면서 역동적으로 표현된다. 물질이 점점 덜 비정형화와 비차별화되고, 점점 더 확정적이고 차별화되는 방식으로, 잠재적인 것으로서의 물질은 그 안의 형상에 의해 모습이 갖춰진다. 의심할 바 없

---

17) Sibley, *Political Ideas and Ideologies*, pp.85-86 참조.

이, 생물학자로서의 아리스토텔레스의 연구가 잠재성과 현실성으로서의 물질과 형상 간의 관계라는 개념을 제기하게 된 것이다. 그는 돼지의 초기 태아와 소의 그것을 비교하였고, 그것들이 거의 비슷하다는 것을 발견했을 것이다. 그것들을 단순하게 살피면, 그것들이 각각 구별될 수 없다고 쉽게 결론내릴 수 있다. 그러나 정상적인 조건에서 하나의 태아는 돼지가 되고, 다른 것은 소가 되는 것이다.

두 개의 아주 유사한 물질의 조각들이 다른 것으로 될 수 있다는 사실을 어떻게 설명할까? 그 설명은 아주 미분화된 물질에 자체를 나타내는 각각의 안에 있는 '형상'이라고 아리스토텔레스는 말한다.

우리는 이 점에서 아리스토텔레스를 해석함에 있어 물질을 본체(body)와 혼동하지 않도록 주의해야만 한다. 그가 '물질적'이라고 말할 때, 단지 공간의 외연을 가진 그러한 것들과 그것을 동일시하는 것을 뜻하고 있지 않다. 물질은 또한 '고유성'이 전개되는 원래의 심리적인 '잠재성' 혹은 '정신적인' 원료로서 그러한 현상을 포함할 수 있다. 아리스토텔레스가 사용하는 용어로서의 물질은 단순히 상대적으로 미분화되거나 비정형화된 모든 것들이다.

그리고 형상은 종말 혹은 목표를 향하는 물질에 모습을 주는 능력을 갖는 '비물질적인' 원리이다. 물질은 형상과 똑같이 실제적인 것이다. 사실상 지금 보이는 것이 잠재적으로 무엇이 될 수 있는 그 무엇으로부터 물질을 변화시키는 어떤 형상을 포함하지 않은 물질은 없다.

그러나 아리스토텔레스가 말하는 '효과적인' 원인이 없이는 어떤 것도 실질성을 확보할 수 없다. 예를 들면, 돼지의 태아는 생식 활동을 통해 암컷과 수컷의 돼지가 '원인'이 되지 않고는 물질에 형상이 활동할 수 있는 것을 제공할 수 없다. 송아지의 태아도 유사한 방식으로 생식되지 않고는 불가능하다. 이러한 것들이 '효과적인' 원인들인 것이다.

이러한 '인과이론'은 우리가 단순히 부분이라는 견지뿐 아니라, 그것에 함축된 목적 혹은 결과를 산정하여 살필 때만이 완전한 설명이 될 수 있다는 소크라테스적 언명을 발전시키고 있는 것이다. 그래서 과학자의 분석적인 작업은 물리학, 화학, 생물학의 견지에서 돼지 태아에 대한 완전한 설명을 줄 수 있는 것이다. 과학자는 조직의 구조를 볼 수 있고, 배색을 적고, 크기를 잴 수 있다. 그러나 이러한 방법은 결코 우리에게 태아에 대한 완전한 설명을 제공할 수 없다. 이러한 것들은 태아 내의 전체 형상에 의해 기인되고, 그 형상은 아직 존재하지 않는 돼지를 반영하고 있기 때문이다.

우리는 지금까지 아리스토텔레스의 이론을 단지 생물학적이고 물리학적인 세계의 현상에 대한 설명을 추구하는 이론인 것처럼 다루어 왔다. 우리는 그것을 인간 생활과 관계의 세계에 구체적으로 관련시키지는 않았다. 그러나 아리스토텔레스는 물론 그 이론이 보편적으로 적용될 수 있는 것으로 생각하고 있다.

예를 들어 우리가 인과이론을 받아들인다면, 그릇을 어떻게 설명할 수 있을까? 물질적인 요소(원인)는 도기공에게 유용한 원료이며 형성되지 않은 은이다. 자연상태의 은은 물론 비나 천재지변, 기타 원인을 통해서 그 내적 형상에 포함되는 마지막 목적으로 형성되어 가는 내적 형상에 따라 변화하고 있는 것이다. 그러나 여기에서 모든 인과관계는 자연적인 힘 속에 있다. 인간은 아직 그 그림 속에 들어가 있지 않다.

도기공이 은 원료를 택할 때, 그는 자연상태의 은 안에서 이루어지는 형상을 대체하기 위한 과정을 시작하는 것이다. 은의 본질은 적절한 효과적 원인이라는 조건하에 그릇으로 모양을 잡아갈 수 있는 그러한 것이기 때문이다. 그것은 은 대장장이나 도기공의 작업 속에서 그러한 원인을 찾은 것이다. 그가 그것을 두드리면서, 도기의 형상은 점차 자연상태에서 다른 형상의 통제하에 남아 있는 다른 은으로부터 대장장이에 의해 사용된 은을 분리하는 것이다. 대장장이는 그의 단련으로 은이 어떻게 될 수 있는

지를 볼 수 있고, 그 특별한 형태는 궁극적으로 그의 단련에 따른 결과이며, 은 내에 가능하거나 잠재적인 것으로 보는 형상인 것이다.

아리스토텔레스는 인간을 인공을 통해 자연을 흉내 내는 것으로 생각하였다. 그는 기술인으로서 효과적인 원인이 되고, 기술적 생산이 이루어지는 목적에 따른 물질 안의 여러 다양한 잠재적 형상들을 구분해 낼 수 있다. 달리 말하면, 인간은 인과관계의 과정에 개입하는 것이다. 그러나 마찬가지의 네 과정이 포함되고 있는 것이다.

그러나 우리는 인간이 물질을 다룸에 있어 완전히 독단적일 수 있다는 언급을 아리스토텔레스에게 전가하지 않도록 주의해야 할 필요가 있다. 인간의 목적이 형식적이고 효과적인 원인을 통해 물질을 구성할 수 있음에도 불구하고, 물질 내부에 존재하는 잠재적 형상들에는 한계가 있는 것이다. 물질의 고유한 성질은 그것이 모양을 갖출 수 있는 여러 종류의 형상들을 규정할 것이다. 그래서 튼튼한 조상을 세우려 할 경우, 사람들은 얼음 조각이나 소나무 목재에 있는 형상을 구별해 낼 수 없는 것이다. 다른 한편, 튼튼한 조상의 형상은 명백히 대리석 조각에 존재하는 것이고, 피디아스(Phidias)는 이것을 볼 수 있었다. 인간 외부의 자연 속에서 우리가 엉겅퀴나무 씨에 존재하는 무화과나무의 형상을 기대할 수 없는 것처럼, 인간은 자신의 세계를 형성하는 데 한계가 있는 것이다.

이러한 모든 것은 윤리적, 사회적, 정치적 영역의 것을 이해하는 것이 단순히 그 기원과 역사가 아닌, 말하자면 그 부분뿐 아니라 그것에 함축된 목적과 목표를 안다는 것을 의미한다는 뜻을 포함하는 것이다. 인간을 포함하는 생물학의 세계에서 모든 종들은 다른 종들과 구분되는 독특한 기능을 가지고 있다. 그리고 어떤 기존의 조직 속에서 각 부분은 특정한 기능 또는 기능들을 수행하기 위해 존재하는 것이다. 생태계든, 사회적 생활 속이든, 그 역할을 잘 완수한다는 것은, 그것이 눈으로 보는 것이든, 경기에 이기는 것이든, 파리가 오물을 청소하는 것이든, 군대가 승리를 거두는 것이든, 어떤 사물을 가치 있게 만드는 것이다. 그러므로 지식은 모든 지식의 대상이 어떻게 전체의 질서와 연결되어 있는지를 이해하는 것을 포함한다. 그것은 그 기능이 자체의 행위를 전체의 목적 혹은 '텔로스(telos)'와 연결하고 있기 때문에 그렇다.[18]

3. 윤리학적 고려

아리스토텔레스의 주저 <정치학(Politics)>은 아주 경험적이면서, 동시에 아주 도덕적이다. 그것은 그리스에 알려진 고대 세계 전체의 다양한 정치적 구조물들에 대한 실질적인 정보의 방대한 자료이다. 아리스토텔레스는 행동으로 이끌기 위해 이 방대한 자료를 수집하였다. 그가 인식하였듯이, 정치학은 사람들에게 훌륭한 삶을 규정하고 제공하는 것과 관련되어 있다. 정치학은 인간이 어떻게 행동해야만 하는지와 관련되어 있는 것이다. 이러한 도덕적 견해들은 <정치학> 속에서 전개되고 있지만, 그것들은 또한 아리스토텔레스의 <니코마케안 윤리학(Nicomachean Ethics)>과 같은, 보다 직접적인 윤리학적 저작물들에서도 나타나고 있다.

아리스토텔레스는 수학적 정교함이나 물리학, 생물학 등과는 직접적 관련이 없지만, 도덕적인 문제들이 잘 알려질 수 있도록 자신의 주장을 펼쳤다. 그는 훌륭한 삶을 살아가는 '복지(well-being)'는 사람들에게 좋은 것이고, 그러한 삶은 완전히 계발된 인간 능력의 실행 속에 존재한다고 강조하였다. 간단히 말해, 이것은 질서정연한 삶에 대한 성실한 실천으로 이루어진 방식으로 행동하고 느끼는 것을 요구한다. 이러한 삶은 진정으로 중요하고, 진정으로 인간적인 것을 목표로 한다. 그는 그렇게 잘 사는 것을 '유

---

18) Ibid., pp.86-88.

다이모니아(eudaimonia)'라고 불렀다. 이것은 간혹 단순히 '행복(happiness)'으로 잘못 번역되어 왔다. '복지(well-being)'라든가 기타 유사한 단어가 더욱 정확한 표현일 것이다. 윤리학과, 또한 정치학의 목표는 사람들에게 어떻게 '유다이모니아'를 성취할 수 있는가를 보여주는 것이다.

우리들의 목적을 위하여, 유다이모니아의 중요한 원천은 실천적인 삶이다. 그것은 사회 속에서 살고, 그러한 사회에 관계하는 삶인 것이다. 그러한 삶을 살고, 이것을 훌륭히 수행하는 사람들은 활동적이고 기백이 있으며, 그들이 행하는 것에 믿음을 갖고, 마땅한 자부심과 그들 스스로와 다른 사람들에 대한 적절한 애정을 가지고 있다.

훌륭한 실천적 삶에 필요한 요소는 용기, 절제, 정의, 자유 그리고 친절 등을 포함하고 있다. 이러한 요소들 각각은 '아레이타이(aretai)'라 불리는데, 가장 흔히 '덕성(virtue)'으로 번역되어 왔다. 여기서 덕성은 그 역할을 잘 수행하거나, 그 부류의 훌륭한 본보기가 되는 어떤 것의 어떤 특성으로 이해될 수 있다. 예를 들면, 집을 따뜻하게 하는 가스의 덕성은 높은 열효율에 있다. 아리스토텔레스가 찾아낸 인간의 덕성은 행위자에게 좋은 것과, 행위자로부터 영향을 받는 다른 사람에게도 좋은 모든 것이었다.

이러한 덕성을 갖는 것은 훌륭한 삶에 단지 필요한 것이지, 충분한 것은 아니다. 그는 어떤 훌륭한 사람이 훌륭한 삶을 잃을 수 있다고 보았다(예를 들면, 육체적 재앙을 통해서). 그러나 그는 강조하기를, 단지 훌륭한 사람만이 훌륭한 삶을 살 수 있고, 이러한 덕성을 갖춘 사람만이 훌륭한 사람이 될 수 있다고 하였다. 그리하여 아리스토텔레스의 사상에서 자기 자신에게만 좋을 수 있다는 언급은 어디에서도 찾을 수 없다.

훌륭한 삶은 진정으로 인간적인 방식 속에서 성심성의껏 느끼고 행동하는 것으로 구성된다. 그러나 대다수 사람들은 그들이 해야만 하는 대로 행동하고 느낄 수 없으며, 단지 어려움과 고통을 수반하면서 그렇게 할 수 있을 뿐이다. 사람들 사이의 이러한 차이에 대한 아리스토텔레스의 설명은 그의 도덕적 계발에 대한 고려 속에서 찾을 수 있다. 그는 어린이들을 본능과 희로애락에 크게 좌우되는 것으로 보았다. 단지 일정한 방법으로 자라나고 훈련되면서 그들은 이성적으로 행동하게 되고, 용기와 비겁, 정의와 부정의 등과 같은 다양한 성인의 행동을 발전시키게 되는 것이다. 그들은 단순한 모든 두려움, 모든 육체적 욕망에 따르지 않고, 바로 적절한 것들이 쉽고 자연스럽게 다가오게 하기 위해 성심껏 행할 수 있도록 훈련될 수 있다. 그러한 삶은 이성과 욕망의 조화이다. 아리스토텔레스의 견해 속에서, 교육은 적절한 이성과 적절한 욕망, 그리고 그것들의 조화를 발전시키도록 의도되고 있다.

사람들이 그러한 조화를 갖고 불행을 막는다면, 그들은 잘살 것이다. 그들은 법에 의한 강제 없이 선을 이끌고 생활을 충족시키게 될 것이다. 그러나 다음에 논의되는 이유 때문에 강제는 아니지만 여전히 법률을 필요로 할 것이다. 만약 법률이 좋은 법률이라면, 사람들은 그것을 지키는 데 어려움을 갖지 않을 것이다. 그러나 그러한 조화가 없는 사람들이나 나쁜 일을 행하는 경향이 있는 사람들은 법을 통한 강제가 필요할 것이다. 물론 그들은 또한 그것을 지키는 일이 어렵다는 것을 알게 될 것이다.

아리스토텔레스에 따르면, 대부분의 사람들은 자기 자신들이나 다른 사람들에게 좋은 것을 행하는 것이 자연스럽다는 것을 알지 못한다. 덕성이 결핍되어 있기 때문에, 그들은 법을 통한 강제가 필요하다. 이것의 또 다른 측면은, 그가 <윤리학> 10권에서 강조하고 있듯이, 사람들은 비록 그들이 다른 사람들에 의해서 법률이 강제되는 것이 논의될 때는 분개하면서도, 정작 법률에 의해 강제되는 것이 논의될 때는 분개하지 않는다는 것이다.

그래서 아리스토텔레스가 본 법률은, 잘못된 욕망에 대해서 어떠한 이성이 작동하는가 하는 것이었다. 실제로 <정치학>에서 아리스토텔레스는 법률을 욕망에 의해 영향을 받지 않는 이성으로서 정의하고 있다.

법률에 관한 이러한 주장들 속에서 우리는 아리스토텔레스의 정치학 속에 담긴 여러 중요한 주제, 즉 법률의 필요성, 사람들이 선을 행하게 하는 데에 대한 그것의 관심, 그리고 법률에 의해 제기된 그들의 심리 등을 접하게 될 것이다.[19]

4. 정치공동체

아리스토텔레스 <정치학>의 기본 관심은 공동체에 대한 언급에 모아지고 있다. 국가가 공동체임을 인식한다면, 우리는 그것이 어떻게 통치되어야 하는지를 이해하게 될 것이다. 우리는 또한 어떠한 부류의 인간이 있는지와, 왜 인간은 특히 국가에 의해 형성된 어떤 종류의 공동체를 필요로 하는지를 이해하게 될 것이다.

먼저 우리는 '국가'라는 단어를 생각해 보자. 아리스토텔레스는 이 단어에 대해 주로 우리가 말하는 '정치적인' 폴리스(polis)를 말하고 있다. 폴리스는 도시국가로서, 예를 들면 아테네와 스파르타를 말하고 있는 것이지, 페르시아나 이집트와 같은 큰 국가를 말하는 것은 아니다.

아리스토텔레스는 그의 관심을 도시국가에 한정한 이유를 밝혔다. 이보다 작은 그룹은 복지를 위한 자족에 너무 작고, 이보다 큰 그룹은 복지 달성에 너무 크다고 하였다. 더 나아가, <정치학>은 정치적 맥락과 정치활동의 영역이 도시국가인(아마도 주로 아테네인) 그리스를 다루고 있다. 그래서 그의 주장을 우리의 상황에 적용하기 위해서는 중대한 수정을 가해야만 할 것이다.

무엇이 국가를 '훌륭한' 국가로 만드는가? 이러한 질문은, 가치판단을

---

19) Michael Stocker & Bruce Langtry, "Aristotle and Polity", *Political Thinkers* (Hampshire: Macmillan, 1986), pp.26 — 28 참조

보류하면서 기술하고 설명하며 예측하는 것을 자신들의 과제로 생각하는 현대의 많은 정치이론가들에 의해서 거부되거나, 고려조차 되지 않는 것이라고 할 수 있다.

아리스토텔레스에게 "무엇이 국가를 바람직하게 만드는가"와 "무엇이 국가인가"라는 문제는 하나의 문제로 밀접히 관련되어 있었다. 이것은 '무엇이 X인가'를 찾는다는 것은 X를 만드는 모든 특성과 덕성을 갖춘 '바람직한 X들을 살펴야만 한다'는 기본적인 주장을 기반으로 하고 있다. 우리 또한 이러한 방식으로 분류를 하고 있는데, 예를 들면 우리가 병들거나 발육이 부진한 것보다는 건강하고 완벽하게 성장한 종의 모습으로 식물이나 동물들을 기술할 때 그렇게 나타난다.

국가가 되는 것과 바람직한 국가가 되는 것의 동일시는, 어떻게 아리스토텔레스가 모든 국가는 공동체이고, 모든 공동체는 어떤 선을 목표로 한다는 것과, '모든 것 가운데 최고이고, 다른 모든 공동체를 포용하는 국가는, 어떤 다른 것보다 높은 수준에서 선을 추구하고, 최고의 선을 추구한다'고 말하면서 <정치학>을 시작할 수 있는지를 이해하는 데 도움을 준다. 우리는 이것을 바람직한 국가에 대한 강조와, 그러한 방식으로 일반적인 국가들을 강조하는 것으로 이해해야만 한다.

그러나 그렇게 이해한다고는 하더라도, 어떻게 그것을 정당화할 수 있을 것인가? 첫째, 어째서 국가는 모두 어떤 선을 목표로 한다고 말할 수 있는가? 둘째, 어째서 그 선이 최고의 선이라고 말할 수 있는가?

첫 번째에 대한 해답은 어떤 국가가 선을 달성하는 데 실패한 만큼 그 국가는 훌륭한 국가가 될 수 없다는 것이다. 첫 번째에서의 '목적'은 다시 한번 'X가 되는 것과 바람직한 X가 되는 것' 사이의 연계를 고려함으로써 이해할 수 있다. 적어도 어느 정도 우리는, 예를 들면 나무가 방해받지 않는다면 좋은 X를 생산하는 X로서, 발전의 자연적인 과정을 생각함으로써 아리스토텔레스를 이해할 수 있다. 이러한 점에서 우리는 자연적인 과정은 바람직한 X를 목표로 하거나, 그러한 목표나 목적을 가지고 있다고 말할 수 있다. 이것은 X를 목표로서 의식적인 것으로 놓거나, 인공적인 것으로 만들지 않는 것이다. 오히려 그것은 자연스런 경향과, 바람직한 종과의 연계를 말하는 것이다.[20]

그러나 왜 첫 번째에서 제시된 의문에 집착하는 것일까? 아리스토텔레스의 해답은 그 간결성 속에서 많은 복합적 의미를 숨기고 있다. 국가가 평가되는 기준은 그 국민들의 복지에 있다. 국가는 그 국민들이 잘 지내는 정도에 따라 바람직한 국가가 된다. 혹은 한 국가는 그것이 그 국민들을 잘살게 '만드는' 정도에 따라 바람직하다고 말하는 것이 더 나을지 모른다. 나쁜 환경(예를 들면 척박한 토지 등)에 둘러싸인 훌륭한 국가의 국민들은 이상적인 환경 속에서 그렇게 훌륭하지 않은 국가의 국민들보다 더욱 나빠질 수 있다.[21]

이 해답이 제기하는 몇 가지 문제점을 다루기 전에, 우리는 그것이 두 번째 질문에 제공하는 해답에 대해 살펴보아야 할 것이다. 정치학은 국민들이 무엇을 목표로 하는지를 다루는 실천적 학문이다. 그리고 아리스토텔레스는 사람들이 자신들의 선보다 높은 것을 추구하는 이외의 다른 선을 보지 않았다. 국가는 선 혹은 국민들의 이해와 독립된, 잠정적으로 갈등관계에 있는 그 무엇으로서 볼 수 없다.[22] 오히려 그것은 얼마나 잘 국민들의 바람을 충족시키느냐에 따라 단순히 좋고 나쁨이 결정된다.

그러나 어떻게 국가는 국민들을 잘살게 만들 수 있을까? 그리고 왜 국민들을 잘살게 만드는 것이 국가의 일일까?

---

20) 그리스어는 '목적', '텔로스(telos)'와 '완벽한', '텔레오스(teleos)'라는 단어의 같은 어원이라는 이러한 연계에 관심을 갖게 한다.
21) 아리스토텔레스는 물론 국가지도자는 이상적인 환경뿐만 아니라 이상적이지 않은 것에도 관심을 기울여야 한다고 밝히고 있다.
22) 이것은 아리스토텔레스가 인식하였듯이, 예를 들면 전쟁 등에서의 모험과 희생이라는 문제로 이끌고 있다.

우리는 이미 법률을 통하여 국가가 국민의 복지에 역할을 수행해 나갈 수 있는 한 가지 방법을 살펴보았다. 아리스토텔레스는 국민들이 처벌의 두려움을 통해 선을 행할 때, 그들이 좋아지거나 잘살 수 있다는 것을 주장하지 않았다. 그러나 그는 그들과 그들이 영향을 주는 사람들이 다른 방법으로 그렇게 할 때, 그렇게 어렵게 살지는 않을 것이라고 주장하였다. 그래서 그는 <정치학>에서 이렇게 적고 있다. "인간은 완전할 때, 만물의 영장이다. 그러나 법과 정의에서 멀어질 때, 인간은 최악이다 ……"

두 번째, 훌륭한 교육(이것은 국가의 핵심적인 관심사다)은 훌륭한 법률에 의해 격려될 것이고, 이것은 다시 훌륭한 국민을 만들 것이며, 그리하여 그 국민들은 법에 의한 강제가 필요 없게 된다. 더구나 법률은 그 자체로 교육적이다. 사람들은 법률과 법률 속에 제시된 이상에 의해 스스로 판단하고 조절하는 경향을 갖는다. 행동과 태도는 법률에 의해 바뀐다.[23]

이것은 훌륭하지 않은 사람들과 관련된다. 그러나 훌륭한 사람들은 어떨까? 그들이 법에 의해서 다른 사람들로부터 보호되어야 한다는 것은 아리스토텔레스가 전개한 가장 하찮은 주장 가운데 하나이다. 심지어 훌륭한 사람들은 훌륭한 국가에 의해 훌륭히 될 수 있다. 국가 속에서만이 사람들은 완전히 발전된 사람들이 될 수 있다. 오로지 거기에서만 그들은 진정으로 인간적인 생활을 이끌어나갈 수 있다. X가 되는 것과 바람직한 X가 되는 것 사이의 연계를 염두에 둘 때, 우리는 "인간은 본질적으로 정치적인 동물이다"라든가 "국가는 자연의 산물이다"라는 그의 유명한 주장들을 이해할 수 있는 것이다.

아리스토텔레스는 사람들이 국가를 벗어나서 살 수 있음을 인정하였다. 그의 견해에 따르면, 국가는 촌락공동체에서 발생하고, 촌락은 확대가족으

---

23) 그래서 아리스토텔레스는 태도는 법률에 의해 바뀔 수 있고, 그렇지 않더라도 행동을 바로 하도록 강제하기 위해 법률이 정당화될 수 있다고 주장하였다.

로부터 발생하며, 확대가족은 남자와 여자 그리고 어린이로 구성된 가족에서 나온다. 규모가 작은 것으로부터 규모가 큰 그룹으로의 변화는 규모가 큰 그룹이 가지고 있는 보다 많은 생산물에 의해 이루어진다. 자체적인 의지를 가진 가족은 충분히 생산하고, 충분히 지켜질 수 있는 재산을 가져야만 한다. 확장가족은 얼마간의 노동의 분화와 생산의 다양성, 그리고 보다 큰 안전성이 보장되어야 한다. 촌락은 더욱 많은 다양성과 안전이 담보되어야 한다. 국가는 이러한 생산과 서비스에 있어 자족하기에 비교적 충분하다.

그러나 국가가 그러한 생산과 서비스를 제공하는 것도 중요하지만, 인간이 궁극적으로 인간이 되게 하는 것이 더욱 중요하다. 진정으로, 그리고 완전히 계발된 인간은, 그의 삶이 사회성과 정치적 관심 속에서 이루어지는 사람이다. 사람들이 그들의 진실하고 완전한 천성을 깨달을 수 있는 국가 속에 존재한다는 것은, 행동에 있어 사람들과의 상호교류를 통한다는 것이다. 그래서 예를 들면, 통치행위와 정치적 상호협력이 가능한 것은 오로지 국가 속에서 가능한 것이다. 진정한 인간적 삶에 필수적인 문화적이고 사회적인 가능성이 가능한 것은 오로지 국가 속에서만이 가능한 것이다.

국가가 사람들에게 자연스러운 것은 바로 이러한 방식 속에서 이루어진다. 그것은 그들의 자생지이다. 거기에서 그들은 번영할 수 있고, 진정으로 계발될 수 있는 것이다.

아리스토텔레스는 또한 사람들이 대화하고 사회적 본능을 가지고 있다는 것을 지적하였다. 이러한 것들은 사람들이 천성적으로 사회적 존재라는 것을 보여주고 있다. 그러나 사람들이 본질적으로 정치적 존재라는 것은 그러한 설명의 부분에 불과하다. 사람은 가족 혹은 촌락공동체 내에서 대화하고 사회성을 실행할 수 있기 때문이다.

'천성적으로(본질적으로)'라는 말이 여기에서는 아주 다른 의미로 쓰이고 있다는 것을 지적해 두는 것이 중요하다. 대화와 사회성은 우리 안에 고유한 그들 존재의 의미에서 천성적일 수 있다. 국가가 본질적이라는 것은 그것이 우리가 발전하는 무대, 우리를 발전시키는 맥락 속에서 그렇다는 것이다. 우리는 여기에서 법률의 형식적 본질에 관해 이전에 했던 주장을 확장할 수 있다. 국가는 우리에게 세상과 사람들을 보는 특별한 방식을 제공한다.

국가가 우리를 발전시키고 우리에게 진정한 자아를 제공한다는 이러한 주장들은 이해하고 지지하는 데 난감하다. 그러나 우리가 생각하기에, 그러한 것들은 아리스토텔레스 사상의 기초이며, 다른 많은 심오한 철학자들의 사상도 그렇다. 그러한 것들이 맞는 한에 있어, 그것들은 왜 그 국민들을 훌륭하게 만드는 것이 국가의 임무인가라는 질문에 대한 해답을 제시하는 데 도움이 된다.

그러한 질문은 가장 최근에 로버트 노지크(Robert Nozick)의 <무정부, 국가, 그리고 유토피아(Anarchy, State, and Utopia)>에서 발견되는, 국가에 대한 야경국가적 견해라고 할 수 있는 관점에서 간혹 나타난다. 이러한 견해는 국가의 역할은 단순히 국민들이 그들의 일상 업무를 잘 수행할 수 있도록 안전을 확보해주는 데 있다는 것이다. 국민들에게 복지를 제공하는 것은 국가의 역할에 간섭을 하고 있는 것이다.

아리스토텔레스는 국가 간이든, 촌락 혹은 종족 사이든, 보호동맹이 있는 곳에서는 안전이 무엇보다 중요하고, 그러한 곳에 국가가 있을 수 있다는 주장에 의해, 이것에 대한 부분적인 해답을 제시하고 있다. 그러나 그가 말하기를, 이러한 것들은 국가가 아니었다.

오히려 국가들은 그 국민들을 다양한 방식으로 형성시킨다. 그것들은 국민들, 즉 현재 완전한 인간적 능력을 가지고, 그것을 사용할 수 있는 국민들을 창조한다. 작은 그룹에 상품과 서비스를 제공하는 것뿐 아니라, 그러한 국민을 만들어 낸다고 할 때, 국가들은 그것들의 특별한 철학적 이해와 중요성을 결핍하고 있는 것이다. 국가들이 그 국민들을 얼마나 잘살게 하느냐 못살게 하느냐에 따라 좋고 나쁜 것으로 평가될 수 없다는 것을 지지하는 것은, 그것들에게 가장 중요한 활동에 있어 가장 현저한 것이 무엇이냐라는 견지에서 평가할 수 없다는 것을 지지하는 것이 된다. (우리는 또한 그 국민들을 잘살게 하거나 못살게 하는 데에 따라 훌륭한 국가인지 형편없는 국가인지를 판단할 수 있을지 묻게 된다.)[24]

5. 헌법의 종류

아리스토텔레스는 노예에 대한 주인의 지배, 아내에 대한 남편의 지배, 아이에 대한 아버지의 지배와 같은 비정치적인 지배의 여러 종류로부터 정치적 지배를 구별하였다.

그는 먼저 그가 '자연적인' 노예라고 칭한 것을 정의하였다. 이들은 아주 충분한 정도의 욕구와 열정을 가지고 있지만, 그들의 이성적 능력은 매우 부족한 사람들이다. 그들은 스스로 이끌어낸 이성적인 계획과 논의의 기초 위에서 무엇을 해야 하는지를 결정하는 능력이 없다. 그들은 자기관리 능력이 없고, 오직 명령에 따를 수 있을 뿐이다. 위에서 밝힌 대로, 실천적 이성은 진정한 인간, 훌륭한 삶에 필수적이다.

그들의 결함 때문에, 소에 대한 것과 마찬가지로 자연적인 노예에 대한 지배가 잘못된 것은 아니다. 둘 다 우리가 이용하는 것은 자연적 구조물의 부분인 것이다. 아리스토텔레스가 어떤 사람들(바로 개인적 결함 때문이 아닌)이 자연적인 노예들이라고 생각했던 것은 분명하다. 그러나 그가 이러한 사람들을 일정하게 규정하지 않았다는 것은 (분명히 의도한 것은 아

---

24) M. Stocker and B. Langtry, op.cit., pp.28−31.

니나, 자연적 노예를 규정했음직한 非그리스 야만인들에 대한 몇몇 언급을
제외하고는) 특별히 주목할 만하다.

그가 이성이 없는 사람들로서 노예를 긍정적으로 논하고 있지만, 그는
또한 전쟁이나 천재지변 속에서 사로잡힌 사람들이나, 가족과 함께 팔린
사람들 혹은 빚에 대한 보증으로 스스로 노예가 되기로 서약한 사람들 등
과 같은 노예화에는 강하게 반대하였다.25) 여기에서 그의 논의는 중요한
것이고, 당시 횡행한 관습에 반대되는 것이며, 그러한 행위들의 합리화라
고만 볼 수 있는 이전의 견해인 것이다. 그때 노예제에 대한 전형적인 정
당화는 이성의 결핍이 아니라, 매매와 법률적 판단에 관계된 것이었다. 그
가 (자연적인 노예제와 구별하여) 법률에 의한 노예제라고 칭한 것의 정당
화에 대한 반대는, 그때 어떤 그리스인이 얼마나 부유하고 권력이 있는지
를 막론하고, 또 얼마나 부유하게 태어나고 귀한지를 불문하고 정당하게
노예화될 수 있는, 바람직한 것으로서의 그러한 노예제의 정당화에 관한
것이었다. 그리고 이것은 사람들이 똑같이 모순되고 어리석다는 것을 알게
될 것이라고 아리스토텔레스는 생각하였다.

남편이 아내를 지배해야만 한다는 아리스토텔레스의 주장은 여성들에게
있어 그들의 감정은 이성에 의해 통제되지 않는다는 그의 주장에 기초하
고 있다. 여성에 대한 그의 견해에 이러쿵저러쿵 말할 것 없이, 이것은 그
가 인간의 본질에 가한 강조점을 보여준다. 그가 남성은 효과적인 이성을
갖는 능력을 가지고 있다고 말했음에도 불구하고, 많은 남성들이 열정에
의해 지배된다는 것을 주장하는 데 어려움을 겪었다.

아이에 대한 지배의 경우는 이의가 덜한 것처럼 보인다. 아이들은 아직
이성적이지 않다. 그들은 그들 자신의 욕구로부터 보호되는 것과 마찬가지

---

25) M. I. Finley, *Economy and Society in Ancient Greece*, B. D. Shaw
and R. P. Saller (eds.) (London, 1981) 가운데 특히 제2장 '노예, 노예
제와 경제' 부분을 참조할 것.

로 만들어지고 교육되어야 한다.

지배의 이러한 세 가지 비정치적인 형상 속에서, 아리스토텔레스는 지배가 모든 관계자들의 이익이 된다는 것을 지속적으로 강조하고 있다. 지배자가 노예에 대해 갖추어야 하는 관심은 그가 동물이나 도구에 대해 가져야 하는 그러한 것이다.

정치적 지배는 자유로운 인민들에 대한 지배에 관한 것이고, 인민들은 이성과 자기관리의 능력을 갖추고 있는 것이다.

정치적 지배에 대한 아리스토텔레스의 견해를 논의하기 위해서 우리는 먼저 그가 어떻게 국가를 규정하고 있는가, 즉 무엇이 국가에 어떤 것을 만드는가를 알아보아야만 한다. 이미 밝힌 것과 비슷한 이유 때문에, 국가는 통상을 가능케 하거나 안전을 제공하는 것으로서 정의될 수는 없다. 통상동맹이나 부족연맹은 국가가 없이도 이것을 행할 수 있다. 또한 국가는 지역과 같은 피상적인 형태로 규정될 수도 없다. 국가는 다양한 육지, 섬 등에 걸쳐 불연속적으로 걸쳐 있을 수 있다. 그리고 두 국가가 병렬되어 나타날 수도 있다.

오히려 국가는 하나의 정부 혹은 헌법을 갖는 것으로 규정된다. 이것은 국가의 주요한 권력과 기구라는 견지에서 이해되는 것이다. 이것은 또한 민족 국가와 한 민족 내 여러 국가라는, 우리가 국가를 어떻게 정의하느냐에 따라 아주 많은 것이다.

순수한 형태로 여섯 종류의 헌법이 있다: 군주정(monarchy), 귀족정(aristocracy), 폴리티정(polity), 민주정(democracy), 과두정(oligarchy), 참주정(tyranny). 이것은 하나는 바르고 다른 하나는 빗나간 세 종류의 두 그룹으로 이루어져 있다. 바른 것들은 그것이 국가 전체 구성원의 이익 속에서 통치되기 때문에 바르다. 한 사람이 통치하면 군주정, 작은 그룹이 통치하면 귀족정, 많은 사람들에 의해 통치되면 폴리티정인 것이다. 다른 셋은 그것이 통치자들을 위해 통치되기 때문에 타락한 것이라고 할 수 있다. 민주정치는 다수의 빈자들이 그들만을 위해 통치하는 것이다. 과두정치는 적은 수의 부자들이 그들만을 위해 통치하는 것이다. 참주정치는 한 사람이 자신만을 위해 통치하는 것이다.

아리스토텔레스는 정부를 많은 종류의 기구와 기능으로 나누었다(예를 들면 심의부, 사법부, 행정부). 이들 부분과 하위부분들 각각은 이 세 종류의 다양한 종류가 될 수 있다. 그래서 혼합된 형태의 헌법이 있을 수 있는 것이다.

우리는 첫째, 세 종류 두 그룹 사이의 구분이 도덕적 기초에 의해 이루어진다는 것을 알아야 한다. 두 번째, 민주정과 과두정 사이의 차이는 명확히 경제적 조건 속에 놓여져 있다. 그리고 또한 민주정과 과두정 사이의 갈등은 유일한 것은 아니지만 명백하게 경제적 조건 속에서 나타나고 있다. 그것은 고대 그리스 사회의 역동성을 반영한 것이었다.

아리스토텔레스의 이러한 6가지 헌법구조는 장점 순서에 따라 제시되고 있다. 그러나 이것은 실제적인 것이 아니라 가능성의 척도로서의 장점이다. 군주정은 아무 곳에서도 발견할 수 없는 일종의 도덕적인 거인을 필요로 한다고 그는 주장하였다. 마찬가지로 귀족정은 발견할 수 없는 어떤 그룹 사이의 선을 요구한다. 아마도 폴리티정은 실제적일 것이다. 우리는 다음에 그것을 살펴볼 것이다.

참주정은 모든 헌법구조 형태 가운데 가장 나쁜 것이다. 그것은 그들 자신의 삶을 영위할 수 없는 노예로서 피통치자를 포함하고 있다. 더욱이 그것은 오직 한 통치자를 위한 지배를 포함하고 있다. 아리스토텔레스는 민주정과 과두정을 언급하는 데 많은 거친 면을 가지고 있지만, 전반적으로 민주정을 더 나은 것으로 보았던 것 같다. 그러나 이것은 일반론의 문제이다. 어떤 환경에서는 민주정이 제일 나은 구조가 아니며, 과두정 혹은 심지어 참주정이 더욱 나을 수도 있는 것이었다.[26)]

6. 민주주의(democracy)

우리는 여러 종류의 헌법 모두와, 그것들이 최선일 수 있는 환경들을 모두 살펴볼 여력은 없다. 그래서 우리는 여기에서 민주주의(democracy)에 대한 아리스토텔레스의 견해에 집중해 보려 한다.[27]

민주주의는 오늘날 많은 사람들에게 가장 최선이고 아마도 유일하게 정당화된 정치체계라고 할 수 있지만 애당초 아리스토텔레스로부터 찬사를 받지는 못하였다. 아리스토텔레스는 최선의 실질적 체계로서 '폴리티(polity)'를 상정하였다. 이러한 설명이 민주주의에 대한 우리의 견해와 아리스토텔레스의 언급을 구별하는 데 도움을 줄 것이다. 우리는 물론 오늘날에 있어서도 많은 서로 다른 시스템들이 민주주의를 위해 경쟁하고 있다는 것을 염두에 둘 필요가 있다.

아리스토텔레스의 <정치학> 속에서, 우리는 민주주의에 대한 다음과 같은 개념규정을 읽을 수 있다. "민주주의 국가의 기초는 자유이다. 그것은 인간의 공통 의견에 따른 것으로, 그러한 국가에서만 누릴 수 있는 것이다." "자유의 한 가지 원리는 모두를 위해 통치되고 모두에 의해 통치되는 것이다." "모든 시민은 평등해야만 한다." "다수의 의지가 최우선이다." "사람은 그가 원하는 대로 살아야만 한다."

마지막 언급은 "인간이 원하는 대로 살지 못한다는 것은 노예적 삶을 말하기" 때문이다. 그리고 민주주의자들은 과두체제와 참주정치를 마찬가지로 반대한다. 그러나 원하는 대로 사는 것과 다수의 지배 사이에는 명백한 갈등이 존재한다. 그래서 아리스토텔레스에게 민주주의자는 사람들이 아무에게도 지배받지 않거나, 이것이 가능하지 않다면 사람들이 지배

---

26) M. Stocker and B. Langtry, op.cit., pp.31−33.
27) 그리스어로 '데모크라시'는 '데모스(인민)'와 '크라티아(권력)'가 합쳐진 '인민에의 권력'으로 해석된다.

하고 지배받는다는 것을 주장하는 것이었다. 아마도 통치하고 통치받는다는 것은 아무에게도 통치받지 않는 것으로 될 수도 있는 것이었다. 적어도 그것은 우위를 주장하는 어느 누구에게도 통치받지 않는 것이다. 이것은 자유와 평등이 상호연결되어 있음을 말하는 것이다.

아리스토텔레스가 밝히고 있듯이, 많은 다양한 종류의 민주주의가 있다. 이것은 주로 자유 인민이 시민들이냐, 즉 정부에 참여할 수 있는 자격을 갖추고 있느냐에 따라 구분되고 있다.

아리스토텔레스의 견해에 따르면, 가장 최선의 민주정치는 경제적으로 독립적인 가장과 농민들이 시민이 되는 곳에서만 가능하다. 그들은 자주 만나고 국가 운영에 적극적으로 참가할 만한 여가나 이해가 없기 때문에, 도시국가를 운영하는 일상업무를 위해 다른 사람들을 선출하려고 할 것이다. 그들은 선거와 국가 재정에 대한 정기적인 감사 등을 통해 궁극적인 통제권을 유지할 것이다. 가장 최악의 민주정치는 모든 자유민이 국정의 전반과 심의부, 사법부, 그리고 행정부의 관청 업무에 적극적으로 참여하는 것이다.

아리스토텔레스의 평가와 우려를 파악하기 위해서는, 그가 관심을 둔 정치적 행위는 모든 주민이나 인근 주민 모두가 참여하고 투표하며 목소리를 가질 수 있는 '도시 회합 모델'에 기초한 일상적인 업무라는 것을 인식해야만 한다.

민주주의에 대한 아리스토텔레스의 우려는 빈곤층의 대다수―기술자, 일용노동자, 기능공들―가 편하게 정부에 참여하는 데 요구되는 교육이나 여유를 가지고 있지 않다는 주장에 모아졌다. 그들 사고의 구조와 습관 때문에, 그들은 현명한 국사운영에 필요한 자질과 판단력을 결핍할 수 있다. 더구나 그들은 부유층이나 정치파벌에 매수될 소지가 있는 빈곤층이고, 정치에 전념할 자유로운 시간을 가지고 있지도 않다.

그래서 그들이 정부의 실질적인 일상업무에 참여하게 되면, 그들은 보수를 받아야만 할 것이다. 그러나 부유층이나 국가재산에 대한 약탈 없이 그들을 먹여 살릴 만한 충분한 돈이 없을 것이다. 그 편익과는 상관없이 정부의 업무는 비용을 필요로 한다.

이 모든 것이 몇 가지 매우 실질적인 위험으로 이끈다고 아리스토텔레스는 생각하였다. 첫째는 선동정치가가 아주 쉽게 권력을 장악할 수 있다는 것이다. 이것은 참주정치거나 참주정치로 이끈다. 두 번째는 사람들이 그들 이익이 무시됨에 따라 부유층에 난폭해져서, 마침내 부유층은 민주정치를 뒤엎고 과두정을 세우려 할 것이다. 세 번째는 사람들이 (필경 선동가에 의해 주장된, 다수가 지배해야 한다는 주장을 아주 철저히 고수함으로써) 법에 의해 경계가 지어지는 것이 아닌, 법률 자체로써만 자신들의 권리와 정당성을 보려 할 것이다.

이 마지막이 국가의 파괴라고 아리스토텔레스는 강조하였다. 앞에서 보았듯이, 법률과 법에 대한 복종은 국가의 기초이다. 만일 사람들이 법률에 스스로를 구속하지 않는다면—즉 헌법에 따라 지배하지 않는다면—국가는 존재하지 않거나, 국가라고 할 만한 것이 없을 것이다.

그렇기 때문에 원칙 있는 민주주의자는 헌법적 제약 없이 다수지배를 설치함으로써 민주주의를 최대화하려고 시도하지 말아야 한다. 오히려 과두정과 참주정처럼 민주정의 안전과 수명에 대한 최대화와, 그러한 최대화 사이의 평균이 되어야만 한다.

이것은 조야하고 비현실적인 것으로 보일 수 있다. '웨스트민스터 시스템'이 의회가 어떤 법률을 변경할 수 있는 곳이 아니란 말인가? 그러나 예를 들면, 오스트레일리아나 영국에서는 법률이 이러한 방식으로 그들이 생각하거나 행동하도록 강제할 수는 없지만, 의회는 헌법적 원리의 설치를 포함한 이전과 과거의 법률에 따라 행동하는 데 많은 부분 한계를 느끼고 있다. 이것이 침범되거나 침범될 듯할 때의 난폭성을 생각해 보라.

아리스토텔레스가 보았듯이, 우리는 여기서 권력을 가진 통치자들이 만든 법에 복종하는 것은 강제될 수 있는 그 무엇이 아님을 알 수 있다. 통치자들은 단지 법률을 존중해야만 하고, 아무것도 그들을 거기에 따르도록 할 수는 없다. 그리하여 또다시 적절한 교육의 필요성이 강조된다.[28]

7. 통치의 기초와 폴리티(polity)

우리는 이제 왜 아리스토텔레스가 과도한 민주주의에 대해 우려하였는가를 알 수 있을 것이다. 그러나 왜 그는 보다 제한된 민주주의를 좋아하지 않았을까? 그리고 무엇을 그는 선호하였을까?

민주주의에 대한 아리스토텔레스의 주요 걱정 가운데 하나는 그것의 궁극적인 원리에 관한 것이었다. 그것은 자유의 미덕, 사람은 평등한 정치권력을 가져야 한다는 것 등이다. 이것은 민주주의적 정의의 원리이다. 그리고 아리스토텔레스가 주장하기를, 그것은 정의에 대한, 즉 어떻게 국가가 통치되어야 하는가에 대한 근본적인 오류를 가져오는 것이었다.

이 점을 조명하기 위해, 우리는 아리스토텔레스의 <니코마케안 윤리학(Nicomachean Ethics)>에 나타나는 분배적 정의에 대한 그의 개념을 이해해야만 한다. 만약 사람들이 어떤 경제적인 일(회사를 설립한다든가, 내기를 거는 것 등)에 자금을 기여하면, 그 이익은 그들 각자가 그 일에 기여한 데 따라 적절하게 분배되어야 한다고 아리스토텔레스는 주장하였다. 우리는 앞에서 국가의 요체 혹은 선행은 모든 국민들의 복지라는 것을 살펴본 바 있다. 그러므로 권력, 의무, 이익 등의 정치적 개념들을 설정하기 위해서는 다양한 국민들이 전체의 복지와 국가의 보전을 위해 제공한 기여를 산정해야만 할 것이다.

---

28) M. Stocker and B. Langtry, op.cit., pp.34−35.

확실히 자유롭다는 것은 좋은 국가의 필수적 요소이다. 즉 국가는 노예가 아닌 자유민들로 구성된다는 것이다. 그러나 경제적 부 역시 전 국민의 복지에 필수적이다. 재정적으로 빈곤한 국가는 그 국민들이 필요로 하는 서비스를 제공할 수 없을 것이다.

실제로 이것이 과두정이야말로 바로 올바른 정치적 구성물이라고 주장하는 과두정치가들에 의해 시선이 고정되는 요점인 것이다.[29] 과두정치가들이 주장하는 바와 같이, 그들은 국가에 재정적으로 더욱 많은 기여를 하기 때문에, 그들이 가장 많은 권력을 가져야만 한다. 그러나 아리스토텔레스가 말했듯이, 국가는 단순히 경제적인 구성물이 아니다. 오로지 그렇다면, 과두정치가들이 정당화될 수 있다. 그리고 또한 국가방위의 필요성 때문에 군사력의 필요한 역할이라는 관점에서 정치권력을 분배하려는 자들에게도 마찬가지이다.

이러한 모든 것에 답하면서, 아리스토텔레스는 그들이 그러한 주장을 하지만, 단지 부분적인 주장일 뿐이라고 하였다. 그리고 그것은 복지가 오로지 부분적이라는 관점에서 사물들이 움직인다고 그들 각각이 주장하기 때문에 부분적이다.

아리스토텔레스가 정치적 조직은 그들이 국가의 선에 기여하는 정도에 따라 국민들을 선호해야 한다고 말했을 때, 그는 이것을 노예, 외국인, 그리고 다른 비시민들로 확장하지는 않았다. 그는 국가를 구성하는 사람들과, 단순히 국가에 기여하는 사람들과의 차이를 설명하려고 하였다. 그러한 유추는 대학 내의 행정가나 비서들과 대비된, 학생과 선생들에 의해 수행되는 다른 역할로도 설명될 수 있다.

이러한 조건과 더불어, 국가의 선을 형성하고 유지하는 모든 정당한 주장들은 마땅한 무게가 주어져야만 한다. 이것은 자유로운 개인과 시민이

---

29) 아리스토텔레스에 따르면, 모든 정치적 체계의 옹호자들은 그들의 시스템이 옳다고 혹은 그들의 시스템만이 옳다고 주장한다.

되는 것에 대한 주장을 인정하는 것으로 귀착된다고 아리스토텔레스는 주장하였다. 그것은 또한 재산, 교육, 그리고 무엇보다도 정치적이고 도덕적인 미덕에 대한 주장을 인정하는 것으로 귀착된다. 국민들이 이러한 정의의 원리에 따라 다스려진다면, 충분한 배려가 전체의 복지에 제공된다는 논쟁적인 함의를 밝혀보기로 하자. 이것은 정의와 전체의 복지라는 논쟁적 정당화의 상호관련성이다.

그 주장은 정치적 기술과 덕성을 갖춘 시민이 더욱 많은 권력을 소유해야만 한다는 것이다. 이것은 반민주적이고 엘리트주의적인 것처럼 보일 수 있다. 그러나 (예를 들면 선거를 통하여) 좀더 전문적이고 공공의식이 있는 사람들에게 보다 많은 권력을 제공하는 것에 대한 정당화는 어떤가? 이것 또한 완전한 민주주의는 아니고, 투표권을 가진 사람들이 아닌, 기껏해야 투표한 사람들에게만 민주주의인 것이다.

더 나아가, 아리스토텔레스가 지적하였듯이, 상대적으로 모두가 평등하고, 그래서 누가 누군가처럼 선하다는 것을 믿는다면, 어떤 정치적 기구에 다른 사람이 아닌 어떤 한 사람을 선택할 아무런 이유가 없다고 믿어야 할 것이다. 그러나 투표는 적당함 속에서 다른 견해를 나타낼 수 있는 한 방식으로 보이기 때문에, 정부는 투표를 통해서 충원되어서는 안 된다. 오히려 정부는 추첨으로 충원되어야 한다. 결국 그것이 국민들 사이에서 구별하는 데 훌륭한 조건이 없다면, 국민들 사이에서 선택하는 데 공정한 방법일 것이다.

그리하여 이상적인 국가는 주장들이 경쟁하는 데 적당한 무게를 제공할 것이다. 아리스토텔레스는 아주 현실주의자이거나 비관주의자였기 때문에, 부자들이 아주 강력하면 과두제가 될 것이고, 빈자들이 아주 강하면 민주주의가 될 것이라고 주장하였다(물론 실패하면 참주제가 될 것이다). 경제적인 자기이해는 매우 강력하다. 그래서 다양한 주장들이 적당한 무게로 놓여질 것 같지는 않다.

이것을 위한 실천적인 의미에서 필요한 것은, 부자도 아니고 가난하지도 않은, 그러나 공공의식을 갖춘 거대하고 세력 있는 중간그룹이 있는 것이라고 아리스토텔레스는 주장하였다.[30] 그들은 힘의 균형을 가져야만 한다. 그들이 그렇게 할 때, 권력의 적절한 배분의 기회가 있을 것이다. 가난한 자유민은 그들의 권력과 권리를 가지고 있다. 부유하고 귀족적인 사람들은 그들의 권력과 명예를 가지고 있다. 교육받고 덕망 있는 사람들은 그들의 권력과 권리, 그리고 명예를 가지고 있다. 거기에는 또한 법령이 아닌 법률에 의해 통치되는 적절한 배려가 있을 것이다.

대부분의 현존 국가들은 순수한 민주제, 과두제 혹은 참주정이 아닌 정치체이지만, 그것들은 불완전한 정치체이다. 다양한 계급들은 그들의 당연한 권리에 맞추어져 있지 않고(따라서 사람들은 위협을 느끼거나 모욕감을 갖는다), 또한 헌법과 법률에 따른 당연한 존중을 받지 못한다. 그래서 아리스토텔레스는 이러한 국가들이 파괴적 긴장 속에 있고, 최선의 국가가 아니라는 것은 전적으로 자연스러운 것이라는 점을 발견하였다.[31]

8. 아리스토텔레스의 중요성

아리스토텔레스는 그의 일반적인 철학과 정치이론 양면에서 항상 논쟁의 중심에 서 있었다. 각 세대는 그 시대가 당면한 과학과 문제점에 따라, 무언

---

30) 아리스토텔레스가 극단적으로 가난하고 부유한 자들 간의 극단적 이익의 대결 사이에 끼어있는 이 같은 중간계급에 기대한 것은 합리적인 정치이론가들을 포용하는 것이었다. 간혹 그러한 집단은 '인텔리겐치아'라고 불렸는데, 그들은 교육을 받을 만큼 넉넉한 재산의 소유자들이었고, 균형된 판단을 흐릴 만큼 물질적 욕구에 집착하지 않는 사람들이었다. 근대에 들어 그와 같은 '계몽된' 소수에게 부과된 역할에 관해서는 밀(J. S. Mill)의 <대의 정부(Representative Government)>를 참조할 것.

31) M. Stocker and B. Langtry, op.cit., pp.36−37.

가 다른 관점 속에서 그를 바라보았다. 20세기에 들어와서 아리스토텔레스식 사고의 방법은 아직도 큰 영향력을 가지면서 재평가되고 있다.

여전히 살아 있는 정치적 독트린의 주창자로서의 역할과 더불어, 정치사상사에서의 그의 위상을 평가함에 있어, 그의 정치이론을 그의 철학의 다른 면들로부터 완전히 구분해낸다는 것은 불가능한 일이다. 또한 상대적으로 간략한 범위 내에서 그가 다룬 모든 관심사항을 다 다룰 수도 없는 일이다.

1) 아리스토텔레스와 플라톤

고대와 현대 모두, 많은 학자들은 플라톤과 비교하면서 아리스토텔레스의 방법이나 내용과의 뚜렷한 대비를 설명하려는 경향을 보여 왔다. 아리스토텔레스 자신도 그의 스승과는 뚜렷이 다른 것으로서 자신의 이론을 생각한 것으로 보인다. 오늘날에 와서도 어떤 학자들은 양자 간 차이점을 찾아내려 하였고, 어떤 학자들은 그 차이를 최소화하는 경향을 보여 왔다.

이러한 종류의 논쟁들이 사실인 것처럼, 각 주장에는 어느 정도 타당성이 있는 것으로 보인다. 두 사상가의 차이를 밝히려는 사람들은 아리스토텔레스가 그의 전 생애에 걸쳐 플라톤보다 특별한 것들에 대한 상세하고 주의 깊은 관찰에 더욱 많은 관심을 쏟았다고 강조한다. 예를 들면, 오늘날 생물학이라고 할 수 있는 분야에서 그는 아주 엄밀하여, 찰스 다아윈(Charles Darwin)과 같은 근대 과학자들로부터 큰 칭송을 받아 왔다. 그래서 윤리학과 정치학에서도 역시 그는 '사실'에 대한 언명에서 플라톤보다 더욱 확실한 자료를 제공하고 있다.

플라톤과 아리스토텔레스 사이의 차이점을 강조하는 것은 아주 쉬운 일이다. 그러나 두 사상가 사이의 차이를 좁히려는 경향을 갖는 학자들도 있어 왔다. 테일러(A. E. Taylor)가 지적하였듯이, 아리스토텔레스는 플라톤의 이론이 감각적 경험을 초월하는 관념들이라고 비난하면서 자신의 이론을 전개하고 있지만, "그의 최종 결론은 플라톤의 그것과 크게 다르지 않으며, 그것들은 비논리적인 신비주의로 갑자기 도약하는 모습을 보이고 있다." 그리고 테일러는 계속해서 강조하기를 "그는 모든 곳에서 플라톤주의적이었다"고 말하고 있다.[32)

그러나 두 사상가가 밀접한 관계에 있는 것은 방법이나 접근에서뿐만이 아니다. 그들의 도덕－정치적 문제에 대한 실질적 분석은 강조점에서의 어떤 차이에도 불구하고 상당히 유사하다. 양자는 모두 윤리학과 정치학을 불가분의 것으로 보았다. 그래서 그들은 하나의 학문으로 연구를 진행하고 있다. 아리스토텔레스가 정치학은 실천적 철학의 주제들 가운데 통치자의 학문이라고 말할 때, 그는 무언가 다른 용어로 플라톤의 견해를 뒤쫓고 있는 것이다. 두 사람 모두 목적론적 설명 없이 윤리학과 정치학을 완전히 파악한다는 것은 불가능하다고 생각하고 있다. 그렇지만 아리스토텔레스는 플라톤이나 소크라테스보다 더욱 풍부하게 그 개념의 의미를 밝히고 있다. 아리스토텔레스가 그의 강조점의 차이 때문에 보다 덜 완전한 그림을 제공하고 있지만, 두 사람 모두 이상적인 국가는 어떠해야 하는가에 대한 똑같은 언급을 나타내고 있다. 그리고 또한 국가에 마주하는 정신에 대한 아리스토텔레스의 견해는 플라톤적 견해와 괘를 같이하고 있다.

비록 플라톤은 그의 제자보다 덜한 문화적 기반을 논하고 있지만, 플라톤과 아리스토텔레스 사이의 유사성은 그들의 공통적 선입견이라고 할 수 있는 것에서도 분명히 나타난다. 두 사람 모두 그리스인과 야만인 사이의 구별을 중요한 것으로 받아들이고 있다. 두 사람은 모두 제도로서의 도시국가 쇠퇴기에 살면서, 인간의 사회적 성격의 자연적 표현으로서 도시국가에 목적론적으로 집착하고 있었다.

어떤 면에서 아리스토텔레스는 어떤 문화적으로 제한된 견해를 넘어서

---

32) Taylor, op.cit., pp.30－31.

는 데 있어 플라톤보다 덜한 능력을 보였다. 그래서 그는 어떤 실제적인 방어 노력도 없이 여성의 열등성을 주장하였다. 반면에 플라톤은 아주 힘차고 열정적으로 당시 일반적으로 받아들여졌던 아테네 사회의 견해를 공격하였다. 사실상 일반적인 섹스관계와 관련하여, 플라톤은 아리스토텔레스가 완고하게 배제하였던 성적인 일탈의 여러 형태에 관용하면서, 아리스토텔레스보다 아주 덜 제한된 견해를 나타내고 있었다.

재산이라는 아주 중요한 문제와 관련하여, 플라톤과 아리스토텔레스 사이의 구별은 똑같이 주목된다. 둘 다 모두 심각한 인식과 비판 없이 당시의 재산 관계를 받아들이지 않으면서도, 아리스토텔레스는 그것을 공통적인 인간의 본질이라고 본 반면, 플라톤은 특별한 정신의 본질에 관련된 구분으로 보았다는 점에서 플라톤에게 '본질적'인 것은 아리스토텔레스의 그것과는 달랐다. 플라톤에 따르면, 진정으로 합리적인 지배가 가능한 정신은, 완전한 인간적 성취가 불가능한 정신의 진실이 무엇이든 간에, 특별한 재산적 혼란으로부터 스스로 자유로울 수 있는 능력을 갖는 것이었다. 반면 아리스토텔레스에게 있어, 모든 정신은 자연적인 노예를 제외한 그들 모든 정신의 표현으로서, 물질적 재산에 대한 사적인 소유가 요청된다는 점에서 같은 것이었다.[33]

2) 아리스토텔레스의 영향

정치이론의 발전과 관련하여, 먼저 아리스토텔레스가 고대의 도덕−정치적 연구와 사건에 어떤 영향을 주었는가를 알아보는 것이 필요하다. 정치적 사건의 실질적 전개에 대한 영향이라는 관점에서, 그의 거대한 이론체계가 큰 영향을 주었다고는 볼 수 없다. 그는 확실히 그의 <정치학>이 무엇을 해야 하고, 무엇을 삼가야 하는지를 말하면서, 위정자들의 지침서가 되기를

---

33) Sibley, op.cit., pp.102−103.

바랐지만, 어느 위정자도 그의 충고를 따른 것 같지는 않다. 알렉산더 대제는 <정치학> 자체와는 별 관련이 없었지만, 그의 전임 스승의 일반적인 도덕적, 정치적 견해와는 확실히 친숙해 있었다. 그러나 우리가 살펴본 바와 같이, 알렉산더와 아리스토텔레스 사이의 간극은 결국 알렉산더가 소란 후원 혐의로 아리스토텔레스를 구속하기에 이르기까지 계속 증대되고 있었다.

다른 대부분의 위정자들도 아리스토텔레스의 <정치학>이나 <윤리학>에 크게 영향을 받지는 않았다. <정치학>의 법률적, 정책적 제안뿐 아니라, <윤리학>에서 제기된 관용의 충언도 '소귀에 경 읽기'였다.

그러나 그의 가르침이 위정자들을 지혜로운 사람으로 만드는 효과적인 방안이 되지는 않았지만, 사상의 세계 그 자체에는 큰 영향을 미쳤다. 그의 학교 '리세움(Lyceum)'은 그의 정치학 연구를 계속 진행하였다. 그의 헌법에 대한 분류는 이후 고대 사상가들에 의해 받아들여지고 발전되었다. 그 가운데 몇 사람은 확실히 그것을 도시국가를 이은 제국의 형태에 적용하려고 하였다. 기원전 2세기에 폴리비우스(Polybius)가 로마 헌법의 발전을 연구했을 때, 그는 아리스토텔레스식 정치학 분석에 크게 영향을 받고 있었다.

그리고 플라톤이나 아리스토텔레스는 순수한 형태로 고대의 것으로 남지는 않았다. 중세 초기의 긴 기간동안 두 고대 사상가는 대부분 망각되었다. 그들이 불완전하게나마 살아남은 것은 로마와 초기 크리스트교 사상가들을 통해서였다. 그 가운데 아리스토텔레스는 더욱 심했다.

그러나 한편 11-13세기에 이르러 고대 과학과 철학은 부흥하기 시작하였는데, 그때 처음 등장한 것은 아리스토텔레스였다. 전반적인 철학 속에서 그의 부활은 혁명과 다름없는 것이었다. 윤리학과 정치학의 관점에서 그의 부활은 매우 중요한 것이었다. 특히 성 토마스 아퀴나스(St. Thomas Aquinas)와 같은 인물 속에서 그는 다시 살아나고 있었다.[34]

---

34) Ibid., pp.105-106.

제 2 장 중 세

제1절 聖 아우구스티누스(A.D. 354 - 430)

1. 아우구스티누스와 당대의 사상

성 아우구스티누스(A.D. 354 -430)는 궁극적으로 '악은 선의 부재일 뿐이다'라는 이전 철학자 플로티누스(Plotinus)의 메시지를 크리스천 세대에 유증하였다고 할 수 있다. 그러나 그는 전 생애를 통해, 인간을 궁지로 몰아넣는 악의 문제를 찾으려고 하였다. 아우구스티누스는 오늘날 알제리 지역에 해당하는 북아프리카의 히포(Hippo)시로부터 60마일가량 떨어진 곳에서 태어났다. 그의 모친은 크리스천이었지만, 부친은 아니었다. 아우구스티누스는 후에 자신의 종교로의 귀의와 아버지의 그것을 어머니 덕분으로 돌렸다. <참회록(Confessions)>으로 이름 붙여진 자신의 자서전에서, 아우구스티누스는 자신의 젊은 시절을 사생아를 낳게 한 방탕한 관능의 시기로 기술하고 있다. 적어도 부분적으로 자신의 이러한 행동에 대한 각성에서, 아우구스티누스는 악의 문제에 대한 해결점을 찾기 시작하였다.

그에게 다가온 첫 번째 해결책은 마니(Mani, A.D. 216 -276)의 추종자들인 마니교도들의 그것이었다. 마니의 종파는 많은 그노시스(Gnostic, 그리스어로 '지식') 학파 가운데 하나였다. 그노시스 학파는 그들이 '구원은 신비한 지식을 통해 얻을 수 있다'고 믿었기 때문에 붙여진 이름이었다. 그러한 지식은 작은 집단에 한정되어 있었거나, 한 종파의 지도자에게 직접 현시되었다. 마니는 크리스트교와 조로아스터교(Zoroastrianism)의 요소를 혼합하였고, 한 번에 두 집단에게 모두 호소하려고 하였다. 그의 제일 중심적이고 가장 잘 알려진 독트린은 '세계는 선과 악이라는 똑같이 권세 있는 두 신성한 원리 사이의 거대한 투쟁의 表現'이라는 것이다. 그들의 투쟁 과정 속에서 선의 신(빛의 신) 일부는 악의 신(어둠의 신) 일부와 섞이게 되었다.

선한 부분을 물질적 세계로부터 해방시키는 것은 인간의 의무였다. 마니에게 현시된 비밀스런 지식(혹은 그노시스)은 어떻게 이러한 선을 풀어내는가 하는 것이었다. 마니에게 귀를 기울이고, 그리하여 선을 해방시키는 것을 배운 사람들은 선택된 사람들이었고, 그들은 속죄될 수 있었다. 스스로 선택된 것으로 생각된 사람들은 금욕주의적 삶을 추구하였고, 스스로를 유혹으로부터 벗어나고자 하면서 엄격한 금식 생활을 해 나갔다. 마니는 그의 추종자들에게는 메시아로 생각되었지만, 다른 많은 비판자들로부터는 아주 경시되었다. 마니교는 (예를 들면, 페르시아 조로아스터교의 변종으로 나타나면서) 전략적으로 모든 문화적 요소들을 받아들였지만, 조로아스터교, 유대교, 크리스트교 등 다른 세 정통 종교로부터 이단으로 낙인찍히면서 의심을 받고 있었다.

아우구스티누스는 마니교 사상을 인간의 악에 대한 설명에서 호소력이 있는 것으로 받아들였다. 이러한 점에서, 악의 조각들이 인간의 정신에 들어와 자리잡고 있었기 때문에, 악은 분명히 존재하였다. 이러한 운명으로부터 자신을 보호하는 유일한 방법은 선택받은 사람들의 금욕적 생활을 수용하는 것이었고, 선한 행동에 스스로 전념하는 것이었다. 그러나 아우구스티누스는 곧 마니교에 대한 환상을 버리게 되었다. 그는 자신의 종교적 물음에 대한 마니교 성직자들의 단순한 학식에 감명을 받을 수 없었다. 청년으로서 아우구스티누스는 만만치 않은 지적 호기심을 가지고 있었다. 그는 이미 모호한 사상으로 간주된 마니교 성직자들의 도피적인 답변에 만족할 수 없었다.

그 후 몇 년 동안 아우구스티누스는 신플라톤주의(Neoplatonism)의 흐름 속에서 가르치고 연구를 진행하면서 생활해 나갔다. 그는 플라톤과 플로티누스의 저작에 큰 관심을 쏟았다. 33세에 크리스트교에 귀의한 후, 그는 플라톤과 신플라톤주의 철학, 그리고 크리스트교 사상을 철학적으로 통합하는 작업에 완전히 몰두하였다. 플로티누스로부터 아우구스티누스는 진정한 실재는 영적이고, 모든 존재는 신으로부터 나왔다는 견해를 받아들였다. 아우구스티누스는 '감화력의 수준(levels of emanation)'에 대한 플로티누스의 사상을 '삼위일체'라는 크리스트교 사상의 관점에서 이해하였다. 플라톤으로부터 그는, 비록 플라톤이 발전시킨 이교적 기초는 거부하였지만, 명상적 삶이 지식과 행복에 이르는 유일한 길이라는 견해를 받아들이게 되었다. 그리고 그는 크리스트교 신앙 속에서, 훌륭한 삶으로 이끄는 적당한 지침은 '성서'라는 견해를 갖게 되었다.[35]

2. 아우구스티누스의 사상

아마도 비단 크리스트교 사상뿐 아니라, 전반적인 서구 철학에 대한 아우구스티누스의 단일한 가장 큰 기여는 인간의 개인적, 내면적 삶에 대한 강조라고 할 수 있을 것이다. 데카르트의 언명으로 잘 알려진 "생각한다. 그러므로 나는 존재한다"라는 말은 사실 그보다 12세기 전에 이미 아우구스티누스의 저작에 나타나고 있다. '내적' 혹은 '주체적'인 시간의 경험에 대한 정교한 이론을 소개하고 기술한 사람은 다른 어떤 철학자보다 단연 아우구스티누스를 꼽을 수 있다.[36] 아우구스티누스의 <참회록>은 서구 문

---

35) Solomon & Higgins, *A Short History of Philosophy*, pp.122−123 참조
36) 아우구스티누스는 "정신은 영원할 수 있다. 그러나 그 정신이 구원되거나 상실되는 것은 시간 속에서 나타난다"고 하였다.

헌에서 자신에 대한 가장 단호하고 솔직한 탐구 가운데 하나로 남아 있다. 인간 이성에 대한 광대한 관심을 그곳에서 발견할 수 있다. 그러나 실질적인 관심은 역시 영혼의 열정에 모아지고 있다.

아우구스티누스는 종교의 중심된 관심사로서 신(하나님)과 인간정신 사이의 관련성을 주목하게 되었다. 정신은 '하나님의 형상으로' 창조되었기 때문에, 자기를 안다는 것은 하나님을 아는 데 이르는 중요한 수단이 되었다. 서양철학에서 우리가 '내면적' 전환이라는 철학에 있어서 가장 극적인 전환들 가운데 하나를 추구하게 된 것은 아우구스티누스와 더불어 시작된 것이다. 세계에 대한 지식, 특히 하나님에 대한 지식은 더 이상 탐구와 이성의 문제로서 단독으로 인식되는 것이 아니라, 똑같이 감성의 문제로서 인식될 수 있는 것이다. 초기 그리스 철학자들은 간혹 감정에 대해 운위하고 있었지만, 그러나 그들은 '내적 경험'으로서 이것을 생각하지는 않았다. 예수와 다수의 초기 사도들이 신앙을 (내면으로 향한 중요한 발걸음인) 생활태도로 다루면서 신앙을 언급하였지만, 그러나 그들은 우리가 '부유한 내면적 삶'이라고 할 수 있는 것으로 인식하지는 않았다. 소크라테스는 정신에 대해 말하였지만, 그러나 그것은 깊은 경험의 문제가 아니라, 단지 덕성의 원천이었을 뿐이었다.

아우구스티누스의 <참회록>과 더불어, 개인적이고 내적인 정신적 삶이 서유럽 철학에서 중심적 위치에 서기 시작하였다. 인간 존재의 궁극적 목표는 두려움과 존경 속에서 하나님을 생각하는 것이라고 그는 말하고 있다. 내면적 삶이라는 이러한 개념으로부터 강력한 새로운 개념의 크리스트교가 이후 전개된다. 종교개혁은 내적인 정신적 삶에 대한 이러한 강조를 더욱 발전시키고 있고, 데카르트와 그 이후 철학자들에게서 중심이 되어 나타나면서, 근대의 철학은 또한 주체성과 경험을 강조하고 있다. 실제로 지식의 경험적 혹은 '내적인' 기초는 수 세대의 근대 철학자들에게 공유된 전제가 되고 있다. 아우구스티누스 이후 천오백 년 뒤, 스스로를 '낭만주의'라고 칭한 독일의 철학자들은 '절대자'에게 그러한 내면적 경험을 승화시키고 있다.

인간 지식에 대한 아우구스티누스의 견해 속에서, 하나님은 창조주일 뿐 아니라 세상 속의 활동적인 대리인이기도 하다. 하나님은 신성한 마음이라는 이상을 공유하면서 인간정신을 계발한다. 아우구스티누스는 플라톤에 대한 신플라톤주의적 해석을 포용하고 있다. 형상(신의 섭리 사상)은 하나님을 통해서 인간에게 이해될 수 있게 된다. 그리하여 '신의 참여'는 플라톤에게 있어서보다 더욱 직접적인 설명력을 갖는다. 하나님의 계몽은 플라톤에 의해 서술된 무형의 형상을 직접적으로 정신에 분명하게 만든다. 하나님은 그를 통해 알게 되는 이성과 진실의 능력의 원천이기 때문에, 우리는 인간 이성에 대한 확신을 가질 수 있다고 아우구스티누스는 주장하였다. 그는 비록 그리스인들이 성서에 나타나는 진리에 더욱 다가설 수는 없었지만, 이성의 진정한 산물로서 고대 그리스인들의 직관을 해석하였다.

아우구스티누스에 따르면, 성서를 통한 그러한 계시는 신의 계획과, 그 안에서의 우리의 위치를 완전히 이해하는 데 필수적이다. 그럼에도 불구하고, 자연 세계에 대한 우리의 경험은 신앙적 진리의 방향으로 향하게 할 수 있다. 아우구스티누스는 하나님의 존재를 알 수 있는 다수의 자연적 조건들을 제시하였다. 그는 질서정연한 계획과 창조의 아름다움을 말하였고, (완전한 창조주를 포함한) 피조물들의 불완전함을 역설하였으며, 피조물들의 움직임을 나타내었다. 그러나 이성적 논의보다 더욱 설득력 있는 것은 아우구스티누스 자신에게 나타나는 갈망하는 욕구, 하나님과 하나됨으로써만 충족될 수 있는 축복에 대한 갈망이었다. 진리에의 우리의 접근이 부분적이라는 것을 인식하는 것은, 이성적인 방법과 마찬가지로 그러한 감성적 경험을 통해서 이루어진다. 그러나 우리 자신의 한계라는 이 자각으로부터, 우리는 하나님이라고 하는 항구적이고 영원한 진리의 깨달음을 주워 모을 수 있다.

아우구스티누스는 철학을 이성의 기술들을 포함하는 행동으로 생각하였고, 또한 지혜와 생에 대한 궁극적인 진리에의 접근이라고 보았다. 철학에 대한 이러한 두 개념과 함께, 그는 추상적인 논리의 문제들을 추구하고, 크리스트교 교리가 불가피하게 나타내는 몇 가지 모순들을 해결하는 큰 영광에 접근할 수 있었다. 그러나 적어도 이러한 모순들 가운데 하나는 학문적이거나 단순히 논리적인 것이 아니었고, 다시 한번 그것은 악의 문제였다.

아우구스티누스는 무엇보다도 먼저 하나님은 악이 존재하도록 하지 않았다는 것을 나타내려 하였다. 악은 오직 선의 부재일 뿐이라는 플로티누스의 사상을 받아들이면서, 아우구스티누스는 그렇기 때문에 하나님은 악의 원인이 아니라고 주장하였다. 악은 창조된 것이 아니라, 무언가의 결핍이었다. 악은 무질서와 가깝고, 그것은 질서의 결핍이지, 존재하는 실체가 아니었다. 방은 무질서해질 수 있지만, ‘무질서’가 방에 들어서기 때문이 아니다. ‘무질서’는 단순히 질서가 무너진 것을 말한다. 유사하게, 악은 하나님이 창조한 질서의 타락이지, 하나님의 창조물 그 자체가 아니었다.

세상을 창조하는 가운데, 하나님은 인간과 다른 모든 창조물들을 완전하게 만들었으며, 그들에게 자연적이고 (인간의 경우) 초자연적인 목적을 추구하도록 계획된 본성을 제공하였다. 아우구스티누스에 따르면, 그리스 철학 전임자들은 인간의 자연적인 목적을 아주 잘 설명하였지만, 그들의 초자연적인 운명에 대해서는 잘못 알거나 불분명하였다. 그들은 하나님이 인간에게 초자연적인 목적-축복 속에서 하나님과 함께 영적인 교감을 갖는 것-으로 향하도록 하는 본성을 제공하였다는 것을 깨닫지 못하였다.

고난을 가져오는 자연적 재난을 다르게 설명할 수 있겠지만, 아우구스티누스는 우리가 단순히 하나님이 그의 창조물을 위해 가진 전반적인 계획 속에 있는 궁극적인 중요성을 볼 수 없는 것이라고 강조하였다. 우리가 그 계획을 알 수 있다면, 우리는 하나님의 창조가 전적으로 선이라는 것을 볼 수 있다. 그러나 세상에 대한 신성한 계획의 필수적인 부분은 하나님이 인간들에게 '자유 의지(free will)'라는 큰 축복을 내리면서, 하나님 안에 있는 심오한 부분을 인간들에게 허용했다는 것이다. 실수함이 없이 하나님의 계획을 따르는 창조의 다른 측면과는 달리, 인간은 그들 자신의 행동을 결정할 수 있도록 허용되었다. 하나님 창조의 가장 완벽함은 하나님이 인간에게 그를 믿는 것을 선택할 수 있는 자유를 주었다는 것과, 하나님의 계획을 실행하는 데 동참할 수 있는 자유를 허용했다는 것이다. 그러나 인간은 자유 선택을 가지기 때문에, 하나님이 그들을 죄악으로 빠져들게 했다고 말할 수 없다. 원죄의 가능성은 자유 의지의 필수적인 모습이다. 그러므로 하나님은 인간을 통해 악을 발생시키게 했지만, 하나님은 악이 아니고, 또한 스스로 그것의 원인이 되는 것도 아니다.

'창세기'는 항상 선을 선택하는 데 대한 인간들의 실패를 상세히 적고 있다. 아담과 이브의 원죄가 낮은 곳으로의 모든 인류의 타락을 가져왔다. 이 낮은 상태의 한 측면은, 아담과 이브의 후손들에게 유증된, 특히 육체와 관련된 유혹과 '타락'에의 굴복이라는 경향이었다. 이것은 세상에서 악을 일으키는 인간들의 경향을 악화시켰다. 그러나 "정신을 억누르는 육체의 타락은 원인이 아니고 원죄의 벌이다. …… 타락을 정화하는 것은 죄스러운 정신이었다."고 아우구스티누스는 강조하고 있다. 유혹은 인간의 원죄, 인간의 선택의 결과이지, 그것의 본래 원인이 아니다.

아우구스티누스는 하나님의 예지가 하나님을 원죄에 책임이 있게 한다는 반론을 생각하였다. 예를 들면, 하나님은 전지전능하고, 인간의 원죄를 예견하기 때문에, 하나님은 그들에 대한 책임이 있고, 그들을 원죄로부터 막을 수 있다고 얘기될 수 있다. 하나님이 원죄를 예견할 수 없다면, 그는 전지전능한 것이 아니다. 그러면 적어도 크리스트교적 개념에서 그는 하나님이 될 수 없다. 아우구스티누스는 하나님은 인간의 원죄를 예견한다고 결론지었다. 실제로 하나님은 시간의 제약을 받지 않기 때문에 모든 시간을 볼 수 있다. 그러므로 하나님은 인간들이 행하였거나 앞으로 행할 (그리고 지금 바로 행하고 있는) 잘못된 선택의 모든 것을 볼 수 있다. 그렇지만 이러한 자유 선택에 대한 하나님의 '아심'이 하나님이 이러한 선택을 조장했다는 것을 뜻하지는 않는다. 하나님은 인간 역사의 전 과정을 '알고' 있지만, 그는 그것을 펼쳐 보이도록 하는 막후 조종자는 아니다.

인간들이 원죄를 범하게 하기는커녕, 하나님은 인간의 타락 상태에서조차 인간에게 원죄를 극복할 수 있는 능력을 주었다. 이러한 상태에서 인간들은 하나님을 향하는 데 있어 그들 자신의 본성에 의존할 수 없다. 원죄의 영향들 가운데 하나는, 마치 부주의한 운전이 차의 운행을 왜곡시키는 것과 같이, 우리들 본성에 기본적인 경향들을 왜곡시키는 것이다. 그러나 하나님은 자유롭게 그것을 받아들이는 사람들에게 '은총'을 주었다. 그곳에서 은총은 신성한 안내이다. 아우구스티누스는 모든 사람이 은총을 받아들인다고 생각하지 않았고, 몇몇 사람이 그렇고 다른 사람들은 그렇지 않은 것이, 많은 사람들이 은총을 받고 구원을 얻는 데 실패한다는 결론으로 이끌고 있다는 사실을 생각하지 않았다. 후에 이러한 견해는 그들이 무엇을 행하거나 믿는 것과 상관없이, 몇몇 사람은 구원이 '예정되어' 있고, 몇몇은 천벌이 예정되어 있다는 극단적인 캘빈주의 독트린으로 형성되었다.

그러나 아우구스티누스는 또한 하나님 은총의 보호적 권세를 강조하였고, 그것은 신앙인들이 유혹에서 벗어나 그들의 초자연적 운명이라는 경로로 향하게 한다고 하였다. 가장 큰 위험과 유혹은, 인간의 자유 의지에 대한 강조에도 불구하고, 자기결정이라는 인간의 아집이라고 아우구스티누스는 강조하였다. 단 한 가지의 해법은 하나님에 대한 열정적이고 수동적인 영접이라고 아우구스티누스는 주장하고 있다. 때로는 무지와 자만을 통해서, 그리고 악의를 통해서 악을 선택하는 것은 바로 인간들이었다. 구원을 얻으려는 적극적인 노력을 강조하였던 동시대인들에 대항하여, 아우구스티누스는 최선의 인간적 태도는 신앙이고, 그것은 모든 사람들에게 열려 있

다는 것을 강조하였다. 악의 원천임은 고사하고, 하나님(신)은 인간들에게
그것을 극복할 수 있는 수단을 제공하였다.[37]

3. 아우구스티누스 사상의 중요성

아우구스티누스를 모르고서 우리는 또한 중세 초기의 정치적이고 사회
적인 측면을 이해할 수 없다. 학자들은 아우구스티누스가 기본적으로 그의
철학과 이론 면에서 '고대'냐 '중세'냐를 놓고 정확히 양분되고 있는데, 그
가 중세 사상을 형성하는 데 큰 영향력을 가졌다는 데는 광범한 의견일치
를 보이고 있다. 그러한 주장을 자료로 뒷받침하기에는 언제나 난감한 일
이지만, 여기서는 그 영향을 일반과 특수라는 두 측면에서 살펴보고자 한
다. 전체적으로 아우구스티누스의 사상 패턴은 초기 중세의 세계관으로부
터 적어도 13세기까지는 계속 이어지고 있다는 것이 일반적이었다. 뛰어난
중세의 사상가들이 그들 견해의 권위로서 혹은 그들이 독립적으로 다다른
확증적인 지위로서 성 아우구스티누스를 언급한 것은 특별한 것이었다.

아우구스티누스의 일반적인 영향과 관련하여, 중세의 사상가들이 그 때
문에 아우구스티누스처럼 생각하는 경향을 가졌던 것인지, 중세의 일반적
인 종교적, 정치적 분위기가 아우구스티누스와 중세의 사상을 규정했던 것
인지를 밝히기는 쉬운 일이 아니다. 아마도 아우구스티누스 철학체계와 초
기 중세 사상 사이의 유사성이 현저하다는 것을 제시하는 것이 가장 안전
할 것이다. 그러나 우리는 보다 확실한 경계를 가지고 그것들을 고려해야
만 할 것이다.

첫째, 아우구스티누스 정치철학의 핵심인 '하나님의 나라(Citivas Dei)'

---

37) Solomon and Higgins, op.cit., pp.123－126.

와 '현세의 나라(Citivas Terrena)' 두 나라의 지상에서의 혼합이라는 전반적인 언급은 당시의 공통의 믿음이었다. 그것과 함께, '아담의 타락' 속에서 많은 사회적, 정치적 현상에 대한 설명이 추구되어야 한다는 일반적인 확신이 계속되었다. 이것만으로도 아우구스티누스와 중세 초기 사상을 13세기 이후 지성사의 주요 흐름과 구별하는 데 충분하다.

둘째, 아우구스티누스는 초기 크리스트교 사상의 반세속적인 태도를, 콘스탄티누스 이후의 정치상황에 대한 크리스트교적 견해를 조정해야 하는 필요성과 조화시키려 했으나, 이 세상과 저 세상 사이의 긴장은 그 자신의 저작물과 중세 초기의 세계관 속에 그대로 남아 있었다.

셋째, 세속적인 제도들은 원죄로부터 나왔다는 아우구스티누스의 주장은, 교회는 비종교적인 제도들보다 무언가 낫다는 주장의 해설자들에게 아주 이상적인 무기를 제공하였다. 비록 아우구스티누스는 전체적으로는 적어도 '현세의 나라'를 국가와 동일시하지는 않았지만, 실제의 역사적인 국가들에 대한 신랄한 공격은 중세 교권주의 지지자들에게 진정한 무기의 창고를 제공하였다.

그러나 마지막으로, 아우구스티누스는 또한 반교권주의자들에게도 논거를 제공하였다. 그는 '눈에 보이는 교회'와 '눈에 보이지 않는 교회'에 대해 모호한 입장을 띠었다. 그리고 그는 현존 교회 속에서 두 나라의 혼합을 자주 강조하였다. 또한 관심은, 선택되는 것은 개인적인 영혼이고, 그들의 선택은 어떤 현존의 위계적 교회 질서가 생기기 전에 일어난다는 그의 주장에 모아졌다. 분명히 이러한 종류의 생각은—11세기의 친황제론자들(pro-imperialists)이든, 13세기의 요아힘주의자들(Joachimites)이든 혹은 15세기의 위클리프주의자들(Wycliffites)이든— 교회의 세속적인 주장들을 공격하였던 모든 사람들에게 수많은 이데올로기적 무기를 제공할 수 있었고, 또 제공하였다.

사실, 중세의 정치적이고 이데올로기적인 투쟁을 조성한 것은 아우구스티누스 자신의 마음속에서 매우 모호하고 분열적인 것이었다. 예를 들면, 초기 중세 유증론자들(Donatists)을 억제하기 위해 시민적 권위를 사용하는 데 대한 그의 반대는 이단을 제거하는 데 황제의 역할이 필요하다고 하면서 자주 불확실하게 배합되어 나타나고 있다. 그러나 가톨릭 크리스트교가 지배의 권리가 있다는 그의 궁극적 확신은 '종교재판(Inquisition)'의 확고한 설립과 그것의 세속적 권위와의 밀접한 연계를 예고하는 듯이 보인다.

더욱 명백하게, 학자들은 중세 사상가들과 정치가들에 의해 인용되는 아우구스티누스의 빈도를 찾아내는 데 큰 재능을 보여 왔다. 샤를마뉴(Charlmagne)는 아우구스티누스의 <신국론(City of God)>에 크게 영향을 받았는데, 그것은 그가 가장 즐겨 읽는 책들 가운데 하나였다. 그는 특히 제5권 24장, 크리스트교 황제의 '이상향'을 그린 것을 좋아했다. 그레고리 7세(Gregory VII)와 헨리 4세(Henry IV) 간 투쟁 과정에서 나타난 많은 팜플렛은 성 아우구스티누스에 관한 언급으로 채워져 있고, 확실히 양측은 그들의 상대적 지위에 대한 지지를 위해 그를 사용할 수 있었다.

사회와 정치에 대한 교회법적 견해의 발전에 있어 아우구스티누스는 또한 물론 실로 커다란 발자취를 남겼다. 그의 권위는 특히 이단을 다루는 강제의 사상을 지지하는 데 인용되고 있다. 초기 크리스천들이 강제력을 사용하지 않은 유일한 이유는 그들이 수적으로 열세였던 사실에 기인한다고 아우구스티누스는 주장하였다. 이러한 종류의 언급은 의심할 바 없이 종교박해가 자리잡을 수 있는 지적 구성물을 세우고 있는 사상가들의 편치 않은 양심을 도왔다. 같은 이유로, 아우구스티누스의 '전쟁의 방어'는 의심할 바 없이 하나님이 내린 것이었다.

후기 중세의 사상은 아우구스티누스의 견해로부터 상당히 벗어나 있었다. 그러나 루터교와 초기 캘빈교의 등장과 더불어, 아우구스티누스의 철학과 정치적 언급은 그들의 삶에 새로운 의미를 제공하고 있었다. 그러나

18세기 이후 아우구스티누스의 정치적 견해는 낡은 것으로 간주되기 시작하였고, 근대의 일반적인 분위기는 이러한 생각을 지지하는 경향을 보여 왔다.

그러나 20세기 중엽부터 사람들은 과연 아우구스티누스의 사상이 정말 쓸모없는 것인지 또다시 자문해 오고 있다. 사회적, 도덕적 진보에 대한 20세기의 희망은 양차 대전과 핵전쟁의 위협 속에서 희미해지는 듯하였다. 전쟁, 노예화, 그리고 비합리적인 갈등에 책임 있는 반아우구스티누스적 주장은 빅토리아 여왕 시대에 나타났던 것과 같은 대중적 지지를 받을 수 없었다.

보다 명확히 말하자면, 근대 정치철학에 대한 아우구스티누스의 도전은 계몽에 반대하는 인간의 본질 속에 무언가 확고한 것이 있다는 그의 주장에 놓여 있다고 할 수 있다. 사회의 구조가 무엇이든, 지배자들이 어떻게 계몽적이든 비합리적 저항은 정치적 인간의 특성으로 남아 있다. 권력자들이 그들의 목적을 위해 그들 자신의 자기영속을 못하도록 할 수 있는 아무런 방법과 대책이 없다는 것이다. 경제적인 요소들은 계급으로의 사회적 분할을 포함하는 정치적 현상을 설명하는 데 실로 큰 역할을 담당하지만, 경제적인 문제들 자체는 보다 근본적인 사실의 조명 속에서 바라다보아야만 한다ㅡ즉 역사적인 인간은 근본적으로 이기적이고, 어떤 종류의 사회적 재구성을 통해서 자발적이고 자유로운 사회로 돌려놓기는 불가능하다는 것이다. 생산물에 대한 공산주의적 사고는 아주 이상적이지만, 인간의 노력은 그것을 달성하기에는 힘에 부친다. 도덕적 진보를 향한 모든 피상적인 발걸음은 항상 또 다른 타락의 가능성을 가지고 있다. 타락에 의해 가능한 바로 그러한 지식은 인간 생활을 고양하기 위해서 사용될 수도 있고, 그것을 파괴하는 데 사용될 수도 있는 양면의 칼날이다. 거대하게 확장된 기술력은 인간에게 편익을 제공하는 것과 마찬가지로, 환경을 오염시키고 인간을 죽음으로 몰고 갈 수도 있는 것이다.

이러한 가정이 사회적, 정치적 경험에 맞지 않는다는 것이 적어도 자명한 것은 아니다. 때문에 20세기부터 다시 한번 그러한 것들을 평가하는 한에 있어서, 성 아우구스티누스의 사상은 오늘날에도 결코 죽지 않고 살아 있다고 할 수 있다.[38]

---

38) Sibley, op.cit., pp.192－194 참조.

제2절 토마스 아퀴나스(1225 - 1274)

1. 토마스 아퀴나스 사상의 시대적 배경

12세기에 이르러 교회가 영적이고 세속적인 권력 양면에서 세력을 계속 증대하고, 그 옹호자들이 13세기의 극단에 이르기까지 '이론적인 설명(rationale)'을 만들어 나갔던 한편, 중세 말기가 서서히 닥치면서부터는 이 단적이고 외래적인 지적 움직임이 새로이 등장하게 되었다.

7세기 초 모하메드(Mohammed)는 이슬람교의 기초를 세웠다. 유대교와 크리스트교의 전통 위에 세워지고 엄격한 유일신 사상을 가르치면서, 이 새로운 종교는 그 예언자의 죽음 뒤 곧바로 수년간 북아프리카 지역으로 급속히 확산되어 갔다. 카르타고와 아우구스티누스의 히포를 포함하는, 초기 크리스트교에 매우 중요했던 로마 제국의 고대 도시들이, 초기 크리스트교의 충실한 신앙으로부터 단절되고, 이슬람교의 제도들이 교회의 네트워크를 대체하게 되었다.

승승장구하는 이슬람교도들은 스페인으로 밀고 들어올 때까지 기세를 멈추지 않았고, 아마도 모하메드 사후 백년 뒤 투르(Tours) 지방에서 군사적으로 패배하지만 않았다면 프랑스까지 침투할 수도 있었을 것이다. 8세기 초 이후 이슬람교는 스페인에서 그 지위를 확고히 하였다. 그때부터 10세기에 이르기까지 아프리카—스페인(Afro-Spanish)의 이슬람교적 생활과 문화는 실질적으로 하나의 문명을 이루게 되었다.

지적 발전이라는 측면에서, 이 문명은 같은 시기 유럽에서 알려진 어떤 것의 진전과도 멀리 떨어져 있었다. 유럽이 지역적 교회분권의 시기에 있으면서 봉건주의 제도를 형성하고 있을 때, 이슬람 문화는 과학적 실험을 추구하고, 고대 그리스 철학을 코란 속에 있는 계시와 연결시키려고 하면서 보편성을 구축하고 있었다. 유럽의 의학 지식이 아주 낮은 수준에 머물러 있을 때, 이슬람권에는 의학 기술 분야에서 상당한 발전을 이루고 있었다.

사실상 750년에서 1000년 사이의 이슬람 문명의 발전을 생각하면, 732년의 투르에서의 패배는 크리스천 옹호자들이 언급하였듯이 '축복'이 아닐 수 없다. 이슬람교도들이 아니었다면, 유럽의 지성사는 아주 다른 것이 될 수도 있었다. 학문의 부흥은 그것이 실제로 일어나기 2-3세기 전에 이미 나타났을 것이다. 교황권은 최고의 지위를 점하게 되지 않았을 것이다. 종교재판은 결코 설치되지 않았을 것이다(이슬람에서는 그러한 제도가 없었다). 이후 세대들로부터 비판받은 중세 생활의 여러 모습들이 생기지도 않았을 것이다.

그러나 두 문명은 완전히 분리되어 남아 있을 수 없었다. 십자군전쟁 전에 이미 한 지역에서 다른 지역으로 움직이는 여행자들이 있었다. 이슬람문명의 유대인 사회와 중세 유럽의 유대인들 사이의 통신망이 발전되어 있었다. 일찍이 11세기 유럽인들은 위대한 아랍의 의사이면서 철학자인 아비세나(Avicenna, 980-1037)에 대해 듣고 있었고, 12세기 중 몇몇 학생들은 또 다른 이슬람 사상가이며 의사이기도 했던 아베로에스(Averroes, 1126-1198)의 저작물들을 읽고 있었다. 또한 11-12세기 중 몇몇 크리스트교도들과 유대인들은 이슬람 학자들의 도움을 받아 유대교와 그리스 사상의 맥락 속에서 철학적인 문제들을 토론하였던 아비세브론(Avicebron, 1021-1058)과 마이모니데스(Maimonides, 1135-1204)를 알고 있었다. 유럽의 사상가들이 초기의 영적-세속적 논쟁의 문제에 빠져 있을 때, 아랍과 유대 학자들은 이슬람 문화의 분위기 속에서 아리스토텔레스의 의미와 적용에 대해 논쟁을 하고 있었다.[39]

이슬람 학생들과 그들의 유대인 동료들은 많은 문제들에 관심을 기울이고 있었다. 첫째, 그들은 고대 그리스의 사상과, 유대인과 이슬람인들의 전통이 철학적이고 정치적인 문제를 바라보는 방법 사이에 존재하는 엄청난 간극을 주목하였다. 그리스인들은 추상적이고 합리적인 것을 강조하고, 물질적인 것을 플라톤이 칭한 물질의 '형상'보다 무언가 덜 실질적인 것으로 보는 경향이 있었다. 다른 한편, 유대인과 이슬람인들에게 역사의 구체적인 사건은 야훼와 알라의 '뜻'을 나타내는 것으로서 매우 중요하였다. 역사는 결코 의미 없는 것이 아니었고, 단순히 반복되는 것이 아니었다. 그리고 감각적인 경험은 실제보다 열등한 것이 아니었다. 여하튼 거기에는 합리주의와 경험주의 사이의, 그리고 역사를 중요하지 않게 보는 것과 역사를 계시로 보는 것 사이의 긴장이 있었다. 이슬람과 유대 사상은 모두 이러한 긴장에서 발생하는 논쟁을 파악해야만 하였다.

그러나 두 번째로, 이슬람과 유대 학자들은 신학과 철학 사이의 관계에 관심을 두고 있었다. 바꿔 말하면, 신학이 체계적으로 종교적 계시의 의미를 밝혀내고, 계시가 세상에 관한 진실을 우리에게 가져다준다고 할 때, 이성적 삶이라고 할 수 있는 철학에 남겨진 여지는 무엇인가 하는 것이다. 만일 신학이 어떤 것을 정의하고, 철학이 다르게 정의하면서 모순되는 듯이 보일 때, 선행하는 것은 무엇인가? 신학이 철학에 흡수되어야 하는가, 철학이 신학에 흡수되는가? 어떻게든 해결책이 수용된다면, 이성의 이름으로 계시를 거부해야만 할 것 같고 혹은 계시의 이름으로 이성을 거부해야만 할 것 같다. 이러한 해답의 아무것도 이슬람 사상가들을 만족시키지 못

---

39) 이슬람 사상의 정치적 측면에 관하여는 E. I. J. Rosenthal, *Political Thought in Medieval Islam* (Cambridge: Cambridge University Press, 1958)을 참조할 것.

하였다. 아베로에즈는 철학에 전적인 진리라고 할 수 있는 것이 신학에 틀릴 수 있고, 그 반대도 마찬가지라는 주장을 하면서, 하나의 체계-이름하여 '두 진리' 이론-를 창안하였다. 만약 이러한 견해를 받아들인다면, 인간의 정신은 분명히 두 갈래의 영속적인 상태에 있는 것이다.

아랍 세계의 이러한 논쟁이 12세기 말과 13세기 초의 크리스트교 문명에 스며들기 시작하면서, 그들은 어떤 종류의 체계적인 의견에 관심을 갖기 시작하는 문화에 직면하였다. 그러나 이와 동시에, 아랍과 유대 학문의 수입은 대학설립 운동의 시작과 때맞춰 이루어졌고, 이것은 학문의 일상적인 모습이 이제 아랍과 유대 사상, 그리고 아베로에즈와 같은 사람을 자극하였던 아리스토텔레스에 대한 지속적인 관심을 가질 수 있도록 하였다.

아리스토텔레스에 대한 심도 있는 연구와 결합된 아랍-유대 학문의 영향은 엄청난 것이었다. 2세기 넘게 아랍 사상가들을 단련시켰던 철학적 논쟁은 이제 절정기 중세의 지적 생활을 흔들어 놓았다. 네오플라톤주의, 스토아주의, 그리고 헤브류 사상의 간단치 않은 결합에 크게 기반을 둔 아우구스티누스적 종합은 이제 아리스토텔레스와 그의 아랍 및 유대 주석자들의 학문체계에 직면하게 되었다. 초기 중세의 지혜는 수도승적이고 영적인 학문으로 형성되었다. 그러나 이제 이슬람적 생활의 실험적인 학문과 아리스토텔레스의 합리주의는 수도승의 자기만족에 도전하였고, 무언가가 그들의 자기확신을 파괴하였다.

전반적인 스콜라주의 운동을 지탱한 것은 물론 비판적인 정신이다. 그것은 초기 중세의 지혜에 만족하지 않았고, 13세기에 이르기까지의 지적 생활을 지배했던 철학적 순박성에 안주하지도 않았다. 비록 크리스트교적 계시에 전체적인 책임을 지우고 있지만, 그것은 아리스토텔레스와 아랍인들에 의해 제기된 철학적인 문제들을 파악하기에 이르러서야 만족을 할 수가 있었다.

중세 정치철학의 사회적 맥락은 물론 되살아난 '도시'였다. 스콜라주의는 봉건체계를 수용하는 듯이 보였지만, 그것은 그것과 아주 불편한 것이었고, 본질적으로 비봉건적인 조직의 형태에 대한 명백한 선호를 가지고 있었다. 그것이 아리스토텔레스의 '윤리학'과 '정치학'에 점점 더 관심을 갖게 되면서, 도시 생활에 대한 선호는 더욱 증대하는 경향을 보였고, 중세의 농촌은 이제 열등한 형태가 되었던 것이다.[40]

2. 토마스 아퀴나스의 정치학과 법철학

모든 정치사상의 위대한 체계는 긴장과 모순이 이전의 견해에서 명백해지거나, 정치체제 내의 갈등이 도저히 참을 수 없는 지경에 이르기 때문에 발전하는 경향을 보인다. 이러한 경향은 성 토마스 아퀴나스의 경우에도 딱 들어맞는다.

토마스 아퀴나스는 중세 유럽의 가장 뛰어난 철학자이며 신학자 가운데 한 사람이었다. 흠잡을 데 없는 크리스트교적 정설에 입각한 엄격하고 심오한 그의 지적인 분석력은 훗날 그의 '토마스주의(Thomism)'가 여러 측면에서 가장 탁월한 가톨릭 철학으로서 승인받게 해주었다. 또한 정치사상가로서 아퀴나스의 중요한 성취는 인간을 "천성적으로 정치적인 존재"라고 파악하였던 아리스토텔레스적 인간관의 도움을 받아 유럽에서 주목을 끌게 되었다는 점이다. 당시 중세의 유럽인들은 정치를 일반적으로 종교적이고 법률적인 관점에서 생각하던 때였다.

우리는 앞서 이미 크리스트교 사상 자체 내의 많은 갈등을 지적해온 바가 있다. 또한 아우구스티누스와 더불어, 순수한 의미의 자연법과 타락 이후의 자연법 간의 대비가 언급되었고, 그것이 보편적으로 받아들여졌던 한

---

40) Sibley, *Political Ideas and Ideologies*, pp.228−230 참조

편으로 어려움 또한 없지 않았다. 그리고 이제 아랍의 학문과 아리스토텔레스의 그림자와 더불어, 계시의 역할과 이성의 역할 사이의 극적인 긴장이 다가왔던 것이다.

상황을 더욱 복잡하게 만든 것은 아리스토텔레스 자신이 두 가지 다른 방향에서 해석될 수 있다는 것이었다. 하나는 그가 본래 감각적 경험을 넘어선 것으로서 합리성을 강조한 플라톤주의자로 볼 수 있다는 것이다. 그러나 다른 한편, 아리스토텔레스에게 있어서 플라톤에 대한 비판이 중심이 되면서, 아리스토텔레스의 이론은 '형상'의 세계보다는 경험적이고 감각적인 세계를 강조하는 것이 되고 있었다는 것이다.

토마스 아퀴나스 또한 자신의 체계적인 정치이론을 구성하면서, 크리스트교적 전통에 존재하는 형이상학적이고 윤리적인 긴장뿐 아니라, 황제권과 교황권 사이의 투쟁과 같은 당시의 정치적 갈등의 견지에서 이것을 다루어야만 하였다. 한 가지 면에서, 그의 과제는 아리스토텔레스의 가르침을 크리스트교적 계시와 연결시키는 것이었고, 그래서 전체의 부분들은 충돌할 수 없는 것이었다. 그러나 또 다른 한편으로, 그의 과제는 오늘날 이데올로기적이라고 할 수 있는 것으로서, 확신에 찬 온건 교황권자로서 교황권주의를 뒷받침할 수 있는 요인들을 만들어 내야만 하였다. 그는 전통적인 교회법적 가르침의 형식적인 논의를 넘어서야만 했고, 자신의 이론을 철학적으로 복잡하게 해야만 하는 전제들에 기초를 두어야만 하였다.

이러한 목표를 달성하는 데 있어, 토마스 아퀴나스는 아리스토텔레스의 철학이라고 인식한 것을 신중히 수용하고 있다는 것을 염두에 두어야만 한다. 사실상, 아리스토텔레스의 수용은 의심스러운 것으로 받아들여져 몇몇 도시에서는 그의 저작들이 공공연히 불태워졌고, 아리스토텔레스의 체계가 전형적인 후기 중세의 기본골격으로 받아들이게 된 것은 아퀴나스 사후의 일이었다.[41]

다른 사람들이 고대 사상가들이 힘써온 이성적 삶이 교회에 의해서 해석된 성서의 가르침에 기초한 지식에 대한 언급과 어떻게 조화될 수 있는 지를 볼 수 없었을 때, 토마스 아퀴나스는 잠정적인 것과 실질적인 것 사이의 아리스토텔레스적 구별 속에서 그 해결책을 발견하고 있었다. 동시에 그는 인간 원죄의 계시에 따라서, 사물의 본질적인 경향을 이해할 수 있도록 해주는 이성적 삶이, 이성 너머에 존재하고 교회 속에 참여하는 신의 은총에 의한 완성을 필요로 한다고 주장하고 있다.

이 이론의 기본적 토대는 그의 <신학대전(Summa Theologica)>에서 발견되고 있다. 거기에서 토마스 아퀴나스는 그의 저작 첫 부분에서 하나님에 대한 자세와 모든 피조물들이 어떻게 하나님으로부터 나오는지를 제시하고 있음을 우리에게 알려준다. 신의 계시는 아리스토텔레스의 철학이라는 조망 속에서 보이고 있다. 이성은 물론 궁극적인 신비를 우리에게 알려줄 수는 없지만, 신의 계시가 한 번 주어진다면 하나님의 메시지를 인간적 이해에 연결짓는 것을 찾을 수 있다. 그것은 신의 계시에 대한 기본적인 믿음이라는 조건하에, 인간에 대한 하나님의 방법을 정당화하는 것을 추구할 수 있다.

2부에서는 물론 아퀴나스의 기본 주제는 인간이다. 1부에서 그는 우리에게 어떻게 인간이 다른 피조물들과 공존하는가, 어떻게 현시된 진리에 따라 하나님으로부터 나오는가를 보여주고 있는 반면, 2부에서 그는 어떻게 인간이 이성을 통해서 하나님에게 귀의하는 것을 찾을 수 있고, 또 찾는지를 설명하는 데 관심을 기울이고 있다. 2부는 본질적으로 폭넓게 인식된 도덕적이고 정치적인 철학에 관한 보고서이다. 그 속에서 우리는 토마스 아퀴나스가 이성에 대한 주장을 펼치는 데 얼마나 앞서 나아가고 있는

---

41) 플라톤 또한 중세 기간동안 유럽에서 철저히 잊혀지고 있었다는 사실을 염두에 두어야만 한다. 플라톤의 <국가론>이나 <법률론> 같은 저작물들은 아우구스티누스와 같은 교부철학자들을 통해서만 간접적이고 불완전하게 알려지고 있었다.

지를 발견하게 된다.

이성에 대한 강조에도 불구하고, 토마스 아퀴나스는 적어도 은총에 대한 충분한 여지는 만들어 놓았다고 생각하고 있다. 그리하여 <대전(Summa)>의 제3부는 聖事 속에 살아 있는 실체로서 어떻게 크리스트가 이성의 과정을 완성하는가를 설명하는 작업에 헌신하고 있다.

이것은 대체로 일반적인 그림이다. 이제 우리는 토마스 아퀴나스가 정치와 사회에 대한 설명의 전제로서 우주의 본질을 어떻게 다루고 있는지를 좀더 상세히 알아보도록 하자. 이것은 오로지 하나의 세계이고, 그것이 다수라고 주장하는 사람은 잘못됐다고 그는 단언하고 있다. 그는 이것을 성서뿐 아니라 아리스토텔레스로부터의 인용을 통해서 뒷받침하고 있다. 하나님은 비존재를 의도하는 사물의 원인이 될 수 없기 때문에, 악은 하나님으로부터 유래하지 않는다. 결함을 구성하는 악은 그 作因의 결함에 의해 초래된다. 하나님과 인간 사이에는 실체가 없는 세 계급의 천사라는 전반적인 위계질서가 있다. 우월한 천사는 열등한 천사를 계몽하고 인도하며, 천사는 인간에 대한 계몽 능력을 가지고 있다.

성 토마스 아퀴나스를 이해하는 한 가지 중요한 열쇠는 '타락'에 대한 그의 견해이다. 아우구스티누스와 더불어, 이브가 하나님으로부터 인간을 분열시키는 데 가장 중요한 작인이었고, 그래서 에덴의 평등과 자연적인 자유의 파괴로 이끌었다는 것을 기억해 낼 수 있다. 토마스 아퀴나스의 분석은 더욱 자세하고, 아리스토텔레스가 아주 많이 그에게 영향을 주었음을 보여주고 있다.

여성에 대한 그의 논의는 그가 아리스토텔레스적 방법과 크리스트교적 전통 모두를 고려한 것의 가장 훌륭한 예가 되고 있다. 그는 아리스토텔레스가 여성은 '잘못된 남성'이라고 주장하고 있기 때문에, 하나님이 여성을 창조함으로써 잘못을 저질렀다고 주장하면서 논의를 시작하고 있다. 그리고 그는 원죄가 세상에 들어선 이후 여성은 남성 권력의 지배 아래 두어졌고, 여성이 창조되지 않는 것이 더 나을 뻔했다는 것을 보여주기 위해 창세기 3장 16절을 인용하고 있다.

그러나 토마스 아퀴나스는 창세기 2장 18절을 지적하면서 이러한 생각을 반박하고 있다. 창세기는 하나님이 남자가 혼자 있는 것이 좋아 보이지 않아 여자를 만들었다고 말하고 있다. 여성은 일반적인 것이 아니라 주로 '대를 잇는 작업' 속에서 남성에게 더욱 도움이 된다고 그는 주장하고 있다. 동물과 식물에게 출산은 '고귀한' 기능이다. 그러나 남성에게 성교가 아주 짧은 시간 지속된다는 사실은 남성이 더욱 고귀한 목적을 가져야만 한다는 하나님의 의도를 나타낸다. 여성은 출산 작업 속에서 남성을 돕도록 계획되었고, 따라서 남성은 말하자면 지적인 일에 특화될 수 있는 것이다. 그렇기 때문에, 아리스토텔레스가 줄곧 말했듯이, 합리성은 인류를 모든 다른 동물과 식물 등급을 뛰어넘게 하는 특성인 것이다.

아퀴나스는 또한 만약 하나님이 세상에서 어떤 식으로든 원죄와 관련된 모든 피조물들을 빼앗아 들인다면, 세상은 불완전해질 것이라고 보았다. 더 나아가, 공통의 선은 '개인적인 죄악'을 피하기 위해 파괴되어서는 안 된다. 이것은 하나님이 좋은 목적을 위해서는 악조차 사용할 수 있다는 사실을 조망하는 견해 속에서 특별히 진실한 것이다.

아퀴나스는 또한 '하나님의 형상'이 모든 남성과 여성 안에 존재하는지 아닌지를 묻고 있다. 그는 그렇다고 답하고 있으나, 곧 세 개의 이미지를 구별함으로써 자신의 주장을 누그러뜨리고 있다. 하나님은 모두가 하나님을 사랑하고, 사고에 대한 본질적인 재능을 갖는다는 점에서 모든 남성과 여성 안에 존재하고 있다. 그러나 그것은 오로지 이러한 재능이 실질적으로 충족되고, 실제로 효과적인 습관의 한 부분이 되었을 때만 그렇다. 그리고 이것은 적어도 타락 이후 하나님 은총의 도움 없이 일어날 수 없다. 그러므로 우리의 의지가 자연적인 이성과 초자연적인 은총의 결합을 통해서 하나님을 사랑하고 그의 뜻을 습관처럼 행하는 것을 배울 때, 우리는 인간 본연의 모습으로 재창조되는 것이다. 그리고 하나님의 형상은 단순히 잠정적인 것이라기보다는 실질적인 것이 되는 것이다.

물론 성 사이의 구분은 인간 사회의 시작이었고, 아퀴나스는 개별적으로 불완전한 자연적인 여성은 하나님의 형상을 갖지만, 동시에 남성에 대한 자연적인 시민적 복종이 당연하다는 것을 제시하고 있다. 여성의 복종은 타락의 결과가 아니다. 상대적으로 말해, 토마스 아퀴나스는 '여성의 권리'를 주장한 것이었다.

그러나 에덴에서의 남자와 하나님의 정확한 관계는 무엇일까? 초기 중세의 생각은, 아우구스티누스를 따라, 남성의 심리적, 사회적 상태를 고려함에 있어 타락의 결과를 강조하는 경향이었다. 천국에서 남성은 하나님을 완전하게 알았다고 초기 견해는 말하고 있었다.

이와는 대조적으로 토마스 아퀴나스는 타락 이전에도 인간은 본질적으로 하나님을 보지 못하였다고 강조하고 있다. 그는 "영적인 것이 첫 번째는 아니다. 그것은 자연적인 것이다"라는 바울의 말에 이러한 주장을 기초하고 있다. 토마스 아퀴나스의 주장은 "그의 본질을 통해 하나님을 보는 것은 가장 영적인 것이다. 그러므로 자연적 삶의 첫 번째 상태 속의, 첫 번째 인간은 본질적으로 하나님을 보지 못하였다"는 것이다. 아담은 오늘날 우리보다 더욱 완전하게 하나님을 알았다. 그러나 그가 실제로 그의 실체 속에서 하나님을 알았다면, 그는 '지복(beatitude)'을 갖게 되었을 것이고, 원죄를 갖지 않을 수 있었을 것이다. 그가 원죄의 가능성을 가졌다는 사실은 그가 이러한 지복을 갖지 않았다는 것을 뜻한다. 인간은 에덴에서 행복했지만, 그것은 "신성한 실재라는 비전을 구성하는, 완전한 행복으로 운명지어졌던 것은 아니었다."

토마스 아퀴나스는 아주 간결하게 타락 이전과 타락 이후 사이의 구분을 설명하고 있는데, 그는 "원죄 이후 인간은 더욱 많은 신의 은총을 요청한다"고 보았다. 타락 이전에도 "인간은 영원한 삶을 얻기 위해 은총을 요청하였고, 이것이 은총의 필요성에 대한 중요한 이유였다. 그러나 원죄 이후 인간은 원죄에 대한 용서와, 그의 나약함에 대한 지원을 위해 또한 신의 은총을 요청하였던 것이다."

타락 이전과 타락 이후 인간 사이의 간극을 좁히려는 이러한 경향은 타락 이전과 이후 인간 평등의 문제에 대한 아퀴나스의 분석 속에서 특히 주목되어야만 한다. 기본적으로 사회질서는 순수한 자연의 통합적인 측면이다. 그러나 질서는 다양한 종류의 불평등을 요구한다. 만약 어떤 면에서 각 실체가 전체에 종속되지 않으면, 사회 전체는 방향성을 가질 수 없기 때문이다. 더구나 천국에서 어떤 사람은 다른 사람들보다 더욱 큰 정의와 지식을 가질 수 있다. 또한 육체적 힘에서도 다를 수 있다. 달리 말하면, 불평등은 자연의 부분이고, 단순히 타락 이후의 본질이 아니라는 것이다.

그러나 모든 유형의 불평등이 자연적인 것은 아니다. 토마스 아퀴나스는 순수 자연에 존재하는 불평등의 유형에서 노예제를 명백히 배제하고 있다. 노예는 개인적 이득을 위한 도구이지, 사회적 복리가 아니기 때문이다. 때문에 노예제는 타락의 결실로 취급되어야만 한다. 다른 한편, 천사들 가운데 존재하는 불평등의 유형은 인간들 가운데 존재한다. 확실히 타락 이전의 인간의 상태는 천사의 그것보다 존귀하지 않다고 토마스 아퀴나스는 보고 있다. 그리고 그는 이러한 순수 형상은 위계질서 속에 정돈되어 있다고 이미 관찰한 바 있었다. 또한 천국에서 영혼들은 '영광'에 있어 차별적이었다. 본질적으로 높은 계급은 자발적으로 그들 자신과 사회적 선을 위해 낮은 계급을 통치하고, 그들의 지배는 또다시 자발적으로 영광에 있어 열등한 사람들에 의해 받아들여지고 있는 것이다.

여기서 우리는 또다시 토마스 아퀴나스가 타락의 결과를 최소화하는 경향이 있다는 방법상의 실례를 얻을 수 있음에 주목하게 된다. 아주 초기의 교회법 학자들에게 타락 이전의 정부라고 부를 수 있는 것은 없었고, 동물들은 인간에 의해 지배되었지만, 인간 자신은 인간에 종속되어 있지 않았다. 반면 아퀴나스에게는 인간과 동물들이 타락 이전에 어떤 인간들의 지배에 종속되어 있었다. 타락은 의심의 여지없이 어느 정도 지배의 본질에 영향을 주었음에도 불구하고, 어떤 인간들이 본질적으로 다른 사람들에게 종속된다는 원리는 타락 이전과 원죄의 범함 이후 모두에 똑같이 남아 있다. 토마스 아퀴나스는 인간이 본질적으로 사회적 존재라는 주장으로 본질적인 것으로서 정부를 생각할 수 있는 여지를 만들어 놓고 있다. 아리스토텔레스처럼 또 다른 관점에서 그는 이렇게 말하고 있다. "군중 속에 사는 사회적이고 정치적인 동물이 된다는 것은 다른 동물들보다 인간들에게 좀 더 자연스러운 것이다."

아리스토텔레스-아퀴나스적 용어 속에서, 순수 자연적이든 타락한 자연인이든 그러한 잠재성은 하나님의 형상으로 창조되거나 인간 자체로 재창조되는 것뿐만 아니라, 하나님 자신의 바로 그러한 모습을 가질 수 있는 존재의 실질성이 될 수 있는 것이다. 그러면 잠재성에서 실질성으로 가는 이러한 전체 과정 속에서 정치는 어디에 위치해 놓아야 할까? 토마스 아퀴나스의 해답에 최선의 열쇠는 먼저 법에 대한 그의 개념 속에서 찾을 수 있다.[42]

아퀴나스는 세상이 말 그대로 법률로 넘쳐나고 있다는 일반적인 중세적 견해를 함께 하고 있다. 그러나 우리는 그가 일반적으로 법률을 규범적이고 서술적인 양 측면에서 생각하고 있다는 것을 주의 깊게 살펴볼 필요가 있다. 물론 그 최고 단계에서 규범적인 것과 서술적인 것은 합쳐진다. 그래서 신적인 본질과 동일한 법률의 수준에서, 신적인 본질을 서술하는 것은 동시에 기준과 규범을 제공하는 것이다.

일반적으로 아퀴나스는 법률을 "공동체를 보호하는 사람에 의해 만들어지고 공포된 공통 선을 위한 이성의 법령"이라고 정의하고 있다. 하나님은

---

42) Sibley, op.cit., pp.231-234 참조

인간의 공동체를 구성하지만 아주 작은 부분인 이 세상의 유기적인 공동체를 보호하기 때문에, 모든 법률은 궁극적으로 하나님으로부터 유래한다.

보다 구체적으로, 토마스 아퀴나스는 법률을 영구법(eternal law), 자연법(natural law), 신성법(divine law), 그리고 인간법(human law)이라는 네 가지 수준에서 구별하고 있다. 이러한 법률에 대한 올바른 이해는 그의 법률에 대한 이론뿐만 아니라, 정치 사회의 구성에 대한 그의 개념을 파악하는 데에도 큰 도움을 준다.[43]

3. 정치적 권위에 대한 이론

그러나 토마스 아퀴나스의 법에 대한 개념은 정치적 권위에 대한 그의 분석과 밀접하게 관련되어 있음에 틀림없다.

우리가 살펴본 바와 같이, 정치사회는 그에게 있어 모순과 긴장의 영역이었다. 거기서 잠정적으로 이성적인 인간은 준정치적(subpolitical)인 것과, 집단에 대한 개인의 무조건적 복종, 그리고 자유와 '공동체' 속에서 완성되는 개성이 비강제적인 조화 속에서 성취되는 초정치적(superpolitical)인 협력 사이에서 분열되어 있는 것이었다.

그의 이론의 중세적인 맥락은 전체로서의 공동체나 혹은 '우월자'에 통치의 권위를 추적하는 속에서 명백한 것이다. 그가 통치자들은 공동체와 궁극적으로는 하나님으로부터 권위를 획득한다고 주장할 때, 그는 물론 로마의 법 전통과 교회법적 사고 모두를 반영하고 있는 것이다. 우월자와 조응된 정치적 권위와 관련해서는, 그가 교황권에 종속된 봉토나 봉건 영주라는 봉건적 조건을 염두에 둔 것으로 보인다.

---

43) Ibid., pp.234-235.

그의 정확한 정치적 이상과 관련해서는, 혼합 정부의 언급에 대한 권위로서 아리스토텔레스를 언급하고 있는 것을 알 수 있다. 성 토마스 아퀴나스는 그러한 형태의 정치적 지배가 소수의 우월적인 지혜와 다수에 의한 복종의 필요성 모두를 고려한 최선이라고 생각했음이 틀림없다. 더 나아가 그는 관습을 통한 다수의 입법 능력에 큰 확신을 가지고 있었다. 그는 무엇보다도 안정을 추구하고 있는데, 그것은 전체 공동체의 동의와, 어떤 종류의 귀족정체의 조언을 구하며 통치하는, 왕정을 통하여 가장 잘 확보될 수 있는 것이었다.

토마스 아퀴나스는 한편으로는 '당국자(powers that be)'에 대한 크리스트교적 숭배와, 다른 한편으로는 독재의 가능성에 대한 아리스토텔레스와 아우구스티누스의 경계 사이에서 고민하고 있다. 그래서 그는 통치자들은 비록 그들이 개인적 의미에서는 악한 사람일지라도 큰 존경심으로 지탱되어야 한다고 강조하고 있다. 때문에 그는 "그들은 하나님과 공동체의 모습을 가지고 있다"고 적고 있다.

동시에 자연법과 정의의 본질에 대한 그의 견해는 의심스러운 통치자의 모든 행동을 정당한 것으로 보는 것을 허용할 수가 없었다. 그는 정당한 법과 부당한 법 사이의 차별성을 인식하고 있었다. 그는 정당한 통치자와 부당한 통치자 사이의 유사한 구별을 확보하고 있었다. 그래서 통치자의 법령은 두 가지 점에서 정당하지 않을 수 있다. 첫째는 법률에 반해서 정부를 얻어 찬탈자가 되었을 경우이다. 두 번째는 정당한 정부라고 하더라도, 부당한 사항들을 명령할 경우이다.

그렇기 때문에 토마스 아퀴나스는 중세 사상가들의 중요 주제였던 명백한 독재자를 어떻게 처리할 것인지의 문제를 다루어야 할 의무감을 느끼고 있었다. 소란은 중대한 죄악임이 분명했지만, 폭군살해가 위법한 것인지는 명백하지 않았다. 폭군을 살해하는 것은 정당하다는 생각은 물론 정치사상사에서 고전적인 것이다. 고대인들은 아무런 어려움 없이 그것을 수용하였다. 12세기에 존 샐리스버리(John of Salisbury)는 명백히 그것을 지지하였고, 그래서 절정기 중세의 사상에 그러한 생각을 부활시키는 데 도움을 주고 있었다.

'피터 롬바르트의 처형에 대한 소고(Commentary on the Sentences of Peter Lombard)'에서 토마스 아퀴나스 역시 독재자를 처형하는 것은 정당하다는 생각을 찬양하는 것으로 나타나고 있다. 거기에서 그는 아무런 어려움 없이 키케로의 유명한 언급을 재인용하고 있다.

그러나 그는 전반적으로 폭군살해에 관심을 기울이지 않았고, 그것에 도덕적 동의를 두어야 할지에 대해서 아마도 매우 조심스러웠던 것으로 보인다. 그는 먼저 폭군의 발생을 방지하는 데 적용될 수 있는 방법에 역점을 두고 있다. 그래서 그는 도덕적인 통치자의 구분을 논하고 있고, 폭군이 되는 것을 방지할 수 있는 헌법적 조치들이 만들어져야 함을 제시하고 있다. 그 함의는 통치자는 언제나 공동체에 의해 선출되어야 하고, 신하의 임명에 대한 규준이 실정법으로 구성되어야 한다는 것이다.

통치자가 공동체에 의해 선출되어야 한다고 주장함에 있어, 토마스 아퀴나스는 세습 군주가 완전히 부정된다는 것을 반드시 주장하고 있는 것은 아니다. 중세 정치사상이 발전하고, 세습이 영국과 프랑스 같은 지역에서 생겨남에 따라, 왕권의 세습은 보통 어떤 방식이든 공동체가 왕위 계승을 승인해야만 한다는 생각이 수반되고 있다. 달리 말하면, 세습은 불충분하고, 그것은 그 아들이 통치할 만한가를 결정하는 전체 인민의 참여와 함께 이루어져야만 하는 것이었다. 심지어 새로운 교황도 로마 인민들에 의해 환호로써 맞이되고 있었다.

그러므로 아퀴나스가 공동체에 의한 통치자의 선출을 제시할 때, 그는 공동체의 참여가 이루어져야 한다는 중요한 부분을 강조하고 있는 것이지, 아마도 세습을 부정하고 있는 것은 아닌 듯하다. 그는 통치자는 그가 다스리는 사람들에 대한 의무감을 끊임없이 간직하고 있어야만 한다는 필수적인 것을 생각하고 있는 것이다.

　물론 폭군을 몰아내는 데 법적으로 승인된 방법이 있다면, 토마스 아퀴나스는 그것에 대한 아무런 반대도 보이지 않았을 것이다. 그는 고대 로마의 원로원을 그러한 것으로 간주하고 있다. 공식 조직과 실정법의 부재에서조차 인민에 의한 협력적 행동은 필수적이라는 것을 생각하고 있는 듯하다. 그러나 그는 통치자에 대한 협력적인 제거와, 개별적 혹은 당파적인 제거를 조심스럽게 구분하고 있다. 물론 공식적인 법의 규정이 없는 상태에서 공동체 혹은 협력적 행동을 그가 의미하고 있는지는 분명치 않다. 그러나 아퀴나스는 어떤 의미에서 혁명의 권리를 주장하는 것으로 해석될 수도 있다.

　그의 견해가 정치적 권위는 자연적인 것이고, 단순히 인간 원죄의 열매가 아니라는 것이라고 할 때, 토마스 아퀴나스는 성 아우구스티누스보다 더욱 긍정적인 측면에서 그것을 바라보는 경향을 보이고 있다. 아우구스티누스에게 그것은 기본적으로 억제되고 부정적인 것이었다. 그러나 <대전(Summa)>의 저자에게 그것은 사회질서의 긍정적인 수호자이다. 그리고 그것의 부정적인 기능은 피안으로 사라지고 있다.44)

4. 토마스 아퀴나스의 중요성

　토마스 아퀴나스는 국가를 자연적인 제도라고 하였다. 그것은 인간의 본질로부터 도출한 것이다. 그는 아리스토텔레스의 "인간은 본래 사회적인 동물이다"라는 구절을 이용하여 그의 정치론을 따르고 있다. 아리스토텔레스는 국가가 인간의 모든 욕구를 충족시킬 수 있어야 한다고 가정하였다.

---

44) Ibid., pp.242-244.

왜냐하면 그는 인간의 자연적인 요구에 대해서만 인식하고 있기 때문이다. 반면에 아퀴나스는 인간의 물질적 혹은 자연적인 요구 이외에도, 인간은 초자연적인 목적을 소유한다고 믿었다. 인간은 그러나 그 궁극적인 목적을 다룰 수 있는 능력을 결핍하고 있기 때문에, 교회가 이 목적을 인도한다고 아퀴나스는 생각하였다.

국가는 신에 의지하고, 신이 부여하는 기능을 소유하고 있다. 국가는 교회에 종속하고, 국가는 또한 합법적인 기능을 갖는 동시에, 그것 자체는 교회에 종속되어야 한다는 것이다. 국가는 인간의 정신적인 삶을 방해하는 어떤 제제도 가할 수 없고, 교회는 국가의 자치권에 관여하지 않는다. 인간의 정신적인 목적은 인간의 힘이 아닌 하나님의 힘에 의해 성취된다. 군주는 신으로부터 그의 권한을 부여받고, 그 권한의 목적은 공동선을 이루기 위함이며, 이기적인 목적을 위하여 그 권한을 이용해서는 안 된다.

아퀴나스는 근본적인 진리가 신앙의 진리이며, 인간의 최대 관심사인 구원은 교회의 수중에 있다는 주장을 통해 교회의 우월성을 암시하고 있다. 그는 또 교회는 인간의 궁극적인 목적을 달성하기 위한 필수불가결의 기구라고 말하고, 아리스토텔레스적인 논리로써 교회 주도권의 정당화를 전개하였다. 그러나 그는 교황의 권한을 신중하게 제한시켜, 이를 인간의 죄에 관한 것만으로 한정시켰다. 이러한 교황권에 대한 제한은 교황이 최고의 위치에 있을 때에는 보통 고려조차 될 수 없는 것이었다.[45]

역사적으로, 특히 정치이론에 있어 성 토마스 아퀴나스의 중요성은 다면적이다. 첫째로, 그는 반성적이고 비판적인 정신을 재도입했다는 점에서 정치적 연구에 철학을 복구하였다. 그의 거대한 체계의 형성 전, 중세에 존재하였던 그러한 사회 연구는 흔히 법률가와 수도승들의 협소한 틀 안에서 번성하였다. 토마스 아퀴나스는 그러한 틀을 벗어나면서 지성계를 흔

---

45) 박채용, 앞의 책, 147 -148쪽.

들어 놓았다. 그리고 그의 연구의 결과는 인간의 문제에 있어 이성을 옹호하려는 장대한 시도로 나타났다.

토마스 아퀴나스는 고대 사상의 쇠퇴 이후 존재하지 않았던 곳에 정치적 질서를 복원했다는 점에서 중세 크리스천들이 정치와 경제의 세계에 좀더 친숙해지게 만들었다. 아우구스티누스적 체계가 억지로 경제와 정치 체제에 상대적으로 중요한 역할을 부여하였음에도 불구하고, 그것들의 위상은 본질적으로 부정적인 것으로서 제시되었다. 아우구스티누스의 것은 사회적, 정치적 질서에 대한 수도원적인 견해였다. 토마스 아퀴나스는, 아우구스티누스학파가 발전시켜온 순수 자연법과 상대 자연법 사이의 날카로운 구분을 지우면서, 법률, 정치적 지배, 그리고 재산과 같은 제도들에 긍정적인 가치를 부여하였다.

사회와 정치에 대한 아퀴나스적 태도는 즉시 수용되지는 않았지만, 그것은 후에 공식적인 로마가톨릭 정치사상가들이 이론을 구축하는 데 기초를 제공하게 되었다. 벨라르민 추기경(Cardinal Bellarmine), 수아레즈(Suarez), 비토리아(Vitoria), 그리고 근대의 교황 레오 13세와 피우스 11세와 같은 사람들은 비록 맹목적으로 성 토마스 아퀴나스의 견해를 따르지는 않지만, 그의 이론들은 보통 그들의 출발점을 구축하고, 상당 부분 또한 그들의 회귀점을 구축하고 있다고 할 수 있다.[46]

---

46) Sibley, op.cit., p.250.

제3절 마르실리오 파두아(1270 – 1340)와
윌리엄 오캄(1280 – 1349)

1. 마르실리오 파두아(Marsilio of Padua)

13세기에 들어서면서 유럽에서는 종교와 정치에 있어 정통적 중세 세계관의 기초가 크게 잠식되고 있었고, 이에 따라 종교재판이 그에 대한 반격을 정당화하고 있었지만, 점차 강대해진 세속 군주들과 그들의 옹호자들은 이러한 극단적인 교황권자들의 주장에 전면적인 투쟁을 준비하고 있었다. 이러한 교황권자들과 세속 군주들 간의 갈등은 13세기 내내 계속되었다.

1324년에 루이스 바바리아(Lewis Bavaria)와, 그를 둘러싼 교황 요한 22세(John X)의 반대자들은 다시 모이는 경향을 보였고, 바바리아는 교황의 이단성을 질책하는 문서를 발행하였다. 그 질책은 아비뇽 교황(Avignon Pontiff)이 복음주의적 청빈의 교리를 거부함으로써, 크리스트와 그의 사도들이 실천한 삶의 태도를 저버리면서, 사실상 정통주의를 포기하였다는 내용에 기초하고 있었다. 그 문서의 격렬한 부분 속에서, 루이스(혹은 아마도 그것을 기술했음직한 프란체스코 수도승)는 '스스로 교황임을 자처하는' 사람으로부터 종교회의(General Council)의 보다 높은 권위와, 그리고 이단논쟁을 종식하려 한 몇몇 미래의 교황에 이르기까지 큰 호소력을 가지고 있었다.

정치적으로 볼 때, 루이스는 당시 프랑스에서 계속되고 있는 교황권의

존재에 완전히 경각된 크리스트교 세계의 모든 사람들에게 영향력을 확보
하려 하고 있었다는 것은 명백하다. 그러나 종교적인 요소가 정치적인 것
으로부터 분리될 수는 없었다. 성스러운 교회 자체와 프란시스코 파에 닥
친 복음주의적 청빈을 둘러싼 격렬한 논쟁은, 루이스에게서 재산 문제의
지위와 관련된 태도에 있어 교회를 변화시킬 수 있는 동맹자를 발견하고
있는 것이었다. 그리고 또한 성직자들의 일반적인 개혁에 대한 요구도 무
시할 수 없을 만큼 점증하고 있었다. 그리고 루이스는 많은 사람들에게,
교회 문제에 간여하면서 중세 말기의 비평가들이 점점 필요로 하였던 그
러한 정화를 가져올 수 있는, 정치적 리더로 보이고 있었던 것이다.[47]

당대의 가장 혁명적인 인물 가운데 한 사람인 마르실리오 파두아
(Marsilio of Padua)의 정치사상을 살펴보아야만 하는 이유는 바로 이러
한 배경에 있는 것이다. 1270년에 태어난 마르실리오는 파리 대학에서 철
학, 의학, 그리고 신학을 공부하였는데, 거기서 그는 장래 철학자 윌리엄
오캄(William of Ockham)을 만났다. 그는 확실히 당시 급속히 확장하고
있던 국왕 영토의 수도에 사는 동안에 프랑스 사상을 잉태하게 되었다. 그
러므로 그에게서 아주 극단적인 세속주의적 견해를 발견하는 것은 놀라운
일이 아니다. 루이스의 견해를 쫓아서, 그는 교황권의 근본적인 잘못을 지
적하려는 사람들의 논의에 힘을 싣고 있었다.

마르실리오는 궁극적인 권위는 어디에 있는가와, 그것은 어떻게 실현되
어야 하는가 하는 문제에 아주 많은 관심을 가지고 있다. 그의 해답은 최
고 권력은 인민 속에 존재해야만 하는 것이었다. 그는 신분과 교육 정도에
따른 대중의 무게를 마음에 두고 있고, 그래서 공동체의 목소리는 수적인
대표성뿐만 아니라 질적인 요소이기도 하다. 대표성에 대한 근대의 이론들

---

47) 이 부분과 관련해서는 특히 Henry C. Lea, *The History of Sacerdotal
Celibacy in the Christian Church* (New York: Russell and Russell,
1957), 21장을 참조할 것.

은 단순한 수적인 우위를 유일의 요소로 하는 경향이 있다. 반면 마르실리오는 단순한 인구의 문제와 신분에 대한 중세적 인식을 함께 묶으려 하고 있다. 그러나 그는 그것을 상세히 기술하지 않았고, 그래서 수 세기 동안 그의 상세한 의미에 대해 여러 학자들을 어렵게 해왔던 것이다.

물론 그의 이론 가운데 상당 부분은 중세적 사고에 기초하고 있었다. 그가 중세의 일반적인 이론에서 떠나 있는 것은, 인민은 그들의 권위를 효과적으로 사용하기 위해서 통치자를 선택하고 그에게 책임을 지우기 위한 어떤 종류의 대표성 있는 의회에 대표를 보내야 한다는, 보다 확실한 언급 속에 있다. 대표성에 대한 관념은 중세적 사고와 실천 속에 존재하고 있다. 그러나 대표성 있는 의회에 대한 복종이라는 생각은 확실히 중심적인 것이 아니다. 왕권(principans) 혹은 행정권은 대표성 있는 기구의 대리인이 되어야만 하는 것이다. 그리고 그것은 독재에 대항하는 오랜 전통이 뿌리를 내릴 수 있는 장치를 제공할 것이다.

그러나 그는 대표 정부의 맹아적 이론을 만들어 냈을 뿐 아니라, 어느 정도 시민 또는 세속적 권위의 적절한 재판권을 다루고 있기도 하다. 여기서는 사실상 아무런 제한도 없어야만 한다. 공동체에 영향을 미치는 그 무엇은 그것의 권위 범위 안에 있다. 그것은 공동선을 담보하기 위해 세워지기 때문이다. 경제를 정치체로부터 크게 영향받지 않은 채 남겨져야 하는 독립적인 측면으로 생각하는, 시민 관할권에 대한 많은 초기 근대의 이론과는 달리, 마르실리오는 정치적 지배로부터 삶의 모든 측면을 제외하고 있지 않다. 법률은 심지어 성직자를 포함하는 기존의 직업을 선택할 수 있도록 사람의 수를 규제할 수 있다. 결국 마르실리오는 질서와 평화라는 보편적인 목적이, 경제적 측면에 대한 적극적인 역할에 통치자가 실패함으로써 크게 손상될 수 있다고 생각하고 있기 때문이다. 교회법 학자들이 흔히 가격, 이윤, 그리고 임금의 영역에서 교회의 권위를 유지하고 있는 반면, 마르실리오는 경제적 문제에 대한 관할권의 모든 자취를 교회로부터 배제하고 있다.

세속 정부에 대한 그의 그림이 당대에 아주 급진적이었지만, 교회 정부에 대한 그의 태도는 더욱 혁명적인 것이었다. 그의 시대 모든 예민한 생각과 같이, 그는 '아비뇽의 유폐'[48)]에 영향을 받고 있다. 그러나 다른 사람들과는 달리, 그는 하나님의 직접적인 대리인으로서의 교황을 설립하였던 그러한 발전의 기초에 의문을 제기하고 있다.

그는 먼저 '크리스트교 신앙의 기초가 무엇인가'라고 자문하고 있다. 토마스 아퀴나스의 시대 이러한 질문에 대한 정통의 답변은 물론 교회이어야만 하였다. 그리고 극단의 교황권 옹호론자들은 교황이 교회의 이름으로 대변된다고 주장한다. 그러나 마르실리오는 궁극적인 기초는 성서이며, 그것은 교회에 앞서는 것이고, 그러므로 우월한 권위를 갖는다고 주장하고 있다. 누군가 성서는 많은 부분 명확하지 않기 때문에 누가 성서를 해석해야 하느냐고 마르실리오에게 물었을 때, 그의 답변은 마찬가지로 혁명적이었다. 그것의 의미는 이 분야에 많은 지식과 지혜를 가진 지성적인 사람들에 의해 권위적으로 주어져야만 하는 것이었다. 이러한 점에서 그는 파리 대학이 로마의 성직자들보다 더욱 나은 직관력과 학식을 가질 수 있다고 보고 있다.

세속의 권위가 공동체에서 나오고, 공동체의 대표자들에게 위임되어야 하는 것처럼, 교황의 권위도 교회의 공동체에서 나오고, 교회의 대표자에게 위임되어야 한다고 마르실리오는 주장하고 있다. 종교 회의의 오랜 전통을 예로 들면서, 그는 종교 공동체가 암묵적으로 신앙을 보호해온 것은 '종교 회의'라고 말하고 있다. 교황이 보고해야만 하는 것 역시 '교회 총회(General Council)'이다. 그는 사실상 세속 영역의 왕과 같은 것으로,

---

48) 교황 클레멘스 5세 때인 1309년부터 1377년까지 7대에 걸쳐 교황청을 프랑스의 아비뇽으로 옮긴 사건을 말한다. 이때 교황권은 실질적으로 프랑스 국왕의 간섭하에 놓여 있었다.

종교 회의의 대리인이지 지도자가 아닌 것이다.

이러한 이론이 불충분했는지, 마르실리오는 교회 총회의 소집은 세속 권력에 속하는 권리여야 한다고 주장해 나가고 있다. 그는 물론 종교회의의 세속적 방향에 대한 선례를 인용할 수 있었다. 교회의 역사에서 가장 결정적인 종교회의 가운데 하나가 '니케아' 종교회의인데, 그것은 황제 콘스탄티누스에 의해 주재되었고, 그때 황제는 크리스천이 아니었다. 그는 분명히 세속 권력에 그렇게 중요한 역할을 주고 있는데, 그것은 부분적으로 그가 교회 개혁의 문제에 대한 다른 해결책을 볼 수 없었기 때문이다.

교회 총회가 소집된다면, 그것의 전반적인 방향은 황제의 특권이 되어야 한다고 그는 생각하고 있다. 또한 결정되어야만 하고, 심의에 분위기와 격려를 주는 논제를 결정하는 사람도 분명히 황제이다.

마르실리오에게 전반적으로 교회에 대한 세속적 권위가 갖는 전반적인 권력에 대해 아무런 의심이 없었다. 그는 시민적 권위의 측면이라는 전반적인 이론을 가지고, 교회 재산은 세금을 면제받는다는 보니파스 8세(Boniface Ⅷ)의 이론을 공격하고 있으며, 정치 사회의 목적이 공동선에 있다면, 통치자는 그러한 선이 교회에 대한 물질적 부담의 부과가 강요될 수 있는지 없는지를 판단해야만 하는 것이었다. 추구되는 바로 그러한 질서가 손상되지 않도록 하기 위해, 이러한 문제들에 대한 분열된 권위는 관용될 수 없는 것이었다.

아마도 마르실리오의 정치-교회 이론의 가장 뛰어난 측면은 교회의 전체 기구가 성직자들을 통제할 수 있고, 통제해야만 하는 방법에 대한 정밀한 연구일 것이다. 성직자가 가질 수 있는 어떠한 권력도 평신도로부터 나온다고 그는 주장하고 있다. 교황의 보편적인 관할권이 교회에 의해 그에게 위임된 것과 마찬가지로, 각 교구의 사제는 단지 그 교구 신도들의 위임자로 생각될 수 있는 것이다. 그리고 마르실리오는 이러한 이론을 다음과 같이 적고 있다; "각 교구의 신도들은 성직자를 임명하고 면직할 수 있다"고 주장하고 있다.

전체적으로 마르실리오의 정치이론은 14세기 전체의 가장 급진적인 언명들 가운데 하나이다. 거기에는 절정기 중세의 정신이라고 할 수 있는 것에 대한 어떠한 양보도 찾아볼 수 없다. 그가 날려버린 것은 낡은 관습의 모든 장벽, 봉건 체계의 계약적 요소들, 그리고 교회법적 이론에 대한 2백여 년간의 모든 주장들이었다.

후에 '급진적 세속주의'라고 규정할 수 있는 발전적 견해들 속에 마르실리오 혼자만 있었던 것은 아니다. 그의 친구 윌리엄 오캄은 아마도 유명론자들(nominalists)과 현실론자들(realists) 사이의 중세 말기 대논쟁에서 가장 잘 알려진 인물일 것이다. 그 또한 교황권의 기초를 잠식하는 정치적 탐구에 깊숙이 간여하고 있었다.[49]

2. 윌리엄 오캄(William of Ockham)

윌리엄 오캄은 어떤 면에서 프란시스코 파의 전통을 이어받고 있지만, 그의 정치사상은 마르실리오 파두아의 견해와 매우 근접해 있었다. 그러한 오캄이 정치적으로 매우 위험스러운 인물로 여겨졌던 것은, 그가 실제로 교황 요한 22세에 의해 투옥되었고, 오로지 루이스 바바리안(Lewis the Bavarian)의 노력에 의해서 풀려날 수 있었던 사실에서 잘 나타난다.

그러나 먼저 우리는 중세 철학사에서 그의 위상을 파악하지 않고서는 정치사상가로서의 오캄을 이해할 수 없다. 앞서 살펴보았지만, 13세기의 커다란 문제는 철학의 영역과 신학의 영역 혹은 이성과 신앙 사이의 정확한 관계를 설정하는 것이었다. 토마스 아퀴나스는 인간은 이성을 통해서만

---

49) Sibley, *Political Ideas and Ideologies,* pp.270−272 참조.

하나님의 존재에 대한 증거를 제시할 수 있다고 주장하는 하나의 체계를 발전시켜왔다. 그리하여 우리는 하나님의 존재와 계시가 단순히 우리의 지식을 공고히 하고 보완한다는 것을 알 수 있다. 토마스 아퀴나스의 체계를 통해, 이성과 계시는 상호 보완적이며, 자연 신학과 계시 종교 모두를 위한 여지가 존재하고 있다. 토마스 아퀴나스는 우주가 우리가 관찰하는 개별적인 종류에 존재한다는 아리스토텔레스의 견해를 지지하면서, 우주의 문제와 관련해서는 온건한 현실주의자라고 할 수 있었다. 바꿔 말하면, 우주는 개별적인 것에서 공통의 질을 추상화하는 단순한 일반화가 아닐 뿐 아니라, 그 자체로 개별적인 것과 밀접히 관련되고 형성되어 가는 보다 높은 수준의 실재라는 것이다.

토마스 아퀴나스에게 있어, 본질은 실제적인 것이지만, 개별적 존재는 우주의 실제 증거인 것이다. 이러한 아퀴나스 이후, 중세 철학은 극단적인 현실론자들과 성 토마스 아퀴나스처럼 온건한 현실적 입장을 취하는 사람들 모두에 도전하는 명목론적 견해의 꾸준한 성장으로 특징지어진다. 어느 정도 도미니크 교단은 다양한 현실주의 이론을 나타내는 경향을 보였다. 반면에 그들의 라이벌인 프란체스코 교단은 자주 명목론 방향으로 움직이고 있었다.

일반적으로 절정기 중세의 현실주의 성격으로부터 중세 말기에 들어 점차 중요해진 명목론으로의 변화는, 사실의 세계로부터 관념의 세계로의 점진적인 분리와, 감각의 외부 세계로부터 의식의 내부 세계로의 점차적인 분리로 구성되고 있다. '은총'의 영역 또한, 토마스 아퀴나스가 주장했던 이성적 지식의 행동을 보완하는 것으로 인식되는 대신, 합리성의 영역에서 단절되고 있었다.

이러한 경향은 윌리엄 오캄의 철학과, 그 철학의 윤리적, 정치적 의미 속에서 결정적으로 드러나게 된다. 그는 "공통되는 것에 실제로 존재하는 우주로서, 그러한 것은 없다"라는 노골적인 언급으로 가장 잘 알려져 있다.

우주는 단순히 이름일 뿐이고, "자발적인 동의가 없는 우주란 정신의 밖에 존재하지 않는다. 많은 사물을 함축할 수 있는 모든 것은 본질적으로 심리적 또는 논리상으로 마음속에 있는 것이다."[50]

오캄은 이러한 명목론적 이론을 개별적 인간과 인류 사이의 관계에 적용해 나가고 있다. "인류가 특수한 개인과 그들 본질의 부분과 다르다면, 하나와 똑같은 불변의 것은 많은 개별적인 것에 있을 것이고, 그래서 이러한 수적으로 동일한 하나와 불변의 것은 다른 곳에 있을 것이며, 이것은 잘못된 것이다." 그리하여 "동일한 불변의 것은 유다에게서 죄가 생기고, 크리스트에게서 구원을 받는다. 그리고 크리스트 안에서 죄가 생기고 용서가 되는 무엇이 있다는 얘기인데, 이것은 불합리한 것이다." 그렇기 때문에, 우주의 문제에 대한 유일한 참된 견해는 개별적인 것만을 실제적인 것으로 보고, 우주를 그 자체로 '개별적인 것'으로 보는 것이다. "모든 우주는 하나의 단일한 것이고, 많은 것들의 의미를 통해서만 보편적인 것이다."

토마스 아퀴나스는 외부 객체의 '모사'는 객체를 보는 사람의 마음속에서 발생한다고 주장했지만, 오캄은 마음속에서 발생하는 관념을 단순히 외부 객체의 '징표'로 보고 있다. 그러나 그 징표는 외부의 것과는 아주 다른 성질의 것이고, 그러므로 후자의 모사로서 간주될 수는 없었다.

사물과 생각이 분리되고, 개별적인 것이 실재로서 인식되기 시작하면서, 오캄의 심리학과 윤리학에서 의지 또한 지성에 선행하는 것으로 나타나고 있다. 아리스토텔레스처럼 토마스 아퀴나스에게는 인간이 실제로 알 때, 그는 의지를 갖는다. 선에 대한 진정한 지식이 의지를 가져온다. 그러므로 형상과 최후 원인의 본질을 파악할 수 있는 지성이, 지성이 발견하는 것을 단순히 실행하는 정신의 그러한 측면보다 우위에 있는 것이다. 그러나 명목론자들에게 의지와 지성의 관계는 역전되고 있다. 지성의 역할은 의지를

---

50) William of Ockham, *Commentary on the Sentences of Peter Lombard*
를 참조할 것.

강제하는 것이 아니라, 선택의 가능성을 의지에 나타내는 것이다.

이러한 모든 것은 하나님 안의 의지와 지성에 대한 명목론자들의 개념을 살펴볼 때 더욱 잘 조명될 수 있다. 하나님은 지성이 선인 것만을 창조한다고 토마스 아퀴나스는 주장하고 있다. 이것이 신의 의지의 본체를 결정한다. 윤리적인 면과 우주의 하늘나라 정부라는 견지에서, 이것은 현실주의자 아퀴나스에게 하나님의 명령은 무엇이 옳은 것이며, 또 그것이 사물의 본질로 고정된 것에 대한 완전한 이해에 종속되는 것이다. 인간은 하나님이 그러한 행동을 명령해서가 아니라, 하나님 명령은 그의 명령과는 별개로 옳고 선한 것이기 때문에 하나님의 뜻을 따라야만 하는 것이다.

그러한 상황에 대한 오캄의 견해는 아퀴나스의 견해를 뒤집어엎는 것이다. 오캄은 하나님은 그의 의지를 통해서 지금 선인 것과는 다른 어떤 선을 만들 수 있다고 언급하고 있다. 달리 말하면, 토마스 아퀴나스는 하나님이 그의 의지와는 다른 선이기 때문에 선을 바라는 것이고, 오캄에게 선은 하나님의 의지 하나로 이루어지는 것이고 '사물의 본질'에는 아무것도 없다는 것이다.

우주와, 의지에 대한 지성의 관계에 대한 오캄의 견해가 갖는 윤리적, 정치적 의미는 실로 중대한 것이고, 이 철학자가 교회 당국에 의해 파문을 당했다는 사실을 안다는 것이 놀라운 것은 아니다. 선이 자연적 지식의 대상이 될 수 없다면, 인간의 행동에 대한 합리적으로 규정되는 규준의 방법이 없다는 것이다. 하나님이 선으로서 의지하는 것은 단순히 그가 그것을 뜻하기 때문에 선인 것이고, 그의 뜻에 대한 유일의 원천은 이성이 아닌 계시나 은총인 것이다.

일반적인 것이 실질적인 것이 아니고 오직 개별적인 것만이 뜻을 갖는다면, 그리고 의지가 지성에 앞서는 것이라면, 정치와 법률의 이론은 이제 보편의 작용과 개별적인 것을 특징지우는 것으로서 보편인류라는 생각은 유지될 수가 없는 것이고, 법은 단순히 개인의 명령이 되는 것이다. 더구나 의식의 내적 세계와 사물의 외적 세계 사이의 명확한 구분은 오캄과 같은 명목론자들을 정신의 영역을 내적 생활로 제한하는 것으로 이끌고 있다. 반면 외적 세계는 내부 세계의 통제로부터 완전히 벗어나고 있는 것이다. 오캄은 정신적인 것이 외부 세계인 감각의 세계와 아무런 관련이 없음을 제시하고 있다. 그렇기 때문에 정신적인 권력-교회-은 인간의 내적인 삶만을 다룰 수 있고, 외적 강제의 아무런 권한도 가질 수 없다. 반면 이제 외적인 일에 대한 전체 세계의 주인이 된 '제국(imperium)' 혹은 '왕국(regnum)'은 교회의 결정에 구속될 아무런 이유가 없는 것이다.

이러한 견해 속에서, 정치적 권위 자체는 개별적 이해에 대한 타협의 결과로 등장하게 되고, 사회는 구분된 관심사의 결코 쉽지 않은 산물인 것이다. 오캄의 견해는 정치적 공동체에 대한 유기체적 개념을 부정하는 것이다. 실정법은 신성법처럼 강제의 결과이다. 그리고 선을 규정하는 것은 법률제안자의 명령이지, 법의 규준을 규정하는 이성적인 선이 아닌 것이다.

오캄의 일반적인 위상 속에서, 우리는 정치사상사의 전반적인 발전을 기대하게 된다. 그는 자신의 견해의 의미를 상세히 밝히지 않았고, 마르실리오 파두아처럼 극단적이지도 않았다. 그러나 오캄의 이론과 그것이 나타낸 일반적인 철학 속에서, 우리는 국가에 대한 사회계약 이론과 국가주권론, 국가와 교회의 분리, 그리고 법률에 대한 실증주의 학파의 명확한 전조를 파악할 수 있는 것이다.[51]

---

51) Sibley, op.cit., pp.272-274.

제3장 근 대

제1절 니콜로 마키아벨리
(Niccolo Machiavelli, 1469 - 1527)

1. 마키아벨리 시대의 정치

마키아벨리 시대 이탈리아의 정치적 상황은 어떤 면에서 아주 독특하다. 영국이나 프랑스와는 달리, 이탈리아는 정치적으로 통일되어 있지 않았다. 도시적 견해들이 영국과 프랑스에서 점점 더 중요해지고 있었지만, 그러한 것들은 점차 중앙집권화되는 국가 정치의 맥락 속에서 발전하고 있었다. 반면 이탈리아에서는 문화와 이데올로기가 도시들에 의해 형성되기 시작했을 뿐만 아니라, 많은 도시들은 또한 정치적으로 독립되어 있었다. 어느 정도 마키아벨리 시대의 이탈리아는 그리스 도시국가의 정신을 부흥시키고 있었다고 할 수 있고, 그가 본 정치는 영국과 프랑스의 정치적 조건과 같은 것이라기보다는 고대의 아테네, 스파르타, 그리고 코린스의 그것과 같은 것이었다.

그러나 이러한 종류의 일반화에는 좀더 조심스러울 필요가 있다. 이탈리아의 실질적 분열은 전적으로 도시를 따라 형성된 것이 아니고, 전반적인 상황은 교회의 특수한 역할 때문에 좀더 복합적인 것이었다. 마키아벨리의 이탈리아에는 다섯 개의 중요한 정치적 실체들이 있었다. 밀란 공국(Duchy of Milan)은 북부 지역의 많은 부분을 지배하고 있었는데, 고대 도시국가들처럼 밀란 시와 그 정치적 동맹, 그리고 그 종속국들로 구성되어 있었다. 북동부에는 고대 베니스 공화국이 있었는데, 그 역사는 A.D. 421년으로 거슬러 올라가며, 그 헌법적 발전은 정치사에서 가장 뛰어난 헌장 가운데 하나를 나타내고 있었다.[52]

플로렌스 시는 15-16세기 정치의 또 다른 요소였다. 밀란과 베니스처럼 그것 역시 광범한 정치적 복잡성 속에서 중심적 요소였다. 플로렌스는 비록 그 권위가 빈약한 것이었지만, 투스카니를 지배하고 있었다. 플로렌스의 정치적 발전은, 베니스의 그것처럼, 이탈리아 도시국가들이 본받아야 할 교훈적인 것이었다. 그리고 마키아벨리 자신도 <플로렌스의 역사(History of Florence)>에서 비교정치를 연구함에 있어 플로렌스 역사가 갖는 가치를 잘 깨닫고 있었다.

이탈리아 남부에는 물론 '나폴리 왕국'이 있었다. 마키아벨리 시대 동안 그것은 프랑스와 스페인 간 갈등의 대상이었다. 왕궁의 각 파벌은 각자 나폴리의 왕권을 주장하고 있었다.

그러나 아마도 마키아벨리 시대의 정치에서 가장 복잡한 역할은 교회의 영토에 의해 이루어지고 있었다고 볼 수 있다. 중부 이탈리아 지역은 교회에 의해 소유되고 있었고, 직접적으로 혹은 다양한 형태의 봉건적 보유를 통해서 교회에 의해 통제되고 있었다. 보편 교회의 정신적 지도자와, 동시에 교회 영토의 세속적 지배자라는 교황의 이중적 지위는 그를 거북한 위치로 몰아넣었다.

이러한 것들이 마키아벨리 시대 이탈리아의 중요한 정치적 분열상이었다. 그러면 정치적 투쟁을 둘러싼 의문점들은 어떠한 것이었을까?

도시국가들 내에는 그리스 정치사에서와 비슷한 많은 논쟁들이 그 국면의 중심에 자리잡고 있었다. 도시의 정치에서 시민의 정확한 영향력은 무

---

52) 베니스의 발전에 관하여는 W. Carew Hazlitt, *The Venetian Republic: Its Rise, Its Growth, and Its Fall* (London: Adam and Charles Black, 1915)을 참조할 것.

엇이며, 소수의 특권은 무엇인가? 예를 들면, 플로렌스에서 메디치(Medici) 가문은 귀족의 이익을 대표하였고, 소데리니(Soderini) 가문은 시민의 이익을 대변하고 있었다. 간혹 국내의 파벌들은 외부의 지원을 받고 있었고, 그리하여 플로렌스 헌법의 성격을 둘러싼 정치적 갈등은 전반적으로 이탈리아 혹은 전체 크리스트교 세계에 광범한 분파를 가지고 있었다.

이탈리아의 도시와 국가들은 지속적으로 다양한 종류의 이탈리아 외부의 간섭에 노출되어 있었다. 첫째로, 황제는 독일인이지만, 이론적으로 그가 로마 통치자였다는 사실로 말미암아 이탈리아를 통치한다는, 어떤 종류의 희미한 주장을 계속 유지하고 있었다. 그리고 그의 주장은, 교황의 똑같은 주장과 함께, 오랫동안 이탈리아를 기벨라인(Ghibbelines)—황제의 당원—과 구엘프(Guelfs)—교황의 당원—라는 파벌로 나누고 있었다.

그러나 프랑스와 스페인의 왕들 또한 이탈리아 사회에서 영향력 있는 역할을 보이고 있었기 때문에, 황제와 교황만이 유일한 경쟁자는 아니었다.

교황권의 성격과 그 지배는 또한 당시 정치에 큰 영향을 미쳤다. 교회의 이러한 지배자들 대부분은 사회생활을 이끌고 있었고, 도덕적 망설임으로 제한받고 있지 않았다. 모두들 사생아를 가지고 있었고, 알렉산더 4세는 공개적으로 그것을 인정하고 있었다. 정도의 차이는 있지만, 모두들 돈이든 정치권력이든 가능한 빨리 그들 가족의 발전을 모색하고 있었다. 그리하여 알렉산더 4세는 그의 아들 케사르 보르지아(Caesare Borgia)를 교황청 총사령관으로 임명하고, 이전의 교황들이 세웠던 봉건영주들로부터 교회의 영토를 되찾아오도록 하였다. 그리고 케사르는 교황의 직접적인 권력과 프랑스 국왕과 맺은 계약을 통해 급격히 부자가 되었다.

그 기간동안 교회와 세속의 정치인들에 의해 사용된 수단들은 대부분 추상적 도덕성의 기준에 대한 순종에 의해 선택된 것이라기보다는, 그것들이 욕망으로 보이는 것으로서, 그것은 즉각적인 결과를 가져올 수 있었기 때문이었다. 그리하여 교황 식스투스 4세(Sixtus Ⅳ)는 몇몇 플로렌스의 지도자들에 대한 피비린내 나는 살해를 가져온 파찌(Pazzi)의 음모를 지원하였다. 그리고 베니스 공화국은 공식적인 살인자를 수용하고 있었다.

르네상스 지배자들의 신앙 고백과 행동 사이의 대비는 물론 확연한 것이었다. 그리고 그것은 높은 곳이나 낮은 곳이나 할 것 없이 어디에서나 지속적인 논의의 주제였다. 예를 들면, 사람들은 교황 알렉산더 4세가 순결한 모성으로서 성모 마리아에 대한 특별한 경의를 표했다는 소식을 들었을 때 박장대소하였다. 그것은 교황이 그의 선출 전에 많은 아이들을 낳아놓고 있었을 뿐만 아니라, 교황으로서 추기경들과 그 자신을 위해서 매춘의 장려를 약속하고 있었기 때문이었다. 교회 내부의 성직매매에 대한 반발에도 불구하고, 교황 알렉산더 4세와 율리우스 2세는 실질적으로 돈의 지불이나 정치적 권력의 제공 등을 통해 교황권을 사고 있었다. 종교적이고 도덕적인 고백과 실제 행동 사이의 대비는 어느 시대에나 확연한 것이지만―그리고 그것은 특히 통치계급 내에서 더욱 확연하다―, 인류의 역사에서 이탈리아의 르네상스만큼 컸던 시대는 없었다.[53]

2. 마키아벨리의 일반적 견해와 방법

플로렌스의 공화정 시대에 태어난 마키아벨리는 주로 해외에서 외교관으로서 다양한 직책을 수행하였다. 또한 그는 민병대의 조직 임무를 맡기도 하였다. 1512년 플로렌스의 공화정이 몰락하고 메디치가(Medici Family)가 권력을 되찾게 되자 그는 관직을 박탈당하게 된다. 그 이후 그는 정치적 분석, 군사 이론, 그리고 역사 연구에 자신의 생을 바친다. 그는 차츰 메디치가의 관심을 끌게 되었지만, 갑자기 메디치가가 붕괴하고 다시 공화정

---

53) Sibley, *Political Ideas and Ideologies*, pp.293-295 참조

이 수립되었다. 그러나 이때 마키아벨리는 철저히 외면되었다. 그리고 얼마 안 있어 그는 사망하였다. 이후 그는 여러 가지 다양한 관점에서 평가되어 왔다. 역겨운 부도덕주의자로서, 근대 정치학의 영감적인 창시자로서, 사악한 괴물로서, 그리고 이탈리아 통일의 예언자로서 다양하게 평가되어 왔던 것이다. 이러한 끊임없이 계속되는 그를 둘러싼 논쟁과, 그의 저작이 지니는 불후의 지적인 매력이 함께 어우러지면서, 그는 근대 정치학의 발전에 있어 중요한 성취를 보여주고 있다.

그러나 몇 가지 점에서 왜 마키아벨리가 정치사상사에서 상대적으로 그렇게 중요한 위치를 점하게 되었는지를 이해한다는 것은 어려운 일이다. 예를 들면, 이상적인 정부에 대해서 그가 말하는 것의 대부분은 단순히 중세적 전통을 따르고 있다. 그리고 법률에 대한 그의 강력한 강조는 성 토마스 아퀴나스와 로마 시민법 전통의 그것과 크게 차별화되지 않고 있다. 더구나 혼합 정부에 대한 그의 선호는 중세의 선례를 따르고 있다.

몇몇 비평가들이 주장하는 것처럼 정치학 연구의 방법에 그가 크게 기여한 것은 아니다. 예를 들면, 자주 그는 실제적인 것으로서 정치적 인간을 그리기보다는 당위로서의 정치적 인간을 묘사하려 하고 있다. 그런 면에서 그는 단테(Dante)와 같은 중세 말기의 사상가들과는 확연히 다르다. 그러나 성 토마스 아퀴나스와 단테와 같은 사람들이 '실존적'이든 잠재적이든 실제적인 것으로서의 인간을 묘사하려 하는 것으로 자신들을 생각하지 않았는지는 전혀 분명치 않다.

정치사상사에서 그의 위상에 대한 가장 흔한 주장은 아마도 그를 최초의 정치과학자 혹은 적어도 최초의 근대 정치과학자로 칭하는 것이다. 이러한 주장의 근거에는 마키아벨리 이전의 정치학 연구는 경험적으로 이루어지지 않았다는 것을 포함하고 있다. 마키아벨리는 과학화하려는 노력과, 실제로 행동하는 인간에 대한 비판적이고 검증된 관찰에 기초해서만 그의 체계를 세우려 하고 있다.

이러한 주장을 평가함에 있어서는 물론 많은 부분 '과학(science)'이라는 단어를 어떻게 규정하느냐에 달려 있다. 확실히 그의 방법은 근대 행태주의 사회과학자들이 사용하는 정교한 기법을 가지고 있지는 않다. 그는 실험적 방법을 개발하지 않았고, 조사 자료를 만들지도 않았으며, 정치인들에 대한 체계적인 면접을 실시하지도 않았다. 인간에 대한 그의 지식은 역사에 대한 연구로부터 나왔고, 이탈리아 르네상스 정치인들에 대한 직접적이지만 체계화되지 않은 탐구로부터 나왔던 것이다.

고대에 대한 그의 태도는 숭배에 가까운 것이었고, 이 점에서 그는 초기 르네상스의 한 학도인 것이다.54) 예술가들이 고대 그리스 가운데서 그들의 표준을 찾고, 많은 철학자들이 플라톤을 숭배하게 된 것처럼, 마키아벨리는 고대 역사가를 통해 해석된 고대인들의 정치적 경험을 정치적 일반화를 위한 무오류의 기초로 생각하고 있다. 그는 확실히 과학적인 방법을 전혀 반영하지 않고 있고, 그래서 과학 철학자로 불릴 수는 없다.

그러나 마키아벨리에 대한 과장된 평가를 거부할 수는 있겠지만, 정치사상사에서 그가 차지할 수 있는 여지는 분명히 존재한다. 그것이 무엇일까? 크게 보아, 우리는 그가 종교로부터 정치를 분리하려고 노력했다는 점을 들 수 있다. 르네상스가 전개되면서, 삶의 모든 부분에서 각 예술 또는 과학을 독립적인 것으로 생각하는 경향이 있었다. 부분적으로 명목론 철학의 영향과, 얼마간 사회에 대한 유기체적 관념의 쇠퇴에 따라, 이러한 경향은 구석구석에서 찾아볼 수 있었다. 내적 세계와 외적 세계가 점차 분리됨에

---

54) 르네상스시기에 등장한 인본주의(humanism)적 전통은 고전적 저작들 가운데 특히 키케로와 폴리비우스와 같이 로마 공화정을 찬양하였던 고대 사상가들에 주목하고 있었다. 그러한 경향에 동조하였던 사람들은 역사적으로 로마 공화정에서 보였던 성공적이고 질서화된 지배체제에 깊은 관심을 두었고, 따라서 그들의 저술은 그러한 이상형에 대한 기술과 설명으로 가득차 있었다. 이에 관하여는 Benedetto Croce, *History: Its Theory and Practice*, trans., D. Ainslie (New York, 1960)을 참고할 것.

따라, 종교는 점점 더 내적 세계에 머물게 되고, 경제적, 정치적 생활과는 다른 것으로 생각되게 되었다. 종교의 역할에 따르는 신앙이 분산됨에 따라, 사람들은 이제 사회를 더 이상 무시할 수 없는 '이해의 충돌'로서 이해하기 시작한 것이다.

삶에 있어서의 이러한 분리의 영향 가운데 하나는 물론 개별 과학을 신학에 의한 중앙 통제로부터 자유롭게 하는 것이었다. 다시 말하면, 물리학이나 화학과 같은 신생 학문이 '신의 계시', 아리스토텔레스 혹은 성 토마스 아퀴나스에 의해 가려졌던 물리학적, 화학적 현상에 대한 실험을 가능케 하는 것이다. 특수한 것들을 강조하는 명목론적 추세는 전체에 대한 교조적 주장을 견딜 수가 없었다. 그리고 교회가 르네상스 개척자들에게 그들이 발견한 것은 신의 계시나 자연에 반하는 것이라고 말했을 때, 그들은 적극 저항하였다. 그리고 그러한 똑같은 태도는 나체상을 그려 도덕주의자들을 반대하였던 미술가들에 의해서도 나타났던 것이다.

그리하여 마키아벨리는 마치 그것이 다른 인간적 관심사들로부터 확연히 구별해 낼 수 있고, 예술, 종교, 도덕성 그리고 경제적 탐사와 차별화할 수 있다고 생각되는 내적인 통치의 모습을 발견할 수 있는 것처럼 정치학을 바라보고 있는 것이다. 이것은 그가 정치에는 아무런 도덕성도 없고 혹은 없어야만 한다고 믿었다는 것을 의미한다기보다는, 정치를 그것에만 특수한 도덕성을 가진다고 생각하고 있는 것을 의미하는 것이다.

그는 우리가 오늘날 순수한 정치학이라고 할 수 있는 것을 보려 하고 있고, 가능한 완전하게 그 원리를 찾아내려 하고 있다. 이것을 과학적 접근이라고 한다면, 마키아벨리는 실로 과학적 방법론의 위대한 사상가 가운데 한 사람으로 간주할 수 있을 것이다. 그러나 우리는 이러한 생각을 순수 과학으로서 정치학 연구에 사용되는 특별한 기법을 응용하려는 사람들과는 조심스럽게 달리 보아야 할 것이다. 마키아벨리의 방법론과 일반적 견해에 포함되어 있는 의문점들은 그의 정치이론 자체에 대한 보다 엄밀

한 관찰에 의해서만 해답을 찾을 수 있을 것이다.[55]

3. 통치(Governance)의 전략과 전술

마키아벨리는 정치사를 전제정으로부터 대중적 혹은 준대중적이고 혼합된 체제로 가는 밀물과 썰물로 보고 있다. 그는 어째서 그가 혼합정부가 다른 구조에 비해 바람직하다고 믿는지를 밝히고 있지만, 모든 정부형태를 궁극적으로는 부패하는 것으로 보고 있다. 통치 기술 분야의 전문가로서 그의 과제는 변덕스러운 왕, 탐욕스러운 귀족, 그리고 늘 나태하고 무관심한 인민이라는 열악한 자원들을 최선의 것으로 만드는 것이었다.

이러한 공통의 문제들을 적절히 파악하기 위해 전략과 전술의 개념이 필요하다. 마키아벨리는 (왕정이든 혼합정체든) 리더십의 과제를 서술하면서 그것을 아무런 생각 없이 이끌고 가는 사람들을 경멸할 뿐이었다. 이 맥락에서의 지식은 목적의 탐구에 관한 것이라기보다는 수단으로서 (인구, 자원, 종교, 전통 등) 자료에 관한 산정이다. 그러면 그 자신의 경험, 역사 발전에 대한 분석, 그리고 전쟁의 기술에 대한 연구가 그에게 준 교훈으로서 정치적 도덕성의 격률(maxim)은 어떤 것인가?

1) 공공의 도덕과 개인의 도덕성

마키아벨리는 사람들이 지켜야 한다고 믿는 어떤 도덕성의 격률이 있다는 것을 완전히 인지하고 있지만, 개인적인 삶에서 그것이 진실일지라도 통치자가 그들을 엄격하게 감시한다면 그것은 재앙이라고 주장하고 있다.

---

55) Sibley, op.cit., pp.296－297.

많은 것은 물론 환경에 달려 있겠지만, 일반적으로 통치자는 자신의 권력을 유지하고 국가의 보전으로 이끌지 않는 모든 규준을 무시할 준비가 되어 있어야만 한다. 그리고 통치자는 관습적으로 규정된 도덕적 규준이 언제나 공공의 (혹은 정치적인) 목표의 달성과 조응될 수 있다고 절대 믿어서는 안 된다. 그 함축된 의미는 사람들이 그들의 삶을 보전하려면 심지어 '십계명'도 무시하도록 강요받을 수 있음을 뜻한다. 그리고 사적인 관계 속에서 개인에게 적용되는 것은 국가의 통치자에게 더더욱 적용될 수 있는 것이다. 만일 그가 외부의 적에 직면하여 '정치적으로' 상처 입은 도덕률에 따라 행동한다면, 그는 자신의 지위 상실과 국가 자체의 몰락을 초래할 것이다.

그러나 이 점에 대한 우리의 해석에 조심스러울 필요가 있다. 마키아벨리는 통치자가 관습적으로 받아들인 도덕적 규준을 항상 무시해야 한다고 결코 말하고 있지 않다. 그는 다만 통치자는 그렇게 할 준비가 되어 있어야만 한다는 것을 강조하고 있는 것이다. 가능하다면 지도자는 관습적인 규준을 지키려고 할 것이다. 이것은 독재든, 민주 정부든 혹은 혼합 정부든 대중적 지지를 강화할 것이기 때문이다. 관습적인 믿음을 파괴해야만 한다고 느낄 때조차, 그는 항상 그렇게 하지 않을 것이라는 모양을 갖추려고 노력할 것이다. "인간들 대다수는 그들이 실체임에도 불구하고 외양에 만족하고, 사물 자체보다 그럴 듯해 보이는 것에 의해 더욱 영향을 받기 때문"이라고 그는 강조하고 있다. 그가 공화정의 로마인들을 그렇게 찬양한 이유 가운데 하나는 그들이 이러한 사실을 잘 이해하고 있었기 때문이다.

2) 강제와 사기

통치력과 정치에 대한 그의 태도 가운데 가장 뛰어난 측면 중 하나가,

평판을 유지하고 사안에 대한 통제를 유지하기 위한 수단으로서 '강제와 사기'에 대한 탐구이다. 그는 간혹 모든 정치지도자에게 독약 병을 제공하고, 그것을 자주 사용하도록 한 인물로 묘사된다.

실제로 그는 물리적 강제력을 상대적으로 두 번째 위치에 두고 있다. 한편 그는 "그것이 선물이나 유산을 통해 얻어지지 않는 다음에야, 사람들은 강제나 사기를 사용하지 않고서 낮은 지위에서 높은 지위로 오르는 일이 생기지 않는다는 것은 가장 확실한 진실이라고 나는 믿는다"고 단호히 주장하고 있다. 그는 또한 커다란 행운(물질적인 재화든 권력이든)을 얻는데는 교활과 사기가 힘보다 더 낫다고 주장하고 있다. 힘을 배제하는 것뿐만 아니라 그것의 잦은 사용은 목적의 달성을 방해한다. 다른 한편으로 마키아벨리는 "단순히 공개적인 힘을 동원해서 모호한 위치에서 큰 권력에 다다른 사람이 있었는가"고 의문하고 있다.

마키아벨리의 논의가 남긴 중요한 인상은 거짓말과 사기가 정부와 권력 유지의 일상적인 방법으로 간주되는 반면, 강제는 부차적인 것으로 간주되어야 한다는 것이다. 달리 말하면, 강제력은 거짓말이 적절치 않아 보이고, 힘의 사용이 확실히 효과적인 상황을 대비해 남겨두어야만 하는 것이다. 그러나 그러한 경우 종교적이거나 도덕적인 망설임이 없어야 한다. 그 당시 마키아벨리는 페루지아(Perugia)의 정치적 적이었던 교황 율리우스 2세(Julius Ⅱ)와 추기경들에 대해 강제력을 사용하는 데 실패한 페루지아의 통치자 지안 파올로 바글리오니(Gian Paolo Baglioni)를 비난하고 있다. 교황과 그 일행은 어리석게도 페루지아를 방문하였고, 바글리오니는 그들을 죽일 수 있는 적절한 기회를 잡았으나, 몇 가지 이유로 그렇게 하는데 실패하였다. 그러나 그는 확실히 그들을 제거해야만 하였다.

사기와 강제의 명민한 수단은 케사르 보르지아(Caesare Borgia)와 같은 새 왕이 왕권을 강화하려고 할 때 특히 중요하다고 그는 생각하고 있다. 그는 아직 습관화된 복종의 패턴을 개발할 시간을 갖고 있지 않았고, 그 자신의 목적을 위한 이데올로기를 만들 시간을 갖지 못하였다. 더구나 보르지아는 무질서와 약탈에 익숙해진 극도로 부패한 국민을 다스리고 있었다. 이러한 종류의 상황을 효과적으로 다루기 위해 그는 행정관으로 메세르 라미로 드오르코(Messer Ramiro d'Orco)를 지명하였다. 마키아벨리는 그를 "약삭빠르고 포악한 인물"로 묘사하고 있다. 비교적 짧은 시간 안에 돈 라미로는 그의 약삭빠름과 잔인함을 통해 나라를 평화와 단결로 바꾸어 놓고 큰 평판을 얻는 데 성공하였다. 그러나 그와 동시에 라미로는 공공연한 강제력의 사용으로 많은 적을 만들어 냈다. 그 결과는 왕에게 필수적인 '후덕함'을 케사르 보르지아로부터 빼앗아 갔다. 그러면 그때 케사르는 어떻게 했을까? 그는 과도하게 일을 처리한 것은 그 케사르 보르지아가 아니라 그의 행정관임을 믿게 하고 싶어 했다. 그리하여 국민을 안정시키기 위해 그는 라미로의 처형을 명하였다.

그래서 케사르는 두 가지 목표를 달성하였다. 그는 순전한 물리적 강제력으로 왕의 모든 적들과 도시가 처한 모든 무질서한 요소들을 일소하기 위해 대리인을 이용하였고, 이러한 방법으로 질서가 확보되자 왕은 질서의 확립 과정에서 국민의 저항을 초래한 그의 행정관을 제거해 나간 것이다. 왕 자신은 최선의 것을 이룩하였다. 그는 라미로를 통해 적들을 일소하고, 그런 다음 그 자신의 대리인을 죽임으로써 위신을 확보하였던 것이다.

3) 군대와 정치적 목표

정치적 목표를 수행하는 과정에서 잘 훈련된 군사력은 필수적이고, 정치가에 의한 그것의 조심스런 운용은 훌륭한 마키아벨리적 국가지도자의 이정표 가운데 하나이다. 마키아벨리는 그의 생애 많은 부분을 군대 문제의 연구에 쏟았고, 전반적으로 국가 내에서 충원되는 국민 군대만이 신뢰할 수 있는 유일한 힘이라는 결론에 도달하였다. 그는 국적에 관계없이 고용된 군인에 의지하는 당시의 '용병제도(condottiere system)'에 극도로 비판적이었다. 고용된 군사력은 외국 지원군처럼 안정적인 정치권력에 빈약한 기초를 제공할 뿐이다. 대중적인 지지 속에서 실질적인 기반을 가질 때 왕이 강력한 것처럼, 군대가 국민으로 구성될 때 군사력의 사용은 보다 효과적일 수 있다. 마키아벨리는 고대 로마 공화국에서의 국민 군대와 국가의 유지·팽창 사이의 상호관련성 예에 주목하면서, '국민의 군대' 생각을 나타내는 데 열정적이었다. 그러므로 그는 먼 훗날 군사력 분야의 발전과 근대적 징병제도의 발전을 그의 사상 속에서 예견하고 있는 것이다.[56]

4. 운명과 실력

마키아벨리는 원래 세상의 일이란 운명과 신이 지배하는 것으로, 아무리 인간이 용의주도하게 살아도 이 세상의 흐름을 바꿀 수는 없으며, 또 어떤 대책도 쓸데없다고 믿는 사람이 많다는 것이다. 즉 땀을 흘려가며 무모하게 애쓸 필요 없이 운명의 신에 몸을 맡기는 것이 현명하다는 결론이다. 세상의 변화에 따라 자기의 나아갈 길을 일치시키는 사람은 성공할 것이며, 반대로 시대와 자기의 처신이 어긋나는 사람은 곤란을 면치 못할 것이다. 인간은 모두 한 목표를 갖는다. 그것은 영광과 부이다. 즉 운명은 수시로 변한다. 그러나 인간은 같은 생활태도를 고집한다. 여기서 운명의 방향과 사람의 생활태도가 부합되면 행복할 수 있다. 운명의 신은 여신이다. 그녀를 정복하려면 난폭하게 다루어야 한다. 요컨대 운명은 여성이다. 그녀는 젊은이들을 사랑한다. 즉 젊은이들은 덜 신중하고 더 거칠고 과단성이 있는 법이다.

---

56) Ibid., pp.300−301, pp.302−303.

마키아벨리는 신법, 자연법을 부정하였다. 마키아벨리는 권력과 명성을 얻는 능력에 따라 인간 미덕을 측정했다. 인간을 지배하는 2대 세력으로 행운, 즉 운명(fortuna)과 미덕, 즉 실력(virtu)[57]을 들고 있다. 그는 힘없는 정의를 정의로 보지 않고, 신의 섭리나 운명에 맡기지 않고 인간의 의지와 실력에 의해 조국의 비운을 극복하려 하였다. 그는 행운에 대하여 역사는 투쟁참가자의 행운에 의해 좌우된다고 하였다. 행운은 근면에 의해서보다 강탈에 의하여 얻어지고, 선행에 의해서보다 교활한 행동에 의하여 얻어진다고 하였다.

마키아벨리는 애국자였다. 그는 건전하고 안정된 정부를 열망하였다. 외국의 빈번한 침략으로 말미암아 이탈리아에서는 다른 어떤 병폐보다도 특히 용병제가 만연하였다. 이러한 이유에서 그는 <군주론>의 결론 부분에서 "군주는 강력한 힘으로 이탈리아를 움켜잡아야만 하며, 이 나라를 야만인들의 약탈이 자행되는 지옥 같은 상황에서 해방시켜야만 한다"고 간절히 말하였다. "법률 이외에 강력한 군주국가에서 보이는 것과 같은 강력한 힘을 구비하는 것이 무엇보다도 먼저 필요하다. 그렇게 절대적이고 위력적인 힘을 소유한 군주는 개인적 야심에서 솟아나는 과욕을 억제할 수 있으며, 권세 있는 자들의 타락된 관행을 교정할 수 있다"고 하였다.[58]

5. 마키아벨리의 통찰력과 문제점

마키아벨리는 "통치자는 무엇보다 잘 무장하고 잘 훈련된 시민들로 구

---

57) 마키아벨리의 비르튀(virtu) 개념이 갖는 다양한 의미에 대하여는 M. 포사이스 / M. 킨스 소퍼 지음, 『서양정치사상입문』(서울: 한울아카데미, 1993), 부남철 옮김, 147쪽을 참조할 것.
58) 박채용, 앞의 책, 224쪽.

성된 강한 군사력을 소유해야 한다"고 주장하였다. 마키아벨리는 이탈리아의 폭군들 가운데 통일된 이탈리아를 내다볼 수 있을 만큼 넓은 안목을 가지고 통일을 실현할 대담한 어떤 군주가 출현하기를 기대하였다. 그는 이탈리아의 평화와 통일을 희망하였고, 그는 프랑스와 스페인에서의 민족적 통일을 보고 민족 통일은 절대군주의 영토 아래 이룩해야 한다고 확신하였다. 그가 주장한 정부는 하나의 팽창하는 도시국가, 즉 동맹국의 지지를 획득하고 유지하는 통찰력 있는 정책을 추구하는 로마와 같은 도시국가였지만, 그는 민족적 규모의 시민권 확립이라는 개념으로 승화시키지는 못하였다.

마키아벨리의 독특성과 그 철학의 진정한 의미는 근대 역사의 수수께끼 가운데 하나가 되어 왔다. 그는 극심한 냉소주의자, 열렬한 애국자, 불같은 민족주의자, 정치적 궤변가, 신념 있는 민주주의자, 전제군주의 총애를 파렴치하게 추구한 자 등으로 다양하게 표현되어 왔다. 이러한 각각의 견해 속에는 그러나 상호 모순적이기는 하지만 일면 진실이 담겨져 있는 것으로 보인다. 그러나 우리가 특히 강조할 수 있는 사실은 그것들 가운데 어떠한 것도 마키아벨리나 그의 사상을 완벽하게 묘사하지는 못하였다는 점이다. 그의 사상은 광범한 정치적 관찰과 정치사에 대한 더욱 광범한 독서로 생겨난 진실로 경험적인 사상이었으며, 그러나 그것은 모든 관찰을 연결시키려는 보편적인 체계를 전혀 갖추고 있지는 않다. 이와 함께 그의 성격 또한 복잡한 것이었음에 틀림없다. 그의 저술이 놀라울 정도로 자신의 관심분야에 집중시키고 있음을 보여주고 있는 것은 사실이다. 그는 정치, 통치술, 전쟁의 기술 외에는 아무것도 저술하지 않고 생각하지도 않았다. 경제적 혹은 종교적으로 심각한 사회문제에 관해서도 그는 그것들이 정치를 성가시게 하지 않는 한 전혀 관심을 두지 않았다. 그는 너무나도 현실적이어서 철학적으로 심원할 수가 없었다고 할 수 있다. 그러나 그는 순수하고 단순한 정치적인 면에 있어서는 당시의 그 누구보다도 유럽의 진화의 일반적 추세에 관하여 가장 폭넓은 안목과 가장 명석한 통찰력을 가지고 있었다.

마키아벨리는 근대 정치의 관행에 있어 국가에 부여되어 온 의미를 어떤 다른 정치사상가보다도 더욱 많은 것을 창조하였다. '주권적 정치체제(sovereign political body)'라는 명칭과 같은 낱말도 대체로 그의 저술에 나타나면서 오늘날까지 통용되어 오고 있다. 일정한 영토 내에서 최고의 권력이며, 타국과의 관계에서 의식적 확장정책을 추구하게 된 하나의 조직된 세력으로서의 국가는, 전형적인 근대의 정치제도가 되었을 뿐만 아니라, 그것은 근대 사회에서 점차 가장 강력한 제도가 되었다. 사회의 모든 제도를 규제하고 지배하며, 명백히 국가 자체의 이해에 의해 설정된 방향에 따라 여타 제도에 지시할 수 있는 권리와 의무가 국가에 점점 더 주어지게 되었다. 그리하여 근대 정치에서 국가가 맡는다고 생각되는 역할은 마키아벨리가 그 흐름을 파악했던 정치적 진화가 분명히 가리켰던 바와 일치한다.

그러나 그의 천재성이 전제군주 및 그 군주에 매달린 민족 국가의 '통치술'을 조명한 강렬한 인상은 그 스스로가 드러냈다기보다는 숨겨지지 못했던 것이 아니었나 하는 점을 단정하기는 어렵다. 아무튼 정치의 성패가 주로 정치가의 교활함과 어리석음에 달린 것이라는 철학은 피상적인 것이다. 마키아벨리는 사회내의 도덕적, 종교적, 경제적 요인들을 현명한 정치가라면 국가에 유리하게 전환시킬 수 있으며, 심지어 국가를 위해서 그것들을 만들어 낼 수도 있는 세력들이라고 생각했는데, 이것은 건전한 가치의 질서뿐만 아니라 인과적 효능감의 통상적 질서까지 전복시키는 것이다.

마키아벨리의 종교적 진실에 대한 무관심은 결국 근대 사상의 공통적 특징이 되었지만, 그러나 그것은 특히나 그가 저술한 이후 2세기 동안에는 진실이 아니었다. 이러한 의미에서 그의 철학은 매우 지방적인 것이었고 단기적인 것이었다. 만약 그가 이탈리아가 아닌 다른 나라에서 저술했더라면 혹은 이탈리아에서라도 '종교개혁'이 시작된 후에 저술했더라면, 아니면 로마 가톨릭의 '대항 종교개혁(Counter Reformation)'의 시작 뒤에 저술했더라면, 마키아벨리가 종교를 그와 같이 취급했으리라고 생각하기에는 거의 불가능해 보인다.[59]

6. 마키아벨리의 영향

그럼에도 불구하고, 정치 현실과 이론에 대한 마키아벨리의 영향은 16－17세기에 특히 두드러졌고, 오늘날에 와서도 그의 사상은 여전히 중요하게 재평가되고 있다. 16세기 동안 이탈리아의 통치자들이 많은 부분에서 마키아벨리의 충고를 따랐던 것은 분명하다. 또한 프랑스에서도 캐서린 드 메디치(Catherine de Medici)와 같은 군주는 마키아벨리의 열렬한 추종자였다. 1572년 '성 바르돌로뮤(St. Bartholomew)의 전야'에 있었던 대학살은 실제로 마키아벨리주의를 실천한 대표적인 예로서 자주 인용된다.

더구나 몇몇 작가 그룹은 마키아벨리에 영향을 받고, 그의 사상을 예증한 것으로 얘기되고 있다. 그들 가운데 마키아벨리의 친구인 프란체스코 귀치아르디니(Francesco Guicciardini)가 있는데, 그는 친구의 저작의 의미에 대한 상세한 주석을 달았고, 그 자신의 정치학 연구에서 마키아벨리 이론이 갖는 함의를 추출해내려 하였다.

마키아벨리 방식의 또 다른 16세기 사상가로 파올로 파루타(Paolo Paruta)가 있는데, 그의 저서 <정치적 삶과 정치적 담론의 완성>은 상대적으로 정치학 연구에 대한 철학적이고 실천적인 접근을 다루고 있다. 파루타는 베니스의 시민이었고, '베니스 정치의 전문가'로 알려지고 있다. 마

---

59) G. Sabine & T. Thorson, *A History of Political Theory* (Hinsdale: Dryden Press, 1973), pp.328－329.

키아벨리처럼 그는 전통적인 서양 정치철학의 많은 전제들에 대한 혁명적인 견해를 가지고 있었다. 이러한 견해는 명상이 정치적 삶에서 제일 중요하다는 아퀴나스적이고 아리스토텔레스적인 견해에 대한 비판에서 명백히 나타난다. 그는 가치에 대한 아퀴나스적인 체계에 반대하면서, 명상가 혹은 철학자는 정신에만 관계하고, 실제적인 시민 혹은 정치가는 모든 인간의 능력을 완성하는 데 관심을 가지고 있다고 주장하고 있다.

우리는 또한 유스투스 립시우스(Justus Lipsius)의 사상 속에서 마키아벨리 정신의 또 다른 반영을 찾아볼 수 있다. 그의 저서 <정치학>은 1590년에 처음 발간되었다. 립시우스는 왕에게 열렬한 도덕적 정체를 권하고, 모든 크리스트교적 덕성에 따라 행동할 것을 권유하면서 전통적인 태도를 견지하고 있다. 아무것도 마키아벨리로부터 나아간 것처럼 보이지는 않는다. 그러나 통치를 위한 도덕적 기초를 세우는 데 그렇게 거보를 내디딘 뒤, 그는 실제로 통치자들이 그러한 규준에 들어맞을지 자문하기 시작했다. 결국 우리는 플라톤의 '정치학'의 세계에 살고 있는 것이 아니라, 인간들이 간혹은 악하고 음모가 있는 세계에 살고 있다고 그는 말한다. 그러한 상황에서 우리는 적어도 어느 정도 왕이 그의 목적을 달성하기 위해 책략과 거짓말을 사용할 수 없는지 물어보지 않을 수 없다. 그런 다음 그는 사기의 세 수준을 분석해 나간다. 첫 번째 혹은 최소의 수준은 핵심적인 특징이 위선이다. 그러나 왕은 살인이나 폭력에 가담하지 않는다. 중간 수준은 어느 정도의 악이다. 여기에서 다양한 종류의 타락은 수단으로 받아들인다. 사기의 극단적인 수준은 나쁜 신념과 실질적인 부정이 용인되는 것이다. 이러한 세 종류에 대한 정치적 도덕론자의 태도는 무엇이 될까? 립시우스의 해답은 일정한 상황에서 첫 번째가 필요하고, 두 번째는 참을 수 있으며, 그러나 세 번째는 비난받아야 한다. 경미한 원죄는 인간의 나약함과 공공의 효용을 위해 정치에서 허용되어야 한다. 그러나 치명적인 원죄는 결코 묵인될 수 없는 것이다.

그러므로 귀치아르디니, 파루타, 립시우스는 어느 정도, 그리고 다양한 수준에서 그들이 정치학 연구에 사용한 방법론 혹은 그들 가르침의 내용 속에서 마키아벨리와 동조하면서 정치사상을 구성했던 16세기 사상가의 실례들이라고 할 수 있다.

물론 어느 정도 파루타와 립시우스 같은 사람들은 정치에서의 어떤 기교와 전략의 사용이라는 측면에서 엄격한 선을 긋고 있는 한에 있어서 마키아벨리에 대한 준엄한 비판가로 볼 수 있다. 그러나 그들을 반마키아벨리적 사상가라고 할 수는 없다. 그것은 16세기 후반에 실질적으로 나타나기 시작했고, 그때부터 18세기 말에 이르러서야 확실한 반마키아벨리주의자라고 할 수 있는 몇몇 사상가들을 배출하였다. 사실상 반마키아벨리주의는 서정시가 일반적인 문학에서 그랬던 것처럼, 정치적으로 통합된 형태로 나타났다.

마키아벨리에 대한 광범한 반대는 사실상 몇 안 된다. 그 초기의 예들 가운데 하나는 1576년경 그로부터 4년 전에 발생하였던 성 바르돌로뮤의 대학살을 비난했던 이노센트 젠틸레(Innocent Gentillet)라는 프로테스탄트의 펜으로부터 나왔다. 그는 대학살 속에서 마키아벨리적 도덕과 정치의 실례를 보았고, 그가 <군주론>의 이론이라고 간주한 것을 비난하고 나섰다.

젠틸레와 같은 프로테스탄트의 공격과 더불어, 예수회 교단도 마키아벨리 이론에 반대하는 데 적극적으로 나섰다. 반개혁주의의 거대한 운동 속에서, 가톨릭 사상가들은 간혹 마키아벨리의 정치적 경향을 루터의 도덕과 정치에 연결시키고 있었다. 그들이 마키아벨리에 대한 공격의 화살을 향했을 때, 그들은 도덕과 정치에 있어서 중세주의의 거대한 반대자를 비판하고 있었을 뿐 아니라, 루터주의자들의 정치적 위상도 잠식하고 있었다.

17세기와 18세기를 통해 성직자들과 세속 통치자들은 경쟁적으로 마키아벨리를 거부하고 있었다. 그의 도덕에 전율을 나타내면서 그들 대부분은 마키아벨리가 인간적인 형상에서 악마와 다름없다는 것을 나타내 보이려 하였다. 실제, '사탄'에 비유할 때 사용되는 'Old Nick'이라는 말은 마키아벨리의 첫 번째 이름으로부터 유래한 것으로 보인다. 18세기에 이르러 반마키아벨리주의의 절정은 프러시아 대제 프리드리히가 <반마키아벨리주의 선언문>을 쓰면서 나타났다. 그 저자가 마키아벨리의 원리에 정통한 인물이었기에 특히 주목할 만한 것이었다.

공식적이든 비공식적이든 통치자들이 마키아벨리적 가르침이라고 생각되는 것을 열정적으로 비판했다는 것은, 어느 정도 <군주론>의 저자가 통치 계급의 실질적 방법을 폭로하는 데 성공했다는 것을 나타낸다. 19세기의 통치 계급도 16세기와 17세기의 왕들과 다를 바 없었다. 마르크스가 빅토리아 시대의 가면을 벗긴 것처럼, 마키아벨리는 훨씬 이전 시대의 위선을 폭로했던 것이다.[60]

---

60) Sibley, op.cit., pp.304－305.

제2절 토마스 홉스
(Thomas Hobbes, 1588 – 1679)

1. 홉스와 그 시대의 정치

홉스는 16세기의 정치적 불확실성이 절정에 달했을 때인 1588년에 태어났다. 그리고 청년 홉스는 의심할 바 없이 엘리자베스, 헨리 4세 등 그 시대의 삶에 밀접히 관련되어 있었다. 홉스 자신의 불안정은 그 시대의 사건뿐 아니라, 그의 조산과 그의 아버지가 일찍부터 가정을 버린 사실에 의해서도 깊은 영향을 받았던 것으로 보인다.

옥스퍼드에서의 무언가 지루한 경험 뒤에, 그는 1608년 윌리엄 카벤디쉬(William Cavendish)의 가정교사가 되었다. 이때 그는 이미 그리스 고전에 아주 정통해 있었고, 이것이 그의 후기 발전에 부정적인 측면이 있었기는 하지만, 그의 사상에서 매우 중요한 역할을 담당했던 것으로 보인다.[61]

그의 첫 번째 후원자가 죽은 뒤, 홉스는 다른 백작의 가정교사를 계속하였고, 또한 그는 그의 제자를 데리고 대륙 여행을 다녀왔다. 거기서 그는 갈릴레오와 친교를 가졌다. 그가 유클리드의 47번째 명제에 다다른 것 역시 그의 여행과정에서였다. 이것은 그에게 깊은 인상을 남겼고, "하나님

---

61) 레오 스트라우스(Leo Strauss)는 홉스의 고전적인 배경의 중요성을 강조하는 경향을 보이고 있다. 그의 저서 *<The Political Philosophy of Thomas Hobbes>*를 참조할 것.

으로 이것은 불가능하다"고 그는 외쳤다. 그는 이후 당대의 많은 사람들이 그랬던 것처럼 기하학과의 사랑에 빠졌다. 그리고 이것은 그의 정치적 견해에 깊은 영향을 준 수학적 사상의 훈련을 가져왔다.

한편 홉스가 유클리드에게 영향을 받고 미래의 책에 대한 구상을 준비하고 있을 때, 세상의 정치는 더욱 혼란스러워지고 있었다. 1618년에 발생한, 역사상 가장 어리석은 전쟁 가운데 하나인 '30년 전쟁'62)은 1648년까지 피비린내 나는 참화를 지속하고 있었다. 그런 경우가 흔히 그렇듯이, 갈등의 원래 원인은 전쟁의 끝마무리에 대부분 잊혀지고 있었다. 홉스는 이 모든 것을 날카롭게 인식하고 있었고, 어떻게 하면 질서가 유지될 수 있을까 여러 차례 자문했음에 틀림없다.

국왕과 의회 사이의 '시민전쟁' 징조가 일어났을 때, 홉스는 왕정복고에 참여해야만 하는 운명에 처해졌다. 그는 자신의 목숨을 유지하기 위해 영국과 대륙을 오가는 망명생활을 했다. 그러는 동안 그는 <법률, 자연 그리고 정치의 요소>라는 저서를 발간했다. 그리고 1651년에 그 유명한 <리바이어던(Leviathan)>이 나타난다. 그는 유형에 처해진 찰스 2세에게 편지 한 통을 보여주려 했지만, 화가 난 왕은 그를 받아들이기를 거부하였다. 찰스 국왕은 홉스가 왕정을 원하고 있지만, 그의 믿음이 왕권신수설이 아니라 계약론에 기초하고 있다는 것을 잘 알고 있었기 때문이었다.

왕정복고 뒤 홉스는 점차 스튜어트 왕가에 접근하였고, 그들도 그를 받아들인 것이 확실하다. 그러나 그의 후기 생애는 전반적으로 불안정한 것은 아니었지만 때때로 격동에 처하기도 하였다. 1679년 그의 긴 생애를 마감할 때, 그는 물리학에서 정치학에 이르기까지 인간 지식의 전 분야에

---

62) 유럽의 종교개혁을 둘러싸고 벌어진 국제전쟁(1618－1648)으로, 크리스트교의 신교와 구교 간의 분쟁에 여러 나라가 간섭함으로써 제국 간의 권력 다툼으로 번졌다. 웨스트팔리아 조약으로 이 전쟁은 종결되었고, 네덜란드와 스위스 등이 독립하였으며, 독일의 신구 양 교도는 동등한 권리를 획득하였다.

걸친 자신의 저작을 가다듬고 있었다.[63)]

2. 홉스 정치사상의 일반적 성격

근대의 새로운 과학과 철학 정신에 충실하면서, 홉스는 명백하게 정치와 도덕적 지식의 모델로서 '기하학'이라는 학문을 받아들이고 있다. 그러면서 그는 지식을 전반적으로 두 개의 큰 영역으로 나누어 살피고 있다. 하나는 사실에 관한 지식의 기록으로서, 자연과 시민의 역사를 포함하는 것이고, 다른 하나는 자연 철학과 정치·사회 철학을 포함하는 과학이다. 사실에 관한 지식은 절대적이고, 과학에 관한 지식은 조건적이다. 그것은 말하자면, 과학자들은 어떤 조건 아래 어떤 결과나 동작이 나타날 것 같다는 것을 발견하는 데 관심이 있다는 것이다.

지식의 문제에 대한 분석을 통해, 홉스는 그가 자연적이고 정치적인 세계 모두를 본질적으로 기계적인 것으로 본다는 것을 명백히 하고 있다. 그는 두 영역에서 비기계적인 모습을 구분해 내려는 모든 견해들을 비웃고 있다. 그는 특별히 시민 정부에 대한 이해를 시계에 대한 이해와 일치시키고 있다. 우리는 근원 속에 있는 뿌리를 찾음으로써, 함께 모여 전체를 구성하는 부분들을 살핌으로써, 정치적 세계를 알게 된다고 그는 주장한다.

이러한 기계적 개념은 물론 전체가 그 부분들의 집적 총체에 지나지 않는다는 것을 포함한다. 그러므로 국가는 개인과 개인들의 생리적이고 심리적인 요소 혹은 홉스의 말로는 그들 동작의 단순한 혼합—합성이 아닌—의 집적인 것이다. 거기에는 정치적 사건들을 심리학적인 것으로 보고, 심리적인 현상을 생리학적인 것으로, 그리고 생리적인 것을 물리화학적인 것

---

63) Sibley, *Political Ideas and Ideologies,* pp.343−344에서 발췌인용.

으로 보는 연역주의적인 경향이 존재함을 알 수 있다.[64]

3. 인간의 본질

이러한 일반적인 견해를 적용하면서, 홉스는 자연상태 속의 인간 개인을 욕망 혹은 욕구의 집적으로 인식하고 있다. 아리스토텔레스와 전반적인 중세 후기의 전통과는 달리, 이러한 인간은 목적으로서 사회를 추구하는 것이 아니라, 언제나 단지 수단으로서 사회를 추구하는 것이다. 그러므로 인간은 성 토마스 아퀴나스가 주장해온 것처럼 정치적이고 사회적인 동물이라기보다는 외로운 야수들인 것이다.

이러한 고독한 존재들은 언제나 이기적이다. 그들이 행하는 모든 것은 자신들에 대한 의도된 행동의 결과에 따른 것이다. 그들 각자는 그 자신의 내적 의식에 갇혀있기 때문에, 이 점에서 그들은 서로 도울 수 없다. 거기서 처음에 각자는 안정되어 있다. 본질적으로 우리들 가운데 어느 누구도 자신의 내적인 의식 상태를 제외한 아무것도 볼 수 없기 때문이다. 홉스 개념 속의 이러한 유아론적(solipsistic) 경향은 인간에 대한 심리적 이론을 이기주의적인 것으로 하고 있다. 내가 오직 내 자신의 내적 상태만 알 수 있다면, 아무것도 실질적이고 진실로 나에게 관심이 될 수 없기 때문이다. 모든 개인은 그의 마음의 운동에 종속되어 있다. 그리고 그것은 다시 그의 몸의 작동 혹은 욕구의 반영인 것이다.

이제 이러한 고독한 존재들 각자는 그의 내부에 중요한 동작 혹은 욕구를 갖게 되고, 그것은 그 자신을 위한 권력을 찾도록 이끄는 견인력인 것이다. 그의 자신에 대한 관심은 외부 세계로부터 그에게 다가오는 징후에

---

64) Ibid., p.347.

눈멀게 하고, 그리하여 순수한 자연 속에서 그는 이러한 징후들이 그의 편향에 종속되는 것으로 나타나는 모든 사물들을 상상하게 된다. 그는 모든 창조물들이 자신의 분부대로 따를 것이라고 믿는 왕과 같다. 그리고 그의 행동은 이러한 믿음을 반영한다. 그래서 그는 오만하고 자부심에 넘쳐 있다. 그리고 권력에 대한 그의 욕구의 방식으로 얻어질 것 같은 모든 객체들은 사정없이 산산조각 난다.

그러나 사람들이 자연의 상태에서 그들과 거의 똑같은 다른 사람들이 존재한다고 깨닫는 충격에 사로잡힐 때 어려움이 발생한다. 그들이 권력을 위한 투쟁 속에서 다른 사람들과 충돌할 때 이것을 알기 시작한다. 원래부터 그들이 우주의 왕일 뿐 아니라 그들이 영원하다는 환상 속에서, 지배에 대한 욕망에 지배되는 그들 각자 사이의 마찰이 있는 것이다. 그리고 이것은 그들이 거기에는 고려에 두어야만 하는 다른 권력들도 있다는 것을 깨닫게 한다.

사람들이 다른 사람들의 위협에 대한 경각심에 빠져들 때, 그들은 다른 사람들의 손에 죽을 수 있다는 공포를 느끼게 된다. 자연의 상태에 존재하는 아주 조야한 평등은 불안정의 기초이다. 사람들은 모든 면에서 다른 사람들과 평등한 것이 아니기 때문에 균형은 깨지고, 자연적인 인간을 만일 그가 어느 날 어떤 사람을 죽일 수 있다면 다른 사람이 뒤이어 그를 죽일 수 있다는 결론으로 이끈다. 본질적으로 각자는 다른 사람을 죽이거나 노예로 만들고 싶어 하지만, 각자는 그가 유사한 위협에 처할 수 있다는 무시무시한 사실을 이해하게 된다.

일반적인 불안의 환경을 조성하는 것은 부분적으로는 인간의 자연적인 평등에 존재하고, 부분적으로는 그들 상호간의 해치려는 의지에 존재하는 상호간 두려움인 것이다. 잠재적인 적도 다른 사람이 뜻하는 것을 완전히 알지 못한다. 둘이 균형점에 섬에 따라 긴장은 고조된다. 상대를 극복하려는 열망과 그에게 살해될 수 있다는 두려움 사이의 분열 가운데, 각 인간은 결국 다른 사람을 공격함으로써 긴장을 해소한다. '전쟁'이 결론이다. 그리고 자연의 상태는 그러므로 지속적이고 간단없는 전쟁으로 특징지어진다. 인간의 삶은 홉스의 말에 따르면, "더럽고, 잔인하고, 짧은 것이다."

자연 속의 인간 심리를 생각하는 과정에서, 홉스는 늘 권력 투쟁의 기초로서 분리된 개인을 염두에 두고 있다는 것을 지적할 수 있다. 그것은 결코 개인들이 포함된 그룹이 아니었다. 이러한 개인주의는 물론 단지 홉스뿐만 아니라 대부분의 초기 근대 사상가들의 가장 뚜렷한 특징적인 모습 가운데 하나이다. 그리고 그것은 간혹 종교적인 언급 속에서, 그러나 점차 비종교적인 용어 속에서 중세 후기 때부터 점증하고 있는 것을 볼 수 있다.[65]

4. 자연의 법칙과 계약

오직 쾌락과 권력에 대한 무한하고 개인적인 추구를 '선'으로 인식하면서, 자연의 인간은 그가 적어도 생명의 위협을 느끼고, 가장 영화에 대한 추구를 표현할 수 있을 것 같은 상황 아래서 어떤 원리를 찾는다. 죽음의 위협이 없었다면, 사회는 결코 생겨나지 않았을 것이다. 그러므로 그것이 무엇이든 모든 사회적 관계의 창조자는 '두려움'인 것이다.

이것을 느끼면서, 자연의 인간은 전멸의 가능성을 최소화하고, 개인적인 영광과 권력을 최대화하도록 이끄는 어떤 '자연의 법칙'을 유추한다. 여기서 홉스는 자연의 법칙이라는 전통적인 표현을 사용하면서, 인간은 본질적으로 사회적이고 정치적이라는 전제로 시작된 고전적인 견해와는 아주 다른 전제에 기초하고 있다는 것을 염두에 두어야만 한다. 우리가 그를 정확

---

65) Ibid., pp.347−348.

히 반대로 보지 않는다면, 홉스는 반대로 의미가 없어진다. 인간은 본질적으로 순전히 이기적이라는 것이다.

그러므로 홉스에게 자연의 법칙은, 수학자가 어떤 기본 공리에서 명제를 연역하는 데 사용하는 것처럼, 이기적인 인간이 과정 속에서 분리된다는 원리인 것이다. 무언가 자연의 인간이 발견하는 단 하나의 이성의 명령이 있을 뿐이다. 그 명령은 "우리 자신의 보전과 안전을 생각하라"고 충고한다. 홉스에 따르면, 모든 다른 자연의 법칙은, 기하학자들이 열심히 탐구하는 과정처럼, 이 원리로부터 연역될 수 있는 것이다.

연역된 법칙들은 무엇인가. 근본적인 하나는 "평화를 얻기 위한다면, 모든 인간은 평화를 위해 힘써야 한다. 그리고 그것을 얻을 수 없을 때, 그는 모든 도움과 전쟁의 유익함을 찾고 사용할 수 있을 것이다"라는 것이다. 달리 말하면, 평화가 전쟁에 비해 선호되어야 한다는 것인데, 전쟁의 상황에서 다른 사람들의 의지가 육체적으로 나를 죽이려 한다면, 전쟁은 나 자신의 자아를 파괴할 것이기 때문이다. 자연의 두 번째 법칙은 다른 사람들이 동의한다면, 인간은 모든 것에 대한 그의 권리를 기꺼이 포기해야 한다는 것이고, "그가 다른 사람들에게 허용한 것만큼의 다른 사람들에 대한 자유를 가져야 한다"는 것이다.

비자연적인 사회를 추구함으로써만 자신들을 보전할 수 있다는 것을 사람들이 이해하면서, 그들은 모든 것에 대한 자연적인 권리를 포기하고, 또한 그들 자아를 확장하는 최적의 수단을 판단할 개인적인 권리를 양도하기 위해 그들 사이에 계약을 체결한다. 그들의 의지는 "한 사람 혹은 한 협의체의 의지에" 양도된다. 그리고 그들은 "한 사람 혹은 한 협의체의 뜻에 저항하지 않기로" 서로서로 계약을 체결한다. 그러나 그 계약은 또한 통치자가 그를 해치려고 할 때, 그 자신을 보호하기 위한 각 인간의 권리를 보전하는 조항을 포함한다.

첫 번째와 두 번째 자연의 법칙에 따라, 그 기본 법칙으로부터 연역된다고 볼 수 있는 어떤 다른 법칙들이 수반된다. 그것은 계약준수에 대한 존중, 다른 사람을 공격한 데 대한 용서, 서로 증오하는 데 대한 거부, 자만심의 회피, 그리고 우리에게 행하기를 바라는 것을 다른 사람에게 행하는 것 등과 같은 원칙들을 포함한다. 권력과 육체적 생존에 대한 우리의 개별적인 이기주의적 주장으로부터 연역된 이러한 법칙들은 실제적인 도덕성의 명제라기보다는 분별력의 격률인 것이다.

사람들이 자연의 상태를 벗어나면서 서로 계약을 맺을 때, 그들은 자연적인 평등권을 통치자에 대한 복종에 내주는 시민사회로 들어서는 것이다. 그러나 계약은 통치자 자신이 만든 것은 아니다. 그는 그의 권력을 계약자들로부터 받아들이지만, 그렇게 하도록 약속을 한 것은 아니다. 그러므로 그는 오로지 그 자신을 보전하는 자연의 근본 법칙에 따라, 그가 적당하다고 보는 어떤 방식으로든 행동할 자유가 있다. 시민 국가의 안전은 상당한 정도로 홉스가 '테러'라고 칭한 것에 의존하고 있다. 말하자면 그것은 통치자가 개인들의 권력을 모으고, 이러한 결합을 통해서 새로이 발전된 조화를 깨트리려는 사람들을 협박할 수 있는 것이다.

통치자는 자연의 법칙들에 대한 단일한 해석자가 되고, 그것들을 그가 적당하다고 보는 것으로 규정한다. 사실상 그것들은 통치자가 그것을 실정법으로 만들기 전까지는 진정한 법률이 아니다. 칼로 재가되지 않은 원칙은 법률이 아니기 때문이다. 보댕(Jean Bodin)처럼, 홉스는 위기가 없고 권위가 세워지도록, 아주 산뜻하고 논리적으로 구성된 사회질서를 추구하고 있는 것이다. 안전에 대한 추구 속에서, 그는 세속적인 것들로부터 정신적인 것들을 구별해 내려는 모든 중세적 개념을 거부하고 있고, 법과 권위 모두를 무언가 다원주의적인 것으로 보고 있는 것이다.[66]

---

66) Ibid., pp.349−350.

5. 계약의 의미

홉스가 국가와 동일시한 거대한 인공적 괴물 리바이어던(Leviathan)에는 혁명이나 불복종에 대한 정당화는 있을 수 없는 것처럼 보인다. 실제로 홉스의 정치적 저작물들은 어떻게든 저항이나 폭정에 대한 정당화를 모색하고 있는 모든 16세기 사상가들에 대한 활기찬 도전이라는 하나의 관점에서 바라볼 수 있다. 홉스는 심리적으로 개인은 저항할 수 없다고 말하고 있는 듯하다. 그것은 계약에 동의하도록 하고, 그와 더불어 절대주의의 결과를 가져오는 "행동에 있어 정신적인 실체"를 가지고 있지 않기 때문인가?

만일 홉스에게 그의 시대의 입헌적 위기로 몰아놓고, 역사적으로 깊이 새겨진 권리에 대한 군주의 무시가 저항의 원인이 아닌가 하고 묻는다면, 그의 대답은 '아니다'일 것이다. 그는 주장하기를, 역사 자체는 여전히 해석의 문제이고, 인간은 시민사회를 계약했기 때문에, 단일한 해석의 특권은 군주에게 양도된다. 역사와 전통적인 권리는 군주가 선택하여 만드는 것이다.

그러나 홉스가 불복종에 대한 어떤 정당화를 거부한 것이 명백하고 일관성이 있음에도 불구하고, 이 점에 대한 그의 생각에 근본적인 모호성이 있음을 지적해 내야만 한다. 계약을 체결하면서 그것에 동의하는 사람들에 의한 하나의 유보조항을 그가 생각하고 있다는 것을 우리는 이미 지적한 바 있다. 즉 "힘에 의해서, 힘으로부터 나 자신을 보호하지 못하는 계약은 언제나 무의미한 것이다." 그리고 그는 이렇게 계속 설명하고 있다. "사람은 '내가 그렇게 하지 않으면, 나를 죽여라' 하고 계약할 수는 있지만, '내가 그렇게 하지 않으면, 당신이 나를 죽이려 할 때, 나는 저항하지 않을 것이다' 하고 계약할 수는 없다. 인간은 본질적으로 죽음의 위협에 대한 저항이라는 덜 악인 것을 선택하기 때문이다."

마리아나(Mariana)가 독재 군주라고 칭한 군주에 의해 파견된 행정관에 대한 광범한 저항이 발생한 상황을 조망하는 데는 약간의 상상력이면 충분하다. 저항자들은 군주의 모든 행정관들을 살해하거나 무력화하는 데 성공하고, 또 다른 대학살이 발생하지 않도록 하기 위해 군주 자체에 대한 공격을 계속한다. 그들은 군주를 살해하고, 그의 경찰과 군대는 즉각 성공한 저항자들에 대한 복종을 시작한다. 이러한 종류의 상황에, 홉스는 저항자들이 이전 군주에 복종하는 것을 계약했음에도 불구하고, 저항자들이 새로운 군주가 된다고 말할 것이다. 그들의 반란이 성공했다는 사실이 역으로 그 저항을 정당화한 것이다. 물론 이것이 홉스가 저항에 대한 어떤 이론적인 권리를 밝히고 있다는 것을 뜻하지는 않는다. 저항자들이 성공하지 못했다면, 그 권리는 그들을 성공적으로 진압한 원래 군주에게 있을 것이다. 그러나 여기서 제기되는 것으로 보이는 것은 힘의 통제 권리에 대한 홉스의 분명한 확인이다.

홉스 이론의 이러한 측면을 보면, 그의 시대 그것에 대해 열정을 가진 인물이 없었다는 것은 놀라운 일이 아니다. 힘의 권위에 대한 궁극적인 확인, 능력의 권리에 대한 궁극적인 인정은, 정부 형태로서 군주제를 압도적으로 선호했음에도 불구하고, 그를 일방적인 군주론자라고 하기에는 쉽지 않아 보인다. 대부분의 군주론자들은 왕권신수설을 용의주도하게 지지하고 있었다. 왕정에 대한 홉스의 지지는 성공적인 반란을 방지하기 위한 군주의 능력에 기대는 분석 속에 있었기 때문에 홉스는 그들을 실망시켰다. 크롬웰이 승리했을 때, 홉스는 그 호민관(Lord Protector)에 대한 충성의 맹세를 하는 데 아무런 주저함이 없었다. 힘의 사용으로 인한 그의 성공은 그를 정당화시켰기 때문이었다.

다른 한편, 크롬웰주의자들과 의회의 다른 구성원들은 홉스에 대해 열정을 보일 수 없었다. 그것은 홉스가 왕정에 대한 선호 견해, 그의 체계가 갖는 유물론적 기초, 그리고 그의 목적에 맞게 성서를 해석하는 이상한 방법을 가지고 있었기 때문이었다.[67]

6. 국가의 창설

홉스는 <리바이어던>에서 간명하게 언급한 바와 같이, 국가의 기초는 계약 또는 신약일 수 있으며, 여기에는 "그 어느 누구도 자신의 행위로부터 나오지 않은 것에 대해서는 의무가 지워지지 않는다. 왜냐하면 평등한 모든 인간들은 본래 자유롭기 때문이다." 그러나 신약은 어떤 규범적인 것 그 이상의 것이 되어야만 한다. 그것은 계약자 모두를 통합하는 '진정한 단체'를 형성하려는 다수 인간들 사이의 건설적인 신약이기 때문이다.

한편 이것은 신약에 참가한 인간들의 '공동 의지'에 가시적이고 확정적인 지위를 대표하거나 제공할 수 있는 '공공의 대표체 혹은 의회'를 만들어 낸다. 홉스에게 있어서 대표성이라는 것은 본질적으로 인격화를 의미하는 것이었다. 다른 한편으로 이것은 신약에 참여한 모든 사람들이 그들의 대표가 공동의 평화와 안전을 확보하기 위해 취한 모든 행위를 그들 자신의 행위로 간주하고 동일시하는 '권위화'의 신약이다. 이와 같은 권위화의 행사에서 각인은 자연상태에서 그 자신을 보존하기 위해 오로지 그 자신의 판단에 따라 행사할 수 있었던 원초적 권리를, 비록 홉스는 그것이 완전히 소멸됨을 허용치는 않았지만, 포기해야만 하는 것이다. 그러면서도 각인은 양도되지 않은 잔여 권리로서 그 자신을 죽음과 부상 또는 투옥으로부터 구출하는 고유한 권리를 보유하며, 이 권리는 정치사회에서도 각인이 지속적으로 소유하는 것이다.

그러나 정치적 권위를 만들어 내는 일은 (자연권의) 포기라는 부정적 행위 그 이상의 가치를 창출하는 것임에 주목해야 한다. 즉 그것은 또한 인간의 권력을 그것을 담임할 것으로 신임된 대표적 인격체가 부여된 과업을 수행키 위해 사용하는 힘에 전임시켜주는 적극적 의지의 표현이다. 이것은

---

67) Ibid., pp.350-351.

또한 계약자들이 갖는 무질서한 정념을 제어할 정도로 강력한 공포와 강제를 발동할 원천을 그 대표자들에게 부여하는 행위이다.

이와 같은 창조적 행위의 결과로 인공적 인격 또는 '리바이어던'이 등장하는 것이고, 이 인공적 인격이 바로 국가인데, 국가는 주권을 소유하고 전체의 정신으로서 구성원 전체를 대표하는 인격체가 된다. 이것의 권한과 권력, 그리고 주권의 내용은 방대하다. 주권을 규정하는 권리의 핵심에 홉스가 인간의 원초적인 자연권을 특기하여 집어넣은 것은 중요하다. 주권은 평화와 방위를 수호하기 위한 수단 모두를, 그리고 그것을 교란하고 방해하는 것이 무엇인가를 판단할 권리를 가지고 있다고 한다. 그래서 주권은 국내적 불화와 대외적 위협을 방지하기 위해, 평화와 안전을 수호하기 위해 필요하다고 판단되는 어떠한 조치도 취할 수 있다. 또한 평화와 안전이 상실된 곳에서 그것을 회복하기 위한 어떠한 수단도 동원할 수 있다.

그러한 주권 행사는 자연인이 소유하였던 자연권이 포기됨으로써 형성된 것이다. 그리고 주권이 행사하는 자유는 인공적 인격 혹은 국가가 진정으로 '국가'라고 말할 수 있을 때 구비하게 되는 것이다. 주권이 없는 국가는, 군주국과 같이 주권이 어떤 한 사람에게 부여된 형태이든 또는 귀족제나 민주제와 같이 소수의 집합 또는 집단적인 인격에 부여된 것이든 관계없이, 그 근본적인 과업을 수행할 수 없다.

주권 창설로 인하여, 그리고 처벌할 수 있는 힘을 갖는 주권을 실행하는 실정법으로 인하여, 자연법은 그 조건적 성격을 벗어나고 이유불문의 절대적인 것이 되었다. "일단 국가가 창설되면 그전에는 그렇게 하지 못하였지만, 자연법은 실제 법이 되는 것이다. 자연법은 이제 국가의 명령이고, 그래서 또한 시민의 법인 것이다." 인간들은 이제 그들이 지키기로 약속한 계약 또는 신약을 준수할 의무를 수행해야만 하는 것이다. 이 점이 홉스의 정의론의 핵심이 되고, 이러한 상태가 곧 현실이 된다. 자연상태에서 불안하였던 소유권도 이 행위의 결과로 안전성이 보증된다. 이와 같은 홉스의 설명에서 국가는 정의와 이성의 실현체로 말해질 수 있고, 그리고 진정으로 이성의 지배를 의미하게 된다.

홉스는 극단적인 상황에 대한 논리를 전개하면서, 과거의 낡은 이론적 틀을 분쇄해 나가고 있다. 그는 국가는 결코 사악한 인간들 또는 사악한 계급에 속하는 인간들의 고안물이 아니며, 또한 인간의 원죄에 대한 처벌로 부과된 고통스러운 멍에도 아니라는 점을 보여주고 있다. 바로 인간이 국가를 만든다는 것이다. 국가는 자유롭고 정념을 가지는 인간들이 그의 동료들과 벌이는 처절한 투쟁에서 어쩔 수 없이 뒤따라오게 되는 불안정이라는 악을 치유하기 위한 결단의 결과인 것이다. 그러므로 정치적 의무는 자연적인 것이 아니라 인공적인 것이다. 그것은 본래적으로 절대적 자유를 소유하는 존재들의 자기억제와 동시에 자기복종에서 이루어진 것이다. 마지막으로 국가 그 자체는 개인들 또는 집단들이 그들 자체의 특수 목적을 성취하기 위하여 그들이 쳐놓은 거미줄 같은 계약이 아니라 인간 '실존의 단위'이며, 가시적인 창조물이고, 평화를 위한 공동의 합리적인 인간적 노력을 대표하는 강력한 대표체인 것이다.[68]

7. 국가와 교회

홉스는 <리바이어던> 제3부를 통해서 종교문제를 길게 다루고 있다. 그는 자연신교적(deistic) 입장을 취하였으나, 이것은 결국 그의 반대자들에게서 무신론이라는 비난을 받게 되었다. 그는 교회를 전적으로 주권자에게 종속된 지위에 두었고, 교회의 집회는 주권자의 의사에 따라 행할 수 있는 것이었다. 따라서 주권자의 동의 없이 모이는 어떠한 종교집단도 진정한

---

68) M. 포사이스 / M. 킨스 소퍼, 앞의 책, 189-192쪽에서 발췌인용.

교회가 아니며, 단지 불법적인 집회가 되는 것이다. 더욱이 '보편적인 교회'란 있을 수가 없다. 왜냐하면 세상에는 다수의 주권자가 존재하고, 그들 각자는 그 나름대로 자신이 원하는 교회를 설립할 수 있기 때문이다.

국교회만이 유일의 합법적인 것이라고 홉스는 말하고 있으나, 그럼에도 불구하고 편의상 많은 종교적 관용을 그는 권고하고 있다. 교회의 위계적인 많은 성직자들은 신으로부터 직접 그 권위를 부여받은 것이 아니라, 주권자로부터 그들의 권위가 인정된 것이다. 더욱이 그들의 권위는 순수하게 정신적인 것이며, 어떤 의미에서도 진정한 정부의 한 종류라고 할 수는 없다. '정신적인 정부'라는 말의 뜻은 잘못 유도된 것이고, 하나의 역설에 불과하다. 세속적인 주권자만이 이 세상에서 진정한 정부의 기능을 가질 뿐이며, 교회의 정신적 권위는 설득을 통해서만 행사될 수 있는 것이다.[69]

홉스의 주권이론은 교회를 시민적 권위에 예속시킴으로써, 마르실리오의 논리적 결론을 통해 정신적 권위와 세속적 권위를 분리시킨 때로부터 시작된 과정에 대하여 종지부를 찍었다. 홉스와 같은 유물론자는 정신적 권위라는 것은 가상적 일화인 유령에 지나지 않았다. 그는 계시나 정신적 진리와 같은 것을 부정하지는 않았다. 홉스는 아직도 신조가 강제될 수는 없으나 신조의 고백은 명백한 행위이며, 따라서 법의 영역에 속한다고 생각하였다. 신앙의 자유는 외적 결과에 관한 한 완전히 작용될 수 없다. 모든 의식과 고백, 성서의 교리·신조 및 교회의 정치가 어떠한 권위를 갖는다면, 이것은 주권자에 의하여 허용된 것이다. 종교적 진리에 대한 객관적 기준이 없기 때문에, 어떠한 신조 또는 신앙형태의 인정도 이것은 주권의사의 행위에 속해야 한다.

홉스는 또한 교회를 하나의 단체에 불과하다고 생각하였다. 교회는 다른 어떤 단체와 같이 수장을 가져야 하며, 이 수장은 바로 주권자이다. 교회

---

69) 김계수, 『구미정치사상사』(서울: 일조각, 1983), 111−112쪽.

는 하나의 주권자의 인격에서 단결된 인간의 단체이며, 따라서 국가 자체와 완전히 구별할 수 없다. 세속적 정부와 정신적 정부는 동일한 것이다. 따라서 파문이나 기타의 종교적 형벌은 주권자의 권위에 의하여 부과된다.

홉스는 종교적 관용을 허용하였다고는 하되, 주권자는 세속사에서만이 아니라 영적인 사항에 있어서도 최고라고 하였다. 그는 구교파 교회에 대하여 가장 맹렬히 비난하였고, 또한 교회제도에 관한 제 요구 및 교회가 인심을 지배하는 수단인 교의를 부정하였다. 따라서 그는 성직자들의 공격을 받았고, 무신론자라는 비난을 받았으며, 모든 종류의 자유사상은 홉스주의라고 비난받았다. 당시 영국 청교도들의 제 요구는 그가 주장한 국가의 절대주권을 위협하는 것이라고 하였다.[70]

8. 홉스의 영향

홉스의 체계가 갖는 많은 취약성에도 불구하고, 그의 도덕적, 정치적 이론이 갖는 역사적 중요성은 절대 과소평가될 수 없다. 그 중요성은 두 가지 측면에서 찾을 수 있다. 첫째, 그는 그의 시대 실제로 중요한 정치적이고 지적인 추세에 철학적인 표현을 제공하고 있었다. 둘째, 그가 주장한 견해들은 도덕, 법률, 정치적 이론에 대한 이후의 태도에 큰 특징을 예고하고 있었다.

1) 17세기 유럽 경향의 표현

그가 충분히 그것을 깨닫고 있었는지 아닌지 간에, 홉스는 기본적으로

---

70) 박채용, 앞의 책, 297쪽.

중세 질서를 깨고 있던 17세기 사회와 정치 세력의 실질적인 대변자였고, 그와 동시에 초기 르네상스의 성취에 불만족해 하고 있었다. 이러한 세력은 부르주아 상업정신과, 정치 현상의 전통적 해석에 불만을 가졌던 모든 추세들을 포함하고 있었다.

16세기를 통해 상인들은 서유럽 크리스트교 세계에서 점차 중요해지고 있었다. 그들은 전통적인 농업적 이해와 기나긴 투쟁에 들어서고 있었고, 그것은 18세기 말과 19세기 초에 걸쳐 승리의 절정에 달하였다. 기업가들(Entrepreneurs)은 무역과 상업의 정복에 자극받은 강한 경제적 계기라는 고대의 방법에 한정되지 않고, 경제적 삶에 대한 중세적 제약의 마지막 자취로부터 개인의 해방을 모색하도록 이끌었다. 그들은 법률이나 전통에 구애받지 않는 계약을 체결할 자유가 있을 때만 그들의 사업을 수행할 수 있었다. 이것은 그들에게 자유 계약이 어떤 신축성을 가지고 이윤을 추구할 수 있는 유일한 방법으로 보였다는 것을 뜻하였다. 동시에 그들은 당대의 종교적 전쟁을 참을 수 없었다.

이제 계약이라는 견지에서의 모든 상업적 거래라는 생각으로부터 모든 사회와 정치의 관계는 계약적이라는 생각으로 옮겨갔다. 16-17세기의 상인들에 의해 펼쳐진 사회의 이미지는 더욱더 개인적 이해의 편익을 위해 자의적으로 들어선 거의 무한정의 복합적인 계약의 그것이 되었다. 동시에 그는 기본적으로 이러한 이해를 보호하도록 만들어진 것으로서 통치권이라는 생각을 하기 시작하였다. 한 근대의 작가는 이러한 이데올로기를 '소유적 개인주의(Possessive Individualism)'라고 규정하고 있다.[71)

소유적 개인주의는 토지 기반의 귀족정과 관계된 전통적인 견해와 날카

---

71) 맥퍼슨(C. B. Macpherson)은 그런 점에서 홉스를 벤담의 중요한 선구자로서 강조하고 있다. 이 점과 관련해서는 C. B. Macpherson, *The Political Theory of Possessive Individualism: Hobbes to Locke*(London: Oxford, 1962)를 참조할 것.

롭게 대비되는 것이었다. 귀족정은 고대 그리스에서 무역과 상업은 하위의 직업이고, 토지 소유를 정치 질서의 선결조건으로 생각하였다. 귀족과 지주들은 옛것을 지키고 있었고, 사회를 재구성하려는 소유적 개인주의자들은 옛것과 전쟁상태에 있었다. 전통주의자들은 왕권신수설 또는 중세 원리로의 완전한 회귀 속에서 무질서의 문제에 대한 해결책을 찾았다. 반면에 소유적 개인주의 이데올로기는 왕권신수설과 모든 중세의 흔적을 거부하는 미래의 물결이었다.

이러한 소유적 개인주의 이데올로기에 가장 완벽하게 체계적인 표현을 가져다준 인물이 홉스였다. 그의 극단주의는 질서에 대한 과거의 기반은 죽었다는 사실과, 급진적인 재구성이 필요하다는 데에 대한 인식이었다. 자연법과 전통이 타협하는 것은 위험했다. 전자는 너무 공허했고, 후자는 혁명의 시대에 너무 비현실적이었다.

홉스의 무신론과 유물론은 그러나 상인 사회 자체 내에 존재하는 종교 불인정 경향의 솔직한 표현이었다. 무역과 상업이 점점 더 사람들에게 매력을 끌게 되자, 종교와 관련한 갈등은 점점 더 비현실적인 것이 되었다. 실질적인 유일의 것들은 숫자, 산수 책, 이익과 손실 등이었고, 특별한 관계의 대부분은 무역 사회와 관련된 것이었다. 대부분의 상인들은 겉으로는 경건하게 남아 있었지만, 이미 전통적인 하나님을 밖으로 몰아내기 시작하고 있었고, 상업적 계약의 이미지 속에서 그들 자신의 신을 창조하기 시작했다. 홉스는 그들의 태도를 표현하였고, 지속적인 발전을 자극하였다.

그의 전반적인 조망은 상업적 이익의 추구를 위한 상업적 기업체로서 사회와 국가의 이미지를 강화하는 것으로 산정된다. 홉스의 계약론적 견해와 개인주의적 전제를 반겼던 17세기 사람들은 국가주권론 주장이 장기적으로 경제 분야에서의 계약의 자유를 뜻한다는 것을 의아해 했을 것이다. 모든 경제적 관계는, 홉스의 사상 아래서, 그의 주권론 덕분으로 존재한다는 것은 의심의 여지가 없기 때문이다. 그러나 이것은 장래의 일이었다.

한편, 17세기의 소유적 개인주의는 홉스의 세계관을 반겼는데, 그것은 그것이 그들의 이해에 유리한 질서의 배경으로 이윤추구 기업체를 약속했기 때문이었다.

2) 후대에 대한 영향

홉스가 전통적 유대의 해체와 관련된 수많은 당대의 경향에 이론적인 표현을 가져다주었다면, 제도상으로 그리고 이론의 영역에서 이후의 발전과의 관련 속에서 볼 때, 그의 체계는 더욱 중요성을 갖는 것이었다.

■ 홉스와 주권국가 개념

그 통치자가 독점적 힘을 소유하는 주권 국민국가 이념의 역사는 많은 부분 홉스에서 연유한다. 이 이론 속에서 물리적 힘으로 나타나는 중심개념은 개인들은 기본적으로 반사회적인 것으로 표현되고, 그래서 절멸의 위협을 통해 어떤 종류의 질서로 위협되어야만 한다는 사실의 가치로 표현될 수 있다. 이러한 국가 모델은 오늘날에도 국제기구의 관념에 깊은 영향을 끼치고 있다. 강한 UN(United Nations)의 지지자들은 국제사회에 저항하는 자들을 분쇄할 수 있는 국제적 군대의 소유를 주장하고 있다.

■ 홉스와 국가기능의 확장.

홉스는 사적인 것으로 남아 있는 것에 대한 공중의 행위를 남겨두는 여지 사이를 구별할 수 있는 이론을 밝히려는 노력을 하지는 않았지만, 이후의 정치와 사상에서 중요한 역할을 담당한 두 가지 개념을 제시하였다. 주권의 명령에 따른 주권과 법률의 일원론적 이론이라고 부를 수 있는 것의 기초를 세움으로써, 정부는 전통에 기초한 그룹의 권리에 한정될 필요가 없다고 그는 주장했다. 둘째, 홉스의 강력한 개인주의적이고 쾌락주의적인 강조는, 그 자신은 국왕 주권을 선호하였지만, 개별적인 인간들의 다수에 주권이 자리할 수 있는 데 아무런 제한을 두지 않았다는 것을 지적할 수 있다. 달리 말하면, 주권은 민주적일 수 있는 것이다. 그리고 민주적 주권은 그것이 적당하다고 볼 수 있는 어떤 방식으로든 행동할 수 있는 것이다.

이 두 개념은 모두 홉스의 사후 정치이론의 역사에서 매우 중요한 역할을 담당했다. 개인주의와 쾌락설은 18-19세기 공리주의(Utilitarianism)의 핵심 개념이 된다. 국가는 특수한 그룹의 역사적인 권리나 전통 주장에 아무런 제한을 받을 수 없다는 사상은 프랑스 대혁명, 초기 민주주의 이론과 여러 사회주의 사상에 반영되게 된다. 홉스의 '리바이어던'은 이런 점에서 인간사의 인공적인 질서화(ordering)라는 이름으로 취약한 사회구조를 집어삼키려는 거대한 괴수가 되었던 것이다.

■ 홉스와 계급투쟁 이론

시민사회에서조차 순전한 힘에 의존하지 않고서는 결코 해결될 수 없는 지배자와 피지배자 사이의 긴장은 남아 있기 때문에, 홉스는 후에 계급투쟁 이론이라고 불리는 것의 초기 근대의 대표자로 간주될 수 있다. 실제로 칼 마르크스는 "홉스야말로 우리 모두의 아버지이다"라고 말한 것으로 알려지고 있다.

물론 홉스는 그가 자연의 상태를 끝냈다고 생각한 것은 사실이다. 그러나 우리가 보아온 것처럼, 그는 실제로 그것을 시민국가로 넘겼다. 지배자는 그의 이기적 본질에 따라서만 행동할 수 있고, 그래서 그의 피지배자의 손에 의한 멸망을 피하기 위해 권력에 대한 요구를 극대화하려고 한다. 반면에 피지배자들은 지배자에 대한 복종을 약속하지만, 지배자가 피지배자들의 자아를 파괴하려고 한다면, 그의 대리인들을 죽일 수 있는 자연적 권리를 가지고 있다. 그런 상황하에서, 시민적 질서는 실제로 후자가 갈등이라고 부를 수 있는 것을 감추고 있는 것이다.

그러므로 홉스는 전혀 계급투쟁 이론을 전개하고 있지는 않지만, 그는 그것의 어떤 중요한 요인들을 예견하고 있었던 것이다.[72]

---

72) Sibley, op.cit., pp.357−359에서 발췌인용.

제3절 존 로크(John Locke, 1632 – 1704)

1. 로크와 17세기의 정치

로크의 생애는 대체로 네 시기로 나누어 살펴볼 수 있다. 첫 번째 시기는 1632년 그의 탄생에서 스무 살이 되는 해까지로, 그때 그는 공부를 하기 위해 옥스퍼드에 진학하였고, 그의 기본적인 정치적 태도의 상당수가 발전되고 있었다고 할 수 있다. 그의 아버지는 강력한 의회주의자로, 그의 철학은 로크 자신의 정치사상에 반영되고 있다고 할 수 있는 관용과 권위의 조화에 투영되었다.

그의 생애 두 번째 시기는 1652년부터 1667년까지라고 할 수 있다. 우리는 그것을 근본적으로 한 차원 높아진 교육의 시기로 정의할 수 있다. 거기에는 석사 학위의 수여, 초급 외교관으로서의 짧은 근무, 로버트 보일(Robert Boyle) 경에 대한 연구, 중세 스콜라철학에 대한 진지한 탐구, 의사가 되기 위한 훈련, 그리고 옥스퍼드에서의 특별연구원 시기가 포함된다.

1667년부터 1686년까지 그는 애슐리 경(Lord Ashley)의 가정교사와 의사로 있었고, 잠깐 동안 무역과 플랜테이션 위원회(Council of Trade and Plantations) 서기 일을 맡았으며, 대륙을 여행하기도 하였고, 왕위 계승 정치에 조금 간여하기도 하였다. 그 때문에 그는 네덜란드로 망명하기도 하였다.

네 번째이고 그의 생애 마지막 국면은 1686년에 시작되었고, 저술과 출판으로 특징지어졌다. 몇 년 동안 그는 '비망록'으로 알려진, 그의 모든 관찰에 관한 상세한 자료를 가지고 있었다. 이 메모로부터 그는 <관용에 관한 첫 번째 편지>(1689), 그리고 1690년에 <정부론 제2편>과 <인간 이해에 관한 에세이>라는 유명한 저술을 만들어 냈다. 1693년에는 <교육에 관한 단상>을 썼고, 1695년에는 <크리스트교의 분별력>을 저술하였다. 그 이후 그는 새로 설립된 무역과 플랜테이션 위원회(Board of Trade and Plantation)의 행정관으로서 짧은 공직 생활을 하기도 하였다(1696).

로크는 1689년의 명예혁명을 지지하였고, 그런 가운데 18세기 전반의 휘그당의 정신이라고 할 수 있는 것에 일종의 텍스트를 제공하였다. 1704년 그가 죽을 때, 그가 지지한 것과 유사한 사상들은 많은 사회사상가들에게 중심이 되어 나타났다. 비록 사람들은 그로부터 직접적으로 빌려오지는 않았지만, 18세기에 널리 퍼진 공중의 분위기 속에서 로크와 유사한 많은 견해를 흡수하고 있었다.[73]

2. 로크의 자연 상태

로크는 그의 대표적인 주저 <정부론 제2편>에서 인류의 자연 상태를 첫 번째 자연 상태와 두 번째 자연 상태로 나누고 그것을 생성론적으로 설명하고 있다. 특히 재산권과 관련된 문제에서 보면, 자연 상태에서는 재산권에 관한 공정한 판결을 내리고, 그것을 집행할 수 있는 우월적인 결정자가 없기 때문에, 자연 상태는 결국 불완전한 것이라고 할 수 있다.

그리고 그러한 자연 상태에서 인간 이성이 작동하고 신이 존재한다고 해도 자연 상태는 위와 같은 본질적인 불완전성으로 말미암아 홉스가 묘

---

73) Sibley, *Political Ideas and Ideologies*, p.373.

사한 바와 같은 전쟁 상태로 점차 변해간다. 이러한 전쟁 상태는 사회의
자연적 균형이 붕괴되었을 때 어떠한 사회발전 단계에서도 나타날 수 있
는 상황이기 때문에 중요한 쟁점이 된다. 그가 보았을 때, 자연 상태에 그
러한 불합리성과 범죄가 없었다면 인류가 그러한 자연 상태를 빠져나올
유인이 없는 것으로 설명된다.[74]

3. 재산권

로크는 재산권에 관한 설명에서 어느 사상가보다 뛰어난 측면을 보이고
있다. 그는 이 세상에 있는 모든 것은 신이 인류에게 '공유물'로 준 것이
라는 주장으로부터 시작하고 있다. 그러므로 사유재산은 본원적인 것이라
기보다는 인위적인 것이다. 그러나 이러한 원초적 공유제는 로크 주장의
전반적인 것은 아니며, 오히려 그는 그러한 관념에서 빠져나오려고 노력하
는 듯이 보인다. 그리고 신의 선물은 자연을 이성적으로 이용함으로써 좀
더 유용하게 많이 얻을 수 있다는 점에 더 많은 주안점을 두고 있는 것으
로 보인다.

이러한 주장은 여러 해 동안 고생하면서 구성한 것 치고는 일면 궤변처
럼 보이는데, 그럼에도 불구하고 이것은 상당한 중요성을 갖는다. 로크는
개인주의자로서 대중적 명성을 얻었지만, 간혹 집산주의적 정신에 상당한
정도로 양보하였으며, 아주 명확한 용어로 각 개인이 개별적으로 자신의
힘을 공동체에 양도하는 사회계약과, 그러한 정치공동체에서 나오는 권위
에 대해 서술하였다.[75]

---

74) M. 포사이스 외, 앞의 책, 199쪽 참조
75) 로크의 개인주의적 관점은 사회주의적 해석의 소지를 유발하는 집단주의에
    대한 상당 부분의 양보로 인하여 크게 경감되었다. 이 문제에 대하여는

로크는 이따금 재산이라는 용어를 극히 제한적인 의미로 사용하였는데, 그럴 때는 사람들이 소유하는 모든 것으로서의 '생명, 자유 그리고 재산'이라는 항목에서 그 하나를 의미하는 것이었다. 어떤 사람의 재산은 그 사람의 사회적 품격이라고 한다. 재산은 그 사람의 한 부분이 되며, 그의 인격이자 그의 자유이며 그의 생명이다.

우리는 또한 재산의 대상을 구별한다. 로크는 심오한 의미에서 재산은 그 사람이 그의 몸을 절대적으로 소유하는 것과 같다고 말한다. 이와 같은 논리에서, 그의 신체가 노획한 것은, 즉 인디언이 숲 속에서 포획한 것은, 그것을 잡은 사람의 몸의 일부가 된다고 말한다. 이러한 행위를 노동 또는 손에 의한 작업이라고 부르는 것이다. 이러한 노동은 그 자체로서 팔고 살 수 있는 일용품인 것이다. 이와 더불어 '자본'이라고 불리는 것이 있는데, 예를 들면 토지에서 곡식을 생산하기 위해 인간은 그가 길들인 말이나 그가 만든 쟁기를 사용하고, 그것에 노동을 투여함으로써, 숲을 경작할 수 있도록 말끔히 개간하여 생산에 이용할 수 있다.

일단 자본이라는 개념을 제기한 뒤에, 로크는 그것의 사적인 축적을 변호하는 데 열을 올렸고, 이는 결국 정부를 정당화하는 것까지 포함하는 것이었다. 정부는 자본을 안전하게 보호해 준다고 한다. 그리고 그 재산을 보호해야 하는 이유는, 예를 들자면 버지니아 땅에 투자된 자본은 그 토지의 가치를 열 배, 백 배, 천 배까지도 증대시키기 때문이라는 것이다. 이러한 견해가 로크의 사상 중에서 가장 주목해야 할 부분이다.

다음에는 금으로 된 재산이 있다. 우리는 이것을 돈이라고 부른다. 그러나 이것은 자연사회와 시민사회의 보이지 않는 경계선에 걸쳐 있는 것이다. 돈과 그와 유사한 종류의 것을 보자면, 이것들은 "자연의 물건들이 아니며, 단지 상상적인 가치를 지닌 것이다. 자연은 그것들에 그러한 가치를

Willmoore Kendall, *John Locke and the Doctrine of Majority Rule* (Urbana, 1965)를 참고할 것.

부여하지 않았다"고 한다. 세계의 모든 사람들이 계산단위로서 금의 무게를 사용한다. 그래서 어떤 사회에서는 주조된 금을 사용한다. 로크 시대와 그 후에 어떤 나라에서는 외화 결제를 금으로 하는 것을 법으로 금지했음에도 불구하고 금의 무게와 모양에 의거한 거래방식이 계속 통용되었다.

마지막으로 비록 확실치는 않으나, 자발적인 노예와 같은 임금노동이 있었다고 한다. 이러한 생각은 노동의 소외, 가치로 저장되는 노동으로서의 자본에 대한 생각, 그리고 저장될 수 있는 일차적 화폐로서의 금에 대한 생각과 중첩되어 있다. 이러한 세 가지 부분은 억압적 사회를 정당화하고, 자연 상태를 규율하는 법칙의 적용 한계를 지나치게 확장하는 것이다. 그렇지만 그것은 또한 과세를 배제하는 권리와 같이, 재산에 부가된 절대적 신성 시 그 외부에 있는 것인데, 로크가 정부에 관해 상세히 언급할 때조차 이 문제에 관해서는 되돌아보지 않았다. 그것은 아마도 로크가 토지보유와 관직을 정치생활에의 참여와, 저항권을 행사할 수 있는 자격으로 생각하고 있었던 것과 관련이 있는 것 같다.

노예들, 임금 노동자들 그리고 견습생들은 한 가족 가장들의 절반이 넘는 숫자인데, 이들은 그 고려대상에서 빠져 있다. 역사적으로 그들은 대부분 그래왔고, 지금도 역시 상당수가 그러한 상태에 있다. 인민이라는 단어는 그 정치적인 용례를 보면 아주 모호한 말이다. 그 인민들은 권력의 대상은 되어 왔으나, 역사적으로 보면 권력의 소유자가 된 적은 거의 없다. 그러나 재산이 없는 사람들을 정치적 동의의 주체에서 배제해버리는 정부의 술책을 로크의 탓으로만 돌리는 것은 논리를 지나치게 비약시키는 것이다.[76]

---

76) 포사이스 외, 앞의 책, 199-202쪽에서 발췌인용.

4. 시민사회와 정치사회

시민사회와 정치사회를 구별하는 것, 예를 들면 물건을 사고파는 경제사회와 국가를 구별하는 것은, 로크가 간혹 이 문제를 소홀히 취급하기도 했지만, 결국은 그의 덕분이라고 할 수 있다. 이러한 일은 로크가 생존했을 때 영국에서 실제로 일어났으며, 암스테르담에서는 이미 그러했었고, 여러 도시생활에서 이미 그러한 징조가 있었으며, 미국과 프랑스 혁명 이후에 확연히 그렇게 되었다.

시민사회, 사회·경제적 시장은 그 나름대로의 공간을 차지하게 되었고, 이를 무한히 유익하게 여길 수 있는 경제사회의 성공담이 많이 있었다. 이런 사회는 재산제도를 존속시키기 위해 권력에 의해 조절되는 물리력 행사에 의존한다. 이와 같은 물리적 강제의 행사는 결국에는 전쟁까지도 불사하는 것인데, 그 결단은 정부와 국왕과 행정부에 전임된다. 이러한 폭력의 발동 순간에서도 시민들은 법을 감수해야만 한다. 시민사회와 정치사회의 중간에서 양자를 연결하는 것은 법정이며 선출된 입법부이다. 정당은 로크의 예지 그 이상에 존재하는 것이었다. 정치사회에서 입법부와 행정부를 구별하는 것은 의회가 행정부나 관료, 군대 그리고 종교적인 것보다 더욱 우월성을 갖는 것임을 주장하기 위한 것이었다.

1688년의 혁명을 변호하는 형태로 작성된 팜플렛에서 로크는 이 사건을 영국의 시민사회가 정부에 대항하여 새로운 정부를 창출하기 위해 그들의 새로운 왕을 선출한 것으로 평가하였다.

시민사회에 대한 생각은 실제로 로크로부터 그 용어와 영감을 받은 것이다. 그러나 로크의 마음속에 정치사회와 시민사회를 구별해 내려는 동기가 실제로 있었는지, 그리고 그러한 생각이 그의 저작에 담겨있는지는 의심스럽다. 사실 로크의 저작에 그러한 언명이 없다고 주장하는 것도 나름대로 근거가 있는 말이다. 다른 것을 예로 보면, 자본의 경우에 로크는 이것에 명칭을 부여하고 권위를 부가하는 작업은 하지 않았으나, 그것을 새로운 용법으로 사용하였다. 로크는 시민사회에 그 이름과 권위를 부여했으나, <정부론 2편>을 읽을 때는 로크가 그렇게 했다는 느낌이 빠져나가 버린다. 이것은 서구 문명의 중대한 개념인데, 19세기에 이르러서야 성숙하게 된다.

로크의 저술에 그것이 지속적으로 들어 있지 않은 것에는 그럴 만한 상당한 이유가 있다. 시민사회는 의지적 행동에 의하여 정부를 창조한다. 그러나 정부가 창조된 다음에 시민사회는 변화되고 완성된다. 시민사회는 정부를 필요로 하는 것이다. 그것은 또한 그것에 합리성과 방향성을 제공해 주기 위하여 권력에의 의지를 갖는 한 사람을 또한 필요로 하며,77) 그것은 또한 이러한 지배자로부터 자유롭기 위한, 그리고 그 자신의 주권을 지키기 위한 투쟁을 전개할 것을 요구한다.

그리고 정치사회는 의도적인 행동의 결과로서 시민사회에 의하여 구축된다. 이것이 사회계약인가? 혁명하는 그날 정치공동체는 이미 현존하게 되고, 그 체제의 모든 구성원은 계약을 체결하게 됨에 따라 개인적 판단을 배제하고 공동체가 판정자(입법자, 헌법제정자)가 되며, "정해진 규칙에 따라 분쟁을 해결하게 되고 …… 성원들은 불편부당하게 적용되는 공동체에 의해서 권위가 부여된 법률집행자를 갖는다." 이 순간에 시민사회는 정치사회와 동일시되며, 감격적인 순간으로서 로크는 쾌재를 부르게 되고 점차 논점을 이탈하게 되는데, <정부론 제2편>에서 이러한 그의 직관의 본 의미가 나타난다.

정부의 목적은 다름 아닌 바로 개인의 재산을 보호하는 것이다. 이는 정부에게 그것이 시민사회를 위해 봉사하는 것이라는 위상을 부여한다. 정부가 보호해야 할 것은, 아담 스미스가 '국부론'에서 지적한 바와 같이, 거

---

77) 이는 루소의 '입법자'나 마키아벨리의 '로물루스' 등과 비교된다.

대한 규모의 차등적 재산인데, 정부는 이상할 정도로 평등하게 보이는 각 가정의 가장들이 활동하는 정치사회에서 그 차등적 재산을 보호하는 임무를 수행한다.[78]

5. 동 의

재산은 자연적으로 형성된 것이다. 그러나 정부는 인위적인 것이다. 그 사이에서 예견되는 갈등은 동의라는 개념에 의해 감쇄된다. 그러나 이를 좀더 상세하게 검토할 때, 이러한 동의라는 단순한 개념만을 가지고는 양자 간 갈등의 해소방안을 이해하기가 어렵게 된다.

로크는 동의만이 정부의 유일한 합법적인 타이틀이라고 주장한 것으로 통상적으로 이해되고 있다. 그러한 주장이 실로 그의 논쟁의 전부라고 할 수 있으며, 로크는 그러한 말을 여러 번 반복하였다. 그러나 정부가 어떻게 항상 동의에만 기반을 둘 수 있는가? 정부는 때때로 시민들의 동의를 배제하고 독자적으로 결단을 내리는 경우가 있다. 일반적으로 정부에 대해 개인적 동의가 있을 수 있고, 또한 특별한 경우 정부의 결정에 대한 일반적 동의가 있을 수 있으나, 개인에게 손해를 끼치는 정책을 정부가 억압적으로 추진하려고 할 때는 개인적 동의가 항상 수반될 수는 없다. 어떤 경우에 정부는, 흄이 지적한 바와 같이, 특정 사람들의 동의에만 의존할 때가 있다. 그런 점에서 로크의 동의는 아주 포괄적인 개념이라고 할 수 있다.

<정부론 2편>에서 로크는 완전한 시민으로서 그 자신의 정부에 대한 의무와 다른 정부에 대한 의무를, 예를 들어 그가 프랑스에 휴가 가서 머물고 있을 때 그 프랑스 정부에 대해 수행할 의무를 구별하고 있다. 후자

---

78) 포사이스 외, 앞의 책, 203−205쪽에서 발췌인용.

의 경우, 자발적으로 혹은 어쩔 수 없이 복종하든지 간에, 단지 그 국가의 경계선 안에 있음으로 해서 그 나라의 모든 법에 복종하면서도 불평등한 대우를 받는 경우가 있다. 동일하지는 않지만, 그러한 유사 사례가 자의적이고 무법적인 전제정치하에 놓여 있는 신민의 경우이다. 그 양자의 상황 모두는 특이한 종류의 동의를 함축하고 있는바, 이는 다른 각도에서 말하자면 의무의 정도에 관한 것이다.

어린아이는 그의 아버지에게, 고대 노예선에서 노를 젓는 노예는 그의 주인에게, 그리고 고용된 사람은 그의 고용주에게 그가 복종하고자 하는 만큼 순종해야 할 의무가 있는데, 이러한 종류의 의무 또한 동의라고 불리기도 하는 것이다. 그러나 이상적인 자유국가에 있어서, 재산을 가지고 있고 투표할 권리가 있는 시민에게는 시민과 관직보유자 모두를 구속할 적극적인 의무가 있는 것이다. 이러한 의무는 자유 그 자체이며, 평등에 기반하고 있는 것이다. 동의는 (결혼의 경우처럼) 일종의 열정적인 목적확인 행위이다. 이 모두는 정당한 정부에 바쳐야 할 최소한의 동의에 부가되는 것으로서 합리성으로부터 도출된 것이다.[79]

6. 계약과 다수지배

로크 계약이론의 논리적 연속으로서의 동의는 두 개의 계약을 상정하는데, 그 하나는 사회를 만드는 계약이고, 다른 하나는 정부를 만드는 계약이다. 로크가 생각하는 사회(societas)는 일종의 합자회사 또는 주식회사로까지 비유될 수 있는 것이다. 주식회사는 계약에 의해 성립되는데, 일단 그것이 만들어지면 그 성격이 변화된다. 주식회사는 성립되자마자 이 회사

---

79) 위의 책, 205-206쪽.

의 주식을 소유한 개개인들의 그것과는 다른 그 자체의 인격을, 마치 사람처럼 인격적 권리를 갖게 되는 것이다. 그것은 그 자체의 고유한 양식에 따라서, 즉 정관의 계약에 따라서 이 조직체를 운영할 사람들을 임명한다.

그러나 우리들이 로크의 계약 관념을 생각해 볼 때 많은 난점이 있음을 알 수 있는데, 계약이라는 것에는 그 계약이 잘못되었을 때 그 당사자의 잘잘못을 판정하고, 그 판정 결과를 집행하는 제3자가 있어야 한다. 우리는 '신약'이라는 또 다른 용어를 생각해 낼 수도 있는데, 로크가 종종 서약이라는 용어를 사용하였지만, 이는 어느 한쪽만이 일방적으로 의무를 감수하는 것으로서, 잘못하면 홉스의 주장과 같은 것으로 이끌려갈 소지가 충분히 있다.

이러한 논리적 혼란의 와중에서 만장일치와 다수결에 관한 문제가 등장한다. 이 논쟁 부분에서는 다수결 원칙을 옹호하는 로크의 입장을 보여주고 있다. 로크는 다수결에 대해 좀더 확신을 가지기 위해 역사적인 사례를 근거로 삼는다. 로크가 의존하는 역사적 기록들에는 초기의 다수결에 따른 결정의 사례들이 보인다. 거기에는 다수결에 의해 선출된 사람은 전체의 선택을 대표한다는 단서가 달려 있다.[80]

7. 주 권

로크의 <정부론 2편>에 비록 '최고권'이라는 단어는 여러 번 등장하지만, '주권'이라는 단어가 들어 있지 않은 것은 주목할 만하다. 그 이유는 이 저서가 정부에 관한 것이지 국가에 관한 것이 아니며, 그 주제가 "힘이 개인, 가족, 사회, 공동체, 의회, 국왕(입법권의 범위 내에서 활동하는 집행

---

80) 위의 책, 206－207쪽.

권), 판사 등에 분산되어 있는 그러한" 다원주의적인 것에 관한 것이기 때문이다. 우리들이 짐작하는 것처럼, 이러한 곳에서는 이익집단들이 분출한다. 그러나 여기에서 로크는 "공동선을 수호하기 위해서는 법의 지시를 기다리지 않고, 때로는 불법적으로 자기의 이성적 판단에 따라 행동하는 권력"과 실제 세계에서 빈번하게 발동되는 반란의 권리와 같은 국가의 내부적 속성 문제에 밀접히 근접하고 있다.

온당하게 말하면, 사회는 사법적 권력을 가지고 작동하는 것이며, 입법부는 법을 수정하고 합리적 정책을 제공하기 위해 그것과 제휴하면서 활동하는 것이다. 그러나 시민들을 매혹시키는 것은, 어떤 강력한 힘이 법을 어기고서라도 어떤 결단의 행동을 감행하는 것인데, 이 힘은 역동적이고 진보적인 문명을 만들었던 것으로서, 마키아벨리가 신봉하였던 군주와 같이 신질서를 구축하는 데 필요한 것이다. 그러나 이것은 빨리 버려야 하는 매우 위험한 발상이다. 최고권이라는 것은 헌법이 병들었을 때 사용하는 독한 치료약과 같은 것이지 상용하는 빵과 같은 것이 아니기 때문이다. 우리들 역사의 4세기 동안 문명화된 시민들의 하늘 위로 섬광을 비치며 날아갔던 위대한 인물들은 탁월한 정치가들이었지 군주가 아니었음을 기억해야만 한다.[81]

8. 노예제, 반란과 전쟁, 폭군제

로크의 생각 속에는 도덕성을 바탕으로 하여 번영된 세계로 나아가려는 헌법적 지배의 가능성을 기대하는 온건한 이상주의와 더불어, 폭력과 자의적이고 부도덕한 정부의 어두운 그림자를 걱정하는 불안감이 함께 들어

---

81) 위의 책, 208 -209쪽.

있다. 자연적인 사회에서조차 범죄가 발생하는데, 로크는 상식적으로 보아도 늑대와 같이 악랄한 인간이 있는 것은 당연하다고 생각하였다. 여기에 함축된 은유는 참된 시민들 간의 관계에 있어서조차도 진실한 도덕성은 찾을 수 없으며, 당황스럽게도 사회적 범죄자들은 늘어만 간다는 것이다. 범죄자는 비유컨대 전쟁에서의 패배자와 같다고 한다. 정복자는 적어도 정당한 전쟁의 경우에 포로들에 대한 생사여탈권을 갖는다고 한다. 그래서 그 포로들을 노예로 삼는다고 한다. 이것이 아메리카 식민지에서와 같은 법이 운용되는 사회에서의 노예제 문제인 것이다. 이것들은 아마도 아프리카를 정복한 자들의 말에 의하면 '정당한 전쟁'에 의해 포로가 된 제1세대 노예들과 그들의 미성년 아이들에게 적용되는 것이다.

로크는 그러한 관계를 그 어느 쪽에게도 비도덕적인 것으로 여겼다. 그는 이러한 유추를 다시 정치사회에서 공동체의 성원과 부당한 통치자 사이의 관계에 적용한다. 이때 공동체는 적극적으로 반항할 수 있다고 한다. 이를 로크는 '하늘에 호소한다'는 말로 그것을 표현한다. 이와 같은 극단적 사례는 로크의 정치이론 전반에 심대한 영향을 주었다. 정치는 결국 체스 게임과도 같이 서로 정당하다고 믿는 쌍방의 이념 전쟁이 한바탕 치러지는, 그리고 마치 서로 경쟁하는 쌍방이 의회에서 서로 다수를 점하기 위해 열전을 벌이는 상황을 규율하는 방법이라고 보았다. 그러나 이러한 게임의 규칙과 합의가 통치자 자신에 의해 파괴되었을 때, 호소할 데라고는 오직 물리적 저항인 것이다. 이것은 자연법에 의해서 규율되는 공동체에서의 고유 권리로 보인다.

이러한 상황에서는 아마도 로크가 생각하는 인간적 권리와 의무는 찾아볼 수 없고, 그들의 진정한 대표도 존재하지 않으며, 오직 다수의 권리 또는 소수의 권리와 같은 집단적 광란만이 있다. 그리고 아마도 이와 같이 부당한 상황에 대한 싸움은 용감한 시민에 의해 불꽃이 붙여지고 시작되는 것이다. 시민권은 사회를 바라보는 방식과는 반대로, 저항할 수 있는 효과적인 권력을 갖는 사람들에게 한정된다. 그 싸움에 확실하게 나설 수 없는 사람은, 로크의 시대에 개인적 재산이 있는 사람은, 은둔하는 것이 그 치료 방도였다.

그러나 설령 전쟁을 시작하는 권리가 있다고 하여도, 거기에 승리가 보장되어 있는 것은 아니다. 그리고 하늘에의 호소가 힘에 호소하는 것인지 역사에 호소하는 것인지 분명치가 않다. 로크가 영국의 역사를 염두에 두고 있었다고 가정하는 것은 경솔한 것이다. 하늘에의 호소는 로크가 불편해한 진실을 이해하는 독특한 방식이지만, 그것이 명확하게 무엇을 말하는지는 알기 어렵다.

그와 똑같은 언급이 전쟁, 노예제, 반란, 폭군제 등 로크가 다룬 다른 주제에 대해서도 해당될 수 있다. 처음 자연 상태로부터 정치사회로 넘어가는 각 단계에서 대두되는 각 주제에는 실제로 악마적인 생각이 좌우에 숨어 있었다. 로크와 동시대 사람들은 홉스가 제시한 것과 같은 두려운 선택을, 즉 인간을 리바이어던에 완전히 맡기든가, 아니면 인류가 서로 늑대들처럼 싸우게 방임하든가 하는 선택을 마음에 간직하고 있었을 것이다.

로크는 자의식을 발휘하여 홉스의 그 순환적 사고에서 빠져나온다. 인간은 그 자신을 인간으로 존중하는 차원에서 타인을 자신과 동등하게 인식하고, 이러한 작용에서 인간은 좋은 사회로 향한 확고한 의지를 도출한다는 것이다. 잠재적으로 경쟁적인 자연 상태는 즉시 사회적인 자연 상태로 대치되는데, 이는 언제라도 무너질 수 있는 취약한 것이다. 실제로 이 두 개의 경우에서 이것들은 거의 필연적으로 무너진다. 주권 국가들 간의 국제관계에는 정복행위를 수반하는 전쟁발발 가능성이 항상 존재한다. 여행할 때나 거래 행위를 할 때와 같은 정상적인 관계에서도 그 당사자들이 서로 낯선 사회에 있는 또는 외국인들과 관계하는 것과 같은 느낌을 갖는 경우가 종종 있다. 일상적인 사회에서도 예를 들면 날강도와 같은 범죄가 빈번하게 발생하는 것이다. 로크는 아우구스티누스처럼 인간의 원죄를 설명하는 교리를 가지고 논리를 전개하는 것이 오히려 더 쉬웠을지도 모른다. 그러나 일단 그러한 논리의 위험성을 받아들이면, 그것은 전혀 다른 정치이론으로 유도되고, 종교와 교회의 역할도 다른 방향으로 설명될 것이다.

이데올로기를 만드는 사람에게는, 적어도 자신들의 적대자를 억압자 또는 짐승으로 간주하면서 주관적인 판정자의 입장에 서서 힘을 행사하고 자신을 보존하려 하며, 테러리스트를 처단하려는 강한 유혹이 작용한다. 다소 공평한 관찰자마저도 그 자신을 포함하여 남자들에게는 거칠게 행동하려는 경향이 잠재되어 있음을 알 수 있다. 이러한 사례로 보아, 로크는 어떠한 인간들도 자신의 문제에 관한 판단에 있어서는 진정한 심판관이 될 수 없다고 말하고, 폭군마저도 다른 사람들과 비슷한 정도만큼의 나쁜 점과 좋은 점을 아울러 갖는다고 역설하고 있다.[82]

9. 교회와 국가

로크는 <관용에 관한 서한(Letter on toleration)>에서 교회와 국가의 관계에 대하여 논하고 있다. '신앙의 자유'는 자연권은 아니나 신앙의 자유의 필요성은 국가가 신앙의 형태에 대해서 어떠한 고유의 권력을 갖고 있지 않다는 사실에서 발생한다. 신앙의 형태는 교회의 지배사항인 것이고, 교회는 인간들이 구원을 확보하는 데 가장 타당하다고 여겨지는 신앙형식에 따라 서로 결합된 자발적인 사회이며, 그 교회의 영역과 세력범위를 가리킨다. 따라서 교회와 국가는 전적으로 구별되고, 종교적 교리가 시민불복종을 초래시킬 때를 예외로 하고 국가는 교회에 대한 지배권을 행사할 수가 없다. 따라서 가톨릭신자와 무신론자를 제외한 모든 종파에 대해서

---

82) 위의 책, 209-211쪽.

신앙의 자유는 허용되어야 한다. 왜냐하면 가톨릭신자는 그 종교 때문에 외국의 군주에게 복종하게 되고, 무신론자들은 어떠한 맹세나 약속에도 구속받지 않기 때문이다. 신앙의 자유는 의견의 정직성을 보전한다는 그것만으로도 하나의 선이며, 어떠한 교회도 파문과 같은 정신적 형벌 외에 아무것도 사용할 수 없다.[83]

로크는 교회와 국가의 관계에 있어서 교권적 정부가 정치적 효력을 요구할 수 있다는 것을 부인하였다. 그는 또 국가는 인간의 영혼을 취급하지 말고 오직 사회질서의 보존을 취급해야 한다고 주장하였다. 그는 교회는 강제권이 없는 임의적 사회라고 보았고, 종교에 있어서의 관용을 찬성하였다. 국가는 다만 공공 평화를 파괴하는 경우에만 의견을 억제해야 하는 것이었다. 그러나 로크는 구교도와 회교도, 그리고 무신론자만은 관용하지 않았다. 구교도는 외국 권력에 충성을 바치고, 회교도의 도덕은 영국의 문명에는 양립할 수 없는 것이며, 무신론자는 선행에 대한 인식이 결여되어 있다는 것이다. 그는 교회와 국가를 분리하였으나, 이는 교회의 독립을 확보하기 위한 것이 아니고, 국가 자체의 우월을 강조하기 위한 것이었다.[84]

10. 로크의 영향력과 한계점

홉스처럼 로크도 당대의 생활 속에 스며있는 사상의 어떤 기본적인 경향을 반영하고 구성하였으며, 실제로 그것은 당대뿐 아니라 18세기와 그 이후의 사상에까지 깊은 영향을 주었다. 그러나 그의 체계 자체는 강력함과 취약함 모두를 갖는 것이었다.

---

83) 김계수, 앞의 책, 139 −140쪽.
84) 박채용, 앞의 책, 330쪽.

1) 로크의 계약론

로크의 계약론은 홉스의 그것보다 더욱 많은 신뢰성을 갖는다. 달리 말하면, 어떤 합리성과 다른 사람에 대한 원초적인 경각심을 갖는 자연 상태의 인간이 계약에 들어선다는 것은, 스스로 완전히 갇혀있고 다른 사람들에 대한 두려움에 있는 인간이 그렇게 한다는 것보다 더욱 신뢰할 만하다는 것이다.

그러나 홉스에 대한 로크의 심리적이고 논리적인 이점에도 불구하고, 계약이론이 갖는 본질적인 취약성은 그대로 남는다. 달리 말하면, 어떤 점에서 인간이 과거에 구분된 개인들이었다거나 혹은 항상 그렇다고 자신 있게 제시할 수 있겠느냐 하는 것이다.

무언의 동의 이론 또한 문제점이다. 21세의 젊은이가 이민하려 하기보다는 그가 자란 사회에 남으려는 경향이라면, 그가 구분되거나 선입견이 없는 개인으로서 행동할 것인가? 확실히 그렇지 않을 것이다. 정치사회 이전에 계약을 체결한 사람처럼, 그래서 자유롭게 동의하는 것으로 말하는 것은 신뢰하기 어렵다.

더구나 로크는 개인이 계약에 암묵적으로 동의하는 것이 돌이킬 수 없는 약속이 되는 것인지 아닌지에 관해 분명치가 않다. 그가 그의 관계를 지속하려고 다수를 확보하기 위해 항상 결정할 수 있는가? 로크의 일반적인 개인주의적 태도 속에서, 그가 돌이킬 수 없는 약속의 이론을 주장하는 것으로는 믿어지지가 않는다. 그러나 이것이 그러하다면, 교회와 같은 자발적인 모임과 계약에 기초한 정치사회 사이의 차이는 그다지 크지 않다고 할 수 있다.

확실히 계약 이론은 모든 정부는 정당성의 질을 확보하려 한다면 어떤 한계를 준수해야 한다는 사상을 예리하게 상징화하는 것이라고 할 수 있다. 그것은 또한 시민의 정치적 의무에는 일정한 한계가 있다는 대중적 전제를 반영하고 극화한 것이라고 할 수 있다. 그러나 이에 대한 비판가는 이러한 개념들이 보다 직접적으로 형성될 수는 없지 않은지 충분히 지적할 수 있다.

그럼에도 불구하고, 로크의 사상대로 계약이 그 모든 오류와 더불어 잘만 사용된다면, 다른 이론들처럼 상당한 가치가 있고 가장 뛰어난 것일 수도 있다.

2) 재산 문제

다수의 지배와 같이, 재산에 대한 로크의 사상은 많은 문제점을 남기고 있다. 그는 다른 사람에 대한 약탈과 이용이 없는 '노동가치설(labor theory)'을 주장하면서 재산에 대한 개념을 전개하고 있다. 그래서 그는 약탈 없이 가치를 축적할 수 있는 재산을 생각하고 방어하였다. 그러나 그는 어떻게 복잡한 사회가 자연에 투영된 노동에 대한 자연적 권리를 계속 보증할 수 있는지에 대한 한계에 대해서는 침묵하고 있다. 사실상 자연의 두 번째 단계에서는, 자연자원에 대한 다수의 접근은 화폐경제에 대한 동의를 통해 일소된다는 것을 의미한다. 자연의 상태가 사라질 때, 경제적인 의미에서 잊혀지는 것은 첫 번째 상태일 뿐이다. 로크의 생명, 자유 그리고 재산에 대한 자연적 권리는 더 이상 노동을 확장할 수 있는 충분한 자연자원을 주장할 어떤 첫 번째 단계의 권리를 포함하지 않는다. 더구나 로크는 어떻게 혹은 언제 사람들이 계약 이전의 화폐경제에 동의했는지 말하지 않고 있다. 그들이 그것에 대한 접근의 폐지에 동의했다고는 믿어지지 않는다.

로크는 생명, 자유 그리고 재산이라는 매우 광범위한 개념으로서 재산을 규정하면서 이론을 전개하지만, 다른 저술에서는 그것을 협소하게 정의하고, 물질적 소유에 대한 자연적 혹은 시민적 권리로 그것을 규정하고 있다. 이러한 모호성은 자연의 두 번째 단계에서 발생하는 경제적 불평등에 대한 분명한 용인과 함께, 18세기와 19세기의 학생들에게 해석의 광범위한 폭을 제공하게 된다. 물론 확실히 로크의 사상은 근대 자본주의의 맹아적 제도들을 지지하는 것으로서 사용되게 된다. 그리고 그는 또한 이후 많은 사상의 특징이 되는 인간적 권리와 재산적 권리 사이의 분류에 하나의 길을 열고 있는 것이다.[85]

---

85) Sibley, op.cit., pp.383－384.

제4절 장 자크 루소
(Jean Jacques Rousseau, 1712 - 1778)

1. 루소의 생애와 의의

루소는 1712년에 스위스의 제네바에서 시계공의 아들로 태어났다. 그의 어머니는 그가 태어난 지 채 10일도 못돼 사망하였다. 그의 선조들은 프랑스의 위그노파에 속해 있었고, 16세기에 제네바로 정치적 망명을 하였다. 루소는 아버지의 애국심에 영향을 받아 자유를 사랑하는 공화주의 정신의 성격이 형성되었다. 루소는 정규적인 교육을 받지 못하고 소설과 전기 등을 많이 읽었다. 그 후 그는 이모의 도움으로 성직자가 경영하는 학교에 가서 초보적인 정규 교육을 배우게 되었다. 그리고 13세에는 조각가의 도제가 되었다. 그는 16세에 고향인 제네바로 돌아갔으나, 제네바의 성문이 닫힌 시간이라 아무도 받아들이지 않았고, 그때부터 그는 방랑생활을 시작하였다.

그는 19세에 봐랑스(Warens, 1699 - 1762) 부인을 만나게 되었고, 봐랑스 부인의 도움으로 수도원에 가서 가톨릭으로 개종을 하고, 사보와의 신학교에 입학해서 사제가 되고자 했으나 실패하였다. 그는 신학보다 음악을 좋아했으며, 그 밖에 정치철학, 식물학, 천문학, 철학 등의 연구를 하였다. 그 후 그는 프랑스 대사의 비서직을 맡게 되었다. 그리고 그의 외교관 생활은 그의 정치사상 형성에 결정적인 영향을 주었다. 그는 1744년에 파리로 돌아와 저명한 철학자들과 교류를 하였다. 1750년에 현상논문에서 1등으로 당선된 <과학·예술론>은 그해 출판되었고, 그 내용은 이성의 시대에 획기적인 것이었다. 그는 1755년에 디종 아카데미의 현상논문으로 <인간불평등기원론>을 응모하였다. 이 논문은 당선되지는 못했지만, 인간 불평등의 기원을 밝힘으로써, 그의 정치철학을 명백히 하였다. 그 후 그는 <에밀>(1762) <사회계약론>(1762) 등을 완성하였다. 1766년에는 흄의 도움으로 영국에 가서 버크와도 친교를 맺었다. 그는 1769년에 프랑스로 돌아와 <고백>을 써서 1770년에 완성하였다. 그리고 1778년에 그는 사망하였다.[86]

루소는 정치이론의 전 역사에 있어서 가장 복합적인 사상가들 가운데 한 사람이며, 동시에 가장 영향력 있는 사상가들 가운데 한 사람이다. 그는 당대 지적 경향의 광범한 다양성을 흡수한 것처럼 보이지만, 그것들을 요약하고 통합하는 능력은 엄격히 제한적인 것이었다. 그는 로크의 견해에 직접적으로 영향을 받았지만, 그의 저작은 로크가 확실히 거부한 것으로 보이는 가정과 태도들을 반영하고 있다.

에드먼드 버크(1729-1797)까지 이어지는 대다수의 18세기 정치사상가들과 마찬가지로, 그는 정치학에 대수와 기하학적 모델을 적용하려고 하였다. 동시에 그는 문학과 정치학에서 이른바 낭만주의 학파의 창시자 가운데 한 사람이 되었다. 역사적으로 그는 많은 프랑스 혁명 지도자들과 그들의 정신적 후계자들에게, 구질서를 무너뜨린 사람들의 슬로건이 되고 근대 민주주의의 한 줄기 중요한 경향의 슬로건이 된 "자유, 평등 그리고 박애"의 지적 수호자로 간주되었다. 그러나 그는 또한 어떤 근대 역사가들에 의해서는 20세기 전체주의의 시조라는 평가를 받기도 하였다.[87] 18세기의

---

86) 박채용, 앞의 책, 373쪽.
87) 예를 들면 Jacob Leib Talmon, *The Origins of Totalitarian Democracy* (New York: Praeger, 1960)를 참조할 것.

어떤 철학자들도 자연에 따른 삶의 가치를 찬미하는 데 있어 루소보다 열광적이지는 못했다. 그러나 그가 자연에 대비시킨 시민사회에 대한 구상은 자연의 자발성이 파괴된 것으로 보이는 복합적인 구조를 갖는 것이었다.

자신의 생애 경험이라는 독특한 맥락을 파악하지 않고 그의 저작이 갖는 완전한 의미를 평가할 수 없다는 것은 루소에게 더더욱 적절한 것으로 보인다. 그 자신의 격정적인 삶은 직접적으로 자연에 대한 그의 태도를 형성케 하였고, 또다시 자연에 대한 그의 태도는 그가 시민과 정치적 사회를 바라보는 방식에 영향을 미쳤다. 심리적으로는 부분적으로 그가 살았던 시대의 사회적, 정치적 조건이 야기한 그의 좌절이 그의 저작 속에 반영된 독특한 반발심을 불러일으켰다.[88]

2. 정치체의 형성

루소의 대표 저작은 <사회계약론>(1762)이다. 루소는 <사회계약론> 서두에서 정치적 권리에 관한 원리들은 인간을 있는 그대로 다루고, 법률이 있을 수 있는 상태에서 고려할 때 발견된다고 하였다. 그리고 "인간은 자유롭게 태어났지만 도처에서 사슬에 묶여 있다"고 선언하였다. 이 선언은 루소의 유명한 말인데, 그의 논변의 특징으로서, 일단 중대한 발언을 먼저 하여 독자들을 붙잡아 놓고 자신의 주장에 주목하도록 하는 힘을 과시하는 첫 번째 예이다. 이는 또한 그 자신 철학자임을 부정하면서 단지 문필가일 뿐이라고 겸손하게 말하는 루소의 손 안에 우리가 이미 사로잡혀 있다는 경고이기도 한 것이다. 철학자로 자부하기보다는 그 대신 제네바 시계공의 아들이면서 독학으로 폭넓은 독서를 한 루소는 자신을 단순하고

---

88) Sibley, *Political Ideas and Ideologies*, pp.388-389.

진실한 인간이라고 말한다.

인간은 자유로운 상태에서 노예 상태로 '이전'되어 왔다는 것이 루소의 지론이다. 비록 그는 초기 저작(<인간불평등기원론>)에서 이러한 '이전'에 관한 상세한 설명을 제시하였지만, 이제 그러한 것이 어떻게 발생하였는가를 역사적으로 설명하는 방식을 포기한다. 그는 이러한 '이전'이 바로 진실한 인간성의 박탈 과정이라고 말한다. 왜냐하면 인간은 자유롭고 독립적인 존재로 태어났기 때문에, 인간 위에 덮어씌워진 어떠한 '자연적 권위'는 없고, 또 있을 수도 없다고 강조한다. 그보다 먼저 인간들은 그들 각 개인이 독자적 존엄을 가진 자족적인 존재로 이해되어야 한다는 것이다. 이와 같은 개인주의에 대한 나름대로 독특하고 일면 급진적인 이해는, 인간들이 비록 도처에서 사슬에 묶여 있을지라도, 그리고 어떠한 인류학적 고려에도 관계없이 인간들은 자연적 상태로 되돌려져야 하며, 자유라는 것이 인간에게는 본질적이라고 천명하는 것이다. 그래서 인간 각자에게 그 자신의 보전을 명령하는 '의지'는 결코 포기될 수 없다고 한다. 왜냐하면 노예상태란 단지 현실에서 발생하는 문제이며, 보편적으로 자유가 완전히 압살된 상태이기 때문이라는 것이다. 인간은 기만적이고 강제력을 가진 나쁜 사람들에 의해 사슬에 묶여지게 되었다고 한다. 그러한 지배자들은 복종을 강요할 수 있지만, 그들이 행사하는 힘이 어떠한 종류이든지 간에 그 '힘'을 결코 정당한 권리로 바꾸어놓을 수 없다는 것이다. 그래서 자연적인 인간이 그들을 묶어놓은 사슬을 풀어버릴 수 있는 수단을 획득할 때, 그들은 그렇게 할 수 있는 당연한 권리가 있다는 것이다. 아마도 그들은 항상 그렇게 할 것이다.

그렇지만 인간을 사슬에 묶어놓은 그 곤경은 생각보다는 더욱 복잡한 것이다. 인간들이 그들의 '자연적 자유'를 회복하기 위해 자의적 권력에 대항해 벌이는 투쟁이 문제가 되는 것이다. 루소는 인간이 도처에서 사슬에 묶여 있다고 선언한 다음에, 곧 자유의 상실이 어떻게 해서 일어났는가를 모른다고 한탄하면서 이렇게 말한다. "어떻게 해서 그러한 일이 정당한 것처럼 되었을까? 이에 대해서 나는 해답을 줄 수가 있다고 생각한다."

이러한 루소의 선언은 그가 생각하는 정치적 권리에 관한 원리들이 어떻게 형성되었는가 하는 문제를 생각하도록 인도해 간다. 그 과정에서 우리는 사회적 질서가 다른 모든 권리의 기반이 되는 신성한 권리임을 알게 되고, 이러한 함축적 주장이 무엇을 의미하는지 곧 깨닫게 된다. 인간은 자연적 자유로부터 빠져나왔는데, 그러한 '이전'은 돌이킬 수 없는 것이다. 그러나 루소는 그러한 이유를, 그리고 인간들이 사회적 질서에 귀속되려는 충동을 깨닫게 되는 이유를 상세히 언급하지 않고 있다.

이러한 조건하에서, 문제는 예전에 자유로웠던 인간이 그들의 자족적인 자립을 다시 회복하자는 것이 아니라, 그보다는 사회적 생활을 선택하는 데 각기 그 원인을 제공하는 책임을 면할 수 없는 인간들이, 자연적인 것 그 자체는 아니지만 어쩔 수 없는 것이 되어버린 사회질서의 창출에 어떻게 자발적으로 동의할 수 있는가 하는 것이다. 루소는 "그것이 자연권은 아니지만 신약에 근거한 것이어야 한다"고 말하면서, 사회적 질서의 필요성을 역설한다. 그렇기 때문에 이러한 견해 속에서 개인적 자유와 병존할 수 있는 사회질서는 반드시 그 자신을 보호하기 위한 차원에서 각인의 의무를 구체화하면서 창조되어야 하는 것이다. 자의적 권력에 기반을 둔 사회질서와, 의지된 신약으로부터 나온 사회질서 사이에 어떠한 타협 가능성도 루소는 제시하지 않았다. 루소는 예를 들면 폭력으로부터 탄생한 질서가 피치자들의 동의에 기반을 둔 체제로 점차 통합되는지 여부를 전혀 탐구하지 않았던 것이다.

사회질서는 오직 진정한 신약에 기초할 때만 인간의 자연적 자유를 충만케 하는 창조물이 될 수 있다는 주장을 더욱 설득력 있게 펼치기 위해, 루소는 노예제를 정당화하는 듯이 보이는 모든 사악한 주장들을 강도 높게 비판해 나간다. 루소는 가족 내에서 가장의 권위는 자연적이며, 동시에 그것은 정치적 권위의 원천이 된다는 주장을 신랄하게 비판한다. 어린아이들은 일단 사리분별을 할 수 있는 연령에 도달하면, 그들이 인간으로서 자연적으로 주어진 자유를 회복한다고 루소는 말한다. 그리고 자유는 각인의 인간성에 귀속되는 것이기 때문에, 아무도 그리고 어떤 상황도 자유의 포기를 정당화할 수 없다고 말한다.

17세기 네덜란드의 저술가로서 노예제를 정당화하면서, 어떤 사람은 자신의 생명을 구하기 위해 자유를 포기하는 노예가 될 수 있다고 주장한 그로티우스(H. Grotius)는, 인간의 본원적 자유에 관한 투철한 신념을 가진 루소의 주된 비판의 표적이 되었다. 노예상태에서는 주인과 노예 사이에 호혜적 이익 원리는 존재할 수 없으며, 일단 주인의 노예가 된 그 노예는 주인에게 완전히 예속되고, 그것으로 끝장이라고 루소는 강조한다. 어떠한 사람도 노예가 되는 조건에 동의할 수 없다는 것이다. 왜냐하면 일단 노예가 된 사람은 단지 하나의 물건에 지나지 않으며, 그러한 의미에서 "만약 당신이 어떤 사람의 자유의지를 빼앗아 버리면, 당신은 그의 중요한 도덕적 행동을 모두 박탈하는" 셈이 되기 때문이라는 것이다. 도덕성은 자유를 바탕으로 하고 있음을 강조하는 것이다.

이상과 같은 목적과 이유에서 그로티우스와 견해를 달리하면서 루소는 전쟁포로를 노예로 삼을 수 없다고 잘라 말한다. 또한 전쟁에서 승리한 자가 포로가 된 자를 살해할 수 있는 권리가 있음을 부정하고, 동시에 그 포로된 자가 그 자신의 자유를 희생하고 그 대가로 노예가 되어 목숨을 구걸하는 것도 허용되지 않는다고 말한다. 루소의 견해에서 노예제와 권리는 결코 화합할 수 없는 단어이며, 그것들 간의 연계는 아무 쓸 데가 없는 것이다. 루소는 <에밀>에서 모든 인간들은 자족적인 상태로 태어나며, 그렇기 때문에 어떤 형태라도 타인에게 종속되는 것은 곧 타락하는 것이라고 단언하였다. 그렇게 타락하는 것은 선한 인간의 자기사랑 정신과, 다른 사람들의 견해에 부합해 살아야 하는 자존심과를 철저히 분리시키는 것이라고 본 것이다. 루소는 노예제가 자유를 상실하는 대가로 인간들 서로를 결합시키는 사회질서에 그 기원을 두는 '종속'의 가장 적나라한 표현이라고 보았다. 그는 주인과 노예의 관계를 '무리들(aggregation)'이라고 규정하고, 이것을 그가 '결사(association)'라고 명명한 것과 구별하였으며, 그 주인과 노예 관계를 그가 중심적인 주제로 취급한, 결사 속에만 존재하는 인민과 그들의 지배자와의 관계와 분명하게 구별하고 있다.

무리와 결사 간의 중대한 차이점은 오직 결사만이 공공선을 가지고 있으며, 진정한 '정치체(body politic)'를 구성한다는 것이다. 그의 설명에 의하면, 주인과 노예의 관계는 일체성의 유대가 존재하지 않는다고 한다. 그러나 자유로운 인민들에게는 이미 지배자를 설정하여 결사를 구성하기 이전에도 일체성이 있었다고 한다. 진정한 결사는 지배자의 입장에서 인민을 노예처럼 부리는 것이 아니라, 인민이 인민의 입장에 서는 자율적 행위에 따라 이루어지는 것으로서, 이것이 바로 사회의 진정한 기초가 되는 것이다. 다수의 개인들이 결사와 연합체를 이루는 이러한 '이전' 행위에서 유의해야 할 첫 번째 일은 완전한 평등을 유지하는 것이다. 왜냐하면 그것의 필수적 기반은 연합체를 형성하는 자들이 만장일치에 따라 만들어 낸 동의이기 때문이다. 이러한 결사를 구성하는 행위는 그것이 홀로 있어도 자족적인 인간의 본질적 기질과는 반대 방향으로 달려가는 속성을 가지고 있기에 비자연적이기도 하다. 그러나 그것은 인간들이 무의식적으로 만들어 내고야 마는 자연 상태에서의 자연적인 분규 때문에 필요한 것으로 귀결된다. 자연 상태가 그렇게 악화되어 가는 상황이 <인간불평등기원론>에서 루소에 의해 잘 묘사되었으나, 이제 그것은 종말을 향해 달려가고 있다고 말해야만 하는 것이다. 그런 와중에서도 루소가 엄격하게 강조하는 것은 인간의 자유이다. 루소는 이 문제에 관해 어떠한 해결책을 강구하든지 간에 자유를 인간의 본질적 국면에서 핵심으로 보존해야 할 요소로 파악하고 있다. 위태롭게 타락한 자연 상태에 처할지라도 이 곤란을 타개하기 위해 인간은 결코 노예의 쇠사슬을 택해서는 안 된다는 것이다. 어쨌든 그러한 위기는 자연적으로 이기적인 방향으로 흘러가는 인간의 강한 욕망에 의해 조성된 것이다. 그와 같은 자유와 권력, 동의와 결사 및 연합체라는 것을 종합적으로 고려한 루소의 해결책은 '사회계약(social contract)'이었다.

그 결사의 계약 조문은 "모든 사람들은 자기의 모든 권력과 함께 자기 자신을 전적으로 그 결사에 양도한다"는 것으로 축약될 수 있다. 이 문장 다음에 좀더 상세한 세 개의 조문이 뒤따르는데, 이에 의해 사회계약은 정치체를 창출하는 것이다. 여기서 핵심적으로 중요한 것은 그 계약이 개인 간의 계약이 아니라, 개인들과 공동체 전체 사이에서 이루어진다는 점이다. 우리들이 이미 살펴본 바와 같이, 루소가 가장 혐오스럽게 생각하는 것은 인간들 사이에서 벌어지는 타락한 종속인데, 이는 사회계약의 조문에서 배제된다. 각인은 자신을 완전하게 포기하지만, 그것은 다름 아닌 공동체에 그렇게 하는 것이며, 이러한 조건에서 각인은 모두 다 엄격하게 평등하다. 이와 비슷하게 각인은 완벽하게 결사 및 연합체가 구성될 수 있도록 개인의 권리를 무조건적으로 양도한다. 그 목적은 분쟁하는 개인들 속에서 올바르게 판결을 내려줄 어떠한 우월적인 권위가 존재하지 않을 때, 자신의 특수한 권리를 관철시키고자 의도하는 개인들 간의 빈번한 투쟁으로 말미암아 계속되는 무질서를 피하려는 것이다. 궁극적으로 결사와 연합체의 결성은 각인이 타인에게 종속되는 것을 피할 수 있도록 하는 처방인 것이다. 그리고 다시 조건을 달자면, 이것은 오직 각인들이 전체와 완전한 일체감을 가질 때에만 솟아나는 것이다. 이는 사회계약의 세 개 조문에 "각인은 그 자신을 전체에 포기하였기 때문에 결국 아무에게도 포기하지 않은 셈이다"라는 말로 명백히 표시되어 있다. 각인은 그들이 창출한 결사와 연합체에서 평등과 상호간 진실에 의존한 호혜성으로부터 큰 혜택을 받는다. 이와 같은 완전한 이전은 사회계약에 따른 것인데, 루소는 그 골자를 이렇게 부연 설명한다. "우리들 각자는 자신의 인격을 공동체에 투여하며, 각자의 모든 힘을 '일반의지(general will)'라고 불리는 최고의 힘 아래에 둔다. 이에 우리들 모두는 한 몸으로서 이 속에 들어 있는 모든 사람들 개개인을 그 전체 속에서 떼어낼 수 없는 한 부분으로 여기게 된다."

그 자족적인 결사가 형성됨으로써 개인의 자연적 자유가 사회적 자유로 이전되고, 개인 차원의 자족적인 단위가 정치체 단위로 대체되며, 그 개인은 정치체의 집단적 권력에 의해 보호된다. 그리하여 정치적 권리에 관한 원리들에 기반을 둔 국가가 등장하게 된다. 이것이 바로 사회계약으로부터 획득되는 것으로 간주되는, 인공적으로 창조된 공통의 자아와 그 자체의 삶과 의지를 가진 국가에 관한 견해인 것이다. 우리는 여기서 그 기원에 있어 "자의식을 가진 다수의 개인들로부터 출발하여" 이제 하나의 단일한 유기체적 단위가 된 정치체인 국가를 설득력 있게 묘사한 루소의 진정한 의도를 곰곰 생각해 보아야 한다. 어떻게 정치체가 단체가입을 의지하지도 않았던 개인으로부터 창출될 수 있는가? 어떠한 경우에도 루소가 시도한 '분리될 수 없는 전체를 구성하는' 정치체에 관한 유추와 연관된 정치적 아이디어를 과도하게 논리적으로 분석할 수 없을 것으로 생각된다. 그가 의도한 바는, 개인이 그 자신의 생명과 의지를 가지고 있듯이, 인간이 인위적으로 만든 정치체도 그러하다는 것을 말하려는 것이었다. 국가도 역시 자의식을 가진 개인과 마찬가지로 그 자체 하나의 몸뚱이와 도덕적 일체감을 가지고 있다는 것이다.

루소가 생각했던 정치체는 인간들이 창출해낸 엄격하고 밀도 있는, 그리고 분리될 수 없는 하나의 결사·연합체였다. 그것은 명백한 자아변형의 순간적인 행동 속에서 창조된 것이다. 그리고 이렇게 창출된 이 결사·연합체의 유대는 이 정치체에서 시민이 된 사람들의 시민정신에 의존하는 것이다. 결사를 구성하는 행위를 함에 있어서 개인들은 그들이 가지고 있던 자연적 자아를 극복하고, 이제 새롭게 창출된 인공적이며 사회적인 신과 같은 인격체에 자신들을 녹여버려야 한다. 자신들의 소속감을 국가에 의존하게 된 시민들은 이제 새로운 본성을 갖는 인간이 된 것이다.

그러나 이곳 국가에서 시민들은 주권적 몸체의 분리될 수 없는 일원이면서, 그들 각자는 서로 평등하며, 그들은 국가 창출에 필수불가결한 동의와 의지를 소유한 주인이다. 이러한 의미에서 국가를 창출하는 사회계약은 그러한 주권의 첫 번째 행동이다. 그리고 이때는 인간들이 시민이 되고, 시민들은 하나의 단일한 정치체인 그들의 결사·연합체 탄생을 만방에 선언하는 순간인 것이다. 루소는 주권의 힘은 서로 다른 다수가 그들의 다양한 개별성을 지워버리고, 그 대신 하나인 전체를 구성하는 방법을 구현하는 것이라고 말한다. 그리고 주권을 구속하거나 제한하는 어떠한 권력도 없다고 한다. 모든 법의 원천으로서, "하나의 몸체인 인민 전체를 구속하는 어떠한 종류의 법도 없으며, 사회계약 그 자체도 그와 같은 근본적인 것이 될 수 없다." 또한 결사를 구성하는 원초적인 행위를 훼손하는 일, 예를 들면 전체에서 부분을 떼어내어 소외시키는 일과, 다른 주권자에 종속시키는 일 따위는 정치체 존속을 공허하게 만드는 나쁜 짓이다.

정치체에는 오직 두 개의 확실한 요소가 있다. 그것은 전체와 그 전체의 구성원들이다. 그 구성원들은 주권의 주인이며, 그 주권의 구성원으로서 이들은 시민이며, 동시에 한편으로는 그들이 만든 법에 복종해야만 하는 준법자들인 것이다. 인간들은 법을 만들고, 또 이에 복종하는 시민으로서 그들의 창조물을 전적으로 자신들과 동일시한다. 그래서 그들 자신의 창조물인 정치체의 질서 속에서 시민과 주권력 사이에 어떠한 이익 충돌도 있을 수 없기 때문에, 그들은 그 정치질서로부터 결코 분리될 수 없다. 루소는 주권(sovereignty)에 대하여 "주권은 언제든지 현존하는 그 자체로서 마땅히 그렇게 되어야 할 당위적 상태에 있는 것이다"라고 말한다. 주권이란 그 주권자를 구성하는 개인들로 구성되므로, 그 구성원의 이익에 상반되는 이해관계가 주권자에게 있을 수 없으며, 또 정치체가 구성원에 대해 유해한 행위를 원하는 것도 있을 수 없고, 시민이 주권력에 대항하여 보증을 설 필요도 없는 것인데, 설령 그렇게 되면 이는 주권과 이에 복종하는 자와의 진정한 관계가 아닌 것이다. 그런데 국가 법률에 복종해야만 하는 자로서, 한 인간은 그가 국가의 한 시민으로서 갖는 일반의지와 갈등을 초래하는 개인 의지도 함께 보유한다. 그러면 그곳에는 한 국가의 시민이면서 동시에 법률에 복종해야만 하는 신민인 인간의 마음속에 미해결의 큰 갈등이 남게 되는 것이다.

만약에 인간이 그 자신은 국가에서 시민으로서 수행해야 할 의무를 충분히 실행하지도 않으면서 시민적 특권만을 즐기는 것이 허용된다면, 그 결과는 국가에 관련된 모든 사람들에게 파멸을 안겨줄 뿐이다. 루소는 창조된 국가에서 이런 종류의 유해한 갈등을 막기 위하여 "어떤 사람이 (시민체의 한 사람으로서) 일반의지를 경청하기를 거부하고, (신민의 한 사람으로서) 그 일반의지의 자리에 자신의 사적인 의지를 들여놓으려고 기도할 때, 사회계약 형성에서 암묵적으로 함축된 바에 따라 이렇게 일반의지에의 복종을 거역하는 자는 누구를 막론하고 전체에 의해 복종을 강요당해야 할 것"이라는 치유책을 제시한다. "이것은 전체로 하여금 자유롭게 되도록 강요한다는 뜻 이외에 아무것도 아니다"라고 루소 특유의 역설적인 방식으로 말하여, 그 강요는 결국 시민을 자유롭게 한다는 것으로 이해되는 것이다. 루소가 우리에게 말하는 바는, 사회적 존재로서 다시 자연적 상태로 돌아가고자 기도하는 개인은 새롭게 창조된 정치체라는 그 자신의 새로운 자아에게 일치성을 주기 어렵다고 지적하는 것이다. 자연 상태의 인간들이 정치체의 시민으로 이전되는 작용에는 항상 부서지기 쉽고 퇴보하려는 경향이 내재되어 있다. 정치체의 집중된 힘과 응결력은 사적인 이해가 공공선을 파괴하지 않더라도 개인적 결단을 굳건히 하기 위해 꼭 필요한 것이다. 일반의지는 각 시민들 속에 들어 있어야 하고, 필요하다면 이 일반의지는 우리들의 사적인 의지에 종속되는 굴종으로부터 반드시 자유로워야 한다.

이와 같이 자연 상태로부터 시민사회로의 이전이 일단 성취되면, 이는 새로운 탄생으로 평가될 수 있다. 이제 거의 모든 이익들이 시민사회에 들어 있고, 이 속에서 얻어질 것으로 기대된다. 이제야 인간들은 의심의 여지없이 도덕적인 진보를 이룬 셈이다. 여기서 인간의 모든 권력은 고양되고 확장된다. 이러한 변화를 간단히 그 요지만 말하면, 그것은 인간이 자연적 자유 대신 시민이 되어 시민적 자유를 취득한 것이다. 시민적 자유에는 재산을 합법적인 명문에 따라 취득하는 것이 보장된다.

루소는 시민사회에서 인간들은 오로지 그 자신만이 그 자신의 주인이 되는 도덕적 자유를 획득한다고 말하는데, 그렇게 되는 이유는 인간이 "욕망에 의해서만 지배된다면 그는 노예일 수밖에 없으나, 그 자신이 스스로 설정한 법에 자발적으로 복종하는 동안 그는 진정 자유로울 수 있다. 그것은 도덕적 자유만이 자신에게 스스로 복종케 하는 주체적 인간이 될 수 있게 만들기 때문"이라는 것이다. 루소는 이러한 관점에서 자의적인 권력이 부과하는 노예적 상태에 관해 서술한다. 루소는 노예적 삶의 처참한 박탈을 탈피하기 위해서 인간의 자연적인 선함에 대한 기대를 포기하지 않는다. 이제 자기애 정신과 자존심 사이에 발생하는 갈등은 쓸모없는 것이 되어버린다. 인간이 자신을 진정한 인간으로 보존하는 과제는 욕망의 노예가 되는 상황을 초극하여 그보다 더 높이 굳건하게 서는 도덕적인 자기절제 노력을 요구한다.

이것은 루소의 말을 빌려 설명하자면, 인간으로 하여금 법률 속에서 생활하도록 만들기 때문에 정치적 쟁점이라고 한다. 인간이 법률과 함께 생활함으로써 제한들이 설정되지만, 이것은 또한 개인들을 위한 새로운 종류의 독립성이 이루어지는 경우이다. 이제 시민은 도덕적 인격이 되는 것이다. 스스로 자신을 다스리는 도덕적 자유를 얻어내기 위해 인간들은 정치사회를 건설해야 하며, 이러한 의미에서 공공선을 향한 신념을 가진 시민들만이 그들의 자유를 보전하려고 노력할 때 거기에 따르는 한계들을 떨

쳐낼 수 있다. 자유의 향유는 도덕적 생활을 그 전제조건으로 한다. 그렇지만 개인의 자유의지만으로 그것을 창조하고 유지할 수 없다. 그 자유에다 형체를 부여하고 이를 좀더 착실히 구현하기 위해서는 시민들이 함께 어울려 뭉쳐 생활하는 협동체가 필요한 것이다. 그래서 자유를 도덕적인 자기결단으로 이해하는 주권적인 시민들의 일반의지로부터 기원하는 굳건한 법률체계를 갖는 국가가 필요한 것이다.

이렇게 루소는 로크가 인식하는 개인주의와는 다른 입장을 취하고, 또한 자의적 통치와도 다른 자유에 대한 새로운 인식을 가지고 있었다. 루소는 위의 그러한 두 가지 종류의 상황 모두에서 인간은 노예로 전락할 것임을 확신하고 있었다. 루소는 또한 <사회계약론>에서 재산권에 관해서도 언급하고 있는데, 여기서 그는 사회계약이 이루어지는 순간에 "각 구성원들은 그 자신뿐만 아니라 그의 재산까지도 포함하는 모든 것을 기꺼이 양도해야만 한다"고 주장한다. 이것은 개인들의 국가에의 의존을 증대시키고, "그 구성원들 자신의 힘을 국가에 대한 확고한 충성심으로 바꾸어 준다"고 한다. 이러한 양도는 개인으로부터 그의 재산을 탈취하기는커녕 오히려 그에게 합법적인 재산 향유를 보장해준다고 한다. 왜냐하면 그렇게 함으로써 각인은 공공 재산의 진정한 수탁자로 간주되고, 그의 그러한 권리는 존중되며, 그 재산은 공동체의 집단적인 힘에 의하여 보호되므로 더욱 안전해지기 때문이라는 것이다.

그럼에도 불구하고 분명한 사실은 개인적 재산이 국가에 종속된다는 점이다. 이러한 수용은 실제적으로 아주 중대한 의미가 있다. 왜냐하면 그러한 작용이 없이는 "사회적 유대를 이루는 강력한 힘이 존재하기 어려우며, 주권의 행사에 있어서도 효과적인 힘이 발휘되기 어렵기 때문"이다. 루소는 "정치체 창설의 특질은 개인적 불이익을 초래하지 않으면서 우선적으로 공공선을 고양하는 데 있다"고 재삼 강조한다. 그래서 재산권에 관해서 보자면, 그가 제안하는 그러한 제도는 자연적으로 인간들 사이에 존재하는

불평등을 인간들이 계약과 법이라는 장치를 통하여 도덕적, 법적 평등으로 대체시킨다는 것이다.[89]

3. 일반의지의 입법적 주권력

　루소는 <사회계약론>을 통해 그가 혐오하는 이론을 주장하는 자들을 표적으로 삼아 공격하면서 자신의 견해를 역설하고 있다. 루소는 그 무엇보다도 자의적 통치를 인간의 자유와는 결코 부합될 수 없는 것으로 간주한다. 인간의 자유를 고양시키기 위한 루소의 방안은 바로 자연적 자유를 시민적 자유로 변화시키는 것인데, 이는 오직 새로운 원칙에 입각한 정치 권위의 탄생을 통해서만 가능하다고 본다. 그리고 일반의지와 공공선은 개인적 이득을 노리는 사악한 특수의지를 반드시 제압해야만 한다고 말한다. 또한 루소는 정치적 권리에 관한 견해를 밝히고, 그러한 권위를 잠식하는 악랄한 적들이 인민의 정치체에서 존속토록 허용되어서는 안 된다고 역설한다. "일단 개인적이거나 특수한 집단적 주인이 설정되면 그런 곳에서는 참된 주권은 더 이상 존재하지 않는다"고 잘라 말한다.

　사회계약은 일반의지를 생성시키는데, "그러한 의지의 천명은 바로 주권의 한 행동이며 법률을 구성한다." 이렇게 말하면서 루소는 의지, 권위, 주권, 법률 등을 연결시켜서 논의한다. 모든 정당한 권위는 정치체의 일반의지 속에서만 존속할 수 있다. 일반의지를 해롭게 하는 어떠한 원리들이 번성하는 것은 곧 사회계약을 해체시키는 결과를 초래하고 말 것이다. 해악행위는 새롭게 창설된 통합적이고 일체적인 정치질서를 붕괴시킬 것이다. 프랑스혁명 당시 '인민의' 또는 '국민적'이라고 알려진 주권의 그러한 성격

---

89) 포사이스 외, 앞의 책, 218－229쪽에서 발췌인용.

은 이것의 불가양도와 불가분할을 역설하는 <사회계약론> 제2편에 잘 나타난다. 정치사상에 관한 진보적인 사상가들이 대체로 기존의 권위를 뒤흔들어 놓음으로써 개인적 자유를 공고히 하려고 의도하였음에 비해, 루소의 처방은 그와 정반대였다. 루소가 생각하는 일반의지는 '항상 정의롭고 항상 공익을 위한 것'이기 때문에 개별 시민의 이익과 상치되지 않는다고 한다. 일반의지가 존속하는 한 그러한 일은 결코 발생할 수 없다는 것이다.

그러나 루소가 일반의지에 관해 고민한 것은 사람들이 시민이 되었으면서도 개인적 이익에 관심을 두는 것, 즉 시민정신의 결여로 인해 발생하는 문제였다. 이러한 딜레마로부터 빠져나올 방안은 궁극적으로 각 개인들에게 달려 있는데, 그것은 시민들이 국가와 최대한 동질감을 갖도록 그들에게 올바른 정신을 고양하는 것이다. 양자 간에 그러한 의존관계가 심도 있게 진행될수록 일체적 유대가 형성되지만, 그와 반대로 그것이 약해지면 루소가 인간의 도덕적 타락 유인이라고 지적한 개인적 종속의 형태가 만연하게 된다. 그러한 타락을 방지하는 하나의 방안은 시민들이 분리될 수 없는 집단적인 동질화의 소속감을 갖도록 이들을 재교육하는 것이다. 그리고는 시민과 국가 사이에 아무것도 끼어들도록 허용되어서는 안 된다. 개별적인 계약이나 당파적인 이해관계도 역시 일반의지를 실현하는 데 나쁜 방해물이 된다. 뒤에 밝혀지겠지만, 사실 루소는 일반의지의 지속적인 존속을 비판하였다. 그 지독한 개인의지는 완전하게 극복될 수 없다는 것을 그 자신 솔직하게 예감한 것이다. 그는 그러한 개인의지의 병균이 일반의지에 감염되는 바로 그 순간, 일반의지는 안으로부터 썩어간다고 비판하였던 것이다. 그래서 국가의 일체성을 유지하기 위한 장치를 아무리 엄격하게 설치하여도 그 효과는 일시적일 수밖에 없다는 것이다. 루소가 일반의지를 유지하기 위해 마땅히 실행해야 할 것 가운데 특히 강조한 것은 철저한 평등이었다.

만약 우리들이 정치체가 번창한다는 말을 듣게 된다면, 그것은 바로 전체와의 일체성 덕분이다. 일반의지는 특정 개인을 특별히 우대할 수 없다. 만약 그렇게 된다면 그것은 일반의지가 아니라 특수의지로 변질되고, 결국 공공 이익을 훼손하게 된다. 루소가 일반의지에서 특히 중대한 것으로 말하고자 한 것은 시민들의 수적인 지지나 우세보다는 그 일반의지가 목적으로 하는 공공선을 실현하는 문제였다.

시민들은 반드시 평등한 기반 위에 서야 하고, 모두 동등한 권리를 향유해야 한다고 말하면서도, 루소는 국가만이 인간을 진실한 도덕적 존재로 만들어 자유롭게 하고, 그 대가로 각인은 국가를 창설함에 있어서 아무것도 포기하는 것이 아니기 때문에, 국가는 모두에게 더 나은 생활을 보장해 주는 것이라는 주장을 하는 데 있어서는 주저하였다. 사실 루소는 그 자신이 의도한바, 개인적 권리와 공공선을 화합시키는 데에는 상당한 어려움이 있음을 알고 있는 듯하다. 루소가 강조하는 시민과 국가의 일체성 확보는 우리가 그의 설명 속에서 "법에 도전하고 이를 어긴 자는 사회계약을 어긴 자이며, 이러한 자는 국가에서 축출하든지 또는 사형에 처하는 것이 마땅하다"는 부분을 읽을 때 더욱 분명해진다. 그렇게까지 엄격한 조치들을 취해야 함을 강조하는 그 논지는 정치체의 신성함과 단합된 유대에 대한 불타는 열정을 보여주는 것이다. 루소는 사회계약을 마치 결혼으로 맺어지는 결합처럼 상당한 감정적, 도덕적 확신을 필요로 하는 것으로 파악했던 것이다.

사회계약에 의해 창설된 국가는 법률에 의해 살아 움직이게 되고 보존된다. "모든 정의는 신으로부터 나오며, 오직 신만이 정의의 원천이다. 우리들이 정의를 그렇게 숭고하게 받아들였다면 우리들에겐 정부도 법률도 필요 없었을 것이나", 우리들 대부분이 정의의 신성한 원천에 관하여 문외한이기 때문에 법률은 우리 모두에게 필수불가결한 것이다. 시민사회에 살고 있는 시민들에게 법률은 더욱 절실한 것이 된다. 왜냐하면 시민사회에서 개인들의 모든 권리는 법률에 의해 결정되기 때문이다. 우리들이 이미 살펴보았듯이, 루소는 법률이 오직 전체로서의 인민을 위한 지배를 염두에 두고 있을 때에 한하여 일반의지의 유일한 목소리라고 생각하였다. 루소는 다시 한번 법률은 특수한 개인들이나 집단을 위한 것이, 그리고 그들의 파당적 소유물이 결코 아님을 강조한다. 국가는 특수한 개인들의 소유물이 아니며, 그들에 의해 도용될 수 없다고 말한다. 루소의 이러한 견해에 따라, 법률은 일반의지의 한 행위이기 때문에, 이러한 법률을 정부의 행위와 같은 것으로 혼동해서는 안 된다는 것이다. 우리들이 이미 알고 있는 것처럼, "인민은 법률에 복종해야 하기 때문에 그들이 또한 법률을 기초하는 자가 되어야만 한다."

그러나 루소가 후에 실토하는 난처한 문제는 "인민들은 무엇이 진정으로 자신들에게 이로운지를 아는 경우가 드물다는 것이다. 자기가 원하는 바를 모르는 때가 많은 이들이 어떻게 입법과 같이 중대하고도 어려운 사업을 혼자 힘으로 수행할 수 있을 것인가"라고 하면서, 인민들은 법률을 만들어 내는 것과 같은 중대한 과업을 혼자 힘으로 수행하기에는 적합지 않다고 말한다. 우리가 이미 살펴보았듯이, 그 딜레마는 바로 인민의 의지에는 지혜가 부족하다는 것을 루소가 스스로 인정하는 데서 나오는 것이다. "개인은 행복을 보고서도 그것을 물리쳐 버리는 수가 있고, 대중들은 행복을 원하지만 그것이 무엇인지를 언제나 아는 것은 아니다"라고 루소는 말한다. 그렇기 때문에 집단적인 통찰력에 결핍되어 있는 요소는 외부로부터 얻어져야 하는데, 루소는 우리들에게 그 문제를 해결해 주는 자가 '입법자(legislator)'라고 말하고, 그 필요성을 역설한다.

루소는 그러한 위대한 입법자가 되는 어려움을 말하고, 그 전형으로 그가 염두에 두었던 인물로서 스파르타에 입법제도를 제공한 리쿠르구스(Lycurgus)를 거론한다. 그는 탁월한 지혜자로서 자신의 개인적 행복 따위에는 무관심한 채 오로지 인류의 복지를 만들어 내는 데 헌신했다고 전해진다. 루소가 그러한 위대한 입법자들에게서 특히 주목하는 점은 그러한 현자들은 개인적 자아의 편협한 주관성을 뛰어넘어 '집단적인 우리들' 정치체의 객관성을 생각할 수 있다는 것이다. 그러한 입법자가 견지하는 절대적인 관점은 경험적 현실과는 거리가 먼 바탕 위에서 정치이론을 도출한 '사회계약론'에 대한 비판에 의해 부각된다. 한마디로 입법자는 신과 같은 존재이다. 사회계약의 관념은 자연 상태로부터 시민사회로의 이전을 설정하지만, 이는 역사적 경험이라는 특수성에서 벗어난 것이고, 역사적 변혁운동과도 관련이 없는 것이다. 그러한 결과로 사회계약의 전체 논리는 독단적이다. 루소가 입법자에게 의존하는 것은 법령으로 인민을 만들어낼 수 있다는 착상에서 보이는 불신에 초점을 맞춘 것이다.

루소가 그 자신의 논지에 어느 정도 확신을 가지고 있었는지는 확실하지 않지만, 이제 그는 자신의 지적인 결함을 부각시킨 셈이다. 논리를 전개함에 있어서 불쑥 입법자라는 개념을 삽입시켰는데, 사회계약론이라는 생각에 갑자기 입법자를 등장시킨 것은 사실상 어색한 것이다. 여기에서 입법자의 진정한 중요성은 아마도 그의 신념과 상당히 상반되는 사고로부터 그 자신이 해방되는 신호일지도 모른다는 의문을 품게 한다. 사회계약론이라는 관념에 논리적으로 집착하는 한, 루소의 입법자에 대한 설명은 확실히 그것과 부합되지 않는다. 루소에게 있어서 국가는 살아 움직이는 몸체이며, 그 속에는 시민들의 열정이 담겨져 있는데, 이는 시민들이 하는 법률적인 계약을 특징짓는 이익의 총합과는 다른 것이다. 이러한 해석은 인민을 구축하는 것에 관한 기술에서 보강된다. 루소가 <사회계약론> 서두에서 인간을 있는 그대로, 그리고 법률이 있을 수 있는 바에 따라 서술하려고 한다고 말하고 있지만, 정치체를 탄생시키는 과업은 이제 인간본성의 변화를 요구하는 것으로 묘사된다.

집단적으로 도덕적이고 심리적인 변형을 이루는 초인적인 과제는 너무나도 벅차기 때문에, 루소는 이러한 과업에 관한 한 입법자는 신의 권위에 의존하여 자신을 일반인이 믿고 따르게 만든다고 말한다. 이 점에서 루소는 국가의 신성한 성격을 보존하기 위해 초월적인 신화가 그 기초로서 필요함을 우리들에게 알려주고 있는 것이다. 그는 단지 딱딱한 지식만으로는 그러한 과업을 수행하기 어렵다고 설명하는 것이다.

지금까지는 루소가 인민은 분리된 개인들로부터 창출된 것임을 또는 노예적인 예속으로 말미암아 일그러진 인간으로부터 재생되었는지를 믿고 있었는지는 확실하지 않다. 그렇지만 그는 현명한 법은 집단적인 전체로서 서로 연결되어 있고, 그 전체에 소속감을 갖는 인민들에게 알맞은 것이어야 한다는 점에 대해서는 확신을 갖고 있었다. 루소는 법률이 그 나라의 국민성과 지역적 특성에 합치되어야 한다고 생각하였다.

이렇게 루소는 법률이 그것이 적용될 대상과 상황에 얼마나 부합되고 적절한 것인가 하는 문제를 중시한다. 바우간(C. E. Vaughan)은 이러한 강조점의 변화에 주목하면서, 루소는 처음에는 플라톤의 망령에 시달리면서 일반의지를 근본적이고 완결적인 것으로 인식하고 있지만, 점차 뒤에 가서는 상황과 환경을 중요시하는 몽테스큐(Baron de Montesquieu, 1689 -1755)의 영향을 받은 흔적이 곳곳에 나타나고 있다고 지적한다.[90] 이러한 논점은 후에 버크(Edmund Burke, 1729-1797)가 자연과 인간에 관한 추상적이고 보편적인 전제들 대신에 '상황의 제국'이라고 불렀던 것인데, 이러한 경향은 루소가 몽테스큐의 권위를 빌려 말하는 다음과 같은 인용문에 이르러 더욱 뚜렷하게 나타난다. "자유는 어떤 토양과 기후에서도 언제나 다 열리는 과일이 아니다. 그래서 그것은 모든 인민이 어디서든 다 따먹을 수 있는 것이 아니다."

이는 루소가 환경이나 지역적 특성이 인민의 법 수용성에 어떻게 다르

---

90) 몽테스큐의 <법의 정신>은 1748년에 출판되었다. 그 핵심 주제는 "정치공동체의 특성은 자연적, 역사적 환경에 의해 강하게 영향을 받은 그 정치제도와 밀접하게 관련되어 있다"는 것이다. 루소가 몽테스큐에게서 특히 영향을 받은 흔적이 잘 나타난 저술은 <사회계약론> 다음에 나온 코르시카, 폴란드, 제네바에 관한 것이다.

게 영향을 미치는가를 심도 있게 분석한 결과로, 보편적인 개인적 자유의 문제는 잠시 소홀하게 취급된다. 또한 루소는 "국민은 개인들과 마찬가지로 젊었을 때에만 교육할 수 있다"고 말한다. 그리고 "국민에게도 개인들과 마찬가지로 성숙기가 있는 법이므로 이 시기에 이르기 전에는 국민을 법으로 통제하려 들지 말아야 할 것이다"라고 말한다. 이와 같은 맥락에서 루소는 국가의 규모, 인구, 지리적 특성, 직업분포 등을 고려해야 한다고 주장한다. 그는 항상 규모가 작고 익명의 인간이 존재하지 않으며 주민이 서로 알고 지낼 수 있을 정도로 친숙하며 단순한 국가를 선호하였다. 이러한 특성이야말로 루소의 말에 의하면 자연적인 것이며 그래서 결국 좋은 것이라고 한다.

그렇지만 중요한 사실은 인민들이 이미 집단적인 동질성과 주체성을 갖고 있어야 하는 것이다. 이것은 또한 그들의 의식이 교육을 할 수 없이 완고하게 굳어버린 것이 아니어야 한다는 점을 말하는 것이다. 완고성은 구축되어야 할 것이라기보다는 루소의 주장에 의하면 오히려 근절해버려야 할 것이라고 한다. 루소는 낡은 관습이 새로운 질서 창출에 장애물이 된다고 말한다. 그러면서도 인간은 재교육을 할 수 없을 정도로 악한 존재이거나 부패되지 않았으며, 그들의 천성에 본질적으로 자생하는 선한 부분이 있기 때문에 그들은 올바른 환경에 따라 재생될 수 있다는 단서를 재빠르게 설정한다. 개인의 상실된 자연적 善性을 되찾을 수 있게 하는 것이 자연성으로 재생된 시민정신이지만, 그래도 인간이 선함을 추구하는 능력은 본성으로 남아 있다는 것이다.

유럽의 낡은 체제 속에서 루소는 그가 제시한 재생의 조건을 충족시킬 수 있는 유일한 민족 정서를 찾아낸다. 인간은 자유롭게 태어났다는 보편적 정치 권리의 원리들을 탐구하는 부분에서, 루소가 자신이 내세운 원리들을 적합하게 구현할 수 있는 유일한 국가가 코르시카 섬이라고 천명하였을 때, 우리들은 루소가 어떻게 해서 그곳을 지적하였는지 믿을 수가 없다. 루소는 다른 정치이론가들처럼 빈말을 잘하는 사람도 아닌데, 나폴레옹 같은 사람이 그 섬 출신이라는 사실을 생각할 때 드는 기묘한 기분을 어떻게 설명할 수 있을까?

루소는 자연적인 그리고 역사적인 수많은 환경요인이 인민들의 성격을 결정하며, 인민들을 선도하고 교육하는 좋은 법률은 환경적 요인들을 반드시 반영해야만 한다고 주장한다. 법률은 이미 성취된 것들을 확정해주고, 다시 그것을 변경시키고 정형화할 수 있다는 것이다. 미래는 단지 현재만을 염두에 두고서는 창조될 수 없는 것이다. 현재는 오직 과거를 추론함으로써만 알 수 있는 것이다. 그래서 미래는 반드시 과거로부터 자라나야만 한다는 것이다. 그러므로 법률을 제정할 때 반드시 역사를 참고해야 한다고 루소는 말한다. 그는 이미 법률과 도덕을 결합하였기 때문에, 비록 흉내 내는 수준일지라도 역사와 도덕과 법률의 결합에 관한 대체적인 윤곽을 제시해야만 했다. 물론 법률은 질서를 유지하기 위한 규칙이지만, 또한 확고한 도덕적 행위규범이라고 생각했다. 만약 우리들이 '인민은 법에 복종해야 하기 때문에 그 법을 만드는 사람이 되어야 한다'는 경구를 소홀히 여기고, 그 뜻을 인민들이 관대한 입법자가 제시한 법률안에 동의해야 하는 것으로만 이해한다면 법률의 의미는 축소될 뿐이다.

루소는 법률과 관련하여, 공법과 민법, 형법을 나누어 설명하고, 이에 덧붙여 그 자신이 가장 중요하다고 여기는 네 번째 법률을 설명한다. 그 네 번째로 부가하여 설명한 법률은 결코 단순한 사족이 아니다. 그 네 번째 법률은 위의 세 가지 법률이 의존해야만 하는 것이고, 이는 또한 인민들의 가슴속에서 발견되는 것이라고 한다. 그리고 이는 입법자가 세심하게 배려해야만 할 미래라고도 말해진다. 국가를 생성케 하고 존속시켜 주는 이 네 번째 법률은 '도덕과 관습과 여론'인데, 이것들은 올바르게 질서화된 국가에서 모습을 드러내는 것으로서, 국가의 움직일 수 없는 초석이라고 할 수 있다. 그리고 그러한 도덕은 이미 지적한 바와 같이 아주 천천히 발전하는 것이라고 한다.

올바른 국가는 도덕적 질서가 유지되는 곳이며, 다른 모든 것들도 반드시 그 도덕적 질서에 복종해야만 하는 곳이라고 루소는 말한다. 집단적 삶 속에서 이루어지는 이러한 도덕적 질서는 개인적인 도덕적 삶의 전제조건이며 동시에 그 내용인 것이다. 도덕적 존재인 시민이 획득하는 자유는 이러한 관점에서 이해되어야 한다. 여기서 드러나는 딜레마는 그 도덕이라는 것이 권력의 힘에 의해서, 즉 세속적인 삶을 사는 일반 대중과는 초연하게 서 있으면서 공공선을 인지할 수 있고, 시민들의 가슴을 열게 하여 그들을 공적인 생활로 이끌 수 있는 입법자에 의해 깨우쳐진다는 점이다. 루소가 이렇게 엉뚱하게 입법자에 의존하여 그 해결책을 모색하는 것, 즉 역사와 시간 속에서만 성취할 수 있는 생성론적 권력에 구원을 요청할 수밖에 없었음을 우리들은 공감하게 될 것이다. 루소는 인민들을 도덕적으로 교화시키는 데에는 상단한 시간이 소요된다는 점을 인정하였다. 우리는 사회계약론의 정태적 상상력 속에는 도덕적 삶의 시간중심적 운동을 개념화할 수 있는 역사발전에 관한 견해가 부족하므로 이로부터 빠져나오기 위한 투쟁을 벌이는 사상가를 바라보고 있는 것이다.

신념이나 여론은 우리가 알지 못하는 사이에 권위의 힘을 습관의 힘이 되어버리게 바꾸어가는 성질을 가지고 있는데, 이 말은 루소에 의하면 본성이 '공고한 시민적 덕성'으로 전화된 시민들 사이의 굳은 유대를 지적하는 것이다. 루소의 이론이 안고 있는 난점은, 그가 이용하고 있는 사회계약론이 부인들의 허리를 졸라매는 옷처럼 빡빡하기 때문에, 사람들을 서로 굳건하게 연결해주고 법률과 국가의 기반을 구성하는 심오한 통찰력이 설 공고한 자리를 찾기 어렵다는 것이다. 루소는 사회계약론이라는 합리적이며 건조한 분석틀 속에서 도덕적 요소에 집착한 인물이며, 그리고 오직 역사·철학적 고려만이 궁극적인 해결책을 입법자에게 의존할 수밖에 없었던 논리적 곤경에서 그를 구해줄 수 있었다. 루소는 사회계약을 초극할 수는

없었지만, 그럼에도 불구하고 그는 그 계약론의 건조한 벽을 무너뜨린 것이다.[91]

4. 정부론

루소가 정치적 권리에 관한 부분을 상세하게 설명하는 데 관심을 두어서 정부론은 그에게 덜 중요한 듯이 보이지만, 그러나 그는 <사회계약론>을 통해 이 주제에 대해 상당히 많은 분량으로 논급하고 있다. 여기서 루소가 강조하는 것은 정부는 다름 아닌 국가의 창조물로 이해되어야 한다는 것이다. 그러나 그렇다고 해서 정부가 덜 중요하다는 말은 아니다. 루소가 말하고자 하는 바는, 정부가 그가 주장하는 원리들과 직접 연관되어 있다는 것이다.

<사회계약론>에서 루소는 정부의 일반적인 성격을 고찰한다. 그는 자신이 특별히 강조하는 중요한 명제로서 "국가는 그 자체로서 존속하지만, 정부는 단지 주권을 통해서만 존재할 따름이다"라는 말을 직접 설명한다. 정부의 구성원들은 단지 주권의 봉사자일 뿐이며, 그러한 연유로 일찍이 로크와 같은 사상가가 역설한 적이 있는 '정치계약, 정부를 만드는 계약'은 없다는 것이다. 이 점과 관련하여 루소가 공격했던 군주국, 당시로서는 국가의 존속을 군주통치 여부와 동일시했던 그 군주국을 상기하는 것이 좋을 듯하다. 정부는 그 권위가 군주가 아니라 인민들의 주권으로부터 도출된, 그리고 그것에 의해서 만들어질 수 있는 것으로 여겨지는 집행권을 정당하게 행사하는 것이라고 루소는 말한다. 그리고 일반의지 구현체로서의 입법권이 정부에 통치할 수 있는 자격을 부여한다는 것이다. 그리고 주권

---

91) 포사이스 외, 앞의 책, 229−238쪽에서 발췌인용.

은 양도할 수 없는 것이기 때문에 이 권위는 위촉되거나 대표될 수 없다고 한다. 그래서 주권적인 입법체는 도구적인 과제나 임무를 수행하는 법을 선언하는 것이고, 정부의 과제는 이를 바탕으로 행정을 수행해 나가는 것이다. 정부를 단지 주권의 심부름꾼에 불과한 일종의 대행인으로 파악하는 견해는 루소의 사상에서 중대한 의미를 갖고 있다. 그 이유는 인간이 자의적인 권력의 노예가 되는 것이 바로 주권과 정부를 혼동하고, 그 양자를 같은 것으로 파악하는 데서 기인한다고 루소는 확고하게 믿고 있었기 때문이다.

루소는 다시 한번 이 문제를 개인에 비유하면서 설명한다. 만약 어떤 사람의 행위가 앞뒤가 맞는 것이 되려면 그의 의지와 힘이 일치되어야 하듯이, 우리들의 도덕적 신념과 육체적 힘 사이에는 일치성이 확보되어야 한다. 이처럼 정치체도 입법권으로 구체화되는 의지를 가지고 있고, 또한 그 의지를 실현시키는 것으로서 집행권이 부여된 힘을 가지고 있다고 한다. 국가는 인간이 만들어 낸 인공적인 창조물이기 때문에 공공적 강제력이라는 집행권이 조직화되어야만 한다는 것이다. 그렇게 될 때 의지는 일반의지의 도구로서 작동하기 위한 힘을 갖추고, 국가와 주권을 연결하는 수단으로 여겨지는 여타 기능을 수행할 수 있게 된다. '공적인 인격'의 일체성은 상당부분 입법권과 집행권, 의지와 힘, 그리고 주권력과 정부라는 두 개의 요소를 필요로 하며, 그 양자에 정상적 관계가 이루어져야 한다는 것을 인식하는 정도에 그 성패가 달려 있다. 인간의 정신과 육체 사이의 일체성이라는 비유로 설명된 이러한 관계는, 그가 "도덕성을 산정하는 데에는 기하학적 정밀성은 찾을 수 없다는 것을 알고 있다"고 말했으면서도, 이 문제에 관한 한 기하학과 물리학적 용어가 동원되어 설명된다.

루소는 현존 정부를 18세기 사상가들이 그토록 매력을 느꼈던 엄밀한 과학인 수학의 확실성을 바탕으로 계산하고 해석할 수 있는 대상으로 파악하였다. 당시 파리에서 루소와 친근했던 철학자들은 뉴턴이 새로운 개명을 이룰 수 있는 방법론을 발견하였다고 믿었다. 루소는 한때 그들 철학자들의 합리주의적 명제들에 대해 노골적인 적대감을 나타내기도 했지만, 그러나 그가 그들로부터 영향을 받은 것 또한 분명하다. 정부를 논의할 때, 루소는 일단 정부가 주권력에 종속되는 관계가 원칙으로 설정되면 그 뒤에 따라오는 것은 또는 그렇게 되어야만 하는 것은 그러한 원칙이 상황에 따라 적절하게 변모하면서 적용되는 것으로 믿었던 것으로 보인다. 그렇기 때문에 그의 사상의 수학과의 연계는 그 사상이 그러한 은유를 선택한 방법을 보여주는 그 이상의 것이다. 이러한 의미에서 정부에 관한 논의는 정치과학의 영역에 들어가지만, 국가는 기계론적 조합물이 아니라 인간의지의 도덕적 창조물로 인식되어야 한다.

루소는 정부를 민주제, 귀족제, 군주제로 분류하는 역사적으로 오랫동안 준수되어온 분류법을 채택하고 일부 수정한다. 민주제를 보면, 이는 정부를 주권자인 전 인민 또는 대다수의 수중에 놓아두는 체제이다. 반면 귀족제는 소수에 의한 통치이며, 군주제는 단 한 사람의 집정관에 의한 통치체제이다. 그렇지만 군주제조차도 실상은 그 범위가 넓기 때문에, 각 정체는 다른 정체의 요소들을 포함할 수 있고 혼합적인 것이 될 수 있다. 그래서 여러 형태의 국가에 있어서 최고집정관의 수가 시민의 숫자와 반비례의 관계에 있다는 견해를 수용한다면, 일반적으로 민주제는 소국가에, 귀족제는 중간정도 규모의 국가에, 그리고 군주제는 대국가에 알맞다고 한다. 여기서 유의해야 할 것은 일반의지의 주권력이 문제가 되지 않는다면 어떠한 정부도 부당하지 않다는 것이다. 이제 가장 좋은 정부형태에 관한 논의를 원리의 문제로 취급하는 방식을 그만두고, 그것을 역사적이고 자연적인 환경과의 관계에서 논의해야 할 것이다.

루소는 법률을 만드는 사람이 법률을 집행하는 것은 좋지 않다고 생각하고, 민주제가 그러한 입법권과 집행권 사이의 준별을 위협하기 때문에, 그리고 인민 전체가 그들의 주의를 일반적인 고찰에서 특수한 대상으로 옮기는 것은 입법의 일반성에 대한 정상적인 관심을 훼손시키는 것이기 때문에 민주제를 우려하였다. 일반의지가 일단 특수이해를 추구하는 행위로 인하여 부패되면 그 국가는 소멸된다고 말한다. 그 외에도 루소가 민주제에 관하여 고려하는 점들이 많이 있다. 그것은 예를 들면 민주제에 적합한 지역은 시민들이 서로 얼굴을 맞대고 살 수 있을 정도로 친밀성이 있는 작은 규모의 국가라는 자연적인 요건과 더불어, 시민들이 검약하여 사치를 하지 않는 경제적, 문화적 요소들인데, 정부를 민주제로 운영해 나가기 위한 필수적인 것으로서 그가 중요시한 것은 시민정신이 그 국가에 충만해야 한다는 것이다. 민주제는 생활태도와 도덕에서 지극한 단순함뿐만 아니라, 사회적인 지위와 그 혜택의 향유에 있어서 상당한 정도의 평등성을 전제로 한다고 루소는 말한다.

루소는 특별히 마키아벨리를 찬양하였다. 그 이유는 그가 공화제를 유지하기 위해서는 시민정신이 필요함을 강조하였기 때문이다. 그러면서도 루소는 민주제에 요긴한 시민정신은 사실 인간이 도달할 수 없는 먼 곳에 있다고 비관적으로 말한다. 그리고 "신처럼 완전한 시민은 민주적으로 잘 다스려질 것이나, 그렇게 완전한 정부는 인간들에게는 알맞지 않다"고 덧붙인다. 이렇게 도덕적으로 너무나 까다로운 요건을 필요로 하는 민주제를 루소가 배척한 것을 보고, 루소를 직접 또는 인민 민주주의의 집단적 자치정부를 이룩하기 위해 인민주권을 옹호한 사상가로만 알고 있었던 사람들은 아마도 크게 놀랄 것이다. 그러나 민주주의의 장점이 어떤 것이든, 루소가 일반의지의 입법적 주권력인 국가의 존속과, 이에 대한 정부의 종속적 양식을 준별한 것은 확실히 맞는 말이다. 그는 또한 개인의지와 이해는 영속적으로 일반의지로 전환될 수 없다는 비관적 입장을 견지하였고, 그렇기 때문에 일반의지의 타락을 방지할 수 있는 방책으로 입법권을 행정권으로부터 분리해 놓는 방법을 생각했던 것이다.

어쨌든 정부는 중대하게 필요한 존재로 여겨지기 때문에 루소는 그러한 이유에서 다른 어떤 정부형태보다 선거를 통한 귀족정치 체제를 선호하였다. 루소가 이러한 선택을 한 것은 실제는 (통치자의 숫자와 규모에 있어서의) 그 통치의 효율성 때문이 아니라, 바로 그들 현인들이 발휘하는 지혜를 존중하였기 때문이었다. 루소는 "현명한 사람들이 자기 이익을 증대시키기 위해서가 아니라 대중 전체의 이익을 위해서 정치하는 것이 확실하다면, 현인에 의한 대중 지배야말로 가장 바람직하고 자연스러운 것이다"라고 말한다. 루소는 또한 선거 귀족제에서는 세습귀족에게 기대하기 어려운 '정직, 총명, 그리고 경험'과 같은 요건에 의해서 정치하는 현인들이 선출되는 장점이 있다고 한다. 루소는 "올바르고 순진한 사람은 단순한 감정을 가지고 있기 때문에 속이기 어렵다"고 생각한 사상가였다. 인민은 그 자신들은 통치할 수 있을 정도로 덕성이 넘친다고 말할 수는 없으나, 시민은 그들을 통치할 현명한 행정관을 선출할 정도로는 현명하다고 한다. 이러한 상황이 민주제에서보다도 귀족제에서는 시민들로부터 시민적 요건을 적게 요구하게 되지만, 한편으로 이 선거 귀족제에는 귀족제 정부의 단체의지가 그 의도를 실현시키기 위해 일반의지를 그 밑에 종속시킬 위험도 있다. 이러한 위험은 사실 모든 정부형태에 다 들어 있다고 한다. 만약 귀족정치가 부의 불평등성을 심화시킬 가능성을 내포하고 있다면, 이것은 그들 귀족이 공공업무에 자신의 시간을 더욱 많이 투여할 수 있기 때문에 그렇게 되는 것이고, 항상 부자가 공공업무의 위임대상이 되기 때문은 아니라고 한다.

군주제의 장점은 기계의 모든 바퀴 운영이 한 사람의 수중에 달려 있고, 그것 모두가 동일 목적을 향해서 작동한다는 것이다. 그렇지만 그렇기 때문에 발생하는 위험도 있다. "모든 것이 동일 목적을 향해 움직이지만 …… 그 목적이 항상 공공의 행복은 아닌 것이다." 귀족제에서는 귀족의 단체의지가 일반의지를 종속시킬 수 있는 위험이 내포되어 있는 반면, 군주제에서는 군주가 절대자가 되기를 원하기 때문에 일반의지가 위협당할 여지가 있다.

이미 위에서 언급한 것처럼, 루소는 정치제도가 운영되는 환경요인의 중요성을 강조하였다. 그래서 루소는 "자유는 어떤 기후에서도 언제나 다 열리는 과일이 아니다"라고 비유적으로 말했다. 루소는 농업생산성을 좌우하는 자연적 요인들을 기후라는 한 가지 요소를 중심으로 탐구하고, 이를 토대로 정부형태를 결정하는 기후의 영향을 고찰한다. 루소가 말하는 환경은 토양과 기후를 의미하는 것인데, 이 점에서 루소의 근대 정치세계에 대한 예언력이 어떠한 것이든지 간에, 그는 산업혁명에 의해서 초래될 자연환경에 대한 거대한 변혁을 파악하는 감각은 없었던 것으로 보인다. 루소는 장차 도래할 산업혁명으로 성취될 기술에 관심을 두지 않고, 그저 자연적 환경을 결정적 요인으로 여긴 것이다. 그러면서 루소는 가장 좋은 정부의 징표란 다름 아닌 시민의 숫자가 증대되는 것이라고 소박하게 말한다.

어떤 자연적 조건이 특정 국가의 성원들에게 가장 적합한 것이라고 하더라도, 정부는 항상 고정적인 형태로 남아 있을 수 없다. 가장 완벽하게 조직된 정부도 여타 정부와 마찬가지로 쇠락의 길을 걷게 된다. "스파르타와 로마 같은 국가도 멸망한 마당에 도대체 어떠한 국가가 영속적인 존속을 바랄 수 있겠는가"고 루소는 한탄한다. 이와 같이 피할 수 없는 쇠퇴의 원천은 다름 아닌 인간의 의지이므로 "특수의지가 끊임없이 일반의지에 도전하듯이, 정부도 항상 주권에 역행하는 노력을 하는 셈이다"라고 루소는 지적한다. 정부가 주권을 찬탈할 때 사회계약은 끝장나고, 시민들은 그들이 자연 상태에서 누렸던 자연적 권리를 되찾아오게 된다. 그렇기 때문에 좋은 헌법을 만들어, 시간이 지나면 자연히 찾아오는 자연적 쇠락으로부터 국가를 지탱할 수 있게 방비하고, 시지프스가 언덕 위로 끊임없이 돌을 굴렸듯이 계속해서 법과 일반의지의 활동을 견고하게 만들어야 하는 것이다.

일반의지는 시민들이 모여야만 작동할 수 있는 것이어서 이에는 탄력성이 결여되어 있다고 루소를 비판할 수 있다. 루소는 이러한 비판에 대해 집회가 곤란하였음에도 불구하고 정규적으로 시민들의 회합이 이루어졌던 로마 공화국의 경험을 인용하여 응수한다. 시민이 되는 것은 노예가 아닌 시민이 되기 위해 필수불가결한 어떤 의무와 행위를 부과받는 것이다. "야비한 마음을 가진 인간은 위인을 신임하지 않고, 천한 노예는 자유라는 말을 들을 때 이를 신임하지 않고 오히려 조롱한다"고 루소는 말하면서, 정신의 가능성 범위를 한정하는 것은 인간들의 약점이며 또한 악덕이라고 지적한다. "인민의 집회는 정치체를 지키는 방패이고 정부를 구속하는 고삐이다." 인민 집회에 대한 루소의 이러한 주장은 일반의지는 결코 대표될 수 없다는 그의 신념을 보여주는 것이다.

대표제는 타락의 신호이며, 좋은 정부라면 이를 기필코 배척해야 한다고 말한다. 대표제는 사람들이 시민이 되어 몸으로써 국가에 봉사하는 대신에 금전을 대가로 봉사하는 것으로, 국가를 멸망으로 이끌어 가는 신호라고 루소는 말한다. 루소는 이렇게 공적 의무를 돈으로 해결하는 관행이 바로 봉건제가 가져다준 소산으로서, 이기적이고 세속화된 도시중심적 생활에서 나온 것이라고 생각하였다. 루소는 그러한 관행을 심각하게 경멸하였다. 그리하여 루소는 영국을 예로 들면서, "영국 사람들은 그들 스스로 자유인이라고 생각할지 모르지만, 실제로 그들이 대의원을 선출하는 순간부터 그들은 노예가 된다"고 노골적으로 비판하였다. 그렇게 선출된 대의원들은 인민들의 대리인일 뿐 결코 대표자가 아니며, 진정한 대표자가 될 수도 없다는 것이다.

공공선이라는 신성한 이름을 추구하는 일반의지가 개인적이거나 파당적인 이해의 질긴 유혹에 얼마나 치명적으로 취약한가에 대한 루소의 설명은 계속된다. 그렇기 때문에 그러한 일이 발생하면, 비록 루소 자신이 일반의지는 결코 파괴될 수 없다고 고통스럽게 절규하였더라도, "사회적 유대는 모든 사람들의 가슴속에서 산산이 부서지고 만다"는 것이다. 일반의지가 더 이상 존재하지 않게 되면 만장일치는 없어지고, 모순된 견해가 대립하여 쓸모없는 논쟁이 촉발된다. 이 상태가 지속되면 마침내 일반의지는 그 모습을 감추고, 각자는 모두 사적 이익의 관점에서 행동하게 되므로, 국가는 존재하지 않는 것처럼 되어 버린다. 이제 상충하는 개인적 이해를 법의 테두리 안에서 조절하고 중재하는 일이 정치가 하는 일로 여겨진다.

유럽의 정치 전통 속에서 정치적 행동은 공공선에 대항하는 의미로서가 아니라, 그것을 발견할 수 있는 문명화된 표현에 따르는 수단으로 이해되어 왔었다. 루소의 목적은 상충하는 이해관계를 모아서 조정할 수 있는 제도적 장치를 마련하려는 것이 아니라, 그런 것들을 초월할 수 있는 비전을 제시하는 데 있었다. 루소는 이익을 서로 다투는 관계에 있어서 도덕성이 존재한다거나 개인적 이익이 진정으로 잘 조정될 수 있다는 주장을 수긍하지 않았다. 루소의 목적은 조화와 조직체의 일체성을 추구하는 것이었기 때문에, 로크보다는 플라톤이나 마르크스에 더 가까운 사상가라고 할 수 있을 것이다.[92]

5. 루소의 영향

마르크스의 역사 이론, 사유재산에 대한 관념, 그리고 이데올로기와 소외 이론 등은 루소의 견해들과 놀라울 만큼 닮은 것들이다. 그러나 마르크스 자신은 루소의 사상에 긴밀한 애착을 느끼지 않았다. 그 이유는 루소의 견해들이 단순한 부르주아 혁명을 통해서 실현되는 것이라고 마르크스가 간주한 데 따른 것이었다. 마르크스에게 있어서 이 부르주아 혁명은 공산주의에 의해서 다시 지양되지 않으면 안 되는 것이었기 때문이다.

그러나 자신들의 '과학적 사회주의' 속에 명확한 도덕 철학이 결여되어

---

92) 위의 책, 238-245쪽.

있음을 안타까워하는 마르크스주의 사상가들은 종종 루소의 정치사상으로부터 어떤 영감을 얻으려 하였다. 다른 신조를 가진 급진주의자들이나 자유주의자들 또한 루소를 향하였으며, 민족주의자들이나 민주주의적 참여의 옹호자들도 역시 그러하였다. 심지어는 열렬한 무정부주의자들까지도 루소의 주권 개념이 아니라면 그의 자율 개념에 의해서 루소의 사상 속에서 무언가를 얻고자 하였다.[93]

그렇기 때문에 과학적인 정치이론이라는 견지에서의 많은 취약성에도 불구하고, 현실정치와 정치사상에 대한 루소의 영향력이 대단히 큰 것이었다는 데에는 의심의 여지가 없다. 어떤 위대한 정치사상가도 그처럼 여러 정치적 파벌들에게 직접적인 영감을 주지 못하였고, 다양한 정치적 태도에 그러한 지적이고 감정적인 무장을 제공하지는 못하였다.

루소의 직접적인 영향은 자연에 대한 숭배를 자극하고 북돋았으며, 당시의 정치제도들에 대한 불만의 씨앗을 뿌린 것이었다. 동시에 그는 18세기의 이성에 대한 헌신에 대항하는 낭만적 흐름을 탄생시키는 데 도움을 주었다. 또한 루소의 낭만주의는 18세기 후반 민주주의 사상의 특징이 된 감정적 열정을 제공하였다. 그것은 로크와 같은 사람들로부터 나온 전통을 완전히 결여한 성질을 갖는 것이었다.

루소는 프랑스 혁명에 직접적으로 큰 영향을 주었으며, 19세기 독일 이상주의의 형성에도 지대한 영향을 끼쳤다. 그리고 더욱 뒤에는 근대 민족주의의 발흥에도 사상적 기초를 제공하였으며, 마르크스주의를 포함한 오늘날 다양한 민주주의 사상에 끼친 그의 영향은 가위 절대적이라고 할 수 있을 정도로 지대한 것이었다.

---

93) 브라이언 레드헤드 엮음, 황주홍 옮김, 『서양정치사상』(서울: 문학과지성사, 1993), 199-200쪽.

제5절 헤겔(Georg Wilhelm Hegel, 1770-1831)

1. 헤겔의 생애와 의의

헤겔은 1770년부터 1831년까지 살았다. 프랑스 혁명이 일어났을 때, 그는 19살이었다. 당시 독일의 많은 젊은이들처럼, 헤겔은 계몽주의를 따르고 있었고, 주의 깊은 열정을 가지고 프랑스에서 전개되는 사건들을 바라보고 있었다. 세상은 변해가고 있었다. 세계는 확실히 '근대'로 접어들고 있었다. 1806년 헤겔이 철학적 주도권을 쥐기 시작하고 그의 첫 저작물을 완성하고 있을 때, 나폴레옹은 유럽 통일을 약속하고 새로운 국제주의의 시대를 주도하면서 권력의 정점에 다다라 있었다. 사실 나폴레옹의 가장 큰 전투는 당시 헤겔이 교편을 잡고 있었던 제나(Jena) 시에서 벌어졌다. 나폴레옹이 승리한 뒤 헤겔은 실제로 그를 보았고, 후에 그는 그것을 '마상의 세계역사'라고 쓰고 있다.

헤겔은 칸트(Immanuel Kant, 1724-1804)를 칭송하고 그와 철학적으로 경쟁하였지만, 헤겔 철학의 중요성은 당대 칸트의 각성 속에서 벌어졌던 학술적인 논쟁을 넘어서는 것이었다. 헤겔은 그의 시대에 나타났던 정신적 쇼크와 도취를 잘 설명하고 있다. 그는 새 시대의 탄생을 알렸으며, 그것은 이제 철학 그 자체뿐 아니라 국제정치에 있어서의 새로운 세계의 탄생을 선언하는 것이었다. 이제 '세계정신(World Spirit)'이 이러한 새 시대로 들어서려 하고 있었고, 철학 역시 역사와 인간 모두를 이해하는 마지막 목표를 향해 달려가기 시작하였다.

간혹 헤겔은 이른바 '역사철학'의 탐구에 새로운 단계를 개척한 것으로 운위된다. 확실히 다른 철학자들은 대체로 혹은 비판적으로 그들의 선각자들을 따랐지만, 철학의 진정한 역사라는 생각, 말하자면 진보로서, 유기적인 과업으로서 철학의 개념은 어떤 시대가 다가왔다는 놀라운 생각이었다. 헤겔의 철학은 지난 2천5백년간 철학을 규정해 왔던 다양한 사상과 대립 진영을 초월하려는 자의식적(self-conscious) 기도였다. 그러한 모든 사상들은 세계정신이라는 커다란 맥락에서 찾아볼 수 있는데, 헤겔은 이 모든 것들은 어떤 맥락 속에서 가치가 있을 수 있고, 어떤 교훈적인 방식으로 갈등할 수 있는 개념들로서 자신의 위치를 찾는다고 주장하였다.

헤겔 철학의 결론은, 비록 간혹 '절대'라는 과장된 언어로 표현되었지만, 동시에 우리가 우리들보다 더욱 큰 어떤 것의 부분이라는 각성으로서, 일종의 거대한 철학적 겸손을 나타내고 있는 것이다. 지식과 진실에 대한 우리들의 개별적인 기여는 결코 한정될 수 없지만, 그러나 그것은 언제나 '중간적'이고 일방적인 부분일 수밖에 없는 것이다.[94]

2. 헤겔 시대의 독일철학

독일에서 칸트를 추종했던 철학자들은 집단적으로 그들 스스로를 '이상주의자들'이라 불렀고, 무엇보다 먼저 그들은 칸트를 추종하였으며, 둘째로 그들은 세계가 우리들로 구성되고 이성의 지배를 받는다는 그의 견해를 함께 하고 있었다. 세계의 구성에 관한, 그리고 어떻게 그것이 그의 전반적인 철학적 견해에 들어맞는지 하는 칸트의 이론은 계속 논의되어야 할

---

94) Solomon & Higgins, *A Short History of Philosophy*, p.214.

문제였고, 간혹 뜨거운 논쟁이 되었다. 18세기의 마지막 몇 년 동안 칸트가 아직 살아서 활발히 활동하고 있었을 때, 한 무리의 젊은 철학자들은 그의 진정한 후계자가 되기 위해 노력하고 있었다. 그들 가운데 가장 뛰어난 인물이 요한 피히테(Johann Fichte, 1762−1814)와 헤겔의 대학 친구인 프리드리히 쉘링(Friedrich Schelling, 1775−1854)이었다. 그들 각자는 칸트의 자취 속에서 이름을 날리고 있었고, 칸트의 체계를 완성하려 하고 있었다.

'체계'에 대한 생각은 칸트로부터 나온 것이고, 칸트는 통일적이고 모든 것을 포괄하는 철학의 '과학'을 제공하려고 하였다. 칸트에게 크게 영향을 받은 피히테와 쉘링, 그리고 몇몇 다른 철학자들에 따르면, 그는 성공하지 못하였다. 그는 오히려 단편적인 철학을 남겼을 뿐이며, 비록 충격은 있었지만 인간 경험의 단일성을 내보이는 데 실패하였다. 특히 칸트는 그의 지식에 대한 개념과 도덕의 이론 사이에 커다란 심연을 남겼고, 그래서 그것은 인간의 마음이 둘 사이의 갈라진 틈인 것처럼 남겨놓았다.

더욱이 칸트의 '물자체(thing−in−itself)' 개념은 사실상 그의 철학의 중심이라고 할 수 있는데, 이들 후기칸트주의자들에 의해서 전반적인 비판적 과업을 잠식할 위험이 있는 간과, 실수, 흠으로 받아들였다. 예를 들면, 그 자체에 있고 현상이 아닌 것으로서 물질의 명료한 개념이 될 수 있다는 생각은 "우리가 진정으로 모든 것을 아는 것을 어떻게 알 수 있는가?"라는 도전적인 질문에 의심의 여지를 남겨놓았다. 그러므로 그의 철학 속에서, 헤겔은 회의주의의 명료성에 대항하고, 우리가 아는 물질과 구별되는 물자체의 어떤 개념의 명료성에 대항하며, 비교할 수 없는 분리된 영역으로 인간 경험이 분리되는 것에 대항하여 논의를 전개할 수 있었다.

피히테는 급진적인 인물로 평판이 났으며, 프랑스 혁명에 대한 신중치 못한 열정론자로 알려지게 되었다. 후에 그는 커다란 스캔들을 야기하는 무신론자로 기소되기도 하였다. 또한 후에 그는 독일 민족주의의 최초의 위대한 대변인 가운데 한 사람이 되었다. 그러나 철학적으로 그는 칸트 철학의 대립적 파벌을 화해시켜 나갔으며, 그들을 통일적인 체계로 모아 나갔다.

칸트는 그의 철학이 이미 완성되고 통일되었다는 것에 반대하였으며, 이들 젊은 열광론자들로부터 어떠한 도움도 구하지 않았다. 그러나 피히테는 첫 번째 비판론(Critique)의 과학적 철학과 두 번째의 도덕 철학을 받아들였으며, 사람은 '선택'해야만 한다고 주장하였다. 피히테가 통속적이고 교조적이라고 생각한 과학적 세계관은 그가 추천한 선택이 아니었다. 도덕적인 견해점 혹은 그가 '이상주의'로 적극 추천한 것이 보다 훌륭한 선택이었다. "어떤 사람이 추천한 철학의 종류는 그가 어떤 종류의 인간인가에 달려 있다"고 피히테는 주장하였다.

첫 번째 '비판론'을 빌려, 피히테는 우리가 도덕적 단계로서 세계를 구성하고 있으며, 거기에 우리는 우리의 용기와 미덕을 나타낸다고 주장하였다. 세계는 실제로 우리들 범주의 산물이지만, 이 범주들이 기본적으로 무엇보다 지식과 관련되어 있다고 생각하는 것은 잘못이다. 그것은 기본적으로 우리들 행동과 자유와 관련되어 있으며, 우리는 그 안에서 우리를 밝히기 위해서 세계를 '배치'한다.

그것은 의심의 여지없이 칸트에 대한 극적인 해석이었다. 칸트는 물론 전적으로 그것을 거부한다. 젊은 쉘링은 그것을 찬미하였지만, 그 한계를 인정하였다. 특히 피히테의 철학은 과학뿐 아니라 자연도 남겨 놓았다. 그것은 모든 행동이지 물질이 아니었다. 쉘링은 칸트의 그것을 완성하기 위해 자신의 철학을 발전시켰고, 자연의 중요성을 강조하였으며, 특히 우리가 자연을 구성하고 이해함으로써 얻을 수 있는 여러 개념들을 발전시켰다.

피히테처럼 쉘링은 이전의 이상주의자들이 나아가려고 했던 것보다 더욱 멀리 '구조(constitution)'에 대한 칸트의 언급을 끌고 나갔다. 쉘링에게

(피히테에게도 마찬가지지만) 우리가 실제로 우리의 세계를 '창조'하지만, 이것을 보다 대중적으로 그리고 복합적으로 만드는 것은 개별적으로 이것을 이루는 것은 아니라는 생각이었다. 오히려 우리 모두가 함께 통합된 의지 혹은 정신으로 세계를 창조하는 것이다. 쉘링은 아주 조심스럽게 이러한 통합된 창조주를 하나님과 동일시하였다.[95]

3. 현상학과 철학의 발전

이렇게 칸트의 체계를 완성하겠다는 생각이 새로운 세기의 전환기에 철학계를 지배하였다. 헤겔의 첫 번째 학술적인 논문은 칸트 철학의 조명 속에서 피히테와 쉘링의 체계를 비교하는 것이었다. 헤겔은 신학교(seminary)에서 교육받았지만, 아무런 종교적인 감흥을 가지고 있었던 것 같지는 않다. 그의 초기 철학적 논문들은 무언가 기형적이고 크리스트교에 대한 모독적인 것이었다. '예수의 생애'라고 이름 붙여진 한 논문은 예수를 한 평범한 인간으로 끄집어내고, 산상 설교 속의 그를 이상한 도덕주의자로 묘사함으로써 칸트의 범주적 언명을 지지하는 것으로 나타났다.

그런데 불행하게도 청년 헤겔은 철학적 재능을 가지고 있었던 것 같지는 않다. 그의 친구 쉘링은 헤겔이 열심히 글을 쓰기 시작하기 전에 이미 세계적으로 유명해지고 있었으며, 헤겔의 뛰어난 사상은 직접적으로 또 다른 대학 친구인 시인 프리드리히 휄더린(Friedrich Holderlin)으로부터 빌려온 것이었다. 실제로, 헤겔의 철학은 궁극적으로 휄더린의 영적인 시를 독일 철학의 따분한 언어로 바꾼 것에 불과하다는 말이 간혹 아직까지 제

---

95) 낭만주의적 철학자들은 이러한 제안을 아주 좋아했으며, 그들은 쉘링을 자신들의 철학적 챔피언으로 받아들였다. Solomon & Higgins, op.cit., pp.215 - 216 참조

기되고 있기도 하다.

헤겔의 초기 저작들은 모독적인 것에 덧붙여, 읽기에도 놀라울 만큼 편하다. 그 스타일은 힘차며 구체적이고 역설적이다. 전문적이고 모호한 용어가 없다는 것이 뛰어난 특징이다. 달리 말하면, 칸트를 모방했다거나 새로운 학술적 스타일을 구사하려는 아무런 시도가 없었다. 그러나 철학적 성공의 길은 칸트를 따르는 것이었고, 육중하며 때로는 지루한 스타일을 구사하는 것이었다. 1800년경 헤겔은 그 역시 대학 생활에 들어가는 것이 좋겠다고 생각하고, 그래서 그는 바로 그것 때문에 유명해진, 모호한 스타일을 채택하게 되었다. 칸트와 더불어, 이제 철학은 결정적으로 학문적인 규준에 따르게 되었다.

1807년에 헤겔은 그의 첫 번째 책을 출간하였다. <정신현상학(The Phenomenology of the Spirit)>이었는데, 그것은 그의 가장 위대한 저술로 운위된다. 그것은 인간 의식의 가장 기본적인 것으로부터 모든 것을 포함하고 복합적인 것으로 우리를 인도하는 웅장한 개념적인 방랑기였다. 그것의 언명된 목표는 진리-절대적 진리-에 다다르는 것이었지만, '절대적'이라는 말이 마지막이고 종착적인 것을 의미하는 것은 아니었고, 진리의 언명이 사실에 조응하는 것도 아니었다. 헤겔이 추구한 것은 모든 것을 포함하는 비전이었고, 이것은 지식의 본질에 대한 철학적 이론의 다양성뿐만 아니라 종교, 윤리, 예술 그리고 역사의 자료들을 포함하는 것이었다.

현상학(Phenomenology)의 주된 관심은 우리들 모두와 자연의 모두를 포괄하는 우주정신인 '절대정신(Spirit or Geist)'이다. 사실상 현상학의 결론에서 오직 절대적인 것은 이 모든 것을 포괄하는 절대정신 개념이다. 그것은 모든 불일치가 해결되고, 모든 논쟁이 정리되며, 모든 의문에 해답이 생기는 것은 아니다. 그것은 오히려 이러한 불일치가 얼마나 어렵든, 이러한 논쟁이 얼마나 치열하든, 그리고 그 의문에 해답이 있든 없든, 우리는 이 안에서 모두 함께 존재한다는 것이다. 나폴레옹은 오로지 세계를 통일하려는 데 고무되었다. 헤겔은 물론 이론의 영역에서 그것을 실질적으로 행하였다. 그러나 그럼에도 불구하고, 모든 것을 포괄하는 의식이라는 생각은 그것을 성취하기 위한 첫걸음이었다.

현상학의 첫 번째 부분은 데카르트로부터 칸트에 이르기까지 근대 철학을 지배해 왔던 지식의 문제에 관한 것이다. 헤겔은 사실상 "이것으로 족하다"고 말한다. 그는 회의주의에 대한 논박으로서 칸트의 이론을 받아들인다. 그는 인류 역사, 문화, 예술, 윤리학, 종교 그리고 행복론에 대한 다른 의문을 부정하는 지식의 문제에 있어서의 배타적인 논점을 비난한다. 그는 칸트에게 있어서조차 지식에 대한 비세속적인 처리와 범주에 대한 무한한 개념을 거부한다.

지식은 '발전한다'고 헤겔은 주장한다. 아리스토텔레스처럼 그는 그의 패러다임으로서 물리학이나 수학이 아닌 생물학과 유기체론을 받아들이고 있다. 의식 역시 무한한 것이 아니고, 우리가 세상의 지식을 얻는 곳으로부터 초월적인 조망에 있는 것이 아니다. 의식은 성장한다. 그것은 새로운 개념과 범주들을 발전시킨다. 그것은 하나의 '의식 형태'와 또 다른 것 사이의 균열을 스스로 찾으며, 그것들을 융화시키는 것을 배우거나, 어떤 경우는 그것들을 넘어서 움직인다. 의식과 지식은 역동적인 것이다. 그것들은 '변증법적(dialectic)'인 것이다. 그것들은 단순한 관찰과 이해의 방법을 통해서가 아니라, 대립과 갈등을 통해서 성장해 나아간다.

현상학 도입부에서 헤겔은 지식에 대한 '공통 인식' 언급을 고려하여, 그것을 '인식 확실성'이라고 불렀다. 우리가 단순히 사물을 인식하는 것은 이론이다(만일 이론이라고 불릴 수 있다면). 사물들이 바로 그곳에 있고, 보이고, 들리고, 만져질 수 있는 것은 상식적 견해이다. 우리는 우리의 감각을 통해 그것을 알고, 그것을 우리는 확신할 수 있다. 철학적 이론의 수준으로 끌어올리면, 어떤 묘사와 이해에 앞서 우리는 우리가 경험하는 바로 그것을 간단히 아는 것이다. 우리의 경험은 즉각적이고 '비중개적

(unmediated)'인 것이다.

헤겔은 그러한 지식의 개념은 모든 우리의 지식이 사실은 중개적이라는, 즉 개념들을 통해서 걸러지고 부분적으로는 감각에 의해 결정되는 사실을 평가하는, 보다 이해할 수 있고 복잡한 개념 혹은 '의식의 형태'에 의해 보충되어야 하는 불충분한 것을 나타내 보이고 있다. 그리하여 약간의 발 빠른 전개를 통하여, 헤겔은 라이프니츠와 몇몇 경험론자들의 직관을 알 수 있는 수많은 이론적 아류를 통해 나타나는 '소박 사실주의(naive realism)'로부터, 지식은 이해의 형태로 중개되는 것을 보인다는 칸트의 첫 번째 비판론 철학으로 우리를 인도하고 있다.

그러나 이것으로 충분치 않다. 지식은 그 자체로 부적당하다. 우리가 경쟁적인 범주의 상이한 부류들을 가지고 있다고 상상해 보라고 헤겔은 제안한다. 혹은 우리가 아는 세계와 세계 그 자체 사이의 이해할 만한 구별을 그려낼 수 있는지를 상상해 보라. 우리의 경험 세계 성질과 정반대되는 성질로 구성된 실질 세계와 세계 그 자체, 그래서 검은 것이 희고, 선이 악인 것 등을 상상해 보라고 헤겔은 장난스럽게 제안한다. 그러한 제안을 우리는 어떻게 생각해야 할까? 하나의 세계에서 일어나고 또 다른 세계에서는 바뀌는 행동의 개념을 칸트는 어떻게 설명할 수 있는가? 그러므로 그러한 '두 세계'에 대한 언급은 무의미한 것이라고 헤겔은 결론짓는다.

유사하게, 예를 들면 세계에 대한 라이프니츠와 뉴턴의 묘사처럼, 두 개의 다른 현상적 조명, 두 개의 다른 범주 혹은 두 개의 대립되는 이론의 가능성은 어떤가? 헤겔의 응답은 매우 동시대적인 것이고, 실천적 고려에 호소하는 것으로 읽힐 수 있다. 칸트의 첫 번째 '비판론'은 두 번째 것을 감싸고 있고, 지식의 문제는 생활의 이해와 욕망의 표현으로 맞닥뜨린다. 이론 사이의 선택은 실천적인 것이고, 이론 하나에만 기초하지 않는다고 그는 주장한다.

의식이 자의식으로 발전하고, '현상학'이 자기확실성으로 급전하는 계기를 마련한다. ‘감각 확실성’에 대한 장에서처럼, 이것은 상식, 자기에 대한 확신적 개념—이 경우 데카르트의 격률 “나는 생각한다. 고로 나는 존재한다”가 된다—과 함께 시작된다. 헤겔은 데카르트적 자아는 전혀 확실하지 않다는 것을 계속해 보여 나간다. 근대적인 용어로, 헤겔은 자아가 ‘사회적으로 구성되는’ 것이고, 개인 간 상호작용 속에서 사회에 의해 창조된다는 것을 주장해 나가는 것이다. 이전 장들에서처럼, 헤겔은 소박한 견해로부터 복합적이고 난해한 철학적인 견해로 우리를 이끌고 가고 있다. 욕망의 혼재 속에서, 절망이 마침내 ‘절대적인’ 자아확인에 이르는 길을 발견할 수 있을 때까지, 자아는 영원히 그 자체에 혼합되어 나아간다.

자아의 문제는 <현상학> 속에서 가장 잘 알려지고 가장 극적인 장인 ‘주인과 노예’라는 우화를 만들어 냈다. 가장 빛나고 단순한 용어로 표현된 우화 속에서 두 ‘자의식’은 서로 충돌하고 상호 인정을 위해 투쟁한다. 거의 죽음까지 가는 투쟁 속에서 하나는 승리하고 하나는 패한다. 하나는 주인이 되고 하나는 노예가 된다. 각각은 인정을 얻게 되고, 그리하여 다른 편의 눈을 통해 스스로를 정의한다.

헤겔은 무엇보다 먼저 자아는 내적 성찰을 통해서가 아니라, 상호 인식을 통해 발전한다는 것을 우리들에게 보여주려고 한다. 그것은 자아가 기본적으로 사회적인 것으로, 단순히 심리적이거나 인식론적인 것이 아니라는 것이다. 헤겔은 또한 ‘자연의 상태’에 대한 가정 속에서 (예를 들면 홉스나 루소와 같이) 많은 철학자들에 의해 가정된, 어떤 종류의 개인 상호 간 관계의 본질을 나타내는 데 관심이 있었다. 그 공통의 가정은 인간들은 제일 먼저 모두 개인들이지만, 후에 상호 계약을 통해서 사회의 구성원이 된다는 것이다. 헤겔은 이러한 가정이 무의미하다고 생각하는데, 그 이유는 개별성이 개인 상호간 맥락 속에서만 나타나기 시작하기 때문이라는 것이다. 사람들이 기본적으로 원하고 요구하는 것은 단순히 안전과 물질적 충만뿐 아니라 ‘인정’이라는 것이다. 인간 본성에 대한 어떤 다른 견해들도 인간 존재의 필수적인 복합성을 간과하고 있는 것이다.

<현상학>을 통해 헤겔은 의식의 한 가지 형태에 존재하는 부적절성을 나타내면서, '변증법'이라는 과정을 통해서 하나의 견해나 태도로부터 또 다른 것으로 우리를 이끌어가고 있다. 주인과 노예 우화의 비극적 결과로부터-그것은 주인과 노예 모두 애처로운 것으로 드러나고 있다-생의 난관들을 극복하고 지워나가는 다양한 철학적인 전략들(스토아주의, 회의주의, 금욕주의 그리고 크리스트교의 여러 형태들)로 우리는 인도된다. <현상학>의 절정의 시초가 되는 '절대정신'에 우리가 마침내 다다르게 될 때, 우리가 행하는 인식과 역할을 통해 서로 스스로를 규정할 뿐만 아니라, 우리는 이상적으로 우리 스스로를 모두 하나로 규정한다는 것을 이해하게 된다. 우리는 도덕적 공동체로서 우리 자신이라는 감각 속에서 이것을 행하게 되고, 종교를 통한 우리 자신과 세계에 대한 우리들의 개념화 속에서 그것을 행한다. 결국 우리는 모두 하나의 '절대정신'이고, 이 중요한 진리를 인식하는 것이 헤겔 철학의 '절대적인' 목적이다. 정치적으로 우리는 변증법의 목적을 '자유(freedom)'로서 이해할 수 있겠는데, 그것은 개인들뿐 아니라 국민 대다수가 압제로부터의 자유뿐만 아니라, 우리 스스로가 자유롭게 되는 것이라고 할 수 있을 것이다.

그럼에도 불구하고, <현상학>의 변증법은 갈등과 대립의 방식을 통해서 전개된다. 정기적으로 우리는 모순과 마주치게 되고, 때때로 죽은 목표와 마주하게 된다. 예를 들면, 비극은 어떤 사람이 다른 사람과 모순되는 의식을 형성할 때 불가능한 갈등을 예시하고 있다. 헤겔이 즐겨 사용한 예는 소포클레스(Sophocles)의 희곡 '안티고네(Antigone)'였다. 자신의 형제를 불태우고 가족의 신성한 법률을 따라야 하는 안티고네의 의무는 그렇게 해야 하는 왕의 명령과 그렇게 하지 말라는 시민사회의 압력 사이에서 충돌한다. 희곡의 결말은 화해와 통합을 나타내고 있지만, 이것은 이미 죽어 버린 안티고네를 돕지 못한다. 변증법은 단순한 개인들 차원보다 큰 것이

고, 그것은 수많은 희생을 요구할 것이다.

죽은 목표의 예는 프랑스 혁명인데, 헤겔은 그것을 통제되지 않은 '부정적' 자유가 어떻게 오로지 자기파괴로 귀결되는지의 예로 사용하고 있다. 헤겔이 그때 자신의 정치철학을 발전시키게 될 더욱 '집단주의적'인 정신적 감수성으로 향하게 되는 것은 이러한 과도한 개별성에 대한 반작용 속에서 나타나고 있다.[96]

4. 보편역사와 정치적 견해

헤겔은 그의 <현상학>을 보다 큰 철학 체계에 대한 소개로 의도하였다. '현상학'은 칸트로부터 시작된 작업의 완성인, 체계 그 자체가 형성될 수 있는 곳으로부터 절대 지식이라는 관점을 세우는 것을 가정하고 있었다. 실제로 헤겔은 '역사의 종말'로 찬양되는 새로운 시대를 추구하기도 하였다. 그것은 보편적인 자기인식이라는 오랜 발전의 종말인 것이다. 그러한 과제는 그의 생애 남은 기간 동안 그를 지배했다. '현상학'이 소개하는 철학 체계는 헤겔의 또 다른 저술 <논리학의 체계(System of Logic)> 속에서 계속되고 있다. 그것은 공식적이고 수학적인 의미에서의 논리학이 아니라, 지식론 속 개념들의 역할과 상호작용에 대한 광범위한 논의와 같은 기본적인 철학적 개념의 관계와 연역의 체계라고 할 수 있다.

특히 헤겔은 칸트가 모든 지식의 선험적 기초로서 방어해온 기본적인 일련의 개념 혹은 범주들에 초점을 맞추고 있다. 칸트가 엄격하게 질서화되고 간략히 규정된 그러한 범주들을 방어해온 반면, 헤겔은 그러한 개념들의 유동성과 상호 규정의 본질을 나타내 보이는 데 관심을 가졌다. 개념

---

96) Ibid., pp.216－219.

들은 항상 맥락적이라는 것이다. 그것들의 의미는 그것들의 대비와 보충에 의존한다. 그리고 개념들은 궁극적으로 경험의 기반 속에서만 이해가능하다. 맥락에서 떨어지고 단순히 정형화된 것들은 아무런 실질적 의미를 가지고 있지 않다.

헤겔의 '논리학 체계'는 많은 방식에서 맥락적으로 의존적이고 상호의존적인 반대 체계로서 지식에 대한 상식적인 언급을 지지하고 있다. 주체와 객체 사이의 날카롭고 논쟁적인 철학적 구분은, 예를 들면 반대물들의 맥락적이고 이동적인 것으로서 보일 수 있다. 실제로 이 저작의 전반적인 관점은 결국 근대 철학 속에서 객관적인 실체와 지식으로부터 단순히 주관적인 경험을 분리할 것을 주장하는 그러한 움직임의 유동성을 나타내 보이는 것이다.

칸트는 어떻게 객관적인 실체가 주관성의 방식으로 구성되는가를 설명하는 데 긴 시간을 보냈지만, 그 구분을 건드리지 않은 채 남겨두었다. 헤겔은 이 가장 어려운 철학 서적들 가운데 하나에서, 어느 정도 우리가 객관적인 실체를 경험한다는 것을 설명하고자 하였다. 그러나 우리는 매우 다양한 방식으로 그것을 인식하는 것이고, 이 다양한 방식은 하나의 단일하고 전반적인 사상의 체계로 대비, 비교 그리고 융합될 수 있는 것이다.

그의 말년, 독일에서 가장 뛰어난 철학자로 평가되고 베를린 대학의 교수로 있었을 때, 헤겔은 강의를 통해 이러한 체계의 개념을 확대하고 완성하였다. 그는 쉘링을 따라 자연의 철학을 발전시켜 나갔다. 그는 그의 논리학을 단순화하고, 폭넓은 철학의 역사를 거기에 덧붙이면서, 사실상 오늘날 우리가 알고 있는 그러한 주제들을 개발해 나가고 있었다. 헤겔은 더 나아가 그의 '정신의 철학(philosophy of Spirit)'을 발전시켜 나갔고, 이는 오늘날의 심리학과 인류학에서부터 정치학과 종교에 이르는 모든 것을 포괄하는 것이었다.

그런데 아마도 근대의 정치사회에 대한 헤겔의 가장 중요하고 논쟁적인 기여는 국가에 부차적인 것으로서 개인이라는 그의 견해일 것이다. 그의 목표는 홉스와 계몽주의까지 거슬러 올라가는 사회와 정치사상의 전체 역사였다. 그러나 그의 목표는 오늘날 간혹 운위되는 전체주의적 혹은 권위주의적 견해는 아니었다. 헤겔은 (예를 들면 레닌이나 무솔리니와 같이 이러한 언급을 나쁜 것으로 만든) 이후의 정치사상가들과 똑같이 취급되어서는 안 된다. 헤겔의 관점은 개인에 대한 우리의 관점이 아주 특별한 종류의 사회의 산물이라는 것이었다. 그는 그것을 '시민사회'라고 하였다. 그의 관점은 개인이 중요하지 않다는 것이 아니었고, 개인의 중요성은 그가 살고 있는 사회적 맥락에 달려 있다는 것이었다.

헤겔의 정치적 견해는 세기의 전환기에 제나에서 있었던 그의 초기 강연으로 거슬러 올라간다. 그때 나폴레옹은 유럽을 횡단하는 길을 마련하고 있었고, 분열된 독일 국가에서 혁명을 선동하고 있었다. 그의 정치와 사회 이론은 <현상학> 속에서 제기되고 있었고, 그것은 1821년에 <권리의 철학(Philosophy of Right)>이라는 저작에서 등장하였다. 그때는 나폴레옹이 몰락하고 유럽 역사에서 '반동기'라고 불리는 안정적이지만 억압적인 시기였다. 말할 필요 없이, 헤겔의 정치적 견해는 그러한 격동기 역사의 영향을 받았겠지만, 이것만이 그의 이후 정치적 견해 형성에 있어 유일한 진실은 아니었다. 그의 초기 저서 <현상학>에는 해방과 새로운 세계의 탄생을 알리는 선언, 그리고 나폴레옹 혁명의 성공을 예견하는 '주신제의 반란(Bacchanalian revel)' 등에 관한 여러 언급이 등장하고 있었다. 반면에 <권리의 철학>에서는 철학의 황혼과 미네르바의 올빼미에 대한 서술로 시작되고 있는데, 철학은 이미 일어난 것을 단순히 기술하는 사실 이후에 찾아온다고 주장하고 있다.[97]

---

97) Ibid., pp.219−220.

5. 민족주의론

헤겔은 일찍이 유럽문명은 두 개의 위대한 힘, 즉 그리스의 자유로운 지성과 그가 생각한 바와 같은 크리스트교의 깊은 도덕적, 종교적 자기성찰의 산물이라는 신념을 갖게 되었다. 그는 크리스트교 신학이 지적인 면에 있어서 플라톤과 아리스토텔레스의 철학에 비하여 퇴폐적이라고 평가하지 않을 수 없었으나, 크리스트교가 그리스 철학에서 결여된 깊은 정신적 경험을 유럽문화에 가져왔다고 믿게 되었다. 헤겔은 자연법에 대한 몽테스큐의 해석에서 영향을 받아 아테네의 철학과 종교가 도시국가에서의 모든 생활양식에서 불가분의 요소였다는 것과, 크리스트교의 신비주의, 비관주의 및 염세사상이 시민적 자유의 상실과 새로운 관념의 자각, 다시 말하면 범세계적 인도주의의 자각을 가져오기 위한 진통과 관련된다는 것을 발견하게 되었다.

이와 같이 헤겔 초기의 종교적 사색의 결과로서 계몽사상, 특히 독일 계몽사상에 내포되어 있던 이념과 견해, 즉 문화의 모든 요소는 종교·철학·예술 및 도덕이 서로 영향을 미치는 하나의 단위를 형성하고, 이러한 문화의 각 분야는 그것을 창조하는 국민의 정신을 표현하며, 국민의 역사는 국민이 인류문명 전체에 대하여 특유하게 공헌하는 것임을 자각하고 표현하는 과정이라는 이념과 견해가 그의 관심의 초점이 되었다. 그의 역사철학은 창조기의 그리스 도시를 첫째로 하고, 다음 소크라테스와 크리스트교를 둘째 단계로 하였으며, 그리고 종교개혁에서 시작되는 신교와 독일 민족시대를 셋째 단계로 하였다. 민족정신은 역사적 발전의 특정단계에 있어서 세계정신의 하나의 표현인 것이다.

이렇게 헤겔에게 있어 민족정신이란 역사발전 속에서 나타나는 세계정신의 표현이고, 세계정신이 세계사의 주체라는 의미에서 민족사의 주체인 것이다. 민족사는 세계사의 관점에서 이해되어야 한다. 각각의 특정한 민족정신은 세계사의 과정에서 단순한 한 개체로서 간주되어야 한다. 민족사는 자유의 실현에 얼마만큼 기여했는가에 의하여 평가되어야 한다. 헤겔은 "자연적 원칙의 형식에 있어서 이데아의 속성을 갖는 민족에게는 세계정신의 자기발전적 자각을 실현할 의무가 위임된다. 바로 이 민족은 이 기간동안에 세계역사에서 지배적으로 되며, 민족의 시계가 종을 칠 수 있는 것은 이때 한 번뿐이다. 세계정신의 전개에서 다른 민족의 정신은 권리가 없으며, 그것들은 그 민족의 시계의 종을 쳐버린 그 민족의 정신과 함께 이미 세계사에서 더 이상 중요성을 갖지 않는다"고 하였다.

　'민족'이라는 개념은 정치사상사에서 가장 영향력이 있으면서도 가장 모호한 개념 가운데 하나이다. 헤겔은 "한 민족이 존재할 때 그 민족의 실질적 목표는 국가가 되고, 또 국가로서 보존되는 것이다. 국가를 구성하지 못한 민족은 야만상태에서 존재해온 민족과 같이 엄밀한 의미에서 역사를 갖고 있지 않다. 민족에게 일어나는 것들은 국가와의 관계에서 그 본질적 중요성을 갖는다"고 하였다. 헤겔은 국가에 종교의 감정과 유사한 감정을 주입시켰다. 그는 "국가는 지구상에 실존하는 신적인 관념이다. 그러므로 우리는 국가를 지상에 신적인 것이 나타난 것으로 숭배해야 한다. 국가는 세계를 무대로 한 신의 진군이다"라고 하였다. 헤겔은 이렇게 민족을 찬미함으로써 그가 부르짖은 '국가 절대주의(State absolutism)'에 대한 반신비적 지지를 하게 되었다.[98]

6. 헤겔의 영향

　역사의 발견, 유기체론, 그리고 국가의 본질에 대한 헤겔의 사상은 이후

---

98) 박채용, 앞의 책, 441－443쪽에서 발췌인용.

정치사상의 전개에 큰 영향을 미쳤다. 1831년 콜레라로 말미암아 헤겔이 갑자기 사망한 직후, 독일의 철학계는 루드비히 포이에르바하(Ludwig Feuerbach)가 이끄는 일단의 혁명적 사고를 가진 젊은 헤겔주의자들이 주도하게 되었다. 그리고 그들 가운데 한 사람이 칼 마르크스(Karl Marx, 1818-1883)였다.

마르크스는 특히 정치사상의 영역과 역사 해석의 영역에서 헤겔의 영향과 가장 강력하게 맞섰던 인물이었다. 그는 스승의 가르침에 결정적으로 반항했던-그 자신의 표현을 빌리자면 헤겔을 거꾸로 뒤집었던-제자였다. 이런 명제를 내세웠을 때 그가 의미한 것은 헤겔의 정신을 물질로 바꾸어 놓는 것이었다.

그러나 이후 마르크스와 마르크스주의자들은 물론 다른 사상적 흐름에도 영향을 받고 있지만, 명백히 기본적으로는 헤겔의 철학에 기초하고 있다고 할 수 있다. 마르크스의 정치사상은 여러 곳에서 폭넓게 해석되고 있지만, 헤겔의 마르크스와 엥겔스에 대한 전반적인 영향은 아무리 강조해도 지나치지 않는다. 역사의 변증법, 역사의 중요성, 권리와 선의 상대성, 집단이나 계급 정신의 언급 등 여러 개념 속에서 마르크스 철학의 헤겔적 기초는 산재해 있다고 할 수 있다.

제4장 현대

제1절 마르크스주의(Marxism)

1. 마르크스주의의 탄생

마르크스가 룩셈부르크 근처 남서부 독일의 트레베스(Treves)에서 1818년에 태어났을 때, 헤겔은 베를린 대학의 교수로서 자신의 생애 마지막 국면을 시작하고 있었다.[99] 독일 민족주의의 지적 기초는 만들어지고 있었고, 나폴레옹 이후 세계는 정치적 안정을 모색하고 있었다. 한편 영국에서는 산업주의가 더욱 발전해 있었고, 노동계급의 조건은 마르크스가 후에 잘 묘사하였듯이 자본의 소유자에게 더욱더 의존하게 되었다.

마르크스는 랍비 가문의 중류층에서 태어났다. 그러나 당시 독일에서는 크리스트교로의 개종이 확실한 사회적, 직업적 이점이었고, 그래서 칼이 여섯 살 되던 해, 그의 아버지와 어머니는 프로테스탄트가 되는, 당시 유럽 유대 사회의 폭넓은 관례를 따랐다.

마르크스의 부친은 법률가였고, 그의 아들이 그의 직업을 따라줄 것을 바랐다. 1835년 마르크스가 본(Bonn) 대학에 입학했을 때, 그는 마음속에 법률적 소명을 가졌던 것 같다. 그러나 본 대학에서 그는 다른 지적인 영향을 받게 되었고, 이미 그의 아버지의 바람에서 벗어나기 시작하였다. 게

---

99) 마르크스의 생애에 관한 책들은 많다. 예를 들면, Franz Mehring, *Karl Marx: The Story of His Life* (Ann Arbor: University of Michigan Press, 1962); Isaiah Berlin, *Karl Marx: His Life and Environment* (New York: Oxford University Press,1963) 등을 참고할 것.

다가 우연히 부르주아 상류층 자제와 사랑에 빠지면서 가족을 걱정시켰고, 학업에서 그를 빗나가게 만들었다.

1836년 마르크스가 베를린 대학으로 옮겼을 때, 헤겔은 바로 5년 전에 사망하였고, 그의 영향은 아직 압도적으로 남아 있었다. 마르크스는 법률학을 공부하였고, 헤겔 철학에 몰두하게 되었다. 그는 베를린 대학에서 젊은 헤겔주의자들의 논쟁에 가담하게 되었고, 그때 이미 헤겔적 지배에 대한 혁명의 첫 조짐이 분명해져 있었다. 그러나 그는 정식 학술적 연구에 집중하는 것이 어려움을 깨달았다. 외적 투쟁의 세계는 이미 그를 덮치기 시작했다. 그는 결혼하기로 마음먹었고, 생활비를 벌어야 할 필요성은 점점 더 절박해졌다. 헤겔 철학에 대한 루드비히 포이에르바하의 비판은 혁명에 대한 그의 경향을 재강화시켰다. 그러나 그는 1841년에 제나 대학에서 '데모크리티안과 에피큐리안 자연철학 사이의 차별성'이라는 논문으로 박사학위를 수여했다.

같은 해 그는 프러시아의 국가검열에 대한 공격을 감행했다. 당시 독일의 많은 젊은이들이 여기에 참여하여 해방, 자유 그리고 통일국가를 염원하고 있었다. 저널리스트로 들어선 그는 현상유지에 대한 반대 때문에 그 잡지가 폐간될 때까지 <라이니쉐 자이퉁(Rheinische Zeitung)>의 발행을 계속했다. 이 기간 동안 마르크스는 그에 대한 악의적인 해석과는 반대로 서구 문화의 위대한 휴머니스트적 전통에 친숙해 있었고, 심지어 신학적인 문제에까지 잠시 관심을 보이기도 했다는 사실을 강조해 둘 필요가 있다.

의심의 여지없이 이러한 강력한 휴머니스트적 관심은 그의 이른바 종교에 대한 반항에 있어 결정적인 요소가 되었다. 1843년에 나온 그의 '헤겔 철학의 권리에 대한 비판 소개'에서 우리는 그가 그렇게 자랑하고 싶어 했던 헤겔에 대한 역전의 과정이 시작되는 것을 발견할 수 있다. "인간이 종교를 만들어 냈다. 종교가 결코 인간을 만들어 낸 것이 아니다"라고 그는 주장했다. 억압받는 사람들이 삶 속에서 그들의 조건을 개선시킬 희망이 없을 때, 그들 자신을 표현하는 방식으로 종교는 다가온 것이었다. 그리고 그것은 그들을 순종케 하고 현상유지를 받아들이도록 달래기 위해 억압자들에 의해 사용되어 왔다. "종교는 인민의 아편인 것이다."

독일 내 상황에 대한 마르크스의 점증하는 거센 공격은 그를 더 이상 거기에서 환영받지 못하게 하였고, 1844년 조국으로부터의 첫 망명을 시작으로, 그것은 그의 남은 생애 내내 지속되었다. 같은 해 그는 파리에서 프리드리히 엥겔스를 만났고, 그들의 오랜 친교와 우정은 시작되었다. 엥겔스의 부친은 독일과 맨체스터 양쪽에 이해를 가진 부유한 산업가였다. 엥겔스 자신은 큰 사업과 행정적 통찰력과 더불어 광범한 지적 관심을 함께 가지고 있었다. 프랑스에서 두 사람은 <신성가족(The Holy Family)>을 출간했다. 그것은 부분적으로 유토피아적 사고에 대한 공격이었다. 그러나 그들의 정치적 선동은 프랑스에서 그들을 환영받지 못하게 만들었고, 그들은 이제 브뤼셀에 새로운 터전을 마련하였다. 그곳에서 1846년에 <독일 이데올로기(The German Ideology)>가 발간되었다.

한편 비엔나 체제 이후 세계는 깨지기 시작하고 있었다. 1830년에 이미 일련의 혁명은 프랑스에서 왕조를 바꾸었고, 많은 다른 나라들에 영향을 끼쳤다. 모든 곳의 지배자들은 중간 계급과 심지어 새로운 자기확신을 획득한 노동계급으로부터 불안함을 느끼고 있었다. 많은 사람들이 프랑스 혁명의 정신은 1815년 이후 반동 속에서 죽은 것으로 생각했지만, 일련의 사건들은 이제 그것이 아주 생생히 살아 있음을 보여주고 있었다. 그리하여 1848년의 혁명들이 서유럽 세계를 휩쓸었을 때, 그것들은 이전 세대의 발전의 결실을 나타내고 있었다. 프랑스에서는 부르봉 왕조가 아무런 어려움 없이 붕괴되었고, 그러한 혁명 정신은 독일, 이탈리아 그리고 심지어 교황권 국가들에서까지 나타나고 있었다. 브뤼셀에서 마르크스는 이러한 모든 사건들을 큰 관심을 가지고 지켜보았다. 그것들은 그에게 좀더 커다란 소요를 예고하는 것으로 보였기 때문이었다. 사회주의자 조직을 위한 원리의 선언을 초안해줄 것을 공산주의자 연맹으로부터 요청받았을 때, 마르크스와 엥겔스는 <공산당선언(Communist Manifesto)>을 만들어 냈다. 당시의 소요들은 헤겔이 발전시킨 것과 다르지 않은 구조를 사용한, 광범위하게 인식된 역사철학에 들어맞고 있었다. '공산당선언'은 보편적인 혁명 정신의 결실이었다. 그러나 그것은 또한 그러한 정신을 자극하고 북돋는데 큰 영향력을 갖고 있었다.

그러나 또다시 마르크스는 기존 질서의 대표자들과 충돌하고 있음을 알게 되었고, 망명 장소로서 영국으로 선택하였다. 거기서 그는 죽을 때까지 남아 있었다. 그리고 자본주의 산업사회에 대한 거대한 탐구가 수행된 곳은 바로 그곳이었다.

특히 1865년 이후 런던의 마르크스 집은 정치 토론의 중심지가 되었다. 유럽 전 지역에서 온 망명객들이 그를 방문하였고, 그는 점차 혁명이라는 현실의 정치에 관심을 갖게 되었다. 1864년에 그는 국제노동자연맹의 창설 속에서 나타난 정신적인 지도자들 가운데 한사람이었다. 국제노동자연맹은 수개국의 프롤레타리아 정당과 운동단체들로 구성되었다. 원래 매우 광범위한 기반을 가진 그것은 무정부주의자, 사회주의자 그리고 거기에 포함될 수 없는 다른 진보적인 인사들을 모두 포함하고 있었다. 이 연맹 내의 이러한 정치적 견해의 다양성은 커다란 분열을 가져오게 되었고, 특히 미하일 바쿠닌에 의해 지도된 무정부주의자들과 마르크스에 의해 지도된 사회주의자들 사이의 분열이 두드러졌다. 결국 마르크스와 바쿠닌 간 투쟁은 점차 첨예해져서 그 연맹은 해산하게 되었다.

그의 생애 마지막 부분에서, 마르크스는 그 시대의 여러 사건들이 '마지막 혁명'이 다가오는 것을 예고한다는 희망을 가졌던 것으로 보인다. 그래서 그는 프랑스-프러시아 간 전쟁의 말미에 있었던 코뮤나르드들(Communards)의 혁명을 모든 기존의 통치체계를 즉각 뒤엎을 수 있는 패턴을 나타내고 있는 것으로 보았다. 그는 자본주의가 멸망에 처한 것으로 확신하였기 때문에 그것의 죽음이 임박한 것으로 보았던 것이다.

1883년 마르크스가 죽은 뒤, 엥겔스가 그의 과업을 수행하였고, <자본론(Das Kapital)> 2권과 3권, 그리고 <사회주의: 유토피아와 과학(Socialism: Utopian and Scientific)>이라는 중요한 마르크스주의 저작을 발간하였다. 몇 가지 점에서 엥겔스는 마르크스의 견해와 다른 측면을 나타내고 있지만, 양자 간의 차이는 마르크스 자신의 저작 속에서 나타나는 분명한 모순과 모호성에 비추어볼 때 사소한 것이라고 할 수 있다.[100]

2. 마르크스주의의 철학적 기초

마르크스주의의 철학적 기초는 '변증법적 유물론(dialectical materialism)'이다. 변증법적 유물론은 교의와 방법으로 구성되어 있다. 변증법적 유물론에서 유물론적 요소는 자연과학의 유물론에서 유래하였고, 변증법적 요소는 헤겔 철학에서 유래하고 있다. 마르크스주의의 변증법적 유물론은 변증법적 방법을 정신 대신 물질에 적용한 것이다. 마르크스는 사회주의가 되면 변증법적 과정은 일단 정지된다고 하였다. 왜냐하면 사회주의에서는 인류사회의 변증법의 근원인 계급갈등이 없어지기 때문이다. 변증법적 유물론은 근본적이며 절대적인 무신론이다. 마르크스에게 신은 일찍이 존재한 일이 없기 때문에 죽은 것이다. 다만 그는 신의 영상이 어떻게 해서 태어날 수 있었으며, 왜 이러한 영상이 지배계급에 의해 인민의 아편처럼 보존되고 있는가를 설명할 뿐이다.

변증법적 유물론에서 마르크스는 헤겔로부터는 변증법을, 포이에르바하로부터는 유물론을 흡수하였는데, 헤겔 변증법의 핵심인 정신적 이념을 물

---

100) Sibley, *Political Ideas and Ideologies*, pp.460−462.

질로 대치시킨 것이다. 변증법이 유심론자인 헤겔로부터 유물론자인 마르크스에게 옮겨짐으로써 관념적 변증법이 변증법적 유물론으로 전환된 것이다. 변증법을 둘러싸고 헤겔과 마르크스는 서로 대립적인 입장에 놓이게 되었다. 마르크스는 헤겔로부터 변증법을 계승하였으나, 그 핵심으로서 정신적 이념 대신 물질로 바꾸어 놓았다. 마르크스는 변증법 안에 물질을 넣음으로써 이 물질이 모순에 의해 자체를 전개시켜 나가는 과정을 전 세계의 발전이라고 생각하였다.

유물론이라는 개념은 흔히 인식론, 존재론, 형이상학, 우주론, 심리학 등의 제 측면과 연결되어 있다. 이상의 주장들을 하나라도 부정하면 관념론자로 부르며, 유물론의 제 명제들은 물질 개념에 기초하고 있다. 공산주의자들은 변증법적 유물론을 통상 "자연, 인간사회 및 사고의 일반적인 운동, 즉 발전의 법칙들에 대한 과학"으로 이해하고 있다. 이러한 변증법적 유물론의 내용에 대해서 엥겔스는 3가지 법칙, 레닌은 16가지 법칙 등을 제시하고 있다. 다시 이를 종합하여 5가지 법칙을 들면, 상호관계의 법칙, 낙관적 진화의 법칙, 필연성의 법칙, 비약의 법칙, 그리고 모순의 법칙 등이다.[101)]

3. 인류 역사에 대한 견해

이상향은 제쳐두고, 마르크스와 엥겔스는 역사 과정의 분석에 모든 노력을 집중하고 있고, 이론적인 관점에서 자본주의 경제의 본질과 논리를 설명하는 데 그들의 노력을 집중하고 있다. 그것들을 함께 엮으면서, 이들 두 요소들은 세계의 미래에 대한 그들 예측의 기초를 구성하고 있다. 여기

---

101) 박채용, 앞의 책, 492쪽 참조

서 먼저 우리는 역사과정에 대한 그들의 분석에 관심을 집중할 것이고, 다음에 우리는 그들의 경제 사상에 대한 논의를 살펴볼 것이다.

역사 사상은 불가분하게 헤겔주의와 관련되어 있다. 이미 앞에서 살펴보았듯이, 헤겔은 역사를 진보적으로 발전하는 객체와 주체의 연합에 대한 인식 속에서 정형화된 현상으로 생각하고 있다. 이러한 방식에서 자유는 오로지 의미 있는 감각 속에서만 확장된다. 물질보다는 이념이 물질로부터 발산되는 궁극적인 실체이다.

우리가 살펴보았듯이, 헤겔 이론의 중심 전제는 개인이 궁극적으로 실체가 아니라는 것이다. 개별성은 집단, 특히 국가 내의 보편적인 움직임이라는 견지에서만 설명될 수 있기 때문이다. 일반적으로 이해된 개별성은 (예를 들면, 고전적 사회계약론자들처럼) 단순히 하위 수준의 실체적 지위만을 가지고 있다. 단지 이념으로서 국가, 보편성, 합리성만이 실질적으로 전개되는 첫 번째 질서의 지위로 생각될 수 있다.

이제 마르크스는, 우리가 살펴보았듯이, 일찍이 헤겔적 견해에 매료되기 시작하였다. 그것은 인류 발전에 대한 헤브류적 전통의 예언적 개념과 (물론 중요한 차별성과 더불어) 유사성을 갖는 것이었고, 표면상 칸트의 '주관주의'와는 대조적으로 윤리적, 정치적 지침을 제공하고 있었다. 그것은 역사에서 인간의 개별성에 대한 부차적인 성격으로 인식되었고, 갈등의 이론에 기초를 제공한 것으로 마르크스는 생각하였다.

그러나 헤겔이 칸트의 주관주의에 불만족했던 것처럼, 마르크스 역시 헤겔의 이상주의에 안주하지 않았다. 헤겔이 물질은 정신의 단순한 반영이라고 말하고자 했던 것과는 달리, 마르크스는 정신 자체가 물질의 한 반영이라고 주장하였다. 그것은 말하자면 물질적 재화의 생산과 분배라는 외적 세계의 반영인 것이다. 달리 말하면, 우리의 사상 패턴은 생산과 소비를 둘러싸고 성장해온 생존방식과 제도의 필요로 말미암아 형성된 것이다. 중요한 사실은 인간이 생각할 수 있기 전에 살아야만 한다는 것이고, 이것은 인류의 경험에서 역동적인 원리를 간직하고 있다. 삶을 유지하는 방식의 변화와 더불어, 인간의 모든 지적이고 정신적인 표현이 바뀐다. 결국 종교, 정치, 예술 그리고 다른 지적이고 정신적인 삶의 반영들은 물질적 재화의 생산양식이 변화함에 따라 그 윤곽 속에 포함되어 있는 것이다.[102]

마르크스가 말한바, '헤겔이 거꾸로 섰다'는 의미는 헤겔이 정신을 역동적인 요소로 간주한 반면, 마르크스는 물질의 변화 구조 속에서 역사가 만들어지는 기본적 재료를 보고 있는 것이다.[103]

4. 자본주의 사회에 대한 경제적 분석

마르크스의 자본주의에 대한 경제적 분석은 자본주의의 발전에 따른 역사적 과정에 대한 그의 견해와 밀접히 관련되어 있다. 역사의 이론은 자본주의 체계가 어떻게 그 자신의 파멸적 운명을 향해 움직이는가에 대한 설명을 요점으로 하는 일반적 정형화와 경제적 이론을 제시하고 있다.

마르크스는 아담 스미스와 데이비드 리카르도와 같은 영국의 경제학자들이 기초한 기반 위에서 그의 체계를 구성하고 있다. 영국 경제사상의 역사는, 토마스 맬더스의 저작물 등에서 나오는 것처럼, 희소한 자원에 대한 인구의 압력을 강조하고, 자유경제에서의 임금은 항상 최저수준에 가까워진다는 주장이었다. 게다가 영국의 경제학은 상품의 가치는 생산에 동원된 노동의 양에 따른다는 것을 요체로 하는 '노동가치 이론'을 발전시켜 오고 있었다.[104]

---

102) 이러한 언급은 여러 중요한 마르크스주의 저작물들 속에서 발전되고 있다. 이와 관련해서는 특히 <독일 이데올로기(The German Ideology)>를 참조할 것.

103) Sibley, op.cit., pp.464−465.

104) 이에 대해서는 Thomas Malthus, *Essay on the Principles of Population*

마르크스는 임금에 대한 최저수준 이론과 노동가치 이론을 자신의 전반적인 경제이론에 맞추고 있다. 그는 임금을 가치의 기초를 구성하는 '가변자본'으로 정의하고 있다. 건물과 기계들은 '불변자본'으로, 노동가치 이론에 따르면 단순히 '저장된' 혹은 '동결된' 것이다. 마르크스와 엥겔스에 따르면, 일반적으로 자본주의의 역사는 자본의 소유자들이 이윤율 하락을 막기 위해 가변자본에 비해 불변자본의 구성을 증대시키고, 그것이 자본주의 성숙 과정 속의 경향인 것이다.

이것이 어떻게 일어나고, 그 결과로 무엇이 기대되는지를 보다 상세히 살펴보도록 하자. 최초로 산업사회에서 노동자의 노동이 사용되어야 한다면, 자본가는 그가 거기에 필수적인 생산수단을 소유하고 있다는 점에서 노동자에 대한 엄청난 이점을 가지고 있는 것이다. 노동자들은 조직화되어 있지 않고, 그들의 자본가에 대한 협상력은 크지 않다. 그들은 사실상 자본가의 명령에 따라 일해야만 한다. 그들 자신의 노동은 상품이고, 자본 소유자는 몸과 마음을 함께 가까스로 유지하는 데 필수적인 임금을 대가로 그것을 산다. 그러나 자본가의 불변자본과 결합된, 생산을 가능케 하는 노동이라는 가변자본 상품은, 가치에 있어서 자본가가 노동의 물질적 삶을 유지하는 데 제공되어야 하는 상품들보다 훨씬 크다. 생존에 필수적인 상품을 제공하는 데 필요한 시간을 마르크스는 '필요노동시간'이라고 불렀다. 자본가에게 기여해야만 하는 시간과 그 자신의 생존에 필요한 필요노동시간 사이의 차이는 잉여노동시간으로 알려진다. 그리고 이 시간에 의해 이루어진 가치는 잉여가치라 불린다.

그러므로 만약 임금 계약이 16시간의 노동을 요구하고 노동자의 생존에 필요한 노동시간이 단지 9시간이라면, 7시간은 잉여노동시간 혹은 잉여가

(London, 1798); David Ricardo, *The Works of David Ricardo* (London: Cambridge University Press, 1951); Adam Smith, *The Wealth of Nations* (New York: Modern Library, 1937) 등을 참고할 것.

치를 구성하는 것이다. 이것은 자본가들의 것이 되고, 그것으로부터 이윤이 창출된다.

그런데 자본가는 두 종류의 압력을 받는다. 하나는 그의 경쟁자이고, 다른 하나는 조직과 입법 활동을 통해 자본가를 압박하는 노동자들이다. 두 형태의 압력은 자본가들이 그 자신의 파산을 막기 위해 비용을 삭감하도록 하는 경향을 나타낸다. 그가 이러한 압력에 대응하는 중요한 방법들 가운데 하나는 가변자본(노동)에 대한 불변자본(기계)의 비율을 증대시키는 것이다. 이러한 방법을 통해 그는 다른 자본가들의 경쟁에 대응하고, 또한 조직화되는 노동자들의 세력에 대응하려고 한다.

마르크스가 말하고자 하는 바는, 자본가가 이윤을 최대화하기 위해 가변자본에 대한 불변자본의 비율을 증대시킴에 따라, 더욱 강도 높게 노동을 착취하지만, 그의 이윤은 증대하지 않는다는 것이다. 그 대신 장기적으로 볼 때 자본가들은 몰락하게 될 것이다. 그러므로 더욱 급격히 감소하는 이윤율을 막으려면 자본가는 더욱 강도 높게 착취해야만 한다. 이윤율이 제로가 되는 것을 두려워하면서, 그는 미친 듯이 효율성을 추구하고 더욱 많은 새로운 기계를 쓰려고 하지만, 증대되는 착취율은 이윤율이라는 견지에서 끊임없는 하락을 초래할 뿐이다.

그러므로 가변자본에 대한 불변자본 대체의 그 과정은 자본주의 체계의 기반을 잠식하는 것으로 나타난다. 그러나 자본가는 희망이 없다. 그는 이러한 방식으로 행동해야만 한다. 그렇지 않으면 일찌감치 사업을 포기하든가 해야 한다. 그의 이러한 행동들은 전반적인 붕괴의 날을 늦추는 데는 도움을 줄 수 있지만, 그것을 영원히 바꿀 수는 없는 것이다.

한편 기계 자체는 더욱 복잡해지고, 따라서 비싸진다. 산업주의 초기에 비해, 단일한 자본가들은 이제 더 이상 기계를 살 수 있을 만큼 저축을 하기에는 역부족이다. 더구나 더욱 강력한 자본가들이 취약한 것들을 사들이기 시작하고, 생산의 단위를 늘리기 시작한다. 불변자본의 구매 자원은 주식과 같은 방안을 통해서 많은 사람들로부터 거두어들여야만 한다. 산업체의 단위가 흡수합병을 통해서 커지고, 복잡한 기계의 필요성이 모든 자본가들에게 압박으로 다가오면서, 초기 경쟁적 자본주의는 준독점적(semimonopolistic) 자본주의로의 길을 열어놓는다.

동시에 착취율이 증대함에 따라, 자본주의는 일련의 위기를 경험하기 시작한다. 증대되는 불변자본 비율에 의해 생산된 상품들이 시장을 찾을 수 없기 때문에 이러한 현상이 발생한다. 실제로 노동자들의 최저임금은 초기 자본주의에서와는 사뭇 다른 것이 되는데, 그것은 최저생계의 문화적 수준이 발전하기 때문이다. 그러나 생산의 잠재력은 소비의 가능성, 자본주의 체계의 주어진 구조, 이윤 추구의 절박성, 그리고 착취율 증대를 향해 몇 발자국 앞으로 나아가게 된다. 사용되지 않는 자본 장비는 광범위한 실업, 저하되는 구매력과 마주치게 된다.

그러나 고도로 발전된 자본주의 국가의 소비자들은 그들이 생산한 상품을 구매하는 데 점점 어려워지지만, 세계의 다른 부분에서 광대한 미개발 지역은 자본주의 착취를 위해 남게 된다. 준독점 상태의 기계 소유자들은 이제 해외로 그들 생산품의 시장을 찾게 되고, 어느 정도 이것은 붕괴의 날을 늦추게 된다. 공산품은 싼 원료와 교환되고, 무역은 언제나 고도로 발전된 산업자본주의 국가에 유리하게 된다. 나중에는 자본 상품 자체가 아직 공장 체계가 잡히지 않은 지역의 산업자본주의 잠재력을 건설하기 위해 수출된다. 그러나 자본상품의 수출 역시 붕괴의 그 날을 늦출 뿐이다. 수출된 기계는 결국 고도로 발전되고 더욱 오래된 산업국가들과 경쟁하는 상품을 생산할 것이기 때문이다.

소자본가와 상점주인들이 몰락함에 따라, 그들은 프롤레타리아가 된다. 즉 그들은 임금 노동자가 된다는 것이고, 거기서 그들은 프롤레타리아의 특징적인 세계관을 갖는 경향을 보인다. 그리하여 프롤레타리아 계급은 수적으로 크게 증대하고, 기계의 실질적 소유자와 지배자들은 점점 소수가 된다. 착취의 강도가 증대하는 이런 모든 움직임과 함께, 실업과 불황으로부터 발생하는 위기로 말미암아 위험이 증대한다. 프롤레타리아는 더욱더 절대적, 상대적으로 비참해진다. 계급의식이 첨예화되고 수적 우세를 통해 정치권력을 증대시키고 있는 그들은 자본주의 체계가 더 이상 작동할 수 없음을 알게 된다. 정기적인 위기, 광대한 불사용 자원, 그리고 그것이 필요한 사람들에게 상품을 분배하는 데 대한 무능력과 함께, 자본주의 붕괴의 날은 임박하고, 그것은 공산주의의 마지막 단계에 앞서는 사회주의로 길을 열어주어야만 한다.

마르크스주의자들—특히 레닌 같은 사람들—이 자본주의 국가들이 붕괴를 피하기 위해 서로 경쟁하면서 제국주의와 전쟁으로 결과된다고 주장하는 그것이 자본주의 발전의 바로 이 단계이다. 기본적으로 국내 소요의 기본을 구성하는 것과 마찬가지로, 국제적 소요의 뿌리는 이윤율을 유지하기 위해 착취의 속도를 가속화하는 데 따른 것이다. 20세기의 몇몇 마르크스주의자들은 다양한 종류의 파시스트와 국가사회주의자 운동의 발흥을 이러한 성숙된 자본주의와 관련시켜 오고 있다.[105]

5. 마르크스주의의 정치 전략

마르크스주의자들의 정치적 전략은 계급투쟁론, 폭력혁명론 그리고 프롤레타리아 독재론 등으로 요약할 수 있다. 마르크스는 <공산당선언> 첫머리에서 "지금까지 모든 사회의 역사는 계급투쟁의 역사"라고 밝히고 있다. 마르크스에 의하면, 세계를 움직이는 원동력은 유물사관에 입각한 계

---

105) 20세기 초 이탈리아의 파시즘은 마르크스주의 분석가들에 의해 산업자본가들에 의한 일종의 '최후의 보루'로서 설명되고 있었다. 이상 Sibley, op.cit., pp.470−472 참조

급 간의 충돌 또는 계급투쟁이라는 것이다. 계급은 양분화되어 있는데, 생산을 하지 않으면서 생산수단을 소유한 소수자 계급과, 생산수단을 소유하지 못한 채 생산에만 종사하는 다수자 계급이 그것이다. 이러한 노동의 분화는 단순한 분화가 아니라 적대적 분화인 것이다. 그러므로 계급적으로 분화된 사회는 모순 대립적 사회로서 계급투쟁이 불가피한 것이다.

그러면 계급투쟁의 주요 요인은 무엇인가. 그것은 생산자로서의 인간이 노동 분화에 근거해 있는 사회 안에서 자신의 생활조건에 대한 반항심으로 '인간의 자기소외'에 대한 것이다. 마르크스에 의하면, 현재 프롤레타리아 인간은 자본가와 노동자 간의 노동 분화로 새로운 생산력을 자유로이 발전시킬 수 없는 것에 대하여 반항하게 된다. 이러한 생산자로서의 인간의 반항심이 부단한 역사의 추진력이고, 이것이 주기적으로 강도의 극에 이르러 혁명적 대변혁으로 폭발했다가, 그 결과 사회적 변환과 더불어 한동안 침잠되곤 한다는 논리이다.

이러한 계급투쟁에서 기인하는 것이 폭력혁명론이다. 자본주의 사회 전체는 부르주아와 프롤레타리아 2대 계급으로 구별되며, 수적으로 우세한 프롤레타리아 계급은 폭력혁명을 통하여 사회주의 사회를 건설한다. 프롤레타리아 계급은 수적으로 우세함에도 불구하고 경찰, 감옥, 법정 등 자본가 계급이 장악하고 있는 국가적 강제력의 수단을 갖고 있지 않기 때문에 폭력혁명을 전개해야 한다. 국가는 부르주아 계급의 집행위원회에 불과하다. 국가는 이들 계급의 필요에 의해 탄생한 계급적 산물이며, 군대, 경찰, 감옥 등 강제력을 행사하여 지배계급의 이익을 옹호하는 통치기구이다.

그런데 자본주의 사회에서 사회주의 사회로의 이행기에 기존 지배세력들의 반발을 제압하기 위하여 혁명 후 막강한 국가권력을 독점하는 독재가 필요하며, 이를 프롤레타리아 독재라고 한다. 이러한 프롤레타리아 독재는 자본주의를 타도하고 계급 없는 공산주의 사회로 도달하기 위한 준비기에 수립되는 잠정적이지만 불가피한 정치형태이다.[106)

6. 마르크스주의의 추종자들

우리는 처음부터 마르크스와 엥겔스의 체계가 다양한 목적을 위해 사용되어 왔고, 그 분파들이 그것이 추구하는 목적에 따라 차별성을 갖고 있다는 사실에 직면하고 있다. 몇몇 사상가들은 그 체계의 어떤 면을 강조하고 다른 것을 부정하면서 마르크스주의라고 할 수 있는 어떤 맥락을 재조정하고 있다. 또 다른 사람들은 마르크스의 사상을 정치권력을 목적으로 하는 일련의 슬로건으로 돌리고 있다. 그렇기 때문에 사상적 체계라기보다는 정치적 무기가 되는 일종의 통속적인 마르크스주의도 존재하는 것이다. 몇몇 사람들은 마르크스의 체계를 무비판적으로 받아들이고, 또 다른 사람들은 비판적으로 그것을 받아들인다.

마르크스주의 학파들의 다양한 분화를 넘어서, 우리는 또한 전반적인 사회과학에 대한 마르크스 사상의 영향도 언급해야만 할 것이다. 헤겔주의처럼 마르크스주의는 오늘날까지 많은 사회과학자들이 정치적이고 사회적인 문제들을 분석하는 방법에 깊은 영향을 끼쳐오고 있다.

이 점을 염두에 두고, 우리는 마르크스주의를 크게 두 개의 분야로 나누어 살펴보아야 할 것이다. 첫 번째는 정치적 영역에서의 투쟁과는 직접적으로 관련되어 있지 않은 비판적이고 학술적인 마르크스주의라고 부를 수 있는 몇몇 경향들이다. 두 번째 부분은 현실정치의 영역에서 권력을 위한 투쟁과 다소간 직접적으로 관련된 마르크스주의 사상의 추종자들을 살펴보아야 할 것이다. 그렇지만 몇몇 이름은 양쪽 모두에서 나타나기 때문에, 두 분야는 서로 배타적이지가 않다는 사실도 강조되어야만 한다.

직접적으로 마르크스의 사후에 독일의 마르크스주의 추종자들은 크게 두 개의 집단으로 분열되어 나타났다. 카우츠키(Karl Kautsky)에 의해 대표되

---

106) 김재영 외, 『새로운 정치학의 이해』(서울: 삼우사, 2000), 114−115쪽 참조

는 '정통파'와 베른슈타인(Edward Bernstein, 1850-1932)에 의해 대표되는 '수정주의파'의 두 집단이 그것이다. 그리고 유럽 정통파 마르크스주의의 기타 주요한 지도자들로는 프랑스의 구이스드(Jules Guesde), 영국의 힌드맨(H. M. Hyndman), 미국의 레온(Daniel De Leon) 등을 들 수 있다. 이들은 전반적으로 마르크스의 노동가치설을 포기하거나 개선하려는 경향이 있었던 반면, 유물론과 경제적 결정론 및 계급투쟁론 등은 그대로 고수하고 있었다. 카우츠키 또한 프롤레타리아의 빈곤과 참상이 날로 증대될 것이라는 마르크스의 예언을 사실로 증명하려고 하였다. 즉 부르주아 계급의 부와 권력은 증대되어 가는데 비해 프롤레타리아는 더욱더 빈곤해지고 불안감을 느끼게 된다는 사실을 설명하려고 노력한 것이다. 이 정통파 마르크스주의자들은 계급투쟁의 기본적 본질에 대한 확고한 신념을 갖고, 진정한 혁명이 없이는 이 사회의 근본적인 변화가 없다고 주장한다.

따라서 그들은 점진적인 개혁, 특히 부르주아 정당이 제기하는 점진적인 개혁의 가능성과 그 중요성을 경시하는 경향을 가지고 있었다. 그들은 이러한 점진적인 개혁의 승인이 계급투쟁의 기세를 꺾어버리고, 국민들 간에 착취자에 대한 감사의 정을 일으키거나 본질적인 혁명적 활동에 대한 관심을 감소시킬 것을 두려워한 것이다. 대중들에게 개혁방식으로서 어떠한 개선을 바랄 수 있도록 고취한다는 것은 위험한 현상을 야기한다고 그들은 주장한다. 마찬가지로, 정부에의 참여나 부르주아 정당과의 협조문제에 있어서도 그들은 초연한 태도를 취하거나 부르주아 정치에는 관심이 없고, 또한 부르주아 정부 내에서 그들의 책임은 하나도 없다는 것을 표명하려는 경향이 있었다. 그들은 진보적인 부르주아 정당과의 어떠한 협조도 계급투쟁의 포기라고 말한다.

이러한 태도는 민족주의와 전쟁에 대한 그들의 이론적 입장에서도 나타난다. 그들은 전쟁의 원인인 '정의(Justice)'의 논쟁에 관계없이 모든 국제전쟁에 개입하는 국가를 이론적으로 지지하지 않았다. 왜냐하면 현대의 모든 국제전쟁은 제국주의적 투쟁의 결과이며, 오직 자본주의자들에게만 이익이 돌아오기 때문이라는 것이다. 그런 반면, 프롤레타리아 계급에게는 '조국'이 없다는 것이다. 그러나 뒤에 살펴보겠지만, 이 점과 관련하여 마르크스주의자들을 포함한 대부분의 사회주의자들은 일관된 입장을 취하지 못하였다. 그들은 국제전쟁에서 대부분 각각 자신들의 조국 정부를 지지하고 나섰던 것이다.[107]

---

107) 더욱 상세한 마르크스주의의 세계사적 전개와 관련하여, 레닌 등 러시아에서의 마르크스주의의 발전은 본인의 졸저 『러시아정치사상사』(서울: 문예림, 2000)를 참고하고, 毛澤東 등 동양에서의 마르크스주의의 전개는 이 책 후반부 '동양 편'을 참조할 것.

제2절 사회주의(Socialism)

1. 사회주의 사상과 이데올로기의 발전

사회주의 사상의 역사는 매우 길다. 막스 비어(Max Beer)와 같은 인물은 19세기와 20세기 사회주의의 선조로서 플라톤을 생각하고 있다. 그리고 칼 카우츠키(Karl Kautsky)는 성 토마스 모어(St. Thomas More)의 사상 속에서 일종의 사회주의를 보고 있다. 또 다른 사람들은 중세 초기 일단의 크리스트교도들 가운데서, 그리고 페루 잉카와 같은 고대 제국 속에서도 사회주의적 경향이 있었다고 보고 있기도 하다.[108]

그러나 근대 사회주의 사상의 보다 직접적인 기원은 17세기 영국의 사상과 18세기의 복음주의 운동, 그리고 프랑스 혁명을 전후해 나타난 일련의 흐름 속에서 발견할 수 있다. 여기서는 정통 마르크스주의와는 본질적인 차별성을 갖는 다양한 사회주의의 흐름을 살펴보려고 한다.

17세기 영국의 철학과 정치사상은 후에 사회주의를 기초하는 몇 가지 요소들을 포함하고 있었다. 19세기 공리주의(utilitarianism) 속에 스며든 쾌락주의(hedonism) 철학은 정치의 기준으로서 인간적 만족을 강조하는 경향을 가졌다. <리바이어던>을 쓴 홉스는 그 거대한 인공적 괴물이 전체 사회질서와 길들인 자연적 인간을 개조할 수 있는 것으로 생각하였다. 로

---

108) 수많은 사회주의 유토피아의 '실천적' 모델들에 관해서는 Arthur E. Morgan, *Nowhere Was Somewhere* (Chapel Hill: University of North Carolina Press, 1946)를 참고할 것.

크의 재산에 대한 노동가치설은 이후 사회주의자들에 의해 모든 사람이 토지와 자연자원에 접근했던 시대로부터 근대 사회가 얼마나 벗어나 있는가를 밝혀내는 데 적용될 수 있었다. 더 나아가 로크의 혁명에 대한 정당화는 자유주의자들과 마찬가지로 사회주의자들에게도 큰 도움이 될 수 있는 독트린을 기초하였다. 마지막으로, 17세기의 다양한 복음주의 경향들은 의심의 여지없이 산업혁명 당시 영국의 사회주의 독트린이 세운 중요한 전통의 기초를 유지하였다.[109]

루소 자신은 산업시대 전에 살고 있었지만, 사회주의 원리에 대한 서구 문화의 수용성을 확립하는 데 도움을 줌에 있어 일정한 역할을 담당했다고 말할 수 있다. 역설적이게도 그는 유기적 공동체 사상을 부활시키는 데 도움을 주었고, 공공적 이익과 개인적 이익이 화해될 수 있다는 그의 주장은 이후 많은 사회주의적 논의를 예견하는 것이었다. 루소 영향의 프랑스 혁명은 기본적으로 본질에 있어서는 부르주아적인 것이었지만, 거기에는 그러한 한계에 만족하지 않은 채 남아 있었던 급진적인 경향을 내포하고 있었다.

우리는 흔히 근대 사회주의 사상은 나폴레옹 전쟁을 전후해 시작된 것으로 말하는데, 그때는 산업주의의 확대와 전쟁에 의한 혼란과 더불어, 많은 사람들이 그들이 생각하기에 노동계급에 가해진 부정의한 것에 관심을 기울이기 시작하였다. 다른 사람들은 폭동으로 분출하는 광범위한 불만을 생각하면서, 혁명이 영국을 파멸로 몰고 갈 것이라는 두려움을 경험하고 있었다.

그러한 시대적 맥락 속에는 이러한 두려움의 많은 부분에 훌륭한 기초를 제공하는 것이 있었다. 실업은 계속 증대하고 있었고, 구태의연한 의회

---

109) 영국 사회주의의 철학적 기초에 관하여는 Adam Ulam, *The Philosophical Foundations of English Socialism* (Cambridge Mass.: Harvard University Press, 1951)을 참고할 것.

는 전혀 다른 것처럼 보였으며, 실업자들의 평화적인 시위는 정부 군대에 의해 공격을 받고 있었다. 18세기의 모든 정치적인 논의는 이 시대의 모순에 전혀 부적절한 것처럼 보였다.

이러한 시대적 배경 속에서 근대 최초의 사회주의적 논의는 부유한 산업가였던 로버트 오웬(Robert Owen, 1771-1858)으로부터 나왔다. 그는 산업주의의 기업 집단과 직접적으로 친숙해 있었고, 또한 기계를 움직이고 토지로부터 단절된 수천 노동자들이 당면한 어려움을 알고 있었다. 1813년에 오웬은 <사회에 대한 새로운 견해(New View of Society)>라는 저술을 통해 이에 대한 진단을 시도하고 그 처방을 모색하였다. 다음해 그는 <사회의 합리적 체계에 대한 강좌(Lectures on the Rational System of Society)> 속에서 그 주제를 계속 발전시켜 나갔다. 이후 그는 사회주의적 사회개혁가로 알려지게 되었다.

한편 프랑스에서는 공상적 사회주의 실험을 위한 다양한 이론들이 나타나기 시작했다. 1793년 혁명 의회하에서 재산을 잃은 의류상의 아들이면서, 당시에 수도승이면서도 다양한 직업을 가졌던 프랑소아 마리에 푸리에(Francois Marie Fourier, 1772-1837)가 사회주의 세계의 본질에 대한 일련의 뛰어난 연구를 시작하고 있었다. 순환과 진동을 포함한 매우 정교한 우주론적 견해를 내포한 푸리에의 사회적이고 정치적인 분석은 인간 본질에 대한 많은 예리한 관찰을 가지고 있었다. 그는 주장하기를, 기존의 문명과 사회는 사람들 상호간의 증오로 특징지어지고, 사회개혁가의 문제는 어떻게 이러한 홉스적 상황을 극복해 내느냐에 있다고 하였다. 에티네 카베(Etienne Cabet)도 비슷한 견해를 나타내었다.

생시몽(Saint-Simon, 1760-1825)의 저작에 의해 형성된 사회정치사상 생시몽주의(Saint-Simonism) 또한 사회주의 경향 속에 있었다. 인간의 단결성을 강조하면서, 그것은 인간의 협동이 충분히 발현될 수 있도록 공동체를 재구성하고자 하였다. 프루동(Pierre-Joseph Proudhon, 1809-

1865) 또한 보통 무정부주의자로 분류되기는 하지만, 그에게서 사회주의 사상에 가까운 이념을 발견할 수 있다.

이러한 사회주의 사상의 모든 흐름들은 어느 정도 19세기 중엽동안은 서로서로를 지지하고 있었다. 그래서 마르크스주의가 열정적으로 '공상적 사회주의'라고 그들을 비판하였지만, 그것 또한 적잖이 그것에 영향을 받았던 것이다. 그리고 다른 여러 사회주의 사상에 대한 마르크스주의의 도전은 똑같이 아주 분명한 것이었다.

또한 대부분의 19세기 사회주의 사상은 진화론적 견해라는 맥락 속에서 발전되었다는 것을 지적하지 않을 수 없다. 마르크스주의 자체도 우리가 살펴보았듯이, 사회주의의 불가피한 도래와 그다음 공산주의라는 역사적인 단계를 바라보고 있었다. 그리고 자유주의자들과 마찬가지로, 많은 다른 사회주의자들은 사회주의 이데올로기의 목적에 다아윈주의(Darwinism)의 사회적 해석을 적용하는 데 주저할 수 없었다. 스펜서(Spencer)가 인간사 행동의 보편적인 방식으로서 등장하는 '계약'을 바라보았던 것처럼, 그들도 사회적 진화의 불가피한 법칙을 통해 계약이 대체되는 날을 예견하고 있었다. 말하자면 국가의 지배는 쇠퇴하고, 그것은 그 강제적 측면이 사라지면서, 협동을 위한 기구가 될 것이라는 것이다.

한편, 근대 들어 가장 강력한 비마르크스주의적(Non-Marxian) 사회주의 운동의 기초가 영국에서 세워졌다. 이론적으로, 그것은 17세기의 사상과 밀(John Stuart Mill)의 공리주의에 적잖이 영향을 받았다. 밀은 생애 말기에 사회주의에 더욱 접근하였기 때문에, 적어도 영국 사회주의의 일부분은 그로부터 직접적으로 영향을 받았다고 생각할 수 있다. 동시에 그것은 문화적으로 비국교도(Non-Conformist)와 특히 복음주의적 종교전통에 의해 크게 영향을 받았다. 마르크스 자신은 오랫동안 영국에서 살고 저술 활동을 벌였지만, 영국 사회주의의 주요 흐름에 대한 그의 영향은 매우 미미한 것이었다.

영국 사회주의 운동의 시초는 무역조합주의의 발전, 페이비언 사회주의 (Fabian Society)의 발흥,[110] 그리고 정치적 행동의 수단으로서 자유당에 대한 점진적인 실망으로 추적해 들어갈 수 있다.

비마르크스주의적 사회주의는 영국 이외 다른 지역에서도 발전해 왔다. 예를 들면, 노르웨이에서 노동당은 원래 마르크스주의 경향을 가지고 있었다. 그러나 1940년대부터 마르크스주의 경향의 많은 부분이 사그라졌다. 유럽 대륙에서의 사회주의 운동은 아직도 마르크스주의적 경향을 가지고 있지만, 1930년대부터 개혁적 마르크스주의 운동은 점점 더 영국의 점진적 사회주의와 구별할 수 없게 되었다. 미국에서는 1920년대까지 미국 사회주의 정당에 강력한 마르크스주의적인 요소가 있었지만, 1차 세계대전 이후부터는 비마르크스주의적인 추세가 증대하고, 정통 마르크스주의적인 색채는 사라지게 되었다.[111]

2. 사회적 소유와 지배

사회주의자들은 일반적으로 근대 자본주의 체제에 비판적이면서, 동시에 자본주의 문화에 내재하는 모든 경향의 반전을 모색한다. 구체적으로 그들은 목적으로서 돈에 대한 추구, 기업가 집단과 관계된 불안정, 경제와 사회적 불평등, 자유에 대한 자본가의 억압, 그리고 자본주의와 밀접히 관련된 자원의 낭비 등과 같은 현상으로부터 인간을 해방시킬 수 있는 제도들을 건설하려고 한다. 그러나 마르크스주의자들과는 달리, 그들은 경제적 결정론에 기초하고 있지 않기 때문에, 경제체제의 급격한 변화가 자동적으

---

110) 페이비언 사회주의의 초기 발전에 관하여는 Edward R. Pease, *The History of Fabian Society* (London: Burns and MacEachern, 1963)를 참고할 것.
111) Sibley, *Political Ideas and Ideologies*, pp.513−518에서 발췌인용.

로 자본주의의 사회·정치적 악을 일소할 것으로 믿지는 않는다. 그러나 그들은 근본적인 경제적 변화가 이러한 목표를 달성하는 데 크게 도움이 될 수 있을 것으로 믿는다.

기본적으로 사회주의자들은 일단 문화가 어떤 거대한 산업주의로 향하게 되면, 그것은 생산수단에 대한 집단적인 소유와 지배를 선택하게 된다고 주장한다. 그래서 근대 산업자본주의라는 비교적 짧은 기간동안 생산수단의 사적 소유는 협동적 소유와 지배로 길을 내주게 된다. 자본 장비의 개인적 소유는 점차 복잡한 기계의 발전에 따르지 못하게 되고, 그것에 대한 구매는 개인 자원의 합동을 절박하게 만든다. 그러나 그것은 전체로서 공동체에 귀속되는 실체로 간주할 수 없기 때문에, 집단적 협동은 아직 사적인 차원에 머물고 있다. 그 행태는 분명히 수많은 사람들에게 영향을 미치지만, 그것은 법률과 이론에서 사적인 목적을 가진 사적 인간인 것으로 간주된다. 그러므로 그것은 토지나 통제가격을 소유하고 처분할 수 있으며, 자원의 통제를 통해 개인을 강제할 수 있다. 자본주의 옹호론은 그것이 우체국이나 공원이라는 전통적인 공공 제도와는 다른 범주에 있다고 주장한다. 그러나 그것은 점점 더 많은 제도들이 공적인 것으로 인식되는 인간적 운명을 형성하는 사적 정부의 수단이 될 것이다.

공적이고 사회적인 소유의 기초는 거대한 산업적이고 상업적인 실체들이 이미 수많은 사람들에게 영향을 미치는 기능을 구성하고 있다는 사실이다. 그리고 사회주의자들은 이것이 공적인 제도의 지위에 대한 협동에 동화됨으로써 공식적으로 인식되어야만 한다고 주장한다. 그것은 민주적 의회에 책임이 있는 것이고, 사적인 이익을 추구하는 것이 아니라 공동체에 서비스를 제공하기 위해 존재하는 것이다.

더구나 완전한 공공적 성격은 산업주의의 복잡하게 분화된 노동이 사회적 선을 위해 조정되는 데 필수적인 계획을 촉진하게 된다. 사적 이익과 공적 이익 사이의 갈등은 사적 이익이 폐기되는 체계 속에서 최소화될 수 있다.

산업 공동체의 생산과 분배 수단에 대한 공적이고 사회적인 소유에 따라, 토지와 자연자원에 대한 소유와 통제의 형태도 유사하게 진행된다. 여기서 사회주의자들의 주장은 토지는 매우 한정되어 있기 때문에 자본주의 사회에서 광범위하게 이루어지는 투기와 사적인 거래의 대상이 되어서는 안 된다는 것이다. 기본적인 권리는 공공 법률에 의해 규정된 조건에 따라 일정 기간동안 토지를 차용하는 것으로 공동체에 귀속된다.

그러나 모든 사회주의자들이 공적이고 사회적인 소유의 일반 원칙에는 동의하면서도 그 정확한 형태에 있어서는 확연히 다르다. 초기 발전에 있어서 사회주의자들에게 '공적인 것'이란 흔히 국가 혹은 정부를 의미했다. 그러나 제1차 세계대전 경 길드사회주의(Guild Socialism)로 알려진 형태는 국가에 대한 이러한 강조를 신랄하게 공격하고, 대안적 수단으로서 생산자 조합을 제안하였다. 조합은 협동 위원회에 의해 매우 느슨하게 모이는 것이다. 그러나 국가는 폐지되어야 하는 것으로 상정되었다. 그런 점에서 길드 사회주의는 분명히 무정부주의와 반국가주의의 어떤 형태와 공통점을 많이 가지고 있었다. 1930-40년대 미국과 영국의 사회주의 이론은 사회주의적 소유와 통제가 가능한 다양한 형태를 가리키기 위해서 사회라는 용어를 사용하였다. 그리하여 많은 사람들이 생산자 조합, 소비자 조합, 지방정부 그리고 중앙정부의 결합을 제안하였다.

1920년대 이후 순수한 정부 소유와 지배에 대한 점증하는 불신이 여러 요소들에 의해서 발생되었다. 하나는 1917년과 1933년 사이에 정치사상사에 영향을 끼친 다원주의로 알려진 보편적인 운동이었다. 그것은 주권의 독점적 소유를 공격하였고, 결사는 국가로부터 유래된 것이 아니라고 주장했으며, 일반적으로 인간 개성은 자발적인 결사가 장려되고 직접적인 국가 지배가 주변적인 사회 속에서 가장 자유롭게 발전할 수 있다고 주장하였다. 또 다른 원인은 의심의 여지없이 국가에 대한 의존이 파시스트 국가의 어떤 성격에 자리잡은 국가사회주의 형태로 이끌릴 것이라는 점증하는 두려움이었다. 마지막으로 관료제와 과두제에 대한 학술적인 연구들[112]은 사회주의가 민주적이기 위해서는 가능한 많은 권위를 비국가 혹은 지방정부 그룹에 양도해야만 한다고 주장하였다. 이것은 자신의 목적을 위해 산업을 지배하고 통제하는 중앙집권화된 국가의 관료주의 경향을 제한하고 있고, 또한 확장되고 집권화된 행정부와 관련된 연구의 사고와 행동의 경직성을 삭감시키고 있다.

그러나 정부 통제의 모든 논의를 통해, 사회주의 사회에서조차 공적인 이해와 사적인 이해가 완전히 조화될 수는 없을 것이라는 주장에 점차 무게가 실려 오고 있다. 공공적 혹은 사회적 소유와 지배가 생산자와 소비자의 인식 간 차이가 계속되지 않을 것이라는 것을 의미하지는 않는다. 또한 그것이 공적 책임의 이상과 사업, 그리고 직업적 자율성 사이의 심각한 긴장이 있지 않을 것을 의미하지도 않는다. 문제는 중요한 이해가 공개적으로 투영되고, 갈등의 평화적 해결을 위한 적절한 기제가 있다는 것을 확신시키는 일이다.

비마르크스주의적 사회주의가 마르크스주의자들에 의해 그려진 공산주의의 그림과 크게 다른 것은 바로 이 점에 있다. 후자에 있어, 특수한 이해와 보편적 이해 사이의 차이는 분명히 배제되어 있다. 혹은 적어도 어떤 개인적인 의지는 가정된 보편적인 이해에 반하는 방식으로 행동하지 않는 만큼 그것들은 삭감된다는 것이다. 그러나 비마르크스주의적 사회주의의 대부분은 그러한 사회의 달성을 상정하지 않는다. 특수와 보편 사이의 긴장은 인간사로부터 분리될 수 없는 것으로 간주된다. 우리가 민주주의자들이라면, 그 자신 목적으로 간주되는 인간 존재는 사회 유기체 내 일종의 세포로 간주되는 인간인 것이다.[113]

---

112) 대표적으로 로베르토 미헬스(Roberto Michels)와 가에타노 모스카(Gaetano Mosca)와 같은 사람들의 연구들을 들 수 있다.

3. 사회주의의 국제적 문제

근대의 사회주의는 국민국가(nation-state)라는 맥락 속에서 발전하였고, 이론과 실제 양 측면에서 가장 예민한 문제는 국민국가에 대한 태도의 결정이었다. 추상적으로 마르크스주의자들과 사회주의자들은 국민국가를 부정하는 국제주의자들이다. 그러나 국민국가에 대한 이러한 공통의 불신 내에는 광범위한 여러 갈래가 있다.

국민국가에 대한 사회주의자들의 비판은 근대 전쟁의 원인으로서의 그 역할과 산업주의 문화 내 정치적 단위로서의 부적절성에 집중되어 왔다. 1차 세계대전 이전 카이어 하아디(Keir Hardie)와 같은 사람들은 특히 전자를 강조하였다. 하아디는 전쟁을 일으키는 국가에 대한 총파업을 주장하였다. 사실상 1914년 이전에 그러한 행동에 대한 광범위한 사회주의자들의 정서가 있었다. 미국에서는 유진 뎁스(Eugene V. Debs) 지도하의 사회주의 정당이 미국의 전쟁 참가에 반대하였고, 미국이 전쟁에 참가한 뒤에도 공식적으로 반대를 계속하였다. 뎁스는 그의 공공연한 발언으로 감옥행 언도를 받았고, 많은 다른 사회주의자들 역시 재판에 회부되었다.

마르크스주의와 마찬가지로, 비마르크스주의적 사회주의 견해도 근대의 전쟁이 본질적으로 산업자본주의와 밀접한 관계가 있는 것으로 본다. 비마르크스주의 이론은 대체로 극단적인 경제적 결정론을 거부하지만, 근대 국가는 흔히 얻을 것이 가장 많은 자본가 계급에 의해 전쟁에 동원된다고 주장하는 경향이 있다. 국민국가가 정치조직의 중요한 형태로 계속되는 한, 자본주의의 잠식이 자동적으로 전쟁을 없애지는 못하지만, 군사적 갈등의 중요한 요소들 가운데 하나는 없앨 수 있다고 근대 사회주의자들은 주장한다.

---

113) Sibley, op.cit., pp.524-527쪽에서 발췌인용.

국민국가는 또한, 특히 사회주의적 조건에서, 산업주의 문화의 행정담당으로서 부적절한 형태이다. 그렇기 때문에 비마르크스주의적 사회주의는 사회주의 사회에서 국민국가는 극복되어야만 한다는 것을 강조한다. 경제계획은 국제적이어야만 하는 것이다.

그래서 사회주의 이론은 국가주권 사상에 현혹되지 않는다. 전체적으로 보아, 국민국가는 장기적으로는 사람들의 정치적 충성의 최고 대상으로서 사라져야만 하는 정치적 형태로 보이는 것이다.

그러나 현실 정치의 긴급한 사태에 직면했을 때, 사회주의적 견해를 가진 많은 정당들은 간혹 머뭇거렸다. 즉각적인 정치적 이득이라는 이해 속에서, 그들은 자주 국제주의 노선을 양보하였다. 그들이 비사회주의 정책에 의한 '국가적 이해'의 단순한 동반자가 된 것은 한두 번이 아니었다. 영국 노동당의 역사가 이 문제를 잘 보여준다. 양차 대전에 대한 공식적인 지지라는 사실 외에도, 그것은 경제적 국제주의에 반대하는 듯한 태도를 자주 나타내었다. 예를 들면, 그것은 안정적인 국가경제 계획이라는 즉각적인 요구와, 사회주의 목표를 갖지 않은 국가들과의 협력이 포함된 국제주의 사이에서 갈등을 겪었다. 후자의 정책을 추구하면서 많은 사회주의자들은 전자의 목표를 위험스럽게 만들었다. 그래서 단기와 장기적 목표 사이의 정치적 권력과 갈등에 대한 요청의 긴급성은 많은 사회주의적 국제주의를 약화시켰다. 성격에 있어서 표면적으로 마르크스주의적인 프랑스 사회주의가 자주 프랑스 제국주의를 지지한 것처럼, 비마르크스주의적 사회주의자들은 정권 획득의 절박성이나 그들 국가의 즉각적인 이해에 직면했을 때, 그들은 그들의 국제주의와 세계주의의 많은 부분을 포기하였다.

그러나 이것을 인정하더라도, 제국주의에 대한 투쟁의 힘 가운데 많은 부분이 사회주의자들로부터 나왔다는 것은 평가되어야만 할 것이다. 확실히 대다수 페이비언 사회주의자들은 보어 전쟁을 지지했거나, 적어도 그것에 반대하지는 않았다. 그러나 대체로 근대의 사회주의자들은 아시아와 아

프리카의 반식민주의 전선을 조직해 왔고, 그들의 사회주의적 이상은 대영
제국의 점진적인 해체와 그것의 국가들 간 연방체로의 이전이라는 중요한
씨앗을 뿌려왔던 것이다.[114]

4. 전후 사회주의의 전개

제2차 세계대전 이후 사회주의자들은 부르주아 정당들과 좀더 친밀한
관계를 갖게 되었고, 또한 그들과 중요한 정치적 지위들을 공유하게 되었
다. 이른바 '수정주의자들'은 그들의 강령을 중산층에 호소하는 데 주력하
였으며, 노동자의 생활수준을 향상시키고 사회적 부정의를 제거하려는 당
면개혁에 주력하게 되었다. 이러한 주요 이론가들로는 독일의 베르너 좀바
르트(Werner Sombart), 영국의 버나드 쇼(G. B. Show)와 콜(G. D. H.
Cole), 그리고 미국의 노먼 토마스(Norman Thomas) 등을 들 수 있다.
이들은 거의 모든 면에서 대체적으로 마르크스주의에 매우 비판적이었다.

그들은 확고한 신념을 가진 점진적 사회주의자들로서, 현대의 산업체들이
충분히 사회화되어감에 따라, 또한 노동계급이 이러한 산업체를 다루는 데
필요한 지식과 경험을 축적함에 따라, 각 산업을 단계적으로 사회화할 것을
주장하고 나선 것이다. 폭력적인 혁명이나 즉각적인 몰수는 불필요하고 소란
스러운 것으로서, 이를 절대적으로 부정한다. 자본가들은 소유재산의 대가를
지불해야 하나, 그것은 높은 소득세와 상속세를 통해 징수하면 된다. 이러한
수단에 의해서 공동사회는 점진적으로 대부분의 산업에 대한 소유권과 감독
권을 획득할 수 있을 것이라고 이들은 생각한다.

최근의 사회주의가 이룩한 중요한 이론적인 공헌은 전통적인 경제적 개

---

114) Ibid., pp.530-531.

인주의와 마르크스주의의 양자에 내포되어 있는 심리적이고 윤리적인 결함에 대한 비판이다. 자유방임주의에 대항하여, 그들은 경제적 이기주의가 일반적으로 가상하고 있는 것처럼, 그것이 그렇게 본질적인 경제생활의 동기라고 생각하지 않는다. 경제생활의 동기는 권력, 명예, 창조성, 호기심, 자존심, 이타주의 등 다른 요인들(derives)에 의해 유발된다는 것이다. 따라서 사회화된 산업은 무한한 이윤추구의 욕망을 대체시킬 적당한 유인들(incentives)을 찾을 수 있다는 것이다. 그들은 또 자유경쟁은 산업 내에서의 자연적인 발전으로 사라져가고 있으며, 대규모적이고 협력적인 독점적 이익은 자본가 개인에게보다도 전체로서의 공동사회에 돌아가야 한다고 주장하고 있다.

한편 마르크스주의는 경제적 결정론과 계급투쟁을 지나치게 강조한 나머지 사회경제적인 올바른 변화과정을 예측하는 데 오류를 범하고 있다고 본다. 경제적 요인보다도 또 다른 요소들이 사회발전을 결정하는 데 크게 영향을 미치고 있고, 계급투쟁의 이론이 윤리적인 최고의 이론으로서 호응을 받을 수 없다는 것이다. 제한된 계급보다는 오히려 전체로서의 '인류의 선'을 고려하고, 전체로서의 '공동사회의 선'에 그 이론적 기초를 두는 것이 더욱 바람직하다고 그들은 생각하게 된 것이다.[115]

---

115) 김계수, 앞의 책, 269−270쪽. 더욱 최근의 사회민주주의와 민주사회주의의 발전에 대하여는 박채용, 앞의 책, 573−636쪽을 참조할 것.

제3절 자유주의(Liberalism)

1. 자유주의의 전개

자유주의로 특징지어지는 사상의 운동과 실체는 다양한 지적, 사회적 갈래 속에 그 뿌리를 두고 있다. 여기서 우리는 영국, 미국 그리고 프랑스 사상 속에 존재하는 몇몇 선구자들을 살펴보기로 할 것이다.

영국의 흐름은 적어도 17세기까지 거슬러 올라가는데, 로크와 다른 사회계약론 사상가들의 개념과, 평등론자들(Levellers)과 같은 대중 운동 속에서 그것을 찾을 수 있다.

우리가 살펴보았듯이, 18세기 들어 계약론 사상은 영국과 대륙에서 기울기 시작했고, 그 차별적 관점이 일종의 개인주의였던 사람들은 다른 구조를 찾아 나서야만 했다. 그 중요한 수정은 공리주의자들(Utilitarians)의 이론 속에서 나타났다. 그들은 자연법과 사회계약론을 거부하면서, 고통과 쾌락의 산정에 따른 행동의 결과를 강조하는 도덕 이론 속에서 법률적 개혁과 대의민주주의의 기초를 제공하는 길을 찾았다.

한편 영국의 식민지 미국에서는 계약론적 언급이 지속되었고, 실제로 18세기에 강화되는 듯이 보였다. 미국은 독립선언의 내용과 헌장의 입헌적이고 정치적인 이론에서 명백하듯이, 사회계약 이론에 상당부분 기초하였다. 사회계약론 사상과 함께, 인간 행동의 '원천'에 대한 이해는 비합리적 전통과 편견의 굴레로부터 진정한 인간의 해방으로 이끈다는 자연교적인

(deistic) 언급과 개념이 제퍼슨과 같은 사람들과 더불어 전개되었다.

프랑스에서는 프랑스 혁명에 앞서는 사상적 흐름들이 근대 자유주의 전통을 형성함에 있어 매우 중요한 것이었다. 많은 백과전서파 학자들과 볼테르와 같은 사람들과 관련된 합리적 탐구의 분위기는 봉건적 전통에 대해 아주 비판적인 정치사상을 탄생케 하였다. 그리고 혁명 당시 저술활동을 벌였던 콩도르세(1743－1794)와 같은 사상가들에게서 나타나는 무한한 인간 진보의 가능성에 대한 믿음은 그 고전적 표현 가운데 하나로 받아들인다. 미라보(Mirabeau)와 같은 지도자들은 온건한 자유주의적 견해를 나타내었고, 혁명적 정치상황에서 지롱드 당(Girondin)은 이러한 전통을 수행한 것으로 간주될 수 있다.

프랑스 혁명 사상 속의 자유주의적 경향은 물론 근대 독일의 자유주의를 형성하는 데 중요한 것이었다. 나폴레옹에 맞선 바론 폰 슈타인(Baron von Stein) 같은 정치가들은 프랑스에 대항하는 기초를 제공키 위해 봉건주의의 요새들을 공격해 나갔다. 그리고 1810년 베를린 대학의 설립은 독일 민족주의와 더불어 독일 자유주의 발흥의 상징이었다. 헤겔 자신이 프랑스 혁명 사상에서 자유주의적 흐름에 크게 영향을 받았고, 모든 자유주의자들의 핵심 단어인 ‘자유’가 그의 전체 정치철학에서 중심적 위치를 차지하였다.

그러면 이러한 종류의 주어진 기반에서 개략적으로 무엇이 자유주의 사상의 연속성을 나타내오고 있는 것일까?

영국에서 그러한 운동의 도덕적 기반은 제레미 벤담(1748－1833)에 의해 세워진 기초 위에서 발전하였고, 제임스 밀(1773－1836)에 의해 변화되었으며, 존 스튜어트 밀(1806－1873)에 의해 결정적인 수정이 이루어졌다. 그러나 존 스튜어트 밀이 그의 작업을 마쳤을 때, 벤담의 전제는 형태만 빼고는 크게 희석되어 있었다.

영국 자유주의의 철학적 기초는 또한 헤겔 철학의 영향을 크게 받았다.

이것은 특히 그린(T. H. Green, 1836 –1882)의 저작물들에서 두드러지게 나타났다. 그는 로크와 벤담에서 유래하는 영국 자유주의 전통의 요소와, 헤겔과 루소의 유기체론을 효과적으로 결합하였다. 성숙한 밀의 사상과 헤겔 철학의 혼합은 19세기 후반의 자유주의를 1832년의 그것과는 확실히 다르게 만들었다.

영국에서 많은 부분 자유주의 사상에 기초하였던 초기 공리주의는 본래 민주적인 것이 아니었다. 그것은 과거의 족쇄로부터의 해방을 추구하였고, 인간의 자유를 강조하고자 하였다. 그러나 그것은 대중의 지배를 주장하지는 않았다. 민주적 자유주의로의 전환은 1830년경에 시작되었고, 존 스튜어트 밀과 같은 사람들의 사상 속에서 확고해졌으며, 글래드스톤(W. E. Gladstone)과 데이비드 조지(D. L. George)와 같은 정치가들에 의해 더욱 공고해졌던 것이다.

제1차 세계대전에 이르러, 유럽과 아메리카의 자유주의는 국가에 대한 태도와 그들 사상의 철학적 기초에서 실질적인 변화를 겪게 되었다. 우리는 일반적으로 이러한 변화를 다음과 같이 요약할 수 있다. 고도로 분리된 개인주의로부터 어느 정도 헤겔적 유기체론의 영향을 받은 사상적 형태로의 변화, 경제생활의 국가 간섭에 대한 적대감으로부터 일종의 실용적인 집단주의로의 변화, 그리고 민주주의와의 무관련성으로부터 민주주의와 관련된 자유주의로의 연계, 즉 자유민주주의(liberal democracy) 이론이라 불리는 것으로의 변화를 가져왔다. 그리고 일반적으로, 이러한 특징적 변화는 1차대전 이후의 자유주의 발전에서도 지속되었던 것이다.[116]

---

116) 근대 자유주의의 발흥과 관련하여는 Guido De Ruggiero, *History of European Liberalism* (Boston: Beacon Press, 1959)와 H. J. Laski, *The Rise of European Liberalism* (New York & London: Allen & Unwin, 1936)을 참고하라. Sibley, op.cit., pp.486 –488.

2. 공리주의적 자유주의의 발전

제레미 벤담(Jeremy Bentham, 1748-1832)에서 시작된 초기 공리주의는 그 불완전성과 피상성으로 말미암아 몇 가지 점에서 공격을 받아 왔다. 부분적으로 헤겔의 화살은 거기에 향해 있다. 19세기 초의 보수주의자들 역시 도덕과 정치의 역사적인 측면에 대한 어떤 감정의 결핍을 비판하고 있다. 그러나 좀더 설득력 있는 언급을 기대할 수 있는 것은 공리주의적 자유주의 자체의 범위 안에 있는 것이다.

아마도 가장 뛰어나고 사려 깊은 19세기의 공리주의적 자유주의자는 존 스튜어트 밀(John Stuart Mill, 1806-1873)일 것이다. 밀은 벤담의 제자였던 그의 아버지 제임스에 의해 해석된 공리주의의 신조 속에서 자라났다. 그러나 그가 죽기 전, 그는 그것을 대폭 수정하고 발전시켰다.

많은 점에서 밀은 절충적이었다. 조숙하고, 고도로 훈련되었으며, 다양한 사상적 흐름에 대한 지칠 줄 모르는 탐구자였기 때문에, 그를 어떤 정치적 이론의 단순한 범주 안에 위치시키기란 결코 쉬운 일이 아니다.

밀은 그의 생애 말에 공리주의자로 남겠다고 선언했지만, 그에게 있어 그 용어의 의미는 확실히 대폭 수정된 것이었다. 확실히 그는 쾌락의 최대화와 고통의 최소화를 궁극적인 목표로 하고 있다. 그러나 그 과정에서 그는 벤담의 전제를 하나둘 버리고 있다.

첫 번째로 그는 문화적 상대성의 요소들을 강조하고 있다. 한 문화적 수준에서 정당화될 수 있는 제도들은 다른 데서 거부될 수 있다. 벤담이 추상화의 견지에서 생각하고 있다면, 밀은 제한적 수준에만 적용될 수 있는 보편적 원리들을 강조하고 있다. 그래서 밀은 대의 정부에 대한 강력한 옹호자이지만, 그는 또한 그것이 모든 사회의 국가와 모든 문화적 수준에서 바람직하지 않을 수 있다고 주장한다.

그는 또한 우리가 직접적으로 행복을 추구할 수 있고, 추구해야만 한다는 벤담의 주장에 의문을 제기한다. 장기적으로 모든 인간의 노력은 행복을 목표로 하지만, 단기적으로는 행복의 역전을 초래할 수 있는 선택을 간혹 해야만 한다. "인생의 목적으로서 행복이 아니라 그 외부의 몇몇 목적을 다루는 것이 유일한 기회이다"라고 그는 그의 자서전에서 우리들에게 말하고 있다.

그러나 그가 공리주의자로 남는 한, 그것은 벤담이나 그의 부친 제임스의 그것과는 완전히 다른 의미 속에 있다. 예를 들면, 그는 모든 쾌락과 고통은 질적으로 같은 수준에 있다는 주장을 공격한다. 그리고 이러한 질적인 차별성의 의미는 밀의 도덕과 정치 이론에 광범위하게 자리잡고 있다.

밀은 이러한 개량적 공리주의로부터 보다 높은 쾌락을 즐기는 능력을 가진 사람들은 이러한 능력을 갖지 않은 사람들보다 더욱 가치 있다는 전제를 연역해 낸다. 그러나 그는 또한 정치적 권위는 전체로서의 국민 속에 자리해야만 한다고 주장한다. 대의정부에 관한 그의 이론 가운데 가장 커다란 문제점 중 하나는 위계질서를 강조하는 윤리적 이론과, 평등을 강조하는 듯한 정치적 언급 사이의 조화일 것이다.

자유와 관련된 논쟁에 대한 그의 결정적인 기여는 민주주의의 발흥이 자유 자체에 치명적인 압력이 될 수 있다는 그의 주장에 있다. 사람들이 그들 자신의 지배자라면, 그들은 그들 자신의 자유를 구속할 것 같지 않다고 생각하는 것이 추세이기 때문에 이것은 진실이다. 그러나 그렇지 않다고 밀은 주장한다. 사람들이 더 이상 공격할 만한 고도로 차별화된 통치계급을 갖지 않는다고 믿을 때, 그들은 더욱 쉽게 자유에 대한 제약을 받아들이는 경향이 있다. 더구나 그 제약이 법률로 정형화되지 않더라도, 그들은 여론에 의해 그것을 세우려는 경향이 있다.

그의 전체적인 사상체계 속에서, 밀이 근대 산업적 민주사회의 본질에 대한 예언적인 직관을 가지고 그렇게 날카롭게 사유한 것과는 관련이 없다. 우리는 대체로 그가 20세기에 개인적 편심(eccentricity)의 대중적 심연, 매카시즘 그리고 인민민주주의에 대해 쓰고 있다고 생각할 수 있다. 밀은 19세기의 다른 어떤 사상가들보다도 날카롭게 이러한 잠재성을 인식하고 있었다. 그의 사상은 여론의 다양성에 대한 억압이 그것과 같다고 보는 경향의 다양한 민주주의의 변형들에 대한 저항의 목소리인 것이다.

그러나 이런 것보다도, 밀은 긍정적인 의미의 자유를 주장하고 있다는 것이다. 이 점에서 그는 동시에 그것을 넘어서면서도 어떤 개인주의적 전제들을 반복하고 있다. 자유는 행동과 표현 양 측면에서 '善'이다.

밀이 오랫동안 자유정신의 요체로 주장하는 것은 여론과 자유로운 표현이다. 이후 자유주의는 밀의 사상을 따라 행동의 자유에 대한 그의 이론이 갖는 함의를 여러모로 수정한 것이 된다. 그러나 표현의 자유에 대한 그의 이론이 심각하게 비판받기도 하지만, 그것은 모든 자유사상 가운데 가장 뛰어나고 생존력 있는 표현 가운데 하나로 등장하고 있다.

비정통적인 견해의 자유로운 표현에 대한 간섭이 정부나 대중적 압력 모두에게 불법적인 것은 세 가지 기본적인 이유 때문이라고 그는 주장한다.

첫째는 기존의 견해가 허약할 때 비정통적 견해는 진리가 될 수 있다는 것이다. 모든 공리주의적 자유주의자들 가운데 밀의 견해는 어떤 한 견해가 진리일 가능성을 의심하는 사고의 가장 적절한 예일 것이다. 그러나 한 가지 견해가 완전한 진실일 때, 그러한 성질을 갖는 정통적 표현을 우리가 어떻게 상정할 수 있는가 하고 그는 묻고 있다. 다수의 지지가 여론의 진실이나 확증성을 보증하는가?

그러나 두 번째로 우리가 기존의 견해가 진리라고 생각하더라도, 우리는 반대 의견을 억압하지 말아야 한다고 그는 주장한다. 그것들이 반대물과 대립되지 않는다면, 지적이나 정서적으로 정통의 발언과 신념의 완전한 의미는 이해될 수 없기 때문이다. 우리가 그 전제가 전적으로 옳고 반대 교리가 전적으로 틀리다고 생각하더라도, 도전받지 않는 종교적 신념은 죽은 것이 된다. 서유럽의 민주적 신념은 말라비틀어질 위험 속에서도 공산주의 이론에 공개적으로 도전받을 필요가 있다고 밀이 오늘날 말하고 있는 듯하다.

그러나 밀에 따르면, 비정통적이거나 정통적이거나 간에 그 신념체계가 전적으로 참일 수는 없다는 것이다. 사상이나 표현은 결코 완전하게 전체를 망라할 수는 없을 것이라고 그는 믿고 있다. 기존의 견해가 의심받는다는 바로 그 사실이 적어도 그것이 부분적으로는 비진리라는 것을 뜻하는 것이다. 비진리와 불명료성의 요소를 정제하도록 돕기 위해서는 도전이 필요하다.

밀은 표현의 절대적인 자유에 어떤 예외가 없다고 본다. 그는 비방과 중상의 법칙을 받아들이고 있지만, 그것은 매우 명시적으로 규정되어야 하고, 중상이나 실제적 비진실의 명확한 행동과 분명히 관련이 있어야 한다.

근대의 정부들은 표현에 대한 밀의 주장을 결코 실제적으로 받아들이지 않고 있다. 그래서 동양과 서양을 막론하고 대중적 여론은 표현의 자유에 흔히 적대적이다. 어떤 점에서 '위험한 사상'은 언제나 정치체로부터 제거되어야만 하는 것이다.

이제 밀은 개인의 자유에 대한 그의 사상을 전개하면서, '편심 혹은 기행(eccentricity)'을 거의 목적 그 자체로 평가하는 것으로 나타난다. 그는 비상함과 공통 규범으로부터의 이탈에 대한 방어에 웅변적인 것으로 나타난다. 그는 어떤 삶의 영역에서 획일성을 불신하고 있기 때문에, 그가 이상한 옷, 이상한 개인적 행동, 그리고 이상한 언어 습관을 평가한다고 말하는 것이 그를 불공정하게 다루는 것이 아니다.

그러나 그가 편심 혹은 기행에 대한 방어에만 웅변적인 것이 아니었다. 그는 또한 인구의 절반-여성-이 다른 절반에 오랫동안 종속적이었다는 것에 분개하고 있다. 그는 이러한 굴종이 공리주의적 근거에서 법적이건 관습적이건 정당화될 수 있는가 하고 자문하고 있다. 그의 답변은 그것이 찬동될 수 없다는 강력한 주장이다. 여성이 생리적으로 남성과 다르고 본질적으로 아이들과 더욱 밀접히 관련되어 있지만, 이것이 역사적으로 남성에게 열려 있는 투표와 직업 그리고 모든 거리로부터의 배제를 정당화할 수는 없는 것이다. 양성 간 평등에 대한 밀의 주장은 아마도 이제까지 가장 강력한 견해라고 할 수 있고, 그것은 그의 공리주의적 자유주의를 가장 잘 나타내고 있는 것이라고 할 수 있다.[117]

그의 상대주의와 급격히 수정된 공리주의는 그의 대의제도 이론 속에서 잘 조명되고 있다. 대표성 문제는 자유주의 이론에서 가장 중심적인 것이고, 실제로 모든 정치사상에서 그렇다고 할 수 있다. 중세 말 '화해 운동(conciliar movement)' 속에 포함된 갈등은 상당부분 대표성 문제에 집중되었다. 또한 17세기 로크와 평등론자들은 그것을 제일 중요한 것으로 보았다.

밀은 대표성 의지의 가능성을 부인하는 루소의 주장을 받아들이지 않는다. 그는 공동체의 정치적 권위는 어디에 있어야 하는가 자문하고, 그에 대한 답변은 성인 구성원들의 전체 몸체 속에 있다는 것이다. 정치적 결정은 모두에게 영향을 미치고, 이것은 모두가 참여할 것을 요구한다. 그러나 공동체의 동의가 어떻게 전달될 것인가?

이러한 질문에 답변하면서, 밀은 영국 입헌사의 선구자들에게 있는 실질적 대표성의 체계를 주장한다. 공동체의 모든 성원-여성을 포함하는-은 참정권을 가져야만 한다. 그러나 그는 어떤 사람들은 다른 사람들보다 공동체에 더 큰 가치가 있다는 수정된 공리주의적 원칙 속에서 주장하고 있기 때문에, 이러한 더욱 가치 있는 개인들은 여분의 투표권을 가져야 한

---

117) 오늘날까지 전 세계에 걸쳐 '평등'에로의 거대한 전진이 있었음에도 불구하고, 아직까지도 사회 각 분야에서 여성에 대한 강력한 차별이 존재함을 알 수 있다.

다고 주장하고 있다. 더욱이 그는 소수의 목소리를 완전히 반영해야 할 필요성에 절감하고 있기 때문에, 당시 토마스 헤어(Thomas Hare)에 의해 제안된 비례대표 체계를 강력히 지지하고 있다.

대표성 체제의 기능을 논의함에 있어, 밀은 또다시 그의 정치사상 전체를 관통하는 중용과 절충주의를 나타내고 있다. 한편으로 그는 대표체(body of representetives)를 실질적 정부로 하자는 사람들을 비판하고, 다른 한편으로는 의회를 일종의 자문적 지위로 낮추려는 사람들을 똑같이 비판하고 있다. 그의 판단으로, 대표체의 중심적 기능은 정부를 통제하는 것이지, 직접 통치하는 것이 아니다. 정부(혹은 내각)는 하원의 일반적인 정치적 복잡성을 반영하는 것으로 추정된다. 그리고 한번 선출되면, 그것은 의회의 해임, 비판 그리고 동의권에 상대적으로 자유로울 것이다.

그러나 지금까지 우리는 대표성에 대한 밀 사상의 구조적인 측면이라고 할 수 있는 것에 주로 관심을 가져왔다. 우리는 전반적으로 대의제적 정부의 기본적이거나 중요한 정당화를 말하지 않았다. 또한 우리는 밀 사상의 다양한 측면이 그의 특별한 공리주의적 자유주의를 조명하는 방식들을 언급하지도 않았다. 여기에서 세 가지 사항이 고려될 수 있을 것이다. 문화 발전 단계에 대한 대의 정부의 관계, 비전제주의적(nondespotic)이고 대중적 정부에 대한 일반적인 옹호, 그리고 대표성에 대한 밀 자신의 전반적인 주장이 그것이다.

밀은 '대의정부의 이상이 모든 문화수준에 적합한 것은 아니다'라고 주장하는 데 단호하다. 그래서 초기 역사 단계로서 신석기 시대 삶의 방식이 그것과 양립할 수는 없는 것이다. 또한 일정한 수준의 경제적 자원 없이 대의제적 제도가 지속될 수 있을지도 의문스럽다. 벤담과 달리, 밀은 지속적으로 제도의 성공과 실패를 결정짓는 것으로서 역사적 요소들을 강조하고 있다. 동시에 그는 대의제도가 서구 문명을 특징짓는 여러 종류의 민족 문화에 필수불가결한 것으로 믿고 있다.

개인적 자유의 이상이 힘을 갖고, 행복의 추구가 중심 가치가 되는 곳에서는, 오로지 비전제주의적 정부의 맥락에 있는 대의제도만이 제일 중요한 도덕적 기준을 제공하는 데 도움을 줄 수 있다. 전제주의는 그것이 국민에게 안전과 물질적 혜택을 줄 수 있을 때 선이 될 수 있다. 그러나 그것으로 그것이 정당화될 수는 없다. 밀의 체계에서, 좋은 정부의 시금석은 정부 내에 양질의 총액을 증대시키는 경향이 있는가에 있기 때문이다. 그러한 양질의 요체는 무엇인가? 밀에게 그것들은 우리가 수동적인 개성 타입보다 능동적인 것과 관련된 성격이다. 수동적인 개성은 받아들이고 창조하지 않는다. 반면에 능동적인 것은 의문을 제기하고, 상상과 목표를 나타내며, 끊임없이 창조해 낸다. 그러므로 후자의 장려가 희망요건이라면, 전제주의의 정치체계는 아무리 유익하더라도 대의제도가 존재하지 않는다면 간단히 배제된다. 공동체 정부에의 참여가 요청되지 않는다면, 인간 개성은 발전할 수 없기 때문에 이것은 진실이다. 그것은 순전한 개인적인 일뿐 아니라, 공동체의 복지에 관한 일에도 스스로 전념해야만 한다.

그러나 이러한 종류의 고려가 일반적으로 대중 참여와 대의 제도를 지지하는 반면, 어떤 전제가 특별히 밀의 체계에서 전개될 수 있을까? 거기에는 많은 체계의 대의 정부가 존재한다. 그러면 어째서 밀의 것이 최선일까? 그의 도덕이론의 전제들과 자유에 대한 옹호를 염두에 두면서, 밀의 해답은 그의 체계가 질적인 다양성에 대한 대중적 동의를 함께 묶는 적절한 조화를 구성하고 있고, 강력한 소수 목소리의 가치에 대한 강조와 더불어 다수의 지배를 강조하고 있으며, 특수한 전문가와 함께 공통의 관심사에 대한 일반적인 직관을 나타내고 있다는 것이다.

밀을 민주주의자라고 할 수 있을까? 그 해답은 민주주의를 어떻게 규정하느냐에 달려 있다. 만약 그것이 다수의 지배를 통해서 공동체가 도덕적 권리를 갖고, 그것이 원하는 어떤 정치적 결정을 내리는 것이라고 주장하는 사람을 뜻한다면, 그 대답은 부정적일 것이다. 밀은 확실히 행동에 있어서 공동체는 표현의 자유, 소수에 대한 배려, 그리고 어떤 즐거움의 질적인 우수성에 대한 거의 절대에 가까운 가치를 존중할 것을 뜻하고 있기 때문이다. 다른 한편, 민주주의가 공동체의 통치자가 그것에 의해 불신임될 수 있음을 뜻한다면, 밀은 민주주의자로 평가될 수 있을 것이다. 그러나 원칙에 있어서 밀의 체계는 민주주의에 대한 어떤 루소식의 견해보다는 아리스토텔레스가 '폴리티(polity)'라고 부른 것에 더욱 가까운 것이라고 할 수 있다.

루소와는 달리, 밀은 우리의 자유가 우리의 소속이라는 점과 조화될 수 있다는 것을 지지하지 않는다. 그는 정치적 권위 주장과 자유 사이의 투쟁을 장구한 것으로 보고 있고, 갈등을 종식시킬 수 있다는 어떤 포뮬라(formula)를 가지고 있지 않다. 기껏해야 그는 불만자들이 희망에 대한 방해 없이 그들 자신을 표현할 수 있는 체계를 제시하고 있을 뿐이다. 그러나 그들의 목소리가 좀더 폭넓게 받아들일 수 있는 결정에 이르는 데 무언가 도움이 될 것이라는 확신은 없었다. 헤겔주의자들과, 다른 유기체론자들의 사상적 흐름을 의식하고 있음에도 불구하고, 밀은 기본적으로 외형적 권위와 개인적 자유 사이의 긴장을 강조하는 개인주의자로 남고 있다.

뚜렷한 것은 지적이고 정치적인 불만에 대한 밀의 강조이기 때문에, 그의 시대 (그리고 오늘날까지) 비평가들은 간혹 그의 원리의 완전한 적용은 사회적 무질서와 시민전쟁만을 일으킬 뿐이라고 비난하였다. 그러나 밀은 그러한 모든 비판을 거부한다. 진정한 문제는 사람들을 반란과 불만으로부터 방지하는 것이 아니라고 그는 끊임없이 강조하고 있다. 오히려 사물들의 기존질서에 의문을 제기하도록 그들을 자극하는 것이다. 다소간 인류의 역사는 채 피우지 못한 개인주의가 무시되고 모두가 똑같아지기를 바라는 일종의 군중심리 가운데 하나라고 그는 주장한다. 그러나 인간은 군중이 되어서는 안 된다. 그러므로 기존의 관습과 법률에 의문을 제기하고, 지적이고 정신적인 혁명을 꿈꾸면서 사는 사람들은, 다른 사람들이 발전의 더욱 거대한 고지에 이르게 할 수 있는 지렛대를 구성한다.

밀 사상에서의 긴장은 경제 영역에서 더욱 분명하게 나타난다고 볼 수 있다. 그는 전반적으로 초기 공리주의적 자유주의자들의 믿음을 공유하면서, 다소간 자유방임의 옹호자로서 출발하고 있다. 그러나 공리주의적 자유주의에는 경제문제에 대한 신축성 있는 태도가 결여되어 있다. 그리고 만일 조절 혹은 생산수단에 대한 국가소유가 자유를 증대시키고 더욱 큰 행복의 균형을 가져온다면, 공리주의적 자유주의는 원칙에 있어 그 초기 견해를 역전시킬 수 있다.

이것은 실제적으로 밀에게서 나타나는 진화이다. 자유방임의 공리주의적 견해로부터, 그는 결국 비교조적인 사회주의의 그것과 매우 유사한 견해를 나타내게 된다. 그는 19세기 중엽의 산업자본주의 경향이 소수의 부와 권력을 증대시키고, 프롤레타리아와 자본가 사이의 간극을 넓힌다는 것을 확실히 알고 있다. 그리고 그는 자연적인 가치증가에 대한 헨리 조지(Henry George) 공격의 중심이 되는 '토지 문제'를 잘 이해하고 있다. 그가 <정치경제학>의 3판을 준비하고 있을 때, 그는 토지에 대한 공공적 소유를 선호하고 있고, 생산의 기본적인 수단에 대한 사회적 소유의 필요성을 제기하고 있다. 총체적인 경제적, 사회적 불평등이 그에게는 참을 수 없는 일이기 때문이다.

많은 점에서 경제문제에 대한 국가의 간섭에 수용적인 최근 자유주의 경향의 기초는 밀의 이러한 견해인 것이다. 이것은 밀이 그의 최종적 원리에 대한 언명에서 완전히 일관된다거나 확신하고 있다는 것을 뜻하지 않는다. 그러나 그가 미완의 페이비언 사회주의의 일종이라고 할 수 있는 방향으로 급격히 움직이고 있다는 것은 의심의 여지가 없다. 그러는 가운데, 그는 '정신적 자유주의'라고 할 수 있는 것의 많은 부분을 간직한 채, 그들의 정신적 선구자들의 자유방임을 거부하기 시작하는 스펜서(Herbert Spencer, 1820−1903)와 그린(Thomas Hill Green, 1836−1882)과 같은

새로운 세대의 자유주의 사상가들을 예견하고 있는 것이다.[118]

3. 공리주의의 의의와 한계

공리주의는 베이컨, 홉스 그리고 흄에 의해서 대표되는 영국의 지배적이고 완고한 경험주의적 철학의 전통 위에서 수립된 것이라고 할 수 있다. 공리주의는 그것이 기존의 정치이론에 비판적이었다는 점에서 많은 성과가 있었다. 단순하고 명백하며 논리적인 엄밀성을 계속 주장하였고, 또한 감각적인 경험을 통해 쉽게 확인될 수 있는 명백한 실체에 대해서 계속 논의하였다.

독일의 이상주의자들은 사회를 하나의 통일체로서 파악하려고 하였고, 그것을 정당화시키려고 노력하였다. 또한 전통적인 자연법 이론은 사실과 가치를 혼동하고 있었고, 흄 이후에도 이러한 자연법 이론은 상당기간 계속되었다. 공리주의자들의 비판적인 사고는 흄의 이론을 이러한 관점에서 다시 전개하고 확대시켰다는 점에서 큰 의미가 있다고 할 수 있을 것이다.

공리주의자들은 한편으로는 도덕과 가치판단, 그리고 다른 한편으로는 도덕과 실정법을 구별해야 한다는 점을 명백하게 제시해 주었던 것이다. 물론 이 문제와 관련해서는 존 오스틴(John Austin, 1790-1859)의 주권론이 그 중심을 이루고 있다. 흄은 자연법적 정치철학을 비판한 후 정치기구의 가치를 평가하는 확실한 기준을 갖지 못하였다. 그리하여 뒤에 살펴보겠지만, 전통과 관습의 지혜라는 보수주의적인 견해에 의존하였던 것이다. 반면 공리주의자들은 '행복' 또는 '쾌락'이라는 공동선에 대한 명백한 경험적 기준을 만들어 냈다.

---

118) Sibley, op.cit., pp.492-497 참조.

이와 같이 공리주의의 첫 번째 의의로는 사실과 가치 사이의 상식적인 구별을 주장하고, 사실적인 순수한 용어로서 주권을 정의하였다는 점이다. 그리고 둘째로는 평가 또는 논리적 판단에 있어서 정치적이고 법적인 측면의 불합리성, 비효율성, 불공정성을 비판하거나 폐지시킬 수 있는 체계적이고 쾌락주의적인 입장을 취했다는 점이다.

그러나 공리주의의 한계는 부분적으로는 이 이론이 가진 철학적, 심리학적 가정의 근본적인 제한성으로부터 나온다. 개인적인 자기이익에서부터 '최대다수의 최대행복'으로의 전환은 모든 개인적인 인간의 행복은 다른 모든 인간들의 행복과 동일하게 좋고 중요하다는 임의적인 가정 위에서 이루어진 것이다. 모든 사람들의 실제적인 행동 동기가 행복인지 혹은 행복하여야 한다는 것인지에 관해서는 의문점이 많다. 더욱이 공리주의는 지속적으로 심리적인 쾌락주의와 윤리적인 쾌락주의를 혼동하고 있다는 것이다.

마지막으로 이러한 각기 다른 '쾌락'들은 측정하고 비교한다는 것이 매우 어렵다는 것이다. 어떤 종류의 쾌락은 질적으로 다른 그것보다 가치가 있다는 것을 밀(J. S. Mill)이 스스로 인정한 것은 그의 전체적인 이론체계에 근본적인 모순을 가져다준다. 이론적인 체계에서 일관성이 없다는 이러한 한계 때문에, 공리주의 이론은 생각처럼 현실정치에도 큰 도움을 주지는 못하였다고 평가할 수 있을 것이다.[119]

4. 자유주의와 진보

우리는 정신적인 자유주의와, 또한 실제적인 용어로 규정될 수 있는 자유주의가 함께 존재한다는 것을 강조해 왔다. 정신적으로, 자유주의 정치

---

119) 김계수, 앞의 책, 211 – 213쪽 참조.

사상은 실험과 개발에 열려 있고, 전통에 미혹되지 않으며, 이성에 대한 인간의 능력에 큰 확신을 갖는 경향이 있다는 점이 주장되어 오고 있다. 이러한 정신으로부터 인간 진보의 문제에 대한 자유주의의 보편적인 태도가 나타난다.

19세기 동안 자유주의 사상가들은 진보의 불가피성을 주장하고 있거나, 적어도 진보의 가능성을 열심히 주장해 오고 있다. 진보로서, 그들은 일반적으로 인간의 집단적 운명에 대한 합리적 통제의 점진적 증대, 끊임없는 기술적 진보, 개인적 자유의 증대, 민족성의 해방, 그리고 전쟁의 궁극적인 종식 등을 의미하고 있다. 헤겔주의, 마르크스주의 혹은 다아윈주의 등 진보적인 사상이 산재했던 시대에, 자유주의가 어떤 또 다른 자리를 차지하고 있었다는 것은 놀라운 일이라고 할 수 있다.

자유주의적 진보의 19세기적 견해는 산업주의의 광범위한 유포 자체를 핵심적인 요소로 보고 있다. 산업주의와 함께 부의 증대, 상업의 성장, 국가들 간의 밀접한 관계, 도덕적 진보, 대의제도의 발전, 민족국가의 증대, 국제적 연합, 그리고 전쟁의 폐지가 다가오고 있는 것으로 보고 있었다.

제퍼슨(Thomas Jefferson, 1743-1826)과 존 스튜어트 밀과 같은 사상가들은 그들의 신념을 과도하게 제한하고 있다(제퍼슨은 그의 토지 균분론을 통해, 그리고 밀은 대중 정부의 제한에 대한 깊은 경각심 속에서). 그러나 이러한 제한에도 불구하고, 초기의 자유주의는 미래에 대한 보다 낙관적인 견해와 불가분의 관계를 갖는다는 일반적인 원칙은 남아 있다. 이것은 예를 들면 홉하우스(L. T. Hobhouse, 1864-1929)와 같은 사람의 사상 속에 반영되고 있다. 1차 대전 이전 대부분의 자유주의자들은 의회제도의 점진적인 확산과 전제정부의 몰락을 기대하고 있다. 그들에게 퇴보란 상상할 수 없는 것이었다.

그러나 1차대전 이후 자유주의의 진보에 대한 강조는 약화되고, 2차대전 이후에는 더욱 침묵하게 된다. 파시즘의 발흥으로 이끄는 복합적인 요소들, 인류의 많은 부분에 있어서의 비합리성, 그리고 합리적 통제 아래 기술적 진보를 이루기 위한 명백한 불능 혹은 미온적 태도-이 모든 것들이 19세기의 특징인 낙관주의를 제한한 것이다. 20세기 중엽에 남은 것은 제한된 낙관주의로서, 더 이상 진보의 불가피성을 강조하기보다는 그 가능성을 재강조하는 것으로 나타나고 있다. 19세기의 전투성은 사라지고 만 것이다.

이러한 현상들은 좀 덜하기는 하지만 미국에서도 마찬가지였다. 18세기에 태어나고 로크의 낙관주의와 계몽주의에 깊은 영향을 받은 미국은 오랫동안 진보에 대한 자유주의적 강조에 지배되어 있었다. 미국은 지난 역사의 굴레에서 벗어나야만 했다. 그것은 관료주의, 전쟁 그리고 유럽적 경험의 특징으로 보이는 인간성의 타락 등을 피하는 것이었다. 경제적인 문제라든가 다른 어려움은 극복되는 듯했고, 기술에 있어서의 모든 진보는 도덕적, 정치적 진보를 의미하였다. 이러한 종류의 믿음은 미국 사상의 뚜렷한 자유주의를 특징지었다.

그러나 1930년대부터 이러한 믿음의 많은 부분들이 전면적으로 부정되지는 않았지만 심각하게 도전받기 시작하였다. 라인홀트 니이버(Reinhold Niebuhr)와 같은 사람들은 원죄의 신화에 대한 타당성을 강조하고, 정치사의 엄청난 잔혹성과 비합리성을 지적하면서, 인간에 대한 어두운 견해를 보편화하였다.[120) 자유주의자들은 인간을 피상적으로 보고 있고, 자유주의는 인류 역사의 패러독스를 파악하는 데 실패하였다고 그들은 주장하였다. 인간은 열광적이고 변덕스러웠으며, 위대한 지식은 개선과 진보와 마찬가지로 파괴를 위해서도 쉽게 사용될 수 있다는 것이다. 진보의 모든 발자취는 보다 큰 타락의 가능성을 포함하고 있다는 것이다.

---

120) 많은 자유주의적 신념에 대한 니이버의 가장 강력한 비판은 그의 저서 <도덕적 인간과 부도덕한 사회(Moral Man and Immoral Society)> 속에서 잘 나타내고 있다.

이러한 종류의 비판은 근대 보수주의 사상의 특징인 전통적 견해의 많은 부분과 강한 유사성을 가지고 있었다. 자유주의와 보수주의적 견해 사이의 대화는 근 2백 년 동안 실제로 계속되어 오고 있다. 그런 점에서 보수주의에 대한 이해 없이는 자유주의 자체에 대한 이해가 극히 제한적일 수밖에 없다고 할 수 있다.[121]

5. 신자유주의(Neo – Liberalism)

근대 자유주의 국가의 현대 복지국가로의 이행에 따라 나타나는 사회부문에 대한 국가권력의 개입 확대라는 문제에 대하여, 경제의 자유를 보장하기 위한 전통적 자유주의 원리의 현재적 부활을 지향하는 일단의 흐름이 생겨나게 되었는데, 이들의 이념을 일괄하여 '신자유주의(Neo – Liberalism)'라고 부르게 되었다.

신자유주의적 흐름은 1980년대 이후 영국과 미국을 중심으로 케인즈 경제이론에 토대를 둔 복지국가 이념에 대한 우파적 대안으로 등장했다. 신자유주의 정책의 내용은 공공부문의 민영화, 시장에 대한 규제철폐, 통화주의에 의한 인플레이션 대책, 노동시장의 유연성 촉진과 실질임금의 하향경직성 완화, 공공지출의 축소, 조세인하를 통한 기업경쟁력의 제고, 산업구조조정, 권력의 지방이양 등을 포함한다. 그리고 신자유주의자들은 세계화의 흐름에 힘입어 한 국가를 넘어서 세계수준에 적용되는 이데올로기를 지향한다.

신자유주의는 원래 경제학적 개념이며, 하이예크(F. Hayek) 등 신고전학파의 주장과 연결되고 있다. 그러나 신자유주의는 반드시 경제학적 영역

---

121) Sibley, op.cit., pp.500 – 501에서 발췌인용.

에만 머무는 것이 아니고, 정치적 내지 철학적 영역에까지 걸쳐 있는 개념
이다. 신자유주의는 경제학적 측면에서는 무엇보다도 국가의 경제개입이
축소되어 시장의 원리가 국내외적으로 보장되어야 하는 것이 경제적인 합
리성과 효율성을 높이게 된다고 주장한다. 정치적 내지 철학적 측면에서
볼 때, 물론 국가의 경제정책적인 논리도 포함되어 있지만, 또한 자유주의
와 더불어 법과 질서의 존중과 같은 보수주의적 논리도 포함되어 있고, 그
러한 측면에서 오늘날의 정치철학적인 이념으로 생각될 수 있는 것이다.

신자유주의는 현실정치에서 사용되는 이데올로기로서, 보수주의적 신자
유주의의 사상적 경향을 나타낸다고 할 수 있다. 보수주의적 신자유주의가
가지고 있는 도덕적, 윤리적 차원의 보수성과 경제적, 사회적 차원의 개혁
성을 구분하도록 한다. 따라서 신자유주의는 하나의 사상이나 이념이라는
폭넓은 개념이라기보다는 신고전주의 경제학에 입각하여 국가의 역할을 축
소시키고 시장 기제를 확산시키려는 정책 틀(Policy Framework) 또는 정
책적 선택의 개념이라고 할 수 있다.

신자유주의는 1980년대 사회주의권의 몰락과 더불어 등장하였다. 기든
스(A. Giddens)는 사회주의의 몰락과 사회민주주의의 위기 원인은 "사회
주의 경제이론이 늘 자본주의가 쇄신하고 적응하며 생산성을 증가시킬 수
있는 능력을 갖고 있다는 점을 과소평가하였다. 또한 사상이 구매자와 판
매자를 위해 필수적인 자료를 제공하는 정보장치로서 갖는 중요성을 포기
하였다. 이러한 부적합성은 오늘날 세계화와 기술발전이 강화되는 과정에
서 확실히 드러났다"고 주장하였다. 신자유주의의 등장은 자본주의적 적응
능력의 한 단면이라 생각되며, 또한 개인의 동기부여 측면에 대한 좀더 적
극적인 강조의 산물이라 생각된다.122)

오늘날 신자유주의 이념의 전 세계적인 확산은 과학과 정보통신의 발달,

---

122) 박채용, 앞의 책, 825-827쪽에서 발췌인용.

그에 따른 세계화의 물결, 그리고 자유무역의 확대와 밀접히 관련되어 있다. 또한 구체적으로 각국의 신자유주의 정책은 경제적인 효율성과 부의 양적인 증대를 가져오지만, 국내수준의 사회적인 빈부의 격차 또한 세계적으로 확산되어 부의 국제적인 불균등 현상을 가속화시키고 있다. 그리고 신자유주의는 뒤에 살펴볼 신보수주의 흐름과도 밀접히 관련되어 나타나고 있음을 볼 수 있다.

4절 보수주의(Conservatism)

1. 보수주의의 기원

고대와 중세의 몇몇 사상가들이 포괄적인 의미에서 보수주의자로 불릴 수 있겠지만, 근대 보수주의의 시초는 그들이 산업혁명의 초기 국면과 세계를 뒤흔든 프랑스 대혁명에 직면했을 때, 半봉건적인(semifeudal) 지주계급의 생활방식에 대한 태도와 불가분의 관계를 맺고 있었다. 그래서 근대 보수주의의 기원은 마키아벨리에서 루소에 이르는 정치사상사의 특징인 개인주의에 대한 거부와 아주 밀접히 관련되어 있다고 할 수 있다. 흄(David Hume, 1711−1776)은 근대 보수주의 사상의 기초를 제공하는 데 도움을 주었다.

그러나 그 시초의 가장 커다란 인물은 에드먼드 버크(Edmund Burke, 1729−1797)였다.[123] 아일랜드에서 태어난 그는 오랫동안 영국 하원 의원이었다. 후에 그는 브리스톨(Bristol) 지역구의 의원이 되었으나 지역구 주민에 대한 독립적인 태도를 가졌고, 그것이 그의 대의정치사상의 한 측면을 구성하였으나 그것은 그의 의원직을 상실케 하였다. 그는 식민지 미국

---

123) 버어크의 정치철학이 제기하고 있는 문제들에 대한 연구는 그동안 꾸준히 진행되어 왔다. 비교적 오래된 것으로는 William Hazlitt, *Political Essays* (London: W. Hone, 1819) 등이 있고, 좀더 근대의 것으로는 Charles Parkin, *The Moral Basis of Burke's Political Thought* (Cambridge University Press, 1956) 등이 있다.

의 혁명에 대한 영국 정부의 태도를 공격하였다. 미국을 강제할 법률적인 권리는 있지만, 그러한 권리의 사용을 정부는 삼가야 한다는 이유에서였다. 버크는 또한 의회의 대의 시스템의 어떠한 변경에도 반대하였다. 그 체계는 수 세기 동안의 진화의 산물이고, 깊은 문화적 뿌리 때문에 공동체를 실제로 대표하고 있기 때문이라는 것이다.

1789년 프랑스 혁명이 터졌을 때, 버크는 곧 이에 반대하였다. 그는 거기서 프랑스 국가의 역사적 계속성이 급격히 깨지는 것을 보았고, 그리하여 참담한 결과를 가져올 것으로 보았기 때문이었다. 그에게 있어 혁명은 18세기 사상의 특징인 잘못된 연역적 사고의 산물이었다.

구휘그당이 젊은 윌리엄 피트(William Pitt)의 추종자들과 동맹을 맺고, 찰스 폭스(Charles James Fox)와 같은 사람들에 의해 이끌린 소위 신휘그당과 분리된 것은 1794년의 일이었다. 신휘그당은 혁명에 우호적인 태도를 보인 반면, 구휘그당은 혁명에 대한 버크의 비판에 그들의 생각을 기초하고 있었다. 그의 사망 당시 버크는 혁명에 반대하는 모든 것의 상징이 되었다. 여기에 더해, 그의 저작들은 근대 보수주의 사상의 특징이 되는 일련의 이론들을 기초하였다.

버크의 사상은 그가 정치에 있어 추상적 사유와 형이상학이라고 부른 것에 대한 강력한 반대를 나타냈다. 모든 정치적 이론들은 구체적인 경험의 견지에서 보아야 하고, 수용될 수 있는 언명으로부터의 논리적인 연역이라는 단순한 이유로 받아들여서는 안 된다고 그는 주장하였다. 그래서 의회는 식민지 미국에 과세할 추상적 권리를 갖고 있지만, 그 권리의 행사가 수 세기 동안 세워진 많은 귀중한 관계를 파괴하지는 않는지 되물을 필요가 있다는 것이다. 의회는 추상적으로 어떤 바람직한 법률을 통과시킬 수는 있으나, 모든 상황에서 그 권리를 행사하는 것은 아주 어리석을 수 있는 것이다. 그렇기 때문에 또한 의회의 개혁을 주장하는 사람들은 그들의 제안이 영국 국민의 경험에 적당한 것인지를 자문해 보아야만 한다. 말하자면, 도덕과 정치의 모든 이론들은 다음과 같은 두 가지 의문을 충족시켜야만 한다. 그것들이 일반적으로 인간의 본성에 맞는가, 그리고 그것들이 관습에 의해 조절된 인간의 본성에 맞는가?

자연스럽게 버크는 모든 계약이론의 지도적인 반대자가 되었다. 버크에게 계약은 죽은 자, 산 자, 그리고 아직 태어나지 않은 세대 사이에 있었다. 인간은 사회 속으로 태어났고, 분리된 개인으로 인식되어서는 안 된다. 흄처럼 버크는 지속적으로 사유에 있어 역사와 경험에 호소하고 있는 것이다. 헤겔과 마찬가지로, 그는 수 세기 동안 계약론과 기타 개인주의 사상가들이 무시해온, 정치적 판단의 기초로서 역사의 부활을 강조하였던 것이다.

형이상학적 사고를 거부하였기 때문에, 버크는 그 지침으로서 선입견과 전통에 눈을 돌렸다. 아무리 당치않은 관습이라도 민족의 정신에 맞는다면 그것은 보전되어야 한다고 그는 말하고 있는 듯하다. 정치적 사회는 어떤 집단의 신중한 행동을 초월하는 습관적 패턴, 선입견 그리고 전통에 의해 함께 모인 것이다.

종교는 버크에게 어떤 시민사회에 필수적인 선입견의 가장 훌륭한 예였다. 전통적인 종교에 대한 의문은 그의 의지에 반하는 무한정한 토론의 가장 뚜렷한 예였다. 영국 헌법은 기존 종교와 밀접히 관련되어 있다고 그는 주장하였다. 그것은 열정적으로 종교의 전적인 박멸을 추구한 프랑스의 합리주의 철학자들에 대한 가장 신랄한 비판가들 가운데 한 사람이었다.

결국 시민사회에 대한 설명과 정책에 대한 안내로서의 선입견에 대한 버크의 접근은 그가 구별한 평화와 진실 사이의 가능한 갈등에 의존하고 있다. 그는 전자에 큰 가치를 두고 있기 때문에, 진실이 평화를 주름지게 할 가능성 혹은 불가능성을 널리 퍼뜨려야 하는 것인지에 대한 중요한 검증을 만들어 냈다. 진실은 고작해야 불확실한 것이고, 반면에 안정적인 평화의 존재는 의심될 수 없는 사실이었다.

확신컨대, 버크는 모든 개혁에 반대한 것은 아니었다. 그리하여 그는 가톨릭 해방을 주창했고, 궁정의 많은 명예직의 폐지를 제안하였다. 그러나 그의 판단으로, 개혁은 천천히 이루어져야 하고, 국가의 근간을 흔들어서는 안 되며, 대다수 기본적인 선입견에 반하는 것이어서는 안 되었다. 버크가 풀지 못한 과제들 가운데 하나는 합법적인 개혁과 비합법이라고 간주될 수 있는 것 사이의 구별을 어떻게 하느냐 하는 것이었다. 가톨릭에 대한 탄압은 아주 오래된 것이고, 의회의 부패하고 전통적인 지역구에 기반을 둔 것이었다. 버크는 전자의 폐지를 주장하면서, 후자의 개혁에는 반대하였다. 그러나 추상적인 사유에 대한 불신과 더불어, 그 기준을 세우기란 그에게 아주 어려웠던 것 같다.

대의 이론에 대한 그의 태도에서 우리는 자유주의적 태도의 전개와 뚜렷이 대비되는 것을 볼 수 있다. 우리가 살펴보았듯이, 후자는 로크 시대로부터 20세기에 이르기까지 인구에 따른 실제적인 대표성과, 간혹은 비례 대표성을 강조하는 경향이었다. 반면에 버크는 공동체는 스스로 선출한 대표를 통해 대변할 필요가 없고, 그 진정한 뜻은 전통적인 귀족이나, 민족 정신에 뿌리를 갖고 공동체 정신을 이해하는 소그룹에 의해 반영되는 것이 더욱 바람직할 수 있다고 주장하였다. 이러한 견해는 '효율적' 대의 이론이라고 불리게 되었고, 어떤 역사적 조건 아래서는 소수의 규율화된 공산당 집단이 국가의 진정한 뜻에 대한 가장 훌륭한 해석자가 된다는 레닌의 사상과 놀라운 유사성을 가지고 있다.

버크에게는 또한 재산과 그것의 수호에 대한 강력한 강조가 있었다. 재산은 심지어 능력보다 국가 운영에 있어 더 큰 비중이 두어져야 하는 것이었다. 능력과 대조적으로, "재산은 완만하고 느려터지며 소심하고," 따라서 항상 그것을 차지할 준비가 되어 있는 약삭빠른 사람들에 대비해야만 하기 때문이었다. 재산에 대한 강조에 있어, 버크는 또 다른 18세기의 보수주의자 존 아담스(John Adams)를 생각나게 한다. 전통적인 재산 관계에 대한 대다수의 옹호자들처럼, 그는 물질적 재화가 본래 어떻게 얻어지게 되었는지를 묻지 않고 있다. 오래된 전통과 관습에 의해 그 결과가 정당화된다면, 심지어 도적조차도 정당화되는 것으로 나타날 것이다.

버크가 민주주의자가 아닌 것은 명백하다. 그에게 사람들의 의무는 그들의 권리보다 더욱 중요하다. 그들의 의무는 단순히 입법에 의해서만이 아니라, 더욱 중요하게 모든 특정 국가의 정신에 의해서 규정된다. 대표자는, 선거과정을 통해 공동체에 의해 선출되었더라도, 지역구민의 인기에 영합하여 투표하는 단순한 대변자가 되어서는 안 된다. 오히려 그는 자신의 직관과 경험에 따라 투표권을 행사해야만 한다.

역사적으로 볼 때, 버크는 계약이론의 중요한 한계를 강조하면서, 18세기 정치사상에 적지 않은 영향을 끼쳤다. 19세기와 20세기 보수주의 사상에 끼친 영향 또한 엄청난 것이었다. 사실상 그는 직·간접적으로 19세기 낭만적 보수주의 형성을 도운 영국 보수당을 기초하는 데 도움을 주었다. 추상적 사유를 거부하면서, 그는 그의 시대로부터 오늘날에 이르기까지 인간의 사유 능력에 존재하는 변화와 확신부족을 불신하는 모든 정치적 운동을 일깨우는 데 도움을 주었다.[124]

2. 현대 보수주의의 흐름

버크 이후 프랑스 혁명에 대한 반대는 그의 견해와 유사성을 갖는 몇 가지 중요한 사상적 흐름을 탄생시켰다. 거기에는 메스트르(Joseph Marie de Maistre, 1753 – 1821)와 보날드(Viscount de Bonald, 1754 – 1840)와 같은 사람들의 저작 속에 반영된 소위 '가톨릭 보수주의'가 있었다. 드 메

---

124) Sibley, *Political Ideas and Ideologies*, pp.502 – 504.

스트르는 18세기 비난자들에 대항한 중세의 중요한 수호자로서, 그리고 무엇보다 교황권 부활의 옹호자로서 프랑스 혁명에 대한 가장 거대한 비판자들 가운데 한 사람으로 등장하고 있다. 그에게 있어, 세계의 질서와 안정에 대한 유일한 희망은, 혁명에 의해 고삐가 풀린 자유주의적 민족주의의 힘을 제어할 수 있는 교황권의 확장에 놓여 있었다. 드 보날드는 왕정을 완전히 폐지하려고 했던 혁명적 전통 속의 사상가들에 대항한 열렬한 왕정 원리의 수호자가 되었다.[125] 가톨릭 보수주의는 또한 교황 피우스 9세(Pope Pius IX, 1846–1878)의 가르침에 의해서도 구현되었다. 그는 자유주의자로서 주교직을 시작하였지만, 1848년의 혁명에 놀라 보수주의적 견해로 재빨리 돌아섰다. 1864년에 발행된 그의 칙령 'Quanta Cura'와 'Syllabus of Errors'에서 피우스는 교회는 국가와 분리되어야 한다, 국가는 한 종교를 선호해서는 안 된다, 표현과 출판의 자유가 보장되어야 한다, 그리고 교황은 근대의 진보와 문명에 적응되어야 한다는 언급들을 자유주의적 '오류'라고 비난하였다.

19세기 전반기의 많은 보수주의는 중세에 대한 증대된 관심과 관련이 있었다. 18세기는 중세를 완전한 미신의 시대로 경멸하는 경향이 있었다. 19세기의 보수주의자들은 이러한 18세기 사상의 모든 것에 저항하면서, 많은 철학자들로부터 행해진 불명예로부터 중세를 구출해야겠다는 의무감을 느끼고 있었다. 보수주의자들의 관점에서 계몽은 계몽된 것이 아니었다.

중세에 대한 찬양은 산업주의에 대한 거부와 농업적 삶의 방식에 대한 재평가가 수반되었다. 산업혁명이 토지를 소유한 귀족들의 경제적이고 정치적인 권력 기반을 침식함에 따라, 보수주의자들은 구질서를 회복하려는 경향을 가졌다. 반면 자유주의자들은, 우리가 이미 보아왔듯이, 불가분 새로운 것과 연계되어 있었다.

---

125) 메스트르와 보날드 등 보수주의자들의 사상에 대한 간략한 소개는 김계수, 앞의 책, 제18장 '보수주의와 반동적 정치사상' 부분을 참조할 것.

　실제로 농업사회에 대한 보수주의와 산업주의에 대한 자유주의의 관계는 19세기와 이후 세대에 어떤 일정한 논리를 가지고 있었다. 변화에 대한 회의가 보수주의의 특징이라면, 결국 가장 적절한 환경은 변화의 절박성이 그다지 크지 않은 (농촌적) 삶의 방식일 수도 있을 것이다. 이에 비해, 산업주의하에서 변화는 고유한 것이 된다. 이러한 점에서 산업주의의 발전은 정치철학으로서 보수주의를 점차 고루한 것으로 만들어 왔다.

　19세기 자유주의와 보수주의 사이의 충돌은 다양하게 조명될 수 있다. 첫째, 보수주의적 기질은 공리주의적 도덕과 정치에 강력히 반대하였다. 그것은 인간의 본질과 인간이 직면한 선택의 딜레마에 대한 과도한 단순화로 간주하였다. 더구나 공리주의는 인간을 단순한 경제적 피조물로 보는 경향이 있었다. 둘째, 보수주의는 개인보다 가족을 중요시하였다. 셋째, 그것은 대다수 자유주의가 제국이 더 이상 존재하지 않는 날을 기대하고 있었던 반면, 제국주의 전통에 대한 일종의 옹호자가 되었다. 넷째, 자유주의가 불가지론을 가진 사람들에 의해 지지되거나, 교회가 국가와 공식적인 관계를 가져서는 안 된다는 생각을 가진 사람들에 의해 지지된 반면, 보수주의는 국가 생활의 중요한 요소로서 종교를 유지하려는 경향을 가졌다.

　19세기 보수주의의 역사 속에서, 공장 입법에 대한 자극의 많은 부분이 자유주의자가 아니라 보수주의자들로부터 나왔다는 사실을 적시함으로써, 이러한 종류의 태도는 잘 조명될 수 있다. 샤프테스베리 백작(Earl of Shaftesbury, 1801−1885)과 같은 사람들은 국가에 대한 토리 당 견해를 이어받으면서, 경제생활의 수준을 설정하는 것이 법률의 의무라고 생각하였다. 바로 그때 공리주의적 자유주의자들은 자유 기업의 근거를 변론하고 있었다. 모든 보수주의자들이 샤프테스베리의 견해를 따른 것은 아니지만, 많은 사람들이 사회주의에 가까운 토리주의(Toryism)는 상당한 진실을 갖는다는 허버트 스펜서의 언명에 지지를 보냈던 것이다.

　경제 입법에 대한 보수주의적 지지의 토대는 주인이 '그의 하인'을 돌본다는 중세적 전통에 뿌리를 두고 있었다―이러한 '귀족적 의무(noblesse oblige)' 개념은 그리하여 국가와 산업화 과정의 프롤레타리아 희생자 사이의 관계에 적용되었다. 프롤레타리아는 희망이 없고, 오직 공공적 권위의 도움만이 그와 그의 가족을 보전할 수 있다. 여기에서 권위와 위계에 대한 보수주의적 강조는 특히 두드러진다. 그리고 그것은 국가 간섭에 대한 자유주의의 이념이 자주 머무르는 공리주의적 기초와 날카롭게 대비되고 있다.

곡물법(Corn Laws)에 대한 폐지는 보수주의자 로버트 필 경(Sir Robert Peel)에 의해 추진되었지만, 19세기 중엽의 보수주의자들 대다수는 자유무역 이념에 전적으로 반대 입장이었다. 폐지 반대론자들은 농업은 유기적인 국가의 근간이며, 자유무역은 산업주의의 이해 속에서 그것을 파괴할 것이라고 주장했다. 보수주의적 견해와 삶에 대한 농업적 방식은 역사적으로 관련되어 있었고, 이러한 경우는 예외가 없었다. 곡물법의 폐지와 더불어, 산업주의는 실로 큰 자극을 받았고, 자유주의는 그것과 함께 발전해 나갔다.

뒤에 벤자민 디즈렐리(Benjamin Disraeli)와 같은 영국의 보수주의자들은 제국주의적 요구를 강력히 지지하는 경향을 나타냈고, 발전의 필요에 따른 식민지 권력의 의무라는 관점에서 그것을 생각하는 경향을 보였다. 세기말 제국주의는 제국주의 보호관세에 의해 대영제국이 보호되어야 한다는 청원을 낸 시인 키플링(Kipling)에 의해 잘 조명된다. 그리고 미국에서는 미국의 의무는 전쟁의 성과를 받은 그곳 국민들에 대한 개명과 교육이라는 보수주의적 주장이 있었다.

한편 자유주의자들이 점점 경제문제에 대한 국가 간섭의 보호막을 치고, 사회주의가 점차 현실정치의 영역으로 들어옴에 따라, 대다수 보수주의는 간섭이 너무 지나치다고 주장하는 것으로 나타난다. 그리하여 영국에서는 1차 대전 이전의 보수주의자들이 로이드 조지(Lloyd George)의 자유주의적 과세수단에 반대하고, 사회복지의 팽창에 대한 점증하는 압력 대부분에 반대하고 있다. 아마도 우리는 신중함과 개혁에 대한 의문이라는 보수주의의 정신이 어떤 점에서는 그 역사적 요소의 또 다른 것-귀족적 의무와 높은 권위의 요구와 같은 것에 대한 트집이라고 말할 수도 있을 것이다. 어느 정도 19세기 초에 샤프테스베리와 같은 사람들은 자유주의자들에 대항해 국가 간섭을 주장하였던 반면, 20세기 초에 이르러 보수주의 지도자들은 경제질서에 대한 국가의 간섭에 의문을 나타냈던 것이다.

그러나 그들은 19세기 초기의 견해를 완전히 버리지는 않았다. 현실정치에서 그들은 1차 대전 이후 점증하는 국가 소유와 간섭에서 사회주의자들과 경쟁하고 있다. 그리하여 1926년에 있었던 영국의 전력산업에 대한 매각은 보수주의 정부의 산물이었다. 그리고 2차 대전 이후 노동당 정권을 계승한 보수주의 정부는 그들 선임자들의 사회주의적 조치들을 거의 폐기하지 않았다.

간혹 보수주의는 역사적으로 민주주의적 주장에 적대적인 것으로 운위되지만, 이러한 언명은 신중한 고려 없이 행해져서는 안 된다. 버크가 프랑스혁명의 민주주의에 반대하였고, 보수주의자들이 대체로 의회 개혁을 주장하는 사람들의 주장을 거부했던 것은 사실이다. 그러나 다른 한편, 국가 공동체의 유기적 성격과 정부와 국민 사이 이해의 공유의 중요성을 강조하는 보수주의 정치철학은 토리 민주주의의 기반을 제공하였다. 그리고 영국의 보수주의 정부는 1867년 투표권의 실질적 증대에 적극적이었다.

미국의 경우는 유럽 특히 영국에서와 같은 보수주의 전통이 결코 있지 않았다는 주장이 제기되어 오고 있다. 사실상 모든 미국인들은 자유주의자들이라고 이러한 주장은 밝히고 있다. 이러한 주장은 적어도 유럽의 보수주의가 역사적으로 지주귀족의 半봉건적(semifeudal) 삶의 방식에 대한 수호와 관련되어 왔다는 전제에 기초하고 있다. 미국은 봉건적 구조를 전혀 갖지 않았기 때문에 이러한 정의상 보수주의는 존재해 오지 않고 있다.

그러나 보수주의를 인간 본질에 대한 의심과 개혁에 대한 두려움을 갖는 정치적 기질로 본다면, 거기에는 확실히 어떤 중요한 보수주의적 흐름이 존재해 오고 있다. 많은 점에서 칼훈(John C. Calhoun)과 같은 사람들의 정치적 견해는 이러한 의미에서 보수주의였다. 자연적인 노예제도에 대한 아리스토텔레스의 언급과 일종의 예정된 사회적 종속의 이념에 대한 수호자로서, 그는 어떤 측면에서 버크를 생각나게 한다. 단순한 다수의 지배에 대한 강력한 불신과 일치된 다수의 지배에 대한 신봉은 그를 자유민주주의의 거센 흐름에 반대케 하였다. 또한 미국의 헌법이 한번 채택됐으면 그것은 수세대 동안 폭넓게 존중되고 변경되어서는 안 된다는 주장은 아주 교훈적이다. 오늘날 대다수 미국인들이 갖는 헌법에 대한 경외심은 그것을 성스러운 문헌으로 만들고 있고, 그것은 확실히 미국 국민들에게 일종의 실질적인 버크주의(Burkeanism)를 반영하고 있는 것이다.

2차 대전 이후 미국에서는 새로운 보수주의 현상을 나타냈다. 버크의 사상을 현대 특히 미국적 조건의 분석에 적용하려는 움직임이었다. 새로운 보수주의—러셀 커크(Russell Kirk)와 같은 사람들에게 반영되고 있는데—는 흔히 공허하고 모순된 것처럼 보였지만, 거기에는 어떤 공통의 주제가 존재해 오고 있다.[126] 그 가운데 하나는 버크처럼 전통에 큰 가치를 부여하는 것이었다. 러셀 커크는 "우리는 묘지를 통해 생각해야만 한다"고 말한 바 있다. 또한 전체적인 미국의 역사학계는 경제와 갈등 이론에 비판적이면서, 미국적 경험에 대한 더욱 유기적이고 애국적인 해석을 보전하려 하였다. 이러한 견해의 대부분은 역사적으로 보수주의라고 생각되는 가치들을 가지고 있다. 예를 들면, 미국 역사에 대한 폭로에 의문을 가지며, 미국 역사의 유기적 계속성을 강조하였다. 그것은 심각한 갈등이 이러한

---

126) 러셀 커크가 가장 강조한 주제는 '질서(Order)'라고 말할 수 있다. 정치사상 연구에 있어 '질서의 문제'에 대하여는 본인의 졸문 「1840년대 러시아의 질서관에 대한 연구」(한국외대 대학원 박사학위논문, 1998)의 제1장 '서론' 부분을 참조할 것.

계속성을 뒤흔들지는 않았다고 주장하였다. 또한 2차 대전 이후 월터 리프맨(Walter Lippmann)과 같은 사람들의 저작들은 대중 행동에 대한 전통 억제의 중요성을 강조하고, 엘리트주의적인 위계적 원리를 강조하면서 보수주의적 전통을 보여주어 왔다.

한편 20세기 소비에트 공산주의와의 이데올로기적 투쟁 속에서, 서방 세계의 많은 이들이 서구 문화의 전통적 가치라고 생각한 것에서 피난처를 찾았다. 이러한 가치 위에서 그들은 추상적 합리주의, 반종교적 성향, 그리고 마르크스주의의 유물론에 투쟁할 만한 전투적 이데올로기를 만들 수 있을 것으로 생각하는 것으로 나타났다.

그러나 2차 대전 이후의 자칭 보수주의는 그 사상의 궁극적인 기초에 있어서 전혀 분명하지가 않았다. 예를 들면, 미국에 있어서 보수주의 정신과 보수주의자들에 의해 지지된 특별한 공공정책 제안 사이의 구별이 없었다. 보수주의자들은 역사의 과정 속에서 모순된 정책 제안을 벌여온 많은 부분에 대한 경각심의 부족 현상을 보여 왔다. 그리하여 많은 미국의 보수주의자들이 뉴딜 정책에 대한 단순한 공격을 보여 왔고, 모든 비시장 경제에 비난을 해왔으며, 이와 더불어 또한 적잖이 역사적 보수주의자들은 자유시장 경제에 깊은 의심을 보여 왔던 것이다.[127]

3. 보수주의와 자유주의

정치적 견해로서 근대의 자유주의와 보수주의는 어떤 공통의 특징을 나타내고 있다고 말할 수 있다. 여기서는 대체로 세 가지 점을 살펴보기로 하겠다.

---

127) Sibley, op.cit., pp.504−507.

첫째로 자유주의와 보수주의 그 어느 것도 확실한 정치사상이라고 말할 수 없다는 것이다. 이들 각각은 다른 것들을 배제하고 일련의 밀접히 관련된 전제들을 함께 묶은 것이라기보다는 다소간 하나의 '추세'라는 것이다. 그래서 보수주의는 추상적 이성에 의문을 가지면서도 이성을 완전히 배제하고 있지는 않다. 자유주의는 개인의 자유를 강조하고 개혁의 가능성을 역설하면서도, 집단에 대한 개인의 의존과 경험의 가치를 전적으로 거부하지는 않는다. 또한 실질적인 정책에 있어서, 자유주의와 보수주의는 모두 환경의 우연성과 그것에 대한 평가를 떠나 기존의 방법과 태도를 지지한다. 더 나아가 각각의 흐름 내에는 폭넓은 다양성이 존재해 오고 있다는 것이다.

자유주의와 보수주의가 확실히 짜여진 체계라기보다는 추세에 가깝기 때문에, 우리가 살피려는 두 번째 특징은 전혀 놀라운 것이 아니다. 양자의 정신은 어느 정도 보수주의도 아니고 자유주의도 아닌 정치운동과 사상체계에 반영된다. 그래서 몇몇 헤겔주의자들은 보수주의적이고 다른 사람들은 자유주의적이다. 심지어 사회주의 운동 내에도 보수주의와 자유주의가 스며들어 있다. 달리 말하면, 양자는 구체적인 정치철학을 구성하고 있지만, 그들의 일반적인 견해는 표면적으로 이름 붙여진 철학이나 정당을 초월하고 있다고 할 수 있다.

마지막으로, 확실한 정치철학과 구체적인 운동으로서 자유주의와 보수주의는 근대 서구사회의 특징인 재산체계의 기본요소들을 수용하는 데 하나가 되어 왔다는 점을 지적할 수 있다. 양자는 때로 어떤 특별한 환경 속에서 그러한 체계를 수정하려고 했으나, 그 뿌리와 가지에 도전하지는 않았다. 실제로 적어도 19세기 동안 자유주의는 기본적으로 중간계급의 이데올로기였다. 그리고 보수주의는 더욱더 몰락해 가는 중세적 제도의 수호자가 되었다. 밀과 같은 사상가들에게서 재산제도에 대한 근본적인 비판이 시작된 것은 사실이다. 그러나 이것은 그의 생애 후반에 일어났고, 일반적인 법칙에 대한 예외로 간주될 수 있다. 대부분 어떤 재산에 대한 체계는 심각한 도전이 없는 것으로 간주되고 있다. 그리고 보수주의자들과 자유주의자들 모두는 이런 관점으로부터 그들의 정치체계를 살펴나가고 있는 것이다.[128]

4. 신보수주의(New Conservatism)

오늘날 신보수주의는 근대자유주의에 대립하여 유럽의 전통적 질서를 옹호하기 위하여 성립한 보수주의가, 역사적으로 자유주의의 승리를 통해 확립된 서유럽의 전통과 타협, 진보주의에 반대하고, 재확립된 유럽의 자유주의적 전통을 보존하려고 하는 새로운 보수주의적 흐름을 말한다.

신보수주의는 국가적 관점으로 보고 있다. 신보수주의는 오늘날의 상업사회와 복지정책의 가치를 비판한다. 전자는 반물질적 관점에서, 후자는 반국가주의적 관점에서 신보수주의자들은 물질주의, 인류평등주의, 국가에 있어 개인의 구제를 반대한다. 그러나 신보수주의는 그들의 반복지주의를 오직 상업보수주의에서 지원을 구하기 때문에, 그들은 그들이 싫든 좋든 실용적 차원에서 상업보수주의의 지원자가 되었다.

2차 세계대전 후에는 자유주의자나 보수주의자나 복지국가에 대해서는 대체로 찬동하였다. 그러나 복지국가에 관한 이해의 관점은 달랐다. 미국의 자유주의자들은 미국의 존슨 대통령이 그의 '위대한 사회' 계획에서 제안했듯이 정부의 역할을 강화하려고 하였다. 이에 비해 보수주의자들은 닉슨 대통령의 교육·복지정책의 경우처럼 기존의 자유주의적 계획을 수행하려고 하였다. 그러나 1970년대 말에서 1980년대 초에 이르러 변화를 가져

---

128) Ibid., p.512.

왔다.

1979년 영국 보수당의 마거릿 대처(Magaret Thatcher)가 영국의 수상이 되었고, 미국은 공화당의 로널드 레이건(Ronald Reagan)이 미국의 대통령이 되었다. 영국과 미국의 새 정부는 기존의 복지국가 정책에 의문을 제기하였고, '복지적 자유주의(Welfare liberalism)'에 근본적으로 반대하는 이데올로기를 만들어 나갔다. 이러한 일련의 추세가 말하자면 신보수주의 이데올로기라고 할 수 있다. 신보수주의의 주요 주장은 경제의 자율화, 정부의 분권화, 공공부문의 축소, 데탕트에 대한 불신 등이다.[129]

한편 오늘날 미국의 보수주의는 영국의 보수주의와는 다르게 전개돼 오고 있다. 미국의 신보수주의는 제2차 세계대전 이후 자유주의와 전체주의에 대한 환멸에서 출발하여 과거에는 인기가 없었던 보수주의에 점차 활력소를 제공하게 되었다. 미국의 보수주의자들은 유럽의 보수주의자들과는 달리 공통적으로 개인주의, 자조정신, 사유재산의 중요성, 자유기업 정신, 제한정부의 정치이념 등의 복합적인 의식구조에 바탕을 두고 있었다.

이렇게 미국의 보수주의는 유럽적인 공동체 의식보다는 개인의 자유를 중시하는 '자유주의적 보수주의'의 방향으로 전개될 수밖에 없었다. 이러한 면에서 미국의 신보수주의는 자유주의적 보수주의의 범주에 넣고 생각할 수 있다. 신보수주의 속에서도 버크사상에 가까운 고전적 보수주의가 존재하고 있지만, 자유주의적 보수주의가 대세를 이루고 있다고 볼 수 있다. 미국의 신보수주의자들의 주된 관심은 미국사회에 있어서 정부의 역할을 축소시키는 대신 진보의 일차적인 힘으로써 개인적 이니셔티브와 자유시장 제도의 좀더 폭넓은 운용을 보장하는 것이다. 요컨대 그들이 옹호하는 것은 초기의 좀더 순수한 자유주의적 이데올로기의 부활이라고 할 수 있다.

---

129) 박채용, 앞의 책, 762-763쪽.

제5절 민족주의(Nationalism)

1. 민족주의의 전개

근대 민족주의의 기원은 절대군주제도가 성립된 17세기까지 소급해 올라가야 한다. 16세기까지 유럽은 국가 권력이 군주에 집중되어 있지 않고 지방 영주에 분산된 봉건적 질서 속에 있었다. 봉건 영토에 거주하는 사람들 간에는 교류가 거의 없었으므로 지방마다 언어와 풍습이 다양하기가 보통이었다. 또한 언어가 같은 경우라도 방언이 심하여 상호간 의사소통이 아주 곤란하였던 것이다. 그러나 17세기에 이르러 강력한 군주가 등장하게 되면서 봉건 영주를 완전히 자기 지배하에 둠과 동시에 국민의 통합을 촉진하였다. 그렇지만 절대군주제 아래에서의 국민은 같은 군주에 예속되는 '신민'이라는 의식 외에 같은 문화와 전통에 의하여 단결된 공동운명체라는 의식이 아직 강하지 못하였다.

그러던 것이 18세기 후반에 이르러서야 유럽의 각 국가에 이와 같은 공동운명체적 의식이 강해지기 시작하였다. 이는 1789년 프랑스혁명 이후 프랑스 정부가 프랑스의 민주주의 혁명사상과 프랑스의 문화를 다른 나라에까지 전파하려 함으로써 크게 자극된 것이었다. 이렇게 프랑스혁명 후에 와서야 비로소 유럽 지역에 민족국가가 등장하게 된 것이며, 이 민족국가의 성립에 사상적 바탕을 제공한 것이 바로 민족주의 이데올로기였던 것이다. 그로부터 국가의 주권은 군주로부터 민족(혹은 국민)에게 이양되게 되었다.

따라서 민족주의가 민주주의와 긴밀한 관련을 갖는 것은 바로 이러한 역사적 배경으로 말미암은 것이다. 그리고 17세기에 국왕의 봉건주의 타파에 적극 협력한 계급은 당시 세력이 강화된 상업 부르주아지였으며, 프랑스혁명 후 민족국가의 형성에 선두에 선 계급은 산업 부르주아지였다. 이 부르주아 계급이 민족주의의 선봉에 서게 된 이유는 17세기에는 봉건계급을 타도하고 중상주의를 추진하기 위하여 절대군주의 협력과 보호가 필요했으며, 18－19세기에 들어와서는 그들이 군주를 몰아내고 직접 국가를 지배하기 위하여 '민족'이라는 명분이 필요했기 때문이다. 사실상 이들 부르주아 계급은 자기들이 시민 전체를 대변하고 있다고 믿었던 것이다. 그리하여 이제는 종교도, 계급도, 인종도 아닌 민족을 단위로 국가를 형성해야 한다는 민족국가 개념의 민족주의 이데올로기가 유럽 전체에 확산되기 시작한 것이다.

1차 세계대전 전까지 유럽의 민족주의 경향은 그 절정에 이르렀다. 1차대전 이후 민족주의 이데올로기는 다소 약화된 듯하였으나, 독일과 이탈리아에서의 파시즘(국가사회주의)의 등장은 다른 국가의 민족주의를 또다시 자극하기 시작하였다. 사실상 양차 세계대전은 어찌 보면 유럽의 민족주의 간의 충돌로 말미암은 것이라고 할 수 있다.

2차 세계대전 후 유럽의 지도자들은 민족주의의 과열이 얼마나 큰 폐해를 가져오는가에 대하여 반성하기 시작했으나, 전쟁의 참상이 가시기도 전에 민족주의는 그 본래 온상인 유럽으로부터 유럽 국가의 식민지배하에 있던 아시아와 아프리카로 퍼지기 시작하였다. 유럽의 민족주의가 제국주의화하여 아시아·아프리카 지역을 식민지화한 후 그들 지역에 민족주의의 씨앗을 뿌린 결과가 되었던 것이다.

서유럽 식민지국가의 식민지 주민에 대한 압박과 착취는 식민지 주민들에게 민족의식을 심어주었으며, 이 민족의식은 곧바로 반식민 운동으로 나

타난 것이다. 그러므로 시기적으로 보아 1차 세계대전 이전을 유럽 민족주
의의 전성기라고 한다면, 1차대전과 2차대전 사이를 제국주의의 시기라고
할 수 있으며, 2차 세계대전 이후는 아시아와 아프리카의 민족주의 시기라
고 할 수 있다.

2. 마치니의 민족주의

근대 민족주의의 성격을 알기 위해서는 19세기 초의 가장 뛰어난 민족
주의자였던 마치니(G. Mazzini, 1805−1872)의 사상을 살펴볼 필요가 있
다. 마치니는 이탈리아의 애국자로서 이탈리아 국민을 하나의 단일 민족국
가 아래 통합시키기 위한 길고도 고통스러운 투쟁 과정 속에서 주도적인
역할을 한 인물이었다. 마치니는 민족자결이 모든 정치적 문제를 해결하는
보편원리라고 믿은 정치이론가이기도 하였다. 그의 이론은 여러 점에서 자
유주의 이데올로기를 민족주의자의 입장에서 해석한 것으로 보인다. 그러
면서도 그 자신은 절대로 자유주의자가 아니었다. 그의 입장에서 보면, 개
인적인 자기추구는 그 어떠한 형태 아래에서도 국가에 대한 명백한 위반
이었다. 그의 유명한 저서 <인간의 의무>도 개인적 권리를 내거는 자유주
의 원칙에 대한 심각한 도전이었다. 그는 이 저서에서 보기 드문 명쾌하고
비타협적인 방식으로 자유주의적 민족주의자의 입장에 내재된 모든 문제점
을 파헤쳤다.

마치니의 사상 속에서 드러나는 자유주의적인 요소는 바로 그의 '범세계
주의'라고 할 수 있다. 자유주의자들은 그들이 한 민족만을 위해서가 아니
라 온 인류를 위하여 행동하고 있는 것이라고 언제나 믿고 있었다. 그들의
궁극적인 목표는 모든 나라가 범세계적인 자유시장의 테두리 안에서 인류
의 복지와 진보를 위하여 평화적으로 협동하는 그러한 민주 국가의 세계

를 수립하는 것이었다. 세계 질서에 대한 마치니의 구상은 비록 그의 신비스런 용어 속에 내재하지만 역시 세계주의적 성격을 다분히 띠고 있다. 그의 이론에 의하면, 신의 섭리는 하나하나 별개의 국가로 구성된 세계를 창조하였으며, 그 속에 각 국가는 마치 이스라엘 사람들에게 신이 베풀었던 것과 마찬가지로 각각 그 자신에게만 속하는 땅을 약속받았다는 것이다. 그러나 이러한 이론은 여러 국가 사이에 적대 관계가 유지되어야 한다는 말은 아니다. 온 인류는 모두 신의 자손이기 때문에 그들은 형제들이라고 할 수 있다. 모든 사람의 일차적인 의무는 신과 인류에게 봉사하는 것이다. 한편 신은 각 나라마다 그들에게 고유한 성격과 재능을 구비시켜 주었다. 각 나라는 신이 그 영토 안에 주신 모든 자질을 이용하여 인류 복지라는 목표에 나름대로 독특한 공헌을 할 수 있는 것이다. 전 인류에 대한 봉사를 위해서만 서로 경쟁하면서 언제나 평화롭게 협동하는 국가들로 구성된 세계란 바로 인류 발전을 위한 하나님 뜻의 구현인 것이다.

마치니가 인류 복지에 대한 비전을 수립하는 데 있어서 자유주의자로부터 많은 것을 빌려 왔음은 명백하다. 그러나 그러한 비전을 어떻게 구현하는가 하는 계획에 이르러 그의 이념은 18세기의 혁명적 이데올로기에 훨씬 가까웠다. 자유주의자들처럼 그에게 있어서도 진보적인 인간의 운명을 가로막는 유일한 적은 전제정부였다. 대부분의 사람들은 그들이 만약 그들의 성향을 따를 처지가 된다면 자신들이 선택한 민족국가 아래에서 신과 인류에게 봉사하려는 것 외에 별다른 관심을 갖지 않을 것이다. 그러나 그러한 세계는 현실에 존재할 수는 없었다. 전제 정부들은 민족의 자연적인 한계를 넘어선 국가에 인간들을 예속시키며, 다른 한편 그들 사이에 대립되는 영토적 야심은 항상 끊임없는 침략 전쟁을 유발시키는 것이다. 이에 대한 해결책은 유럽의 국민들이 궐기하여 신이 정한 계획에 따라 유럽을 재편성하는 도리밖에 없었다. 그러한 해결책을 저해하는 적은 막강하기 때문에 그들을 이기기 위해서는 상당한 노력이 필요할 것이다. 그러나 그로 인한 대가는 그에 소용된 노력보다 훨씬 더 클 것이다. 일단 민족자결의 원칙이 보편적으로 실현되면, 사람들은 더 이상 서로 싸워야 할 이유가 없어질 것이다. 따라서 모든 국민은 평화를 누리며 살게 될 것이고, 그들의 모든 노력은 인류의 공공복리를 위하여 바쳐질 것이다.

마치니는 비록 세계 문제를 다루는 부분에서 마치 자유주의자들처럼 자유와 진보의 개념을 사용하였으나, 마치니와 자유주의자들 사이에 존재하는 듯한 유사성은 실제로는 표면적인 것에 불과한 것이었다. 그가 관심을 가진 것은 어디까지나 민족 집합체의 자유였지 개인들의 자유는 아니었다. 여기에 그 중요한 차이가 있는 것이다. 자유주의자들 역시 평화롭고 진보적인 세계 질서를 기대하였다. 그러나 그들에게 있어 진보의 일차적인 근원은 개인이었지 사회적 집단은 아니었다. 그들이 그리는 세계는 개인과 사상의 자유가 보편적으로 존중받는 세계였으며, 의사의 자유로운 소통을 통하여 지적인 진보가 보장받는 그러한 세계였다. 경제적인 진보도 그와 마찬가지로, 개인 기업에 의해 생산된 재화와 용역이 자연스럽게 교환됨으로써 이루어져야 하는 것이었다. 그러나 개인적 자유를 통한 진보에 대한 생각은 마치니에게는 생소한 것이었다. 마치니에게 있어 진보는 개인적인 문제가 아니라 집단적인 행동의 문제였다. 인류 복지에 대한 기여는 국가적인 기여이며, 한 개인이 인류에게 봉사할 수 있는 방법은 오직 자신의 국가에 대해 봉사함으로써만 가능한 것이었다. 이러한 전제에서 출발하여 마치니는 자유주의적 관점과는 근본적으로 다른 결론을 이끌어 내었다.

그것과 관련된 가장 중요한 예로써, 그는 사상의 자유를 거부하는 것으로 나타났다. 부분적으로 이탈리아의 지역 우선주의에도 두려움을 가지고 있었던 마치니는 국가적 통일에 가장 큰 역점을 두었다. 각 나라는 인류의 진보에 기여하기 위하여 자기 자신의 특별한 자질을 발전시켜야 한다. 따라서 정부의 우선적인 책임의 하나로서 각 정부는 모든 시민들로 하여금 하나의 공통된 국가적 전통을 지니게 함으로써 국민성을 유지하고 발전시켜야 한다. 이러한 목표를 위하여 중앙으로부터 통제받는 교육제도가 요구되며, 빗나간 모든 형태의 사상에 대한 신중한 억제가 요청된다. 진보가 일정한 시기에 나타나는 몇 사람의 새로운 아이디어에 의존한다는 것은 사실이다. 그러한 개인들의 공헌을 억압할 필요는 없다. 그러나 국가적인 의견 통합이 우선적으로 고려되어야 한다. 새로운 아이디어라도 그것이 국가의 총체적인 의견을 저해할 우려가 있을 경우에는 용납되어서는 안 된다. 교육의 목적은 자유로운 사고를 하는 개인을 창조하는 데 있지 않고, 일정한 이데올로기에 세례된 국민을 산출해 내는 데 있다. 그러한 국가적 목표 밑에 개인의 자아 발전이라든지 사회 진보의 모든 요구가 종속되는 것이다.

마치니는 국가적 통합의 문제에 집착한 나머지 경제적 개인주의 이론에 대해서도 동의할 수 없었다. 경쟁적인 경제 제도는 개인의 이기심을 조장하여 형제 사이의 간격을 떼어 놓는다. 그것은 또한 부의 불평등을 유발시킴으로써 한 나라를 적대적인 사회 계급으로 분리시킨다. 이 모든 것은 절대로 용납될 수 없는 것이다. 그러나 경제생활에 관한 한, 교육의 경우에 있어서처럼 중앙정부의 통제가 그 해결책이 된다고 생각하지는 않았다. 그 대신 그는 노동자들에게 그들 자신의 공장과 그 밖의 생산 기구들을 맡기도록 하는 협동적 연합을 형성하라고 주장하였는데, 그러한 제도는 부자와 빈자의 차이를 해소시키고 국민 통합을 조장시킬 수 있다는 것이다. 또한 그는 경제조직은 개인적 경쟁을 근간으로 하는 자유주의적 제도를 폭넓게 개선시키는 것이라고 믿었다. 마치니 사상의 이러한 반자유주의적인 측면이 중요성을 갖게 되는 이유는 그의 저서 <인간의 의무> 속에서, 한편으로는 민족주의의 전반적인 이념을 전개시키면서도, 좀더 직접적으로 이탈리아 노동자 계급의 이익과 요구를 대변하려고 하였다는 점에서 발견된다. <인간의 의무>는 단순히 한 민족주의자가 쓴 소책자였다기보다는 오히려 사회주의에 대한 호소로서 구상된 문헌이었다.

  페인(T. Paine, 1739 - 1809)과 버크(E. Burke, 1729 - 1797)가 각각 자유주의와 보수주의 입장의 대변자였던 것과는 달리, 마치니를 전형적인 민족주의의 대표자라고 할 수는 없다. 아무도 민족 자결로부터 얻어질 수 있는 이득에 대하여 그렇게 유토피아적 생각을 가진 사람은 그 당시나 혹은 그 이후에도 없었으며, 마치니의 반자유주의적인 결론에 대하여도 많은 사람들이 그것을 전부 혹은 부분적으로 거부하였을 것이다. 그가 살았던 이탈리아에서조차 국가 재통일의 목표를 최종적으로 달성한 것은 마치니의 사상을 택한 사람들이 아니라, 카부르의 영도를 받은 자유주의 노선의 피드몬트 군주국이었다는 점은 매우 중요한 사실이다. 마치니의 <인간의 의무>에서 그러했던 것과는 달리, 현실에 있어서 자유주의와 민족주의는 그렇게 서로 대립되는 명제로 나타나지는 않았다. 그러나 두 이론 사이의 대립이 마치니가 생각했던 것처럼 그렇게 절대로 해소될 수 없는 것은 아니었지만, 그것이 기본적인 대립임에는 틀림없었다. 자유주의 운동이 민족 자결의 원칙을 그 안에 채택함으로써 많은 승리를 얻은 것은 사실이었으나, 반면에 그것은 숱한 위험과 직면하게 되었다. 마치니의 민족주의가 지닌 하나의 가치는 바로 그 비타협성과 그 극단성으로 말미암아 그러한 민족주의에 내재한 위험을 표면화시켰다는 데 있을 것이다.130)

3. 트라이취케의 민족주의

  근대 민족주의 정치이론에 대한 또 다른 논의는 독일 베를린 대학의 정치학 교수인 하인리히 폰 트라이취케(Heinrich von Treitschke, 1834 - 1896)에 의해서 행해졌다. 1898년에 발행된 그의 저서 <정치학>은 戰前

---

130) 왓킨스 저, 『이데올기의 시대』 이홍구 역, 93 - 98쪽.

독일 민족주의의 본질적인 이상을 요약하고 있다.

트라이취케는 "국가는 하나의 독립적인 실체로서 법적으로 통합된 국민이다"라고 말한다. 국가는 근본적인 것이고 필요한 것이다. 그리고 인간에게 언어만큼이나 본질적인 것이다. 정부 없는 인류는 생각할 수 없다. 왜냐하면 정부가 없다면, 그것은 이성이 없는 인류일 것이기 때문이다. 국가는 필요악이 아니며, 자연의 숭고한 필연성이다. 각 국가는 귀중한 그 자체의 특성을 가지고 있고, 그 국민의 특징을 표현하고 있다. 국가는 본질적으로 세대 계승에 의해 형성되는 것이고, 지속적인 그 어떤 것이다. 인간을 동물보다 우월하게 만든 것은 바로 세대에서 세대로 전해진 문화의 유산 때문이다. 이것이 재산상속을 정당화시킨다. 민족적 영예의 이상은 세대에서 세대로 전승된다. 그리고 그것은 아주 신성한 것으로서 소중하게 간직되며, 개인으로 하여금 그 신성한 것을 위하여 자신을 희생하도록 강요한다. 참된 애국심은 정치체와의 협조의식 및 선조의 업적을 이어받아 그것을 후손에게 전승시킨다는 의식인 것이다.

국가는 법적, 도덕적 인격을 가지고 있다. 국가는 개인과 마찬가지로 사려 깊은 '의지'를 가지고 있다. 그리고 국가는 상상할 수 있는 한도 내에서 가장 강력한 의지를 가져야만 한다. 국가를 도덕적 책임을 질 수 있는 집단적 인격체로 생각한다는 것이 극히 중요하다. 뿐만 아니라, 각 국가는 명확한 독자적인 특징을 가지고 있고, 이러한 특징은 국가가 원하지 않더라도 버릴 수 없는 것들이다. 그러나 국가를 하나의 유기체로 말하는 것은 잘못된 것이다. 왜냐하면 이러한 자연주의적인 표현양식은 국가에 있어서의 의지적 요소를 무시하게 될 위험성이 있기 때문이다. 국가는 유기체라기보다는 하나의 인격체인 것이다.

국가를 하나의 인격체로 보는 사상은 필연적으로 국가의 다양성을 의미하게 된다. 자아(ego)는 자기 존재를 위해서 그 자신을 주장할 수 있는 반대자아(non-ego)의 대상이 있어야 한다는 것과 같이, 국가도 자체의 힘을 대항시킬 수 있는 대상이 되는 동등한 여타의 독립국가들이 있어야만 한다. 따라서 하나의 세계제국이란 개념은 추악한 것이다. 즉 인류 전체를 포함시키는 광대한 국가 이상은 결코 이상이 아닌 것이다. 신으로부터 부여된 합리성은 여러 다양한 형태로 나타나지만, 각 민족은 제각기 하나의 형태로만 나타날 수 있다.

국가는 국가의지를 전파시키는 전지전능한 힘인 것이다. 그리고 국가의 주요한 과제는 세계적인 계층체계에서 그의 지위를 주장하는 것이다. 국가는 전 국민이 아니라, 국민을 규제하는 대리인인 것이다. 즉 이것은 시민들에게 동의보다도 복종과 굴복을 요구한다. 어떤 국가는 수 세기 동안 국민의 동의 없이 존재할 수 있었다. 그러나 이것은 국민들의 복종 없이는 한시라도 존재할 수가 없다. 국가는 미술원이 아니다. 국가가 인간의 이상적인 열망을 증진시키기 위하여 국가의 강대성을 소홀히 한다면, 그것은 국가 자신의 본성을 거부하는 것이고 멸망하게 될 것이다.

국가는 본질적으로 독립적인 세력이다. 첫째로 이것은 국가를 능가하는 어떠한 권력도 국가는 인정할 수 없다는 뜻이며, 둘째로 국가는 실제적으로 독립적이며 적대세력으로부터 국가를 보호하기 위한 충분한 물질적 자원을 국가가 가져야만 한다는 것을 의미한다.

그러므로 주권은 독립국가임을 나타내는 분명한 기준이나 표준인 것이다. 주권은 유일한 것이어야 한다. 주권 안에 상위와 하위의 권위가 있다고 말하는 것은 어리석은 모순이다. 그러나 주권은 고정적인 것이라기보다는 융통성이 있는 것으로 여겨져야 한다. 국가는 자발적으로 국가 자신을 위하여 조약과 같은 어떤 방식으로 자신의 권력을 제한할 수 있다. 그러나 이러한 제한은 절대적인 것이 아니다. 즉 그 제한은 국가가 원할 때에 한해서만 지속된다. 이러한 이유로 조약은 절대로 국가의 의지에 반하여 국가를 구속할 수 없다. 어떤 국가도 다른 국가에 대하여 자국의 미래를 서약할 수 없다. 국가는 중재자를 모르며, 모든 조약에는 이러한 함축된 유보조항을 붙여서 작성된다.

국제법은 모든 조약이 그 계약 당사자들 사이에 전쟁이 선포되자마자 곧 그 구속력을 상실한다는 점과, 또한 모든 주권국가는 그의 뜻에 따라 전쟁을 선포할 수 있는 의심의 여지가 없는 권리를 가지고 있다는 점을 인정하고 있다. 결과적으로 국가는 조약을 거부할 권리가 있으며, 조약의 효과적인 가치가 상실되자마자 국가는 당연히 그것을 거부할 것이 분명하다. 따라서 국제협정은 결코 자발적인 자제 이상의 것이 될 수 없다.[131]

사회는 인간의 자연적인 불평등성 및 재산과 재능의 불공평 속에서 내포되고 있는 상호의존 상태의 전 영역으로 이루어진다. 이러한 상호의존의 상태 가운데 가장 중요한 것은 경제 조건이다. 사회 내의 본연적이고 불가피한 조직형태는 귀족제이다. 국가가 권력을 잡고 있는 자들과 복종해야 하는 자들 사이의 본질적인 구분을 전제로 하고 있는 것처럼, 사회도 시민들 사이의 사회적, 경제적 신분의 차이를 그 전제로 한다. 요컨대 모든 사회생활은 계급조직에 입각하고 있다. 지구상의 어떤 권력도 본연적으로 그리고 자동적으로 발생한 사회집단의 계급적 특성을 대신하여 새롭고 인위적인 사회조직으로 대체시킬 수는 없다.

소수자가 연구하고 저작하고 그림 그리는 여가를 가질 수 있도록 하기 위하여, 언제 어디서나 대다수의 인간들은 생활의 물질적 기초를 마련하는 데 헌신해야 한다는 것이 존재의 자연법이다. 단순하게 말하면, 대중들은 영원히 대중들로 남아야만 하며, 가정부 없이는 문화가 있을 수 없을 것이다. 그러나 더욱 단순한 생활일수록 진정 더 행복할 수 있을지 모른다. 따라서 이러한 영원한 불평등은 불평거리가 되어서는 안 된다. 계급들 사이의 내전보다 더 무서운 것은 없다. 그리고 오로지 국가의 존재만이 계급들의 대립이 투쟁으로 발전되는 것을 방지할 수 있다.

---

131) 김계수, 앞의 책, 282－284쪽.

여기서 국가의 도덕적 가치는 분명해진다. 국가는 다양한 이해관계를 조화시키는 법적인 단일체이다. 국가는 억제하지 않으면 그를 파괴시킬 난폭한 감정들을 억제시킴으로써, 평화와 질서를 창조하는 것이다. 국가는 세계에 정의와 자비를 가져다준다. 자유주의에서 구체화된 국가에 대한 사회적 견해는 단지 국민의 행복 또는 물질적 복지에만 관심을 두고 있다. 이러한 자유주의의 견해는 돈을 움켜쥐게 하고 정치적 위대성을 상실하게 만든다. 정치적 개념과 그 개념이 조장하는 실제 전쟁은 국민의 힘과 정력을 유지하는 데 기본적인 것이다. 헤겔이 이따금 가정한 것처럼 국가는 국민생활의 총체가 아니고, 국민생활에 대한 절대적이고 필수적인 지지이고 보호자인 것이다. 자신의 지적인 생활을 보존할 국가를 유지시키지 못하는 단체는 멸망하여도 마땅하다고 트라이취케는 강조한다.[132]

4. 민족주의의 전망

근대 민족주의의 최초의 완전한 형태는 17세기 영국에서 생겨났다. 영국은 17세기에 처음으로 유럽사회의 지도국민으로서 등장하였다. 영국은 근대를 특징지웠으며, 전 시대와는 뚜렷이 구별되는 여러 영역, 즉 과학정신과 정치사상 및 정치활동, 상업활동의 분야에서 주도적인 역할을 하였다. 17세기에 있어서 영국 내셔널리즘의 대두는 영국의 상업중산계급의 출현과 때를 같이하였거니와, 양자의 이념은 로크의 정치철학에서 가장 잘 표현되었다. 로크는 인본주의적이며 민족주의적인 견해를 나타내었다.

18-19세기는 유럽에서 민족주의의 시대를 절정으로 이끌어 갔다. 이제 민족주의는 본격적으로 현실정치적인 의미로 사용되기 시작하였고, 특정

---

132) 위의 책, 285-286쪽.

지역사회에서 그들의 공통성을 갖는 집단들이 외부로부터 가해지는 억압으로부터 벗어나려는 집단 그 자체의 자결성을 정치이념으로 정립해 보려는 뜻으로 쓰였다. 민족을 단위로 한 정치, 즉 민족주의의 정치적 주장은 각 민족은 민족을 단위로 하는 민족자결의 정치체제가 가장 정통성을 갖는 정치라고 보았다.

20세기 들어서는 민족주의에 혁명적인 차원을 부가시켰다. 민족주의는 처음부터 정치적으로 혁명적인 운동이었다. 즉 민족주의는 권력을 갖는 자격이 신성한 좋은 혈통이나 세습권에 기초하고 있었던 과거의 합법적인 정부를 전복시키거나 변혁시켜, 전적으로 새로운 국가를 세우려 하였다. 민족주의는 다시 사회적으로 혁명적인 운동이 되었으며, 민족적 단위의 모든 구성원들에게 동등한 기회를 부여하도록 요구하였고, 사회적으로 대우를 받지 못하는 계급에 대하여 복지를 주장하였다. 민족주의의 목표는 계급이 없고 이론적으로 평등한 민족사회의 수립이다. 민족주의는 같은 민족으로 대다수가 구성된 정부를 요구한다. 그들은 정치적 자결주의를 목표로 삼았다. 그들 민족이 다른 민족과 분리되고 구별되며 또한 동등하게 되는 것이 민족주의자들이 내세우는 중요한 요구였다.

오늘날 민족주의를 조망해 보면, 민족주의의 오래된 형태와 새로운 형태 간의 또는 유럽과 비유럽 민족주의 간의 어떠한 근본적인 차이를 드러내지는 않는다. 중요한 차이점들은 언제 어디서나 존재하며, 그것들은 일반적이기보다는 특수하며 개별적이다. 전반적으로 새로운 국가들은 19세기 중부 유럽의 새로운 국가들과 20세기 초반 중동부 유럽에서 나타났던 경향과 문제점들을 그대로 나타내고 있다.

중동부 유럽과 남부 유럽의 이 '서구화'된 나라들 가운데 일부는 당시 하나의 민족 집단으로서 등장하였고, 그 후 수십 년 동안 경제적으로나 사회적으로 후진국이었으며, 봉건적이거나 중세적인 전근대적인 특징을 많이 지니고 있었다. 라틴아메리카 국가들은 민족국가로서는 오래 되었지만, 사회적 후진성은 20세기 중반의 신생국가들과 유사하다. 이러한 국가들은 모두 세계적 추세에 의해 초래되고 있는 심각한 변화를 목격하고 있다. 과학기술의 급속한 발전에 대한 가능성과 이에 대한 열망, 공산주의와 파시즘과 같은 급진적이고 강력한 운동의 경험, 사회 평등과 국가 생활에 있어서 대중들의 능동적 참여에 대한 요구, 인구 폭발과 거대 도시의 성장 등이 그것이다.

세계적 동질성을 증대시키는 이러한 흐름 속에서 민족주의는 그동안 일정한 촉진적 역할을 담당해 왔다. 왜냐하면 새로운 혹은 후진적인 민족국가들의 정책이 오래된 혹은 선진적인 민족국가들을 따라잡으려는 욕구에 의해서 종종 만들어지기 때문이다. 그러나 민족주의는 또한 민족국가를 정치 및 문화 조직의 기본형태로 받아들이는 세계공동체 내에서 사회생활의 오랜 형태를 보존하고 다양성을 강조하는 힘으로도 작용한다.

민족주의와 민족국가는 오늘날까지 국제기구의 기초를 이루고 있다. 미국이 2차 세계대전 이후 성장과정에서 보여준 역동적 변화도 어찌 보면 민족주의에 의해 추진된 것이라고 볼 수 있다. 그것은 그동안 많은 식민지를 민족국가로 순조롭게 전환시키는 데 성공하였는데, 이러한 전환이 과거에는 종종 폭력적인 내란과 장기간의 불안 속에서 이루어졌다. 미국 등 국제사회는 약소국과 강대국 간의 법적 평등의 원칙을 받아들여 모든 국가에 세계 문제에 대해 각각 한 표씩을 행사하도록 보장하였다. 이것은 19세기 강대국 간의 흥정과 같은 방식을 부인하고, 약소국의 권리를 무시했던 20세기의 파시스트를 거부한 것이다.

역사상 최초로 모든 국민과 문명, 그리고 이데올로기가 만나서 유럽의 의회 전통에 의해 개발된 절차에 따라서 그들 간의 차이점을 논의할 수 있는 공개토론장이 유엔에 마련되었다. 유엔은 여러 나라 간 서로 상충하는 민족주의의 극단적인 열망들을 그것들의 본질적인 입장을 인정하면서도 그것을 완화시키려는 희망을 대변한다. 유엔은 또한 외양적으로는 각 민족

국가 간 평등을 유지함으로써 국가들 간의 평화로운 교류를 증진시키는 데 큰 기여를 하고 있다.

21세기 민족주의의 미래를 전망하기란 그리 쉽지 않다. 그것은 점점 더 상호의존적이 되어 가는 세계를 분열시키는 힘, 즉 국제분쟁의 합리적 해결을 어렵게 하는 더욱 험악한 긴장과 일방적이고 독선적인 판단을 초래할 수 있는 힘이다. 한편 민족주의는 어느 한두 개의 강대국이 전 세계 또는 그것의 일정한 부분에 대하여 패권을 장악하는 것을 저지하는 중요한 요소이기도 하다. 그러한 점에서 민족주의는 강요되는 동질성에 대한 거부이며, 다양성, 개성, 집단적 조직들의 자유를 지키는 데 유리한 보루가 될 수 있다.

미래에는 관용과 상호공존의 태도가 민족주의의 다양한 형태 속에서 이전에 민족주의 시대를 특징지었던 정치권력의 호전적 동기를 제거할지도 모른다. 무력충돌의 참혹한 결과에 대한 점증하는 두려움이 그러한 태도의 변화를 가져오는 데 기여할 것이다. 과거 전쟁에 대한 두려움이 모든 유럽 국가들을 지배하였던 때가 있었는데, 그것은 과거 전쟁을 좋아했던 나라에서도 마찬가지였다. 19세기에 전쟁을 초래했던 사건들은 이제 더 이상 결정적 역할을 하지 못하고 있다.

주목할 것은 민족주의와 민족국가의 역할에 대한 대중적 분위기가 오늘날 크게 변화하기 시작했다는 사실이다. 어떤 역사가는 이러한 변화를 유럽의 종교전쟁 시기를 대립된 종교들이 비록 불안하고 의심스러우나 평화롭게 공존하는 시기로 변화시켰던 계몽사상과 관용 정신에 의해 이루어진 변화와 대비하기도 한다. 이러한 변화는 유럽에서 17세기 말에 시작되어 근 2백여 년에 걸친 장기적인 과정을 통하여 일반적으로 받아들였다. 이와 유사한 과정이 21세기에는 더욱 가속화되어, 다양한 문화와 이데올로기로 인하여 대립하였던 민족주의와 민족국가의 시대가 더욱 자유롭고 평등한 민족 간의 공존의 시대로 전환될 수 있을 것으로 보는 것이다.

참고문헌

* 원전은 생략하고 참고한 개설서만을 아래에 밝혀둔다.

A. E. Taylor, *Aristotle* (New York: Dover Publications, 1955)

A. E. Taylor, *Socrates* (New York: Doubleday Anchor, 1953)

Adam Smith, *The Wealth of Nations*(New York: Modern Library, 1937)

Adam Ulam, *The Philosophical Foundations of English Socialism* (Cambridge Mass.: Harvard University Press, 1951)

Arthur E. Morgan, *Nowhere Was Somewhere* (Chapel Hill: University of North Carolina Press, 1946)

Benedetto Croce, *History: Its Theory and Practice*, trans., D. Ainslie (New York, 1960)

Bhikhu C. Parekh, *Contemporary Political Thinkers* (Baltimore: Johns Hopkins Univ. Press, 1982)

C. B. Macpherson, *The Political Theory of Possessive Individualism: Hobbes to Locke* (London: Oxford, 1962)

Charles Parkin, *The Moral Basis of Burke's Political Thought* (Cambridge University Press, 1956)

David Ricardo, *The Works of David Ricardo* (London: Cambridge University Press, 1951)

E. I. J. Rosenthal, *Political Thought in Medieval Islam* (Cambridge: Cambridge University Press, 1958)

Edward R. Pease, *The History of Fabian Society* (London: Burns and

MacEachern, 1963)

Franz Mehring, *Karl Marx: The Story of His Life* (Ann Arbor: University of Michigan Press, 1962)

G. Sabine & T. Thorson, *A History of Political Theory* (Hinsdale: Dryden Press, 1973)

Guido De Ruggiero, *History of European Liberalism* (Boston: Beacon Press, 1959)

H. J. Laski, *The Rise of European Liberalism* (New York & London: Allen & Unwin, 1936)

Isaiah Berlin, *Karl Marx: His Life and Environment* (New York: Oxford University Press,1963)

Jacob Leib Talmon, *The Origins of Totalitarian Democracy* (New York: Praeger, 1960)

Karl Popper, *The Open Society and Its Enemies* (New York: Harper & Row, 1963)

M. I. Finley, *Economy and Society in Ancient Greece*, B. D. Shaw and R. P. Saller (eds.) (London, 1981)

Michael Stocker & Bruce Langtry, "Aristotle and Polity", *Political Thinkers* (Hampshire: Macmillan, 1986)

Mulford Q. Sibley, *Political Ideas and Ideologies* (New York: Harper & Row Publishers, 1970)

Robert C. Solomon & Kathleen M. Higgins, *A Short History of Philosophy* (New York: Oxford University Press, 1996)

Thomas Malthus, *Essay on the Principles of Population* (London, 1798)

W. Carew Hazlitt, *The Venetian Republic: Its Rise, Its Growth, and Its Fall* (London: Adam and Charles Black, 1915)

W. R. Inge, *The Philosophy of Plotinus* (London and New York: Longmans, Green, 1918)

William Ebenstein, *Great Political Thinkers, Plato to the Present*

(N.Y.: Reinhart, 1951)

William Hazlitt, *Political Essays* (London: W. Hone, 1819)

김계수, 『구미정치사상사』(서울: 일조각, 1983)

김재영 외, 『새로운 정치학의 이해』(서울: 삼우사, 2000)

박윤형, 「1840년대 러시아의 질서관에 대한 연구」(한국외대 대학원 박사학위논문, 1998), 『러시아정치사상사』(서울: 문예림, 2000)

박채용, 『서양정치사상연구』(서울: 세계아기 선교출판국, 2001)

박호성 편역, 『사회민주주의와 민주사회주의』(서울: 청량, 1991)

백상건, 『정치사상사』(서울: 박영사, 1982)

정인홍, 『서구정치사상사』(서울: 박영사, 1983)

브라이언 레드헤드 엮음, 황주홍 옮김, 『서양정치사상』(서울: 문학과지성사, 1993)

왓킨스 저, 『이데올기의 시대』, 이홍구 역 (서울: 을유문화사, 1982)

A. 기든스 저, 『제3의 길』, 한상진 외 역 (서울: 생각의나무, 1998)

A. 퀸턴 저, 『정치철학』, 장을병 역 (서울: 종로서적, 1984)

D. 톰슨 저, 『서양근대정치사상』, 김종술 역 (서울: 서광사, 1990)

H. 콘 외, 『민족주의란 무엇인가』, 백낙청 엮음 (서울: 창작과비평사, 1981)

M. 포사이스/ M. 킨스 소퍼 지음, 『서양정치사상입문』, 부남철 옮김 (서울: 한울아카데미, 1993)

제 2 편

동 양 편

제1장 고　대

제1절 儒　家

1. 孔子(기원전 551-479?)

　공자는 기원전 551년경 당시 魯나라의 曲阜에서 가까운 한 촌락의 선비 집안에서 태어났다. 어려서 아버지를 여의고 가난하게 성장하였지만, 15세에 이미 학문에 큰 뜻을 두었다. 그는 일정한 스승은 없었지만 많은 생활기술을 습득하였던 것으로 알려지고 있다. 전설에 따르면, 그는 나라의 말단 관리가 되어 회계와 목축을 담당하여 훌륭한 성과를 거두기도 했다고 한다. 그는 30세 무렵 곡부에서 학원을 열어 위대한 학자로서 세상에 드러나게 되었다. 곡부를 중심으로 하는 이 일대는 선사시대부터 많은 촌락이 있었고, 殷 시대에는 동방의 중심지 가운데 하나로 알려져 있었다. 그것은 이름 그대로 '구부러진 언덕'에 건설된 사방 약 3킬로미터에 이르는 성읍이었다. 공자는 그 서남 구역의 한 모퉁이에 학원을 열었다.

　그 학원에 下士[1] 또는 서민계층의 자제가 몰려들었다. 그 가운데는 선생과 9살밖에 차이가 나지 않는 무뢰배 출신자도 뒤섞여 있었다. 학원의 명성이 높아감에 따라 중류층 자제와 먼 지방에서 온 유학생도 참가하게 되었고, 기숙사도 점차 정비되어 갔다. 수학기간은 보통 3년으로 정해져 있었지만, 속성과정도 있었다. 많은 제자들이 관리가 되기를 희망하였지만,

---

1) 下士는 말 그대로 '하급선비'를 일컫는데, 지금의 교육자층이라고 할 수 있을 것이다.

그중에는 순수하게 학습 연마와 연구를 위해 학원을 찾는 사람도 있었다. 그들은 공동생활을 하는 가운데 서로 절차탁마하여 '朋友'라 불리는 인륜 사회를 형성하였다. 그것은 귀천과 존비의 구별 내지 혈연과 지연을 중시하는 경향이 컸던 당시 사회에서는 드물게 존재하는 개방된 사회였다.

공자는 이 붕우집단의 중심인 '스승'의 입장에 서서 제자 하나하나의 개성을 높이고 풍부하게 하는 임무를 자기 스스로에게 부과하고, 명예와 이익 따위에는 마음을 빼앗기지 않으려 하였다. 바로 이러한 생활의 기록이 『論語』의 핵심 부분을 이루고 있다. 그 처음에 "배우고 때로 그것을 익히면 또한 기쁘지 아니하랴. 벗이 있어 먼 곳에서 찾아오면 이 또한 즐겁지 아니하랴. 남이 나를 알아주지 아니하여도 성내지 아니하면 이 또한 군자가 아니랴"(「學而篇」)라고 한 것은 이러한 사제 간 공동체의 충일한 기쁨을 노래한 것에 다름 아니다.[2]

1) 공자의 사상체계

공자는 아주 평이한 언어로 인륜의 성립에 불가결한 심정을 표현하여 자신의 사상적 입장을 명백히 하고 있다. 그는 일상의 짧은 어귀 가운데 그 양태를 다양하게 묘사하여 현실생활 속에서 제자가 '仁이란 무엇인가', 또 '仁者란 어떠한 인간상인가'를 즉각적으로 파악할 수 있도록 지도하였다. 그의 방법은 결코 죽은 교조주의가 아니라 살아 있는 계발법이었다. 공자의 체계는 겉으로 드러나 있지는 않지만, 아주 쉽게 설명하면 다음과 같은 것이 될 것이다.

그에 의하면, 인간 모두는 누구도 빼앗을 수 없는 존엄한 의지를 갖는다(「子罕篇」). 때문에 사람은 타인의 자주성을 존중하여 "내가 원하지 않

---

2) 渡邊卓, 『중국사상사』, 조성을 옮김 (서울: 이론과 실천, 1996), 42－43쪽에서 발췌인용.

는 것을 남에게 베풀지 말며"(「顔淵篇」, 「衛靈公篇」), "내가 서고자 하면 다른 사람을 세우고, 내가 통달하고자 하면 다른 사람을 통달케 한다"(「雍也篇」)는 심정을 항상 마음에 품으면서 다른 사람을 대해야 한다는 것이다.

그러나 현실에 있어 인간의 언행은 복잡다양하기 때문에 더욱 풍부하고 깊은 성찰이 필요하다. 생활의 현장에서 복잡다양한 인간을 아는 것이 바로 '知'인데(「顔淵篇」), 그것은 윤리적 실천을 지향하는 '勇'과 더불어 인간의 친화를 지향하는 '仁'의 완성에 필수불가결한 것이다. 그렇다면 '인'은 심정으로부터 출발하지만, 최종적으로는 행위로서 완결되어야 할 것이다. 공자는 바로 여기에 인간의 과제가 있다고 하여, 그것에 부과하는 책무를 '義'라고 불렀다.[3]

2) 윤리·사회·정치사상

공자는 무엇보다도 먼저 가까운 사람을 기쁘게 하는 것을 중요시하였다. 그러나 이러한 태도는 그 당시 사회에서 여러 가지 제약을 받게 되었다.

예를 들면, 첫째로 공자는 가족윤리로서 '孝悌'를 들었다. 원래 당시의 혈족관계는 종족형태에서 가족형태로 이행해 가고 있었는데, 공자가 역설하였던 孝는 주로 작은 형태에 관한 것이었으며, 가부장보다도 오히려 부와 모를 똑같은 대상으로 하고, 특히 子의 따뜻하고 세심한 애정을 중요시하고 있다. 예를 들어 "부모의 나이는 알지 않을 수 없다. 한편으로는 기쁘고 한편으로는 두렵기 때문이다"(「里仁篇」)라든가, "부모에게는 다만 그 질병만을 근심한다"(「爲政篇」)라든가, "부모가 계시면 멀리 노닐지 않는다"(「里仁篇」)라든가 하는 따위의 손쉬운 심정을 권한 것이 눈길을 끈다. 그러나 전반적으로는 가부장을 존중한 나머지 子의 활발한 사회적 활

---

3) 위의 책, 46쪽.

동을 권하는 데는 인색하였음을 부정하기 어렵다. 형에 대한 동생의 순종을 권고하는 悌에 있어서도 효의 경우와 마찬가지 경향이 나타난다. 그러나 悌의 심정은 단순히 가족윤리로서만이 아니라, 넓은 지역사회에 있어서 연장자에의 순응과 존경으로서 요청되었다. 또한 효에도 이러한 제와 아울러 종족에 대한 경우가 있음은 말할 필요도 없다.

둘째로 공자는 '禮'를 중요시하였다. 예는 원래 원시적 종교의례라는 뜻에서 출발하였지만, 귀족들 사이의 사회의례, 질서, 문화의식 등을 의미하는 것으로까지 발전하였다. 공자의 예도 이러한 여러 의미를 포함하는데, 주로 사람의 진퇴 예법 또는 그것을 지키는 정신의 의미로서 사용되었다. 그리고 그는 예를 성립시키는 조건으로서 仁을 지적하여 "사람으로서 불인하다면 예를 하여서 무엇 하겠는가"(「八佾篇」)라고 하였다. 또 예의 본질이 차별에 있음과 동시에 和에도 있는 이중구조임에 주의하여 예와 더불어 樂을 말하였다. 더구나 禮, 樂의 지주로서 정신을 중요시하여 "예라 하여 예라 하여도 玉帛과 같은 것이랴, 악이라 하여 악이라 하여도 鍾鼓와 같은 것이랴"(「陽貨篇」)라고 하였다. 요컨대 그는 정해진 격식을 고집하는 것이 아니라, 양식에 기초하여 예를 유동적인 것으로 포착하여, 막막하거나 완고한 경향에 빠지는 것을 경계하였다. 그리고 治者로서 군자가 갖출 교양으로 "詩에 감응하며, 禮에 서고, 樂으로 이룩할"(「泰伯篇」) 것을 요청하여 피치자로서의 소인과 엄격히 구분하였다.

셋째로 이상과 같은 입장을 통합하여 그는 현실정치를 비판하였다. 당시 魯나라는 봉건제의 모순을 노정하여 군주의 권력은 쇠퇴하고 三桓이라 통칭되는 귀족집단이 실권을 장악하고 있었다. 이 가운데 季氏가 가장 유력하여 참주의 지위에 있었다. 더구나 하극상의 정세는 격화하여, 계씨의 가신인 陽貨가 주인을 감금하여 전횡을 극한 사건조차 있었다. 공자는 평소 이러한 난세에는 언론을 절제해야 한다는 것을 충분히 인식하고 있었다. 원래 그는 소문으로 전해들은 바 있는 西周 초기의 정치를 이상으로 삼아 노나라의 시조에 해당하는 周公이 그 주역으로서 행한 치적을 동경하고 있었다. 그는 德治를 제창하여, 임금과 신하가 민중을 친애하며, 조세·병역·노역·형벌을 가볍게 하여 생활의 충실과 교육의 확산을 꾀하는 바로 그것에 국가 내부의 상호신뢰가 성립한다고 생각하여 특히 이를 중시하였다. 게다가 그는 종종 유력한 귀족, 특히 계씨의 전횡과 착취를 비판하여, 때로는 정권 타도의 계획에 가담하는 용기를 보이기도 하였다.

이러한 사상을 가지고 많은 젊은 제자들을 포용하는 위대한 스승이 참주들로부터 기피되는 것은 당연하다. 공자는 계씨에 의해 모국에서 추방되어 몇몇 제자들을 이끌고 衛, 宋 등 황하 유역의 여러 나라를 유랑하였는데, 거기에서도 그의 주장은 용납되지 않고 생명의 위협을 당하기조차 하였다. 그들은 마침내 淮河 유역의 陳蔡 지방으로까지 도망하였는데, 이 부근은 뒤에 도가사상이 크게 유행한 지역이다. 공자의 遍歷說話에 그 비판자로서 등장하는 사람들은 거의 이 지역의 주민들이다. 공자의 무리들은 이 지역에서 백안시되어 오랫동안 어려운 생활을 견뎌야만 했는데, 드디어 모국의 정세가 바뀌어 공자의 지지자인 季康子가 참주가 되기에 이르러 노나라에 복귀한다. 그리하여 그는 다시 자신의 사상을 설파하고 제자들을 가르칠 수가 있었다.[4]

3) 공자의 위상

공자는 중국의 어느 사상가보다도 세계에 가장 널리 알려져 있으며, 중국에서도 언제나 깊은 존경을 받아 왔다. 하지만 역사적으로 그의 위상은 시대에 따라 상당한 변화를 겪어 왔다. 역사적으로 평가하자면, 공자는 본래 스승이었다. 즉 많은 스승 가운데 한 사람이었다. 그러나 그의 사후 그는 '스승 중의 스승'으로 군림하였다. 그리고 기원전 2세기에는 보다 높이

---

4) 위의 책, 47 - 49쪽.

추앙되었다. 당시 유학자들은 대부분 공자가 정말로 周 왕조를 이을 왕조를 건설토록 천명을 받았다고 믿었다. 사실 공자가 제관을 쓰고 집권하지는 않았지만, 이상적으로는 전 제국을 다스리는 '素王'이었다. 이런 사실은 『춘추』에 실린 숨은 뜻을 살펴보면 곧 알 수 있다.

기원전 2세기의 유학자들은 『춘추』는 공자의 모국사5)가 아니라, 공자가 그의 윤리적, 정치적 이념을 표현하기 위해 쓴 정치적 저작 같은 것이라고 생각하였다. 그로부터 100년 뒤(기원전 1세기)에 공자는 왕보다도 더욱 높이 추앙되었다. 당시 사람들은 대부분 공자가 인간 중에 살아 있는 신이라고 믿었다. 즉 공자는 그가 세상을 떠난 뒤 漢朝(기원전 206 – 기원후 220)가 출현할 것을 미리 알았던 신과 같은 존재였다. 그는 『춘추』에다 한나라 사람이 실현해야 할 정치적 이념을 설정해 놓았던 것이다. 이러한 신격화는 공자가 누린 절정의 영광이었다. 그러므로 이 시대의 유가는 일종의 종교, 즉 '유교'로 호칭되어도 무방할 것이다.

그러나 공자에 대한 이와 같은 신격화는 그 후 오래가지 못하였다. 기원후 1세기 초부터 합리주의적 사고방식을 가진 유학자들이 세력을 얻게 되자, 공자는 至聖先師로 존경되었지만, 신으로서 간주되지는 않았다. 한편, 19세기 말엽에 다시 공자는 왕이 되라고 천명을 받았다는 설이 잠시 재현되었다가, 중화민국의 탄생과 더불어 공자의 명성은 또 다르게 평가되게 되었다. 오늘날 중국인들 대부분은 공자가 본래 여러 스승 가운데 한 스승이었고 분명히 위대한 스승이었지만, 이 세상에 오직 하나밖에 없는 스승이라고 생각하지는 않는다.

공자는 당시에 이미 매우 박학한 사람으로서 인정을 받고 있었다. 즉 공자와 같은 시대의 사람인 達巷黨人은 "위대하도다, 공자여! 박학하지만 이름을 드러내지 못하였구나"라고 말하였다(「子罕篇」).

---

5) 『춘추』는 사실상 당시 공자의 모국이었던 魯나라의 역사에 대해 쓰고 있다고 할 수 있다.

공자는 중국의 고대문화를 본받았고 전승한 인물로 자처하였으며, 일부 당대인들도 그렇게 생각하였다. "본받아 서술하기는 하나 새롭게 짓지는 않는다"라는 공자의 과업으로 말미암아, 공자는 결과적으로 자기의 학파를 고대문화의 해설자로 만들었으며, 고대문화 중에서 가장 정수를 뽑아서 가르쳤고, 이는 근래에까지 이어진 강력한 전통이 되었다.

이렇듯 공자가 중국 최초의 스승이었고, 역사적으로 후대에까지 지극히 거룩한 스승님으로 추앙되었다는 사실은, 중국 사상사에서의 공자의 위상을 잘 나타내는 것이라고 할 수 있을 것이다.[6]

2. 孟子(기원전 371 - 289?)

맹자는 기원전 371년경 공자의 고향인 곡부에서 가까운 鄒邑에서 태어났다. 그는 그다지 부유하다고는 할 수 없는 선비(士) 계층으로 태어나 일찍부터 儒學을 수학하였다. 그의 어린 시절과 관련해서는 '맹모삼천지교'로서 우리에게 잘 알려져 있다. 子思의 제자를 스승으로 하였다고 전해지는데, 세상에 나온 뒤 스승의 이름을 입에 올린 적이 없고, 자사나 그의 스승인 曾子에게 특별한 존경을 표하지도 않았다. 그는 오랜 講學 생활 속에서 스스로 사상을 단련하여 40세 전후에는 학식과 기백과 웅변으로 유가의 본거지인 추읍 지방에서 가장 저명한 학자로서 세상에 두각을 나타내게 되었다.

그는 기원전 320년 魏나라 惠王의 초빙으로 그 도읍인 大梁에 머물러 있었지만, 다음해 겨울 혜왕이 죽은 뒤에 즉위한 襄王에게 실망하여 기원전 318년 위나라를 떠났다. 곧이어 齊의 宣王으로부터 초대를 받아 그

---

6) 馮友蘭 저, 『중국철학사』, 정인재 역 (서울: 형설출판사, 1989), 70 - 72쪽 참조

나라로 들어가 그의 신하가 되었다. 그런데 기원전 315년 인근 燕나라에 내란이 발발하여 제나라는 평정을 명분으로 출병하였다. 맹자는 선왕과 그 러한 점령 정책에 대해 의견을 달리하여 제나라를 떠나 일시 낙향하였다. 기원전 312년에는 송나라에 가서 당시 강성을 자랑하던 偃王에게 접근한 일도 있다. 그 후에는 향리에 은거하며 간혹 근방의 소 제후의 자문에 응 하여 의견을 개진하기도 하였다. 이 무렵 노나라의 公平이 그와의 회견을 희망하였지만, 측근들에 의해 저지되어 실현되지는 못하였다. 만년에 이르 러 그는 제자들을 가르치는 일에 전념함과 동시에 현존하는 『孟子』의 주 요 부분을 집필한 것으로 보인다.7)

1) 王道政治論

맹자의 생애 중 그 자신이 특기로 하고 있는 것은 여러 제후와의 대화 이다. 그 가운데 가장 뛰어난 것이 바로 강국의 군주에게 강의한 '왕도정 치론'이다. 따라서 여기에서는 왕도정치론의 성립 배경과 그 내용을 간략 하게 살펴보기로 하겠다.

맹자는 戰國 당시의 민중이 부역과 전란 때문에 차마 눈뜨고 볼 수 없 는 참상에 빠져 있는 것을 애처로이 여겨, 그것을 구제하기 위해서는 그들 이 희구하는바 화평이 절대적으로 필요하다고 보았다. 그러나 그는 민중의 역량을 과소평가하여, 금수와 큰 차이가 없는 민중 스스로는 정치력을 조 직할 수 없다고 생각하였다. 대신 그는 눈을 다른 데로 돌려 현실적인 정 치력의 소유자, 즉 강국의 군주에게 주목하였다. 그리고 그들은 누구나 천 하통일을 염원하고 있었다.

그러나 본질적으로 군주와 민중은 치자와 피치자라는 대립관계 속에 있 었으며, 그들의 이해관계도 종종 상반되고 있었다. 맹자는 군신관계를 '義'

---

7) 渡邊卓, 앞의 책, 60-61쪽 참조

라고 인정하였지만, 군주와 민중의 관계를 인륜으로서 파악하지는 않았다. 따라서 민중이 염원하는 화평과, 군주가 바라는 천하통일은 동일한 모습을 띠면서도 실제로는 다른 것이었다. 그러나 맹자는 전란에 고통을 당하고 있는 민중은 예리한 감성을 지니고 있기 때문에, 만약 한 나라의 군주가 다른 나라의 군주와는 달리 '仁政'을 행하여 민중에게 은혜를 베푼다면, 별 어려움 없이 그들을 심복하게 할 수 있으며, 그렇게 함으로써 복종 지역이 저절로 천하에 확대될 때, 그 군주는 왕이 되고 민중도 화평을 찾을 수 있게 될 것이라고 하였다. 이것은 당대의 군주가 모두 부강만을 앞세워 민중에 대한 학정을 일삼고 있던 현실에 기초함과 동시에, 공자의 가르침 인 '仁의 사상'을 극단적으로 정치화시킨 논의라고 할 수 있다.

그는 이러한 仁政이 과거에 실제로 존재했던 빛나는 역사를 가진 堯, 舜, 禹, 湯, 文, 武, 周公 등에 의해서 실천되었으며, 공자에 의해 주장 되었다고 역설하였다. 그리고 그 근거로서 『書』, 『詩』, 『春秋』 등을 자주 인용하였다. 이렇게 맹자는 왕도정치의 주장을 '선왕의 도', '요순의 도' 혹은 '주공과 仲尼의 도'라 칭하며, 자신을 공자 직계의 왕도 주창자로 자임하였다. 앞서 말한 바 있지만, 그가 자사는 물론 증자에게조차 특별한 존경을 표하지 않고, 오히려 공자에게서 가르침을 받았다고 하는 것은 바 로 이러한 이유에 기초한다.[8]

2) 性善說

맹자의 왕도정치론은 이상과 같이 설명될 수 있겠는데, 그는 그 논리적 이고 철학적인 근거로서 '性善說'을 제창하였다. 그에 따르면, 性이란 태 어나면서부터 가지고 있는 '良知', '良能' 내지 '良心'과 같은 것인데, 그 단서로는 惻隱之心, 羞惡之心, 辭讓之心, 是非之心으로 나타난다. 사

---

8) 위의 책, 61 - 62쪽.

람은 이 네 가지 단서(즉 四端)를 크게 확충함으로써 그것을 각각 仁, 義, 禮, 知의 四德으로 완결시킬 수 있다.

이러한 의미에서 사람들은 자포자기에 빠지지 말고 자중자애하여 四端을 존양함과 동시에, 쓸데없이 타인을 손상시키지 말고 그 가능성을 확신하여 서로 경애하며 선으로 나아가야 할 것이다. 원래 인간의 육체에는 고유한 관능적 욕구가 있는데, 그것도 확실히 천성이지만 그 자체로는 윤리적인 사명을 다할 수 없기 때문에 이를 '性'이라고 부르지는 않는다. 인간은 당연히 관능적인 욕구를 긍정하지 않으면 안 되지만, 환경에 좌우되어 방심상태에 빠지기도 하여 관능에 몸을 맡겨 악을 저지르므로, 가능한 한 이를 통제하여 '寡欲'을 보존하여야 한다. 또한 인간은 바쁘게 활동하는 낮보다는 심야에서 새벽에 걸쳐 자기의 양심을 재발견하는 경우가 많다. 따라서 항상 '夜氣'를 간직하여 양심을 지키는 것이 중요하다. 결론적으로 인간은 마음의 작용인 사색에 의하여 양심을 견지해야 하며, 理義를 분별할 수 있도록 마음 쓰지 않으면 안 된다. 맹자는 대략 이상과 같이 '성선설'을 강조하였다.

그런데 그는 인, 의, 예, 지의 四德 가운데 특히 '인의'를 중시하여 그것을 '요순의 도'라고 바꾸어 말하기도 하였다. 결국 인의는 '왕도'와 같은 뜻이며, 그가 말하는 '선'이란 왕도의 실천에 참여하는 것에 다름 아니다. 그러나 그의 修辭는 다분히 임기응변적인 것으로서, 인의를 넓은 의미에서는 인간의 安宅, 大路라 하기도 하며, 좁은 의미에서는 孝悌와 같은 뜻으로 보기도 하고, 또 친척을 가까이 하며 어진 이를 높이는 뜻으로 보기도 하여 반드시 정확한 것은 아니다. 어쨌든 이러한 자세는 가까운 곳보다는 먼 곳에까지 미쳐 갈 것을 생각한 것인데, 종점보다는 기점, 그리고 개방보다는 폐쇄에 역점을 두고 있다. 그 밖에도 그는 부자유친, 군신유의, 부부유별, 장유유서, 붕우유신을 사회에 필수적인 인륜으로서 가르쳤다.[9)]

3) 사상사에서의 역할

이상으로 우리는 맹자의 정치사상을 개략적으로 살펴보았는데, 그는 그 것을 제후, 제자 그리고 논쟁자 등을 설득의 대상으로 삼아 단편적으로 주장했던 것으로 보인다. 더욱이 그는 설득의 대상이 달라지면 동일한 '선왕의 도'를 말하더라도 기회를 살펴 화술과 내용을 교묘히 바꾸었다. 예를 들어 위나라 혜왕과 제나라 선왕 등 유력한 군주에게는 천하통일의 방법을 이야기했지만, 鄒의 穆公과 같은 사양길에 있는 군주에게는 인과와 사수의 방법을 말하고, 다른 지방의 한가한 군주에게는 상세하게 井地制와 三年喪 등을 권하였다. 또한 당시에는 다양한 사상가가 배출되어 각각 세상사람들에게 큰 영향을 주고 있었는데, 맹자는 그 가운데 많은 사상가들과 논쟁을 벌이기도 하고, 또 그들의 주장을 비판하기도 하였다. 예를 들어 인성론의 告子, 농가의 許行, 묵가의 夷之 등은 맹자와 열띤 논쟁을 교환하였다. 또 楊朱나 陳仲子 등은 맹자의 주된 비판의 대상이 되었다. 그리고 맹자가 이들에 대해 설득, 논쟁, 비판할 때는 아주 전투적이었다.

요컨대 맹자는 戰國시대에 걸맞은 전투적인 유가 사상가였으며, 권력자도 두려워하지 않고 새로운 교의를 전파하는 데 큰 성공을 거두었다. 특히 그의 성선설은 왕도정치론 주장과 더불어 宋代 이래 그 가치를 인정받아 오랫동안 동양의 성인으로서 크게 존경을 받아 왔다. 그러나 그 후의 과제는 그를 맹목적으로 추종할 것이 아니라, 시대에 맞게 그의 사상을 재평가하는 작업도 병행하여 이루어져야 할 것이었다.[10]

---

9) 위의 책, 64-65쪽.
10) 위의 책, 65-66쪽 참조

3. 荀子(기원전 314 - 221?)

순자는 趙나라 사람으로 기원전 314년에 태어난 것으로 알려지지만, 그의 생애 전반의 기록은 확실치가 않다. 그는 50세에 처음으로 제나라를 방문하였다. 이는 양왕의 말년에 해당하며, 전변이나 추연 등은 이미 사망한 뒤이다. 그는 建王의 치하에서 직하의 학사 가운데 스승으로서 가장 많은 존경을 받아 祭酒의 지위에 추대되었다. 제주란 원래 성직을 맡은 장로를 가리키지만, 여기에서는 최고 학부의 주재자란 의미이다. 그는 약 10여 년간 제나라에 머물러 있었는데, 그 사이에 진나라에 가 昭王과 應侯에게 유교의 효용을 권하고, 조나라에 가서는 孝成王 앞에서 臨武君과 전략에 관해 문답을 교환한 일도 있다. 아마도 그는 때때로 제나라로 돌아와 제주의 지위에 올랐다고 여겨진다. 기원전 256년 무렵에는 다른 사람의 중상을 받아 제나라를 떠나게 되었는데, 어쩌면 왕의 어머니, 즉 君王后의 전제정치 아래에서 관민의 무기력과 부패에 단념을 해버린 것인지도 모른다.

그가 다음으로 방문한 사람은 초나라의 권력자인 春申君이다. 당시 초나라는 반세기에 걸쳐 진나라의 강압으로 화친외교를 강요받은 데다가 그 예봉을 피하기 위해 도읍을 양자강 유역에서 회하 유역인 陳으로 옮겨 동방에 세력권을 추구하는 등 경략에 다망하였다. 기원전 262년에 초나라의 재상이 된 춘신군은 뒤에 북벌을 단행하여 노나라를 멸하고, 순자를 蘭陵(산동성 남부)의 수령으로 삼아 새로운 점령지역의 안정을 꾀하였다. 그는 이 지역에서 선정을 베푸는 동시에 많은 제자들을 모아 학문을 강구하였다. 그 가운데에는 그의 학풍을 계승하여 한나라에 전한 浮邱伯, 법가의 첨예한 논객이 된 韓非子, 秦 제국의 승상이 된 李斯 등 훗날의 쟁쟁한 사상가들이 포함되어 있었다. 이러한 생활 가운데 순자가 집필한 논문은 세간에 널리 보급되어, 진나라의 재상인 呂不韋를 자극하여 『呂氏春秋』

편집의 동기를 부여할 정도였다고 전해진다. 기원전 238년 그때까지 순자를 비호해 온 춘신군은 내란 속에서 암살을 당한다. 그 때문에 순자는 관직에서 물러났는데, 그러나 그 후에도 오랫동안 그는 난릉에 기거하였다. 그가 언제 죽었는지는 확실하지 않다. 일설에 의하면, 기원전 221년 진나라의 통일 후에도 생존해 장수를 누렸다고 한다.

순자는 이렇게 인생의 후반을 학자 겸 고위관리로서 지냈다. 그는 때로는 논객으로서 조나라와 진나라를 편력하고, 중원에서 사력을 다해 정상을 다투는 과감성을 보이기도 하였지만, 대부분 동부 지역에서 조용히 지내는 때가 많았다. 이러한 생활환경은 확실히 그의 저작에도 영향을 주었다. 그는 안정된 사상가로서 치밀한 논리에 의한 분석적 고찰을 반복하였는데, 이는 맹자가 활동적 논객으로서 불꽃 튕기는 열변으로 사람들을 대한 것과는 사뭇 다른 모습이었다.[11]

1) 人性論

순자 사상체계의 핵심은 바로 '인성론'이다. 그는 사람들이 태어나면서부터 소유하고 있는 것을 '性'이라고 불렀다. 그것은 인간이 태어난 후 학습과 경험을 쌓은 뒤의 결과가 아니라 천성적으로 몸에 지니고 있는 고유한 것이다. 또한 그 타고난 본래의 것이 다종다양한 대상과 접촉함으로써 자연적으로 파생시킨 것도 '성'에 포함시켰다. 말하자면 '성'이란 육체에 갖추어진 관능, 감각 및 그 기능과 작용을 말한다. 그는 이러한 성이 발동할 때 자연스럽게 생겨나는 것, 예를 들어 好, 惡, 喜, 怒, 哀, 樂 등을 '情'이라 불렀다.

한편 인간은 마음의 작용으로 움직이는 '정'을 선택하여 그것을 통제할 수 있다. 이러한 마음의 작용을 '慮'라 부르며, 그것을 구사할 수 있는 힘

---

11) 渡邊卓, 앞의 책, 95-96쪽.

을 '能'이라 부른다. 인간만이 '여'와 '능'을 자유롭게 움직일 수 있으며, 이것이 인간을 인간답게 하는 것이다. 이러한 의미에서 여와 능을 자유롭게 움직이는 것은 인간의 소행, 즉 '僞'이다. 또한 人僞 가운데는 이익을 지향하는 것인 '事'와 윤리를 지향하는 것인 '行'이 있다. 또한 인간에게는 지각작용을 담당하는 '知'가 있는데, 그것이 대상에 따라 적절히 움직이는 것을 '智'라 부르며, 그렇게 움직이게 하는 힘을 '能'이라 부른다(주로 「正名篇」).

순자는 인간이 본래 타고난 것과 창조에 대하여 이렇게 개념 규정을 한 후, 이상의 각 요소가 공동 집단생활 속에서 인륜에 어떠한 역할을 하였는가에 대하여 대담하게 문제를 제기하였다. 그는 말하기를, 인간이 性情에 따르는 한 利를 추구하여 투쟁하고 증오하며 타인을 해치고 관능에 탐닉하여 인륜을 어지럽히게 된다고 하였다. 원래 善이란 正理平治이며, 惡이란 偏險悖亂인데, 성정은 인륜사회 속에서 필연적으로 악의 역할을 연출한다. 이러한 점에서 볼 때, 인간의 성은 악이며, 맹자의 성선설은 성립하지 않는다.12) 그렇다면 선은 누구에 의해, 어떻게 창조되는가. 순자는 그러한 역할은 특정의 인물들, 즉 聖人, 大人, 至人만이 할 수 있다고 하였다. 이들의 마음은 虛壹하여 고요하며, 대단히 청명하여 절대적으로 자유이고, 만물 내지 우주의 중심점에 서서 그들에게 질서를 부여할 수 있다(주로 「性惡篇」, 「解蔽篇」).13)

2) 禮 論

그러면 이 질서란 무엇인가? 그에 따르면, 인간의 性情은 대상을 헤아

---

12) 일반적으로 그의 이러한 논지를 '性惡說'이라 부르며, 맹자의 '性善說'과 대비시킨다. 그러나 순자는 자신의 논리를 더욱더 진전시키고 있다.
13) 渡邊卓, 앞의 책, 97-98쪽.

리거나 분별하지 않고 제멋대로 '欲'을 추구하지만, 그 대상인 '物'의 양에는 한계가 있기 때문에 반드시 싸움이 일어나게 된다. 따라서 先王들은 이 싸움을 예방하기 위해 '禮義'를 만들어 인간의 욕구에 부응하는 한편, '物'이 다하지 않도록 관리하여 양자의 조화를 꾀하였다. 바꾸어 말하면, '禮'에는 두 가지 목적이 있었다. 하나는 사람들의 생활욕구를 증진시켜 가능한 한 그것을 충족시키는 것이며, 다른 하나는 貴賤, 長幼, 貧富, 輕重의 차별을 두어 질서를 확립하는 것이다. 禮는 인간의 '性'과 '僞'를 통일시켜 성립한 것이며, 우주와 자연의 道에 대응한다. 이러한 의미에서 "천지가 합하여 만물이 생겨나며, 음양이 교접하여 변화가 일어나고, 性僞가 합하여 천하가 다스려진다"고 할 수 있는 것이다. 요컨대 인간이 창조한 것 가운데 '예'가 가장 고차적인 것이며, 그것은 지고의 덕과 지위를 가진 선왕에 의하여 처음으로 완성된 것이다(주로 「禮論」, 「樂論」).

순자는 이렇게 '예'에 최고의 의의를 부여하였는데, 특히 天地, 先祖, 君師의 '三本'에 대한 예를 중시하였다. 왜냐하면 천지는 생명의 근원이며, 조상은 인간의 근원이며, 군사는 정치와 도덕의 근원이기 때문이다. 이러한 입장에서 그는 '禮의 要目'을 들고 天에 제사드리는 郊祭, 地에 제사드리는 社祭, 곡물신에 제사드리는 稷祭, 조상에 제사드리는 廟祭 등의 정신과 의례에 대하여 상세히 설명하였다. 그리고 동시에 부모 喪禮에 대한 상세한 내용, 즉 죽은 이의 취급, 殯의 기간, 장사일의 占定, 부장품의 선택, 관과 묘실의 규모, 삼년상 등에 대해 자세하게 설명하고, 이들 의례를 지탱하는 효의 정신을 고취하였다. 전체적으로 순자는 당시의 사회 계층을 天子, 諸侯, 大夫, 士, 庶人, 刑余, 罪人 등으로 서열지우고, 이상에서 서술한 의례는 이 차별에 따라 행해져야 한다고 생각하였다. 또한 이들 의례에 수반되어야 할 것으로서 '雅樂'의 효용을 주장하였으며, 여기에서도 奏樂에 의해 君臣上下, 父子兄弟, 鄕里族黨에서의 경순과 화친을 보존할 수 있다고 하였다.

특히 그가 역설한 것은 '鄕飮酒禮'이다. 이것은 향리족당에서 예부터 행해져 내려온 집회와 宴樂의 의례를 세련되게 만든 것으로 겸손한 진퇴의 예법, 좌석의 차례, 獻酬, 洗杯, 間歌, 奏樂이 교차하는 가운데 貴賤長幼의 정을 두텁게 하는 의식이다. 安宴하여 어지럽지 않은 분위기 가운데 우아한 자세를 몸에 익혀 향당에서의 질서와 단결에 참여해야 한다. 순자는 정치의 최소단위로서의 鄕黨을 중시하여 그 질서와 단결이 왕도에 공헌한다고 생각하였음에 틀림없다(「禮論篇」, 「樂論篇」).

순자의 '예'는 이렇게 넓은 범위와 계층에 걸친 다양한 의례를 의미하였으며, 나아가 그는 여러 국가의 제도도 여기에 포함시키고 있다. 예를 들면 그는 「王制篇」 가운데 '序官'이라는 부분에서 국가의 주요 관직과 그 임무 분담에 관하여 이야기를 하고 있다. 그것은 미래에 건설될 天王國의 조감도였다. 거기에는 '禮樂'과 '刑政'을 병용하여 內務, 司法, 通産, 工商, 지방행정, 農林, 建設, 軍事, 祭務 등을 운영해야 하며, 특히 天王 및 최고관리인 辟公, 冢宰에게는 신하와 백성을 교화할 책무가 있다고 지적하고, 이를 수행할 수 없는 경우에는 교체시킬 것을 시사하였다.

한편 그는 신하와 백성을 교화하는 방법에는 다음과 같은 네 가지가 있다고 하였다. 즉 1) 현자의 발탁, 2) 부적임자의 해직, 3) 선동자의 誅殺, 4) 온건한 민중의 교화이다.

요컨대 선한 자에게는 禮, 선하지 않은 자에게는 刑을 사용하며, 평등정책은 쓰지 않는 것을 원칙으로 하고, 특히 순종적인 시민에 대하여는 발탁, 복지, 표창, 구제에 힘을 쏟으려 하였다. 그리고 일반적으로 징세율은 수입의 10분의 1을 표준으로 하고, 관문·시장에서는 감찰만을 실시하고 징세하지 않으며, 공유지는 때에 따라 공개하는 등 탄력성 있는 운영으로 민중의 생활력을 신장시킴과 더불어 물자·산물의 교역, 유통을 도모하고 滯貨를 방지하여 경제를 향상시켜야 한다고 주장하였다. 당시의 墨家는 節用, 節葬, 非樂 등을 주장하였지만, 순자는 이것을 부정하고 治者는

자연자원을 개발하고 분업을 존중하여 생산력을 높이며, 이들을 관리하여
귀천의 분수에 따라 공급함으로써 만민을 널리 이롭게 해야 한다고 주장
하였다. 그러나 반면 예로써 국비를 절약하고, 정치를 통해 백성을 부유하
게 하며, 잉여를 저축케 해야 한다는 등 소극책을 권하기도 하였다(「王制
篇」, 「富國篇」). 또한 그는 당시의 긴박한 필요에 따라 군사를 논하기는
하였지만, 일반적인 兵家처럼 전술만을 목표로 하지 않고 전쟁을 禮治의
연장이라는 관점에서 전술보다 넓은 '전략'을 취하여, 그것으로부터 개개의
전술을 논급하면서 전쟁의 포악함을 금하고 해로움을 제거하는 목적에 봉
사토록 하였다(「議兵篇」).

　요컨대 그의 정치론은 철저한 예를 바탕으로 한 것인데, 그 핵심은 사
람과 물질의 관리자인 천왕에게 생산과 분배의 원칙을 제시한 점에 있다.
즉 그는 단계적 사회의 정점에 선 천자에게 최고의 권력이 있음을 인정하
였지만, 천자 역시 예를 초월한다는 것은 불가능하며, 때에 따라서는 교체
되어야 한다고 주장하였다. 그리고 이러한 입장에서 전국시대 제후의 정치
양식을 5등급으로 평가하고, 각각 王, 覇, 安危, 危殆, 滅亡에의 과정을
걷는다고 하였다(「王制篇」). 다만 5등급의 평가는 논의의 편의에 따라 3
등급이나 6등급이 되는 경우도 있었다. 또 그는 왕의 역사를 이야기하는
경우에 종래의 유가처럼 '선왕의 도'만을 선전하지 않고, '후왕의 도'가 존
재한다는 것도 지적하였다(「不苟」, 「非相」, 「儒効」, 「王制」, 「正名」, 「成
相」의 여러 편). 그것은 단순한 尙古主義의 부정이 아니라 정치의 당대적
의의를 인식하려는 노력이었다. 왜냐하면 그에 의하면 법은 시대에 따라
변화해야 하는 것이며, 설사 옛 법이 남아 있다 할지라도 운영할 수 있는
사람이 없다면 죽은 법에 지나지 않을 것이기 때문이다. '治人은 있되 治
法은 없다'고 하는 것은 다름 아니라 이러한 의미이다(「君道篇」). 다만
그는 예를 절대시하였기 때문에 그것에 대하여는 변화론을 이야기하지 않
고 오히려 선왕을 본받아야 한다고 복고를 주장하였다.

순자는 이러한 사상적 기초 위에서 사람들에게 학문을 권하고 修身할 것을 설득하였다. 즉 사람은 우선 좋은 스승에게서 유가의 경전을 배우고, 특히 '예'를 읽어 몸에 익혀서 좋은 선비가 되어야 할 것이다. 또 氣를 다스려 마음을 기르며, 혼자 있기를 조심하고, 性을 동화시켜 仁義禮樂을 실천하며, 그것을 쌓아올려 誠을 실현하고, 천지신명에 합치하여 성인의 경지에 도달하여야 한다는 것이다(「勸學」, 「修身」, 「不苟」, 「榮辱」, 「儒効」, 「大略」의 여러 편).[14]

결론적으로, 순자가 예론에서 말한 것에는 인성론과 모순되는 점이 없지는 않지만, 요컨대 聖王의 다스림을 도와서 받들어 모시는 관료를 양성하는 데 있었다고 볼 수 있다. 그러나 순자는 비단 유학뿐만 아니라 타 학파의 주장도 비판적으로 받아들여 춘추전국 시대의 여러 사상을 종합하는 역할을 하였다. 그런 점에서 순자는 '중국의 아리스토텔레스'의 위치를 점한다고 할 수 있다. 그러나 그의 이러한 이론은 宋代에 이르러서는 성악설이라 하여 비판된 이래, 오랫동안 정통유학계로부터 이단시되어 부당한 평가를 받아 왔음을 인정하지 않을 수 없다.

---

14) 위의 책, 98–101쪽.

제2절 道　家

1. 老子(생존시기 불명)

『老子』의 저자는 老聃인 것으로 알려져 있다. 그러나 노담이 출생한 나라와 시기 또한 명확하지 않다. 다만 그는 맹자와 순자의 중간에 존재한 사상가로, 그의 저작 『노자』는 순자가 활동한 기원전 3세기 중엽에 어느 정도 보급되었던 것으로 여겨진다. 그러나 그 당시 『노자』의 표현과 내용은 현존본과는 확실히 다르다. 왜냐하면 현존본 『노자』는 여러 사람의 지적처럼 전국 중기 이래 다양한 사상을 덧붙여 漢代 초기에 대략적으로 완성되고, 뒤에 다시 손질이 가해져 오늘에 이른 것이기 때문이다.

순자는 당시의 『노자』에 대해 "굽음을 보되 폄을 보지 못한다"고 비판하고, 그 약점을 "귀천이 나눠지지 않은 것"이라고 지적하였다. 쭉쭉 뻗어 남이 없이 비뚤어진 견해만으로 귀천을 무시한다는 의미이다. 확실히 현존본 『노자』도 보면 역설이 많고, 전체적으로 볼 때 약자의 입장 '屈'에서 강자의 입장 '伸'을 야유적으로 논단하는 부분이 나타난다. '예' 지상주의를 제창하고 정치질서를 존중한 순자의 관점에서는 당연한 비판이다.

이러한 순자의 비판 근거는 『莊子』天下篇을 보아도 알 수 있다. 거기에서 노담의 말을 인용해 보면 "그 雄을 알되 그 雌를 지킨다면 천하의 계곡이 된다. 그 白을 알되 그 辱을 지킨다면 천하의 골짜기가 된다. 남들은 先을 취하나 나는 後를 취한다"라거나 "천하의 허물을 받는다. 남들은 實을 취하나 나는 虛를 취한다"고 한 것처럼 모두 여성적인 입장 '屈' 로써 남성적인 입장 '伸'에 대결하려는 마음을 보이고 있다. 그것도 그 대결은 수동적인 것으로 '서서히 낭비하지 않으며 無爲로 하여 교묘하게 웃는 가운데' 상대방을 물리치고 '자기 한 몸을 온전히 하여' 성공하는 것이다. 그리고 이러한 태도는 인생에 깊이 뿌리를 내려 요점을 파악함과 동시에 사람과 외물을 손상시키지 않는 관용의 정신으로 지탱되는 것이다.[15)]

『노자』(또는 『道德經』)는 상하권으로 나뉘어져 있지만 일명 '五千言'이라고 불려지는 것처럼 전체 글자 수는 아주 적어서 81장의 경구 또는 역설로 성립되어 있다. 노자의 중심 부분은 우주의 본체 '道'에 대한 찬사로 이루어져 있다. 즉 만물은 천변만화하고 무수한 현상을 나타내지만, 그들은 감각을 초월한 無形, 無聲의 본체로부터 생겨난다. 이 본체는 무한한 시간과 공간으로 확대되는 지극히 묘한 실재로서, 여성처럼 작용하여 만물의 영원한 어머니로서 존재한다.

또한 인간의 언어는 불완전하므로 그것을 임시로 太一, 常無有, 玄, 妙 등이라 불리는데, 바로 그것이 유일하며 절대적인 '道'이다. 인간은 세속의 지식과 공교함을 버리고 학문을 끊으며 언어를 버리고 無爲自然으로 돌아가 常無欲에 철저하여 어린 아이와 같이 될 때 비로소 상실된 진실의 근원에 복귀하여 道의 심오하고 미묘한 맛을 음미할 수 있다고 한다.

이러한 존재론에 기초한 『노자』는 나아가 '德'과 처세법과 정치의 기술을 제창한다. 즉 柔弱謙虛에 따르고, 소박과 寡欲, 자애와 儉裕에 뜻을 두어 뭇 사람의 앞에 서지 않으며, 다른 사람과 다투지 아니하고, 받기보다 주려고 한다면, 身·家·鄕·國을 보존하는 외에 천하를 취할 수 있다. 이렇게 하여 얻은 천하를 다스리기 위해서는 무위자연에 따라 법령, 형벌, 군비에 의지하지 않고, 仁義를 폐하여 현자를 숭상하지 않으며, 백

---

15) 渡邊卓, 앞의 책, 80쪽 참조.

성을 無知無欲하게 하고 교역을 끊어 자급자족의 촌락생활에 만족케 하
도록 한다.

이러한 주장은 유가와 묵가를 부정하면서도, 도가의 여러 사상가들뿐 아
니라 병가와 음양가 등 여러 사상의 정수를 집대성한 것이다. 따라서 그것
은 체계적이라기보다는 개개의 단편적인 표현에 의해 세상의 번거로운 일
에 묻혀 살아가는 사람들에게 깊은 감동과 고요한 안정을 주었다. 그러한
반면에 전체적으로 보면 자기모순적인 점이 많아 현실세계를 의연하게 살
아가려는 이른바 '현명한' 사람들에게는 약간의 공명을 주었을 뿐 많은 반
발을 불러일으킨 것 또한 사실이다.16) 그렇지만 노자의 사상은 유가와 더
불어 중국 전통사상의 중심에 위치하면서 역사 속에서 그 부침을 계속해
오고 있음을 알 수 있다.

2. 莊子(기원전 369 - ?)

『莊子』의 저자는 莊周로 알려져 있다. 그는 전국시대 송나라의 수도
商邱 부근의 蒙 지역 사람으로, 일생을 벼슬 없이 유유자적하게 살았던
것으로 알려지고 있다. 통설에 의하면, 그의 저작은 주로 현존본 『장자』의
'內篇'에 포함되어 있다고 하는데, 그것을 식별하기란 대단히 어려운 일이
다. 그렇지만 현존본 가운데는 고본 『장자』의 인용문과 그 당시 사람들에
의한 비판이 남아 있기 때문에 그 면모를 알 수 있다. 예를 들어 「列禦寇
篇」에는 "장자가 말하기를 도를 알기는 쉽지만 말하지 않기는 어렵다. 알
되 말하지 않음은 하늘에 가는 소이이다. 알아서 말함은 사람에 가는 소이
이다. 옛사람은 하늘에 따라 사람이 되지 않았다"고 하는 인용이 있다. 또

---

16) 위의 책, 83 - 84쪽.

한 인용은 생략하겠지만, 「天道篇」「外物篇」에는 각각 天樂, 天遊에 대해 장자가 언급한 말이 수록되어 있다.

이들에 공통되는 점은 天을 절대시하여 그것에 순종하는 사상이다. 여기에서 天이란 천지만물의 존재를 지탱하여 주재하는 것이다. 天은 무한한 시공을 통하여 복잡미묘하게 작용하지만, 일정한 질서, 즉 道를 갖는다. 이 질서는 차원 높은 지성으로 감득할 수 있지만, 원래 사람의 언어는 불완전하기 때문에, 天 그 자체를 표현하기는 어렵다. 인간은 자기를 비우고 지식과 교묘함을 버릴 때, 비로소 그 마음속에서 天과 노닐 수 있다. 고본 『장자』의 인용문은 거의 이와 같이 자기 응시의 깊이를 밀도 있고 긴박한 문체로 서술하고 있다. 고본 『장자』는 아마도 이러한 내용을 가진 저작이었으리라 짐작된다. "장자는 天에 가리워져 人을 알지 못한다"라고 한 순자의 유명한 비판은 고본 『장자』의 특징을 역으로 받아낸 것임에 틀림없다.

그런데 「天下篇」의 비판 대상인 장주는 약간 의외라는 인상을 준다. 거기에서는 그가 첫째로는 자유분방한 표현으로, 특히 우화를 적절히 구사하면서 망망한 광대무변의 세계를 묘사하였다고 전해지고 있다. 둘째로, 그 세계는 원래 무형으로 늘 변화하며, 생사·시비의 대립도 없고 만물 모두와 관련되어 있기 때문에, 사람은 만물에 일어나지 않는 시비를 가리지 않고, 천지의 정신과 왕래하여 세속에 조화되며, 조물자와 함께 노닐어 생사를 초월하여 영원을 벗으로 할 수 있다고 주장한 것으로 서술되어 있다. 이러한 기술은 현존본의 『장자』 특히 內篇의 「逍遙遊篇」「齊物論篇」에는 해당하지만, 고본 『장자』의 자기 응시에 대해서는 조금도 파악하지 않고 있다. 더구나 「天下篇」의 장주에게는 신도, 전변, 혜시 등의 萬物齊一論과 관윤, 노담의 본체론이 농후하게 반영되어 있다. 아마도 순자 당시의 『장자』는 점차로 손질이 가해져 「天下篇」 당시의 『장자』가 변질되거나 변형된 것임에 틀림없어 보인다.[17)

『장자』는 內篇 7, 外篇 15, 雜篇 11 등 모두 33편으로 이루어져 있다. 속설에 의하면, 內篇은 장주, 그 외는 다른 사람들에 의해 집필되었다고 하지만, 그 구분은 역사적으로 상당한 변천을 겪어 왔고, 오히려 편의적인 것이라고 할 수 있다. 더구나 앞서 언급한 것처럼, 가장 오래된『장자』는 현재의 그것과 내용이 상당히 다른 것을 알 수 있다. 그러나 內篇 중에는 확실히 비교적 오랜 것들이 포함된 것으로 보이고, 내편·외편·잡편이라는 구성도 장구한 역사를 견뎌온 것으로서 상당한 근거가 있으므로, 일반적으로는 그 통일성을 해치지 않은 채 읽을 수 있다. 그런데『장자』는 약 30장의 논평 또는 수상과, 168장의 우화로 구성되어 있는데, 양자를 적절하게 엮어서 독자를 무궁의 세계로 이끌도록 편집되어 있다. 이러한 점은 고대 전서 가운데 가장 흥미를 끄는 편집 방침이다. 첫 권에「逍遙遊篇」, 마지막 권에「天下篇」을 둔 것도 상당히 기교적이다.

그런데「소요유편」의 첫 번째 나오는 이야기는 완전히 독자의 의표를 찌른다. 北冥에 길이가 몇 천리 이상 되는 큰 고기가 있는데, 그 이름은 鯤이라는 것이 이 이야기의 시작이다. 곤이란 '고기알'이라는 뜻으로 작은 입자에 지나지 않는다. 작자는 극대는 극소로 통한다는 논리를 표면적으로 내세우지 않으면서 형상에 의해 독자들에게 연막을 친다. 다음으로 곤은 변화하여 大鵬이 되고 선풍을 타고 9만 리 창공에 올라가 南冥으로 옮겨간다고 한다. 여기에서도 물고기와 새, 남과 북의 구별에 집착하는 세속인의 차별관을 차례로 파괴하고 거꾸로 이용하면서 우화를 전개시켜, 마침내 작자는 수필 같기도 한 결론 가운데 궁극적인 인간상을 들어 그들이 자기와 공명을 잊음으로써 비로소 무궁의 자연에 노닐 수 있다고 노래한다. 작자는 그들을 至人, 神人 또는 聖人이라 부르고, 그 구체적인 예로서 허유에서 장자에 이르는 탈속의 우화를 말한다. 특히 無用의 用을 이야기하

---

17) 위의 책, 81−82쪽.

여 정도에 넘쳐 소용없는 것의 필요성(無用之用)을 주장한 점은 유명하다. 「소요유편」은 이렇게 교묘한 화술로써 주제를 강조하는데, 그것은 장자의 여러 편에 나타나는 공통된 경향이며, 그 전형이 바로 첫 권인 것이다.

다음의 「제물론편」은 제일 난해하다는 평을 듣고 있는데, 그것은 대화형식으로 萬物齊一論을 전개한다. 즉 인간 일반은 일상생활 가운데 많은 현상을 접하며 지식으로 마음을 격동시켜 밤낮을 쉬지 않고 그것을 식별하기도 하고 평가하기도 한다. 예를 들어 我와 彼, 大와 小, 是와 非, 眞과 僞, 生과 死 등이 바로 그것이다. 그러나 현상은 모두 천변만화하여 과거에 내가 그르다고 판단한 것이 현재에는 옳게 되는 경우가 많다. 더구나 세상은 인간이 모여 뒤엉켜 사는 곳이므로 상대적인 식별, 평가, 표현은 희로애락 등 여러 가지 감정을 수반하면서 교차하여 여러 가지 풍으로 고저, 완급 등 가지각색으로 대답하는 음향과 같다. 그리하여 인간은 상하기 쉬운 심신을 점점 더 소모시켜 짧은 생애를 마친다. 그러나 인간에게는 본래 타고난 마음이 있으며, 거기에는 眞宰가 있다. 인간은 부정을 거듭한 위에 상대성을 지양하여 彼我一如의 세계, 예를 들어 원의 중심과 같은 입장에 도달하여 만물이 통합되는 세계를 있는 그대로 수용하여 커다란 긍정에 심신을 맡길 수 있다. 이 자세를 '因是'라고 하며, 이 절대점을 '道樞', '天均', '天府'라 하고, 이 無限知를 '葆光'이라 한다. 「제물론편」도 우화를 수반하는데, 그 가운데에는 장주가 꿈에 나비가 된 이야기가 있다. 그것은 我와 彼, 현실과 꿈, 과거와 현재 등 다양한 상대성을 혼연일체가 되게 하면서 '物化'의 세계를 보여 그에 대한 깨달음을 권하는 것이다.

셋째로 「양생주편」은 이상과 같은 철학을 처세술로 옮겨가는 주장이다. 유한한 육체와 무한한 욕구, 이 양자의 모순을 짊어지고 가는 인간은 선악을 모두 잊고 사회의 명성과 제약으로부터 자유롭게 되어 자연의 중도에 의지할 때 비로소 全生, 保身의 경지에 도달할 수 있다고 한다. 이 같은 우화 가운데 백정의 이야기가 있다. 그는 19년간 수천 마리의 소를 해부하였지만, 그 칼은 새로 간 것처럼 날에 흠집 하나 없다. 그것은 그가 心眼을 갖고 소의 고유한 골격 '固然'과 자연의 맥락 '天理'에 따라 칼을 놀렸기 때문이다. 작자는 천리에 따라 있는 그대로의 인생을 긍정하는 데에 생명의 충실이 있다고 시사하면서도 그 판단은 독자에게 맡기고 있다.

이상으로 『장자』 가운데서 불과 세 가지 예를 들었을 뿐인데, 다른 여러 편도 문학으로서 일상적인 풍속 경험을 물리침과 더불어 절제 없는 허구에 기초하여, 유가와 묵가를 필두로 하는 여러 학파의 세계관과 인생관을 부정하면서, 자연에 순종함으로써 현상과 조화하는 길을 모색하고 虛靜因是의 심경을 깨달아 몰입할 것을 권하고 있다. 그 계제에 '心齊' 등을 깨달음의 방법으로서 제시하는데, 그것들은 후대 불교의 禪宗을 섭취하는데 하나의 기반으로 이용되었다고 한다. 한편 『장자』 마지막의 「천하편」은 도가사상의 성립에 기여한 사상가들의 事蹟과 주장을 체계적으로 기술, 비판한 최고의 사상사적 평론으로서 귀중한 문헌이다. 요컨대 『장자』는 『노자』의 주장을 계승, 발전시킨 것처럼 편집되었지만, 대체적으로는 현란하고 분방한 필치에 의하여 자기 응시와 적확한 실재 파악의 배후를 설명하고 있는 것을 볼 수 있다.[18]

---

18) 위의 책, 84-86쪽.

제3절 墨　家

묵가의 창시자는 墨子(기원전 479 - ?)이다. 중국의 고대사상사에서 그를 빼놓고는 진정한 논의를 전개할 수 없다. 묵자의 본래 이름은 翟이다. 『사기』에는 묵자의 고향도 생애도 기재되지 아니하여 그의 출생지와 생존연대에 대해 학자들 간에 이견이 분분하다. 어떤 학자는 묵자가 송나라 사람이라고 주장하고, 또 어떤 학자는 공자와 같은 지방인 노나라 출신이라고도 주장한다. 그의 정확한 생존연대는 확실하지 않으나, 대체로 기원전 479 - 381년으로 추정하고 있다.

말하자면 묵적은 ‘묵가’라고 하는 한 학파의 창시자라고 할 수 있다. 당시 그의 명성은 공자만큼 드높았으며, 그의 가르침도 당시 사회에 적잖은 영향을 미치었다. 공자와 묵자, 두 인물을 대조해 보면 퍽 흥미롭다. 공자는 초기 주나라 때의 전통적인 제도, 예악과 문물을 동경하여 정치·윤리적으로 이것을 합리화 내지 정당화하려고 힘썼던 반면, 묵자는 그 제도 등의 타당성과 효용성에 회의를 품고, 이것들을 좀더 유용한 것으로 대체시키려고 하였다.

요컨대 공자는 중국의 고대 문명을 합리화한 옹호자였는 데 반해, 묵자는 고대문명의 비평가였다고 할 수 있다. 또한 공자가 세련된 군자였다고 한다면, 묵자는 군사적이고 혁명적인 설교자였다. 그리고 묵자에게 있어서 설교의 주요 목적은 전통적인 제도나 그 실행을 반대함은 물론, 이를 추종하는 공자나 그의 제자들의 이론을 반박하는 것이기도 하였다.[19)]

묵자는 제일 먼저 ‘兼愛’를 주창하였다. 그가 이것을 어떻게 설명하였는지는 확실치 않지만, 그 대략적인 것은 「兼愛 上篇」에 의해 알 수 있다. 그는 대책의 확립에는 원인의 규명이 필요하다는 문제의식에서 출발하고 있다. 즉 그는 세계의 동란이 인륜의 분열에 있다고 보고, 그 원인이 相愛의 결여에 있다고 단정한다. 예를 들어 부자, 형제, 군신 간의 분쟁은 모든 인간 각자가 자기 이익만을 고집하여 상애를 결여하였기 때문에 생겨나는 것이고, 도적의 횡행, 大夫 사이의 권력투쟁, 제후 사이의 전쟁도 모두 같은 원인에서 생겨나는 것이다. 따라서 분열과 분쟁을 없애고 천하를 평치하여 행복하게 하기 위해서는, 각자가 자기 이익을 부정하고 '남을 사랑하기를 자기 몸을 사랑하듯이' 하지 않으면 안 된다고 생각하였다.

이상과 같이 묵자에게는 원인규명과 대책수립을 지향하는 문제의식이 확실히 존재하고, 그 구체적인 방법은 그의 뒤를 잇는 묵가 사상가들에 의해 더욱 진전되지만, 초기에는 아직 소박한 사상 단계를 벗어나지 못하였다. 예를 들면 자기이익의 부정과 겸애의 구체적인 방법에 대하여 「겸애 상편」은 어느 것도 언급하지 않고 있다. 그러나 당시의 윤리가 귀천·존비를 엄격히 구분하고, 강자의 편에 서서 약자에게 힘겨운 책무를 강요하였던 사실에 주목한다면, 부자·형제·군신 쌍방에게 상애를 권하였다는 점이 이미 독자적인 의의를 갖는 것이다. 그것은 다름 아니라 인륜의 쌍무성을 소리 높여 선언한 것이다. 더구나 이 공평한 배려는 당대 윤리관과 비교한다면 실은 '약자 지지'의 정신에 기인한 것이다. 묵자가 군자와 소인의 구별을 거의 주장하지 않은 사실도 이 정신에 기초하였기 때문이라고 생각된다.

이렇게 묵자는 겸애의 구호와 약자 지지의 정신에서 출발하여 인륜의 쌍무성을 주장하였는데, 그것은 자연히 약육강식을 부정하는 것이 되기 때문에 '非攻'이라는 제2의 구호를 독립시키는 것이 되었다.

---

19) 풍우란, 앞의 책, 73쪽.

이 '非攻'의 구호는 강자의 침략전쟁에 대해 정면으로 비난을 퍼붓는 동시에 침략전쟁의 정당화를 꾀하는 군자가 만들어 낸 여론에 대해서도 엄중 항의하였다. 그리고 그 대략적인 내용은 「非攻 上篇」에 의해 알 수 있다.

여기에서는 절도범에 비유하여 절도품이 값비싼 만큼 범인의 심정은 불인하여 그의 행위는 불의하다고 하고, 절도가 이윽고 강도나 살인으로 전화하는 것을 최악이라고 단정하였다. 왜냐하면 그것은 범인이 타인을 침해하여 자기이익을 꾀하는 정도가 최고이기 때문이다. 이렇게 일상생활에서 발생하는 범죄라면 군자는 그것을 정당하게 비판할 수 있다. 그런데 세상의 군자들은 절도와 강도, 살인죄를 몇백 배 이상 흉악하게 저지르는 침략전쟁에 대하여는 어찌된 일인지 도리어 '정의의 전쟁'이라고 찬미하고, 기록으로 남겨 후세에 전하기도 한다. 이것은 흑을 백이라고 교묘하게 속이는 속임수이며, 정의와 불의의 감별을 의식적으로 혼란시키는 것이다. 여기에는 묵자 논지의 소박성과는 별도로, 침략전쟁의 부당성과 지배계급의 여론조작 계략을 폭로하는 현대적 의의를 갖는 부분이 있다고 할 수 있다.[20]

묵자는 자신의 주장, 특히 '非攻'을 실천하기 위하여 미약한 성읍국가를 방위하는 '집단'을 조직하여 그 지도자로서 행동하였다. 이 집단은 다양한 공인, 전사, 상인 등의 출신으로 조직되어 주로 토성의 수리 내지 구축, 방위설비와 무기의 제작, 그리고 전투, 경리, 구호 등의 임무에 종사하였다. 工匠 출신의 묵자가 아니고서는 이러한 조직을 구성하고 통솔하기란 아주 어려웠을 것이다. 묵자의 사상을 추종하였던 묵가 후계자들은 그의 이러한 행동을 다양하게 형상화하고 있는데, 그 가운데에는 초나라의 침략으로부터 송나라를 구하였다는 설화가 가장 극적이며 유명하다.

---

20) 渡邊卓, 앞의 책, 54-55쪽.

요컨대 묵자는 전국 초기의 어두운 사회와 대결하면서 자신이 속한 계층과 생활 속에서 독자적인 사상과 행동을 연출하였던 것이다. 결론적으로 그의 사상은 선행하는 유가에게서 많은 영향을 받은 것이고, 사유방법은 매우 소박한 단계를 벗어나지 않았으며, 실제 행동은 '비공'에 집중되어 반드시 겸애를 완전히 실천했다고 할 수는 없지만, 당대 사회에 박애, 평등, 해방, 평화 등의 광명을 격렬하게 투사하였다는 점에서 실로 혁명적인 사상이라고 하기에 충분하다.

묵자가 남긴 집단은 '巨子'라는 지도자의 통솔을 받아, 이후 200여 년에 달하는 역사를 남겼다. 그들의 활동은 대략 3단계로 나눠진다. 초기 묵가는 묵자의 주장을 그대로 본받아 '拒利'에 기초한 겸애, 비공 및 尙賢을 주창하여 약소국의 방위에 투신하였지만, 기원전 381년 거자인 孟勝과 그의 집단 180여 명은 장렬한 비극을 맞이하였다. 그들은 초나라의 귀족 陽城君의 부탁으로 그 성읍 및 영지의 방위를 담당하였는데, 때마침 격화된 楚王의 군권중심 정책에 항거하지 못한 채, 집단 모두가 성에 드러누워 자살을 선택하였다. 이 사건은 묵자 이래의 방침이 진전하는 전국의 정세를 극복하지 못하고 좌절하게 되었던 명백한 역사적 증좌였다.[21]

이렇듯 묵가의 사상은 그 혁명적인 성격 때문에 당시 지배계급이 결코 받아들일 수 없는 것이었다. 비공의 실천으로서 성읍과 영지의 방위에 활약한 실천적 묵가 집단도 전국 말기에 이르러서는 결국 격렬한 무장 전투 집단이 되어 장렬한 최후를 맞을 수밖에 없었던 것이다. 또한 한대에 이르러서는 사상의 영역에서조차 자취를 감추고, 청조에 이르기까지 이단의 취급을 받을 수밖에 없었다. 그러나 묵자가 강조한 겸애와 비공의 주장은 오늘날의 우리에게도 아주 호소력 있는 사상으로서 재평가될 수 있는 것이다.

---

21) 위의 책, 56-57쪽.

제4절 法家와 兵家

1. 法　家

법가는 덕치를 주장한 유가를 가장 적극적으로 반대한 학파이다. 법가 사상가들은 덕이나 인의를 내세워서는 결코 국가를 다스릴 수가 없다고 보았다. 통치를 위해서는 법을 확립하는 것만이 필요하다는 것이다. 법은 아주 옛날부터 있어 왔지만, 법가의 사상가들은 전국시대에 가장 활발한 활동을 벌였다. 봉건과 종법이 무너지면서, 종전의 인륜규범으로는 전국시대의 질서가 유지되지 않았다. 따라서 각국의 제후들은 부국강병을 추구하면서 냉엄하고 긴박한 법치에 관심을 두지 않을 수 없었다. 秦나라가 부강하게 되어 천하를 통일할 수 있었던 것도 법가 사상가를 중용했기 때문이다.

법가를 대표하는 인물은 전국시대 말기의 韓非子(?－기원전233)이다. 그는 韓나라의 귀족으로서 形名과 法術의 학을 좋아하였다. 李斯와 함께 순자를 스승으로 섬겼으며, 탁월한 문장가로서 10여만 자의 저술을 남겼다. <韓非子>란 이름으로 55편이 전한다. 그것은 愼到의 勢治, 申不害의 術治, 商鞅의 法治로 알려진 3파의 법가 사상을 집대성하여 전제군주의 통치이론으로 발전시킨 것이다.

신도는 趙나라 사람으로 군주의 통치에서 가장 중요한 것은 권세라고 주장하였다. "현명한 자가 불초한 자에게 굴복하는 것은 권세가 약하기 때문이고, 불초한 자가 현명한 자를 복종케 하는 것은 지위가 높기 때문"이라면서 堯임금도 필부였다면 이웃집도 바르게 다스리지 못했을 것이라고 하였다. 지배와 복종은 도덕의 우월성이나 재능에 달린 것이 아니라 권세에 달렸다는 주장이다.

신불해는 전국 초기의 鄭나라 사람이다. 韓나라의 재상을 지내면서 술치를 주장했다. 술은 군주가 신하들을 상대로 행하는 권모술수이다. "술이란 군주가 갖고 있는 것으로, 능력에 따라 관직을 주고, 관직에 따라 책임을 묻고, 사람을 죽이고 살리는 권한을 갖고, 신하들의 능력을 살피는 것이다."(韓非子 定法편) 술치를 성공적으로 시행하기 위해서 군주는 신하들의 직분을 명백히 해야 하고, 군주 자신은 아무것도 하지 않는 것처럼 보임으로써, 신하들이 자신의 행동을 예측하지 못하도록 하는 일이 중요하다고 하였다.

상앙은 衛나라 사람으로 秦孝公 아래서 10년 동안 재상을 지내면서 두 차례에 걸친 변법을 시행하였다. 그가 말하는 법치는 "천하의 관리와 인민들로 하여금 모두 법을 알게 함으로써" 통치질서를 세우는 것이다. 법률은 국가를 다스리는 근본이다. 하루라도 그것이 없으면 안 된다고 하였다. 그러나 그의 법은 너무나 각박했기 때문에 상앙은 결국 자신의 법에 의하여 처형을 당하고 말았다.[22]

한비자는 군주의 통치에 있어서 이 세 학파의 주장이 모두 불가결하다고 생각하였다. 그는 전국시대 말기에 모든 법가사상을 집대성하였으며, 그 이전의 법가사상을 계승하여 법, 술, 세를 겸용하는 전제군주이론을 만들어 낸 것이다. 또한 그는 스승 순자뿐만 아니라 노자와 장자의 영향도 받은 결과, 법가 정치사상은 한비에 이르러 완전한 이론적 체계를 세우게 되었다.

---

22) 최명, 『춘추전국의 정치사상』(서울: 박영사, 2005), 449−451쪽.

한비 정치사상의 이론적 기초는 역사진화론과, 인간은 이익을 좋아한다는 인성론이며, 국가권력에 있어 군주는 법, 술, 세라는 세 가지 수단을 장악하여 신하들을 다스리고 백성을 통치해야 한다는 절대적 전제군주제도를 주장하였다. 그가 진나라에 있었던 기간은 비록 길지는 않았지만, 진나라의 정치에 끼친 영향은 막대한 것이었다.

법가는 전국시대의 여러 사상가들 중에서 가장 급진적인 사고를 가진 학파였다. 그들은 변법을 주장하여 구귀족들의 정치적 세력에 타격을 가함으로써 전국시대의 사회적, 정치적 변혁에 큰 공헌을 하였다. 전국시대라는 특정한 역사적 조건 아래서 그들은 사회혼란의 근원을 날카롭게 파악했고, 사회문제를 해결할 방법을 모색하기 위해 많은 노력을 기울였으며, 또한 농업과 전쟁을 장려하거나 법치의 실시를 주장하는 등 실행가능한 여러 방법을 제시하였다. 법가의 이러한 주장 아래 각 나라들은 대부분 변법을 실시하여 마침내 분열에 처해 있던 중국을 통일로 향하게 하였다.

그런 점에서 전국시대의 여러 학파들 가운데 법가는 가장 행운이 따랐던 학파라고 할 수 있다. 그들의 정치사상은 당시 여러 나라들에 의해 다양하게 실천되었으며, 그 가운데 가장 전형적인 나라가 진나라였다. 법가사상은 진나라에 큰 성공을 안겨주었다. 그러나 진나라가 중국을 통일한 후 법가의 정치사상은 또한 진나라로 하여금 급속한 멸망의 길로 몰고 가는 모순을 노정하게 된 것을 볼 수 있다.[23]

2. 兵 家

과거 先秦 정치사상을 논의할 때 병가는 제외되었다. 그러나 그것은 잘

---

23) 朱日耀, 『전통중국정치사상사』, 정귀화 옮김(부산: 신지서원, 1999), 185쪽.

못이다. 춘추전국시대는 전쟁이 계속되던 난세였기 때문에 전쟁전문가들이 무수히 배출되었다. 따라서 뛰어난 전쟁이론가들도 많았다. 이들이 병가로 불리는 사람들이다. 그러나 병가라고 해서 전쟁이 능사라고 주장한 것은 아니다. '전쟁은 희생이 따르니 되도록 피하자'는 것이 이들의 공통된 생각이었다. 따라서 국가 사이의 분쟁도 가능하면 정치로 해결해야 한다는 정치우위를 내세웠다. 예컨대 병서의 대표라고 할 수 있는 <孫子兵法>에는 이런 구절이 있다. "백번 싸워 백번 이기는 것이 최선이 아니라, 싸우지 않고 사람들을 굴복시키는 것이 최선이다."(謀攻편)

그러면 싸우지 않고 어떻게 남의 군사를 굴복시키는가. "전쟁을 잘 하는 방법은 계략을 치고, 그다음은 외교를 치고, 그다음은 군사를 치는 것이다."(모공편) 여기서 계략을 친다는 것은 적의 계략을 미리 알아서 방어의 준비를 한다는 것이다. 적의 계략을 알기 위해서는 적을 연구하고 첩자를 이용하는 것도 중요하나, 국내정치를 확고히 다지면 적이 감히 범접하지 못한다는 것을 시사하고 있다. 외교를 친다는 것은 외교로 분쟁을 해결한다는 의미이고, 마지막으로 불가피한 경우에만 무력을 사용한다는 것이다.

병가의 이론을 총집대성한 것이라고 할 수 있는 <손자> 13편은 시계, 작전, 모공, 군형, 병세, 허실, 군쟁, 구변, 행군, 지형, 구지, 화공, 용간 등으로 이루어져 있는데, 대체적으로 보면 정치, 경제, 용병 등으로 나누어 살펴볼 수 있다. 먼저 정치론인데, 손자는 전쟁이 인민의 생사와 국가의 존망과 관련되는 일이기 때문에 신중하게 대처해야 한다고 하면서, 특히 주의, 시간, 공간, 정신, 기율의 문제가 중요하다고 하였다. 그러나 전쟁에서 보다 중요한 것은 적을 아는 일이다. 정보전 혹은 첩보전이 중요하다. 또한 이기기 위해서는 수단과 방법을 가려서는 안 된다. 그렇기 때문에 "전쟁은 속임수를 써야 한다"(始計편)고 가르치고 있다.

손자의 경제론에서는 속전속결의 이론을 펼치고 있다. 전쟁은 돈이다. 빨리 끝내는 것만이 피해를 줄이는 것이라고 말한다. "전쟁은 졸속으로 끝낸다는 말은 있어도 교묘하게 오래 끈다는 것은 없다. 무릇 전쟁을 오래 끌어서 나라를 이롭게 한다는 것은 있은 적이 없다"(作戰편)는 것이다.

그러나 손자병법은 한마디로 용병론이며, 따라서 손자의 정치와 경제론은 용병론의 부산물이라고 볼 수 있다. 용병에서는 "정공법으로써 적을 대하고, 기공법으로써 승리를 얻는 것"(兵勢편)이 중요하다. 또한 격류와 같은 기세와 독수리와 같은 절도를 강조한다. 그러나 결국 "전쟁은 속임수로써 성립되고, 이로움으로써 움직이며, 이합집산으로써 변화에 응하는 것"(軍爭편)이라고 말한다.[24] 나폴레옹은 <손자병법>을 탐독했다고 하며, 모택동의 게릴라 전법도 여기서 나온 것이라고 할 수 있다. 또한 오늘날에 와서도 이 <손자병법>은 미국에서 해병 장교의 필독서 목록에 포함되어 있는 것으로 알려지고 있다.

---

24) 최명, 앞의 책, 451−454쪽 참조.

제 2 장 중 세

제1절 유가사상의 우세

1. 漢과 유가사상

앞서 언급한 바도 있지만, 중국의 漢朝에 이르러 유가사상은 일종의 종교, 즉 유교로 호칭되어도 무방할 정도의 지위를 획득하였다. 중국 대륙에서 유가사상의 우세가 확립된 것이다. 여기서 그 과정을 살펴보기로 하겠다.

前漢 왕조가 半봉건의 郡國制25)를 청산하고 중앙집권제를 확립한 것은 창업 이후 70년이나 지난 武帝 시대의 일이었다. 무제를 중심으로 하는 지배계급은 개인의 실력에 의해 출세한 신흥의 관료군이었다. 봉건적인 특권이 인정되지 않고 능력 본위의 선거가 행해질 때 지배계급의 ‘독서인 집단’으로서의 순도는 높아질 것이다. 만약 독서인 모두가 여기에 흡수된다면 사회의 도식은 지배자=지식 계급, 피지배자=무지식 계급으로 된다. 양자의 관계에 대해서 ‘맹자’는 이렇게 말한 바 있다.

> “勞心者는 남을 다스리며 勞力者는 남에 의해 다스려진다. 남에 의해 다스려지는 자는 남을 먹여 살리며 남을 다스리자는 자는 남에 의해 먹여진다. 이것이 천하의 통의이다.”(『孟子』「滕文公 上」)

---

25) 한의 고조가 실시한 통치제도로서, 주의 봉건제도와 진의 군현제도를 절충한 것이다. 수도에 가까운 지역은 군현을 두어 황제가 직접 지배·감독하고, 먼 지역은 황족이나 공신을 보내어 다스리게 했다.

정신노동에 종사하는 지배계급이 육체노동에 종사하는 피지배계급에 의해 봉양되는 것을 '천하의 통의'라고 한 것이다. 이것은 유가의 기본 주장 가운데 하나인데, 漢代 양 계급 관계에 딱 들어맞는 것이었다.

남을 통치하는 지식계급이 경제적으로는 농민에 의존하며, 다스려지는 농민이 이들을 봉양한다고 하는 방식이 현실적 의미를 갖는 한, 농민의 보호는 지배계급의 자기보존과 관련된다. 바로 그 때문에 한나라는 고조 이래 중농억상 정책을 견지하였다. 다만 원시 유가가 보호의 필요성을 역설한 것은 그들이 이상으로 하는 봉건제도의 경제적 기반으로서의 농민이었다. 어쨌든 중농주의와 '남에 의해 먹여지는' 지배계급의 승인은 정치권력에 매우 구미가 당기는 이론임에 틀림없다. 이러한 주장을 하는 것은 정치권력과의 결탁을 꾀하게 하며, 이를 위한 이론적 정비를 서두르는 유가 사상을 한층 유리한 상황으로 이끌어 갔을 것으로 보인다.[26]

2. 유가와 국가권력

이렇게 해서 중앙집권적인 漢 제국은 유교를 유일의 정통사상으로서 승인하였다. 제자백가는 배척되었으며, 유교만이 국가의 보호와 특권을 얻게 되었다. 董仲舒(기원전 176 –104?)의 정책이 그 직접적인 계기가 되었다.

무제는 천하에 조서를 내려 현량이나 문학의 선비를 천거하여 '大道의 要, 至論의 極'에 대하여 하문하였다. 이때 동중서는 현량으로서 시험에 응하여 국가정치의 근본에 대하여 당당한 의견을 구체적으로 제시하였다. 하문이 세 번 거듭되어 정책도 세 가지로 이루어졌다. 이것이 이른바 '현량대책'으로서 『한서』, 「동중서전」에 상세히 기록되어 있다. 사상 통일을 요망하는

---

26) 日原利國, 『중국사상사』, 121 –122쪽.

유명한 다음의 말은 제3책의 결론으로 볼 수 있다.

"이제 선생마다 도를 달리하며, 사람마다 의견을 달리하고, 백가는 방향을 달리하며 뜻을 같게 하지 않습니다. 이로써 윗사람은 통일을 기할 수 없고, 법칙은 자주 변하여 아랫사람은 지킬 바를 알지 못합니다. 어리석은 저의 소견으로는 六藝의 과목과 공자의 학술에 있지 않은 것은 모두 그 도를 끊으며, 아울러 그것이 나오게 함을 금지시키고 邪辟의 설을 멸식시킬 때, 뒤에 統紀가 하나로 되고 법도가 밝을 수 있으며, 백성은 스스로 따를 바를 알게 될 것이라 생각합니다."

이 의견이 채택되어 그 실행이 五經博士의 설치로 구체화된다. 이후 관료라면 유학의 연수자 또는 유교 도덕의 실천자에 한정된다. 사대부의 조건, 그리고 인간 교양의 근거를 이제 유학에서 구하려는 경향이 나타나게 되었다. 유교의 국교로서의 지위가 확립된 것이다.27)

3. 董仲舒(기원전 176-104?)의 사상

유교에 의한 사상적 통일이 정치적, 사회적 요청이었던 이상, 유교의 국교화는 조만간 행해질 것이었다. 동중서의 '對策'이 이러한 커다란 흐름 바깥에 있었던 것은 아니다. 그러나 그 추세를 살펴 시대의 요청에 맞도록 유학의 학설을 개조하고 재해석하였던 것은 공과야 어찌되었든 주목할 만한 일이다. 그것은 바로 사상사의 존재방식에 관련되는 성질의 것이기 때문이다.

---

27) 위의 책, 122-123쪽.

1) 정치권력에의 적응

유교의 국교화란 유교가 보호와 특권을 약속받는 대가로 정치권력을 위한 이론적 뒷받침을 담당한다고 하는 상부상조의 공존관계와 다름없다. 정치권력의 중핵이라고 할 수 있는 군주권의 강화는 현실이며 시대적 요청이었다. 그것에 대한 긍정과 이론적 지지는 유가 사상가들에게는 지상명령과도 같은 것이었다. 동중서는 당연히 『춘추』를 이용하여 강대한 군주권의 근거를 부여하고자 하였다.

『춘추공양전』에 '一統' 설이 있다. 덕치주의에 의한 세계국가의 이상을 말한다. 거기에다 동중서는 왕권에 의한 국가통일을 중시한다는 새로운 해석을 더하여, 강대한 군주권은 이 목적을 위해 행사되는 것이라고 하였다. 결국 '줄기를 강하게 하고 곁가지를 약하게 하는' 군주를 정점으로 하는 집권체제를 확립하는 것은 국가의 영구적인 안녕을 위한 것이다(『繁露』「十指篇」). 국가의 안정 없이 민생은 보장되지 않는다. '인민을 安養해야 할 군주'에게 국가의 통일은 절대적인 요청이다. 『賢良對策』에도 "춘추 一統은 천지의 常經이며 고금의 通誼"라 하고 있다(『漢書』「董仲舒傳」).

'一統'의 형태로 승인된 군주권은 천명에 의하여 권위가 부여되었다. 군주권의 발생은 천명에 의한 것이며, 사람(전왕)을 계승한 것이 아니다. "덕이 천지와 같은 자는 皇天이 도와 그를 아들로 삼아 이름하여 천자라 칭한다"(『繁露』「順命篇」). 군주는 '국가의 우두머리'이며 '발언, 동작은 만물의 樞機'이다(「立元神篇」). 바로 그 때문에 '하늘이 크게 드러나는 바'가 된다(「楚莊王篇」).

그렇다면 천은 왜 군주를 지명하는가. 또 무슨 까닭으로 통치가 필요한 것인가. 그 해답의 일단은 '性論'에 있다. 동중서에 의하면, 인간성 그 자체는 선하지도 악하지도 않다. 선할 수도 있고 악할 수도 있는 가능성을 함께 가진 '天質의 樸'이다. 그 소질적인 가능은 '王敎의 化'를 기다려 비로소 선, 즉 도덕적 가치를 낳는다(『繁露』「實性篇」). 요컨대 "백성은 아직은 선하지 않은 性을 하늘로부터 받고, 그리하여 성을 이루는 가르침을 왕에게서 받는다"는 것이며, "왕이란 하늘의 뜻을 받아 백성의 성을 이루는 것을 자신의 임무로 삼는 자"라고 한다(「深察名號篇」). 만약 "사람의 성이 교화를 받지 않으면 완성되지 않는"(『漢書』「董仲舒傳」) 것이라면 정교의 근원인 왕자의 존재 의의는 충분할 것이다. 맹자와 순자의 선악 일원론을 물리치고 절충적인 인성론을 제기한 것인데, 논리 이전의 체계에 대한 의도가 느껴진다. 정치권력에 대한 배려에서 인간을 통치의 대상으로 두고, 인간성을 '王敎'의 객체로서 파악하는 정치학적 인성론을 구성한 경향이 없지 않은 것이다.

통치의 대상인 인간성에 선에의 가능성과 더불어 악에의 가능성도 잠재하고 있다면 타율적인 규제를 말하지 않을 수 없다. 성의 개념에는 협의의 性과 情이 포함된다. 협의의 성이 陽氣(仁德의 氣)를 받는 데 비해, 정은 陰氣(貪欲의 氣)를 받고 있다. 사람이 가진 음기, 즉 정욕을 방치한다면 싸움이 일어나고 질서가 파괴된다. 질서 유지를 위해서는 행위의 준칙을 정하여 정욕을 억제하지 않으면 안 된다. 이 역할을 하는 것이 禮이다. 따라서 예는 그 타율적 규범성을 강하게 드러낸다.

외적 규범으로서의 예는 통치에 있어서의 중요한 도구 가운데 하나가 된다. 군신의 분수를 밝히며 계급질서를 세우는 데 유효하게 작용한다. 禮란 "尊卑貴賤, 大小의 지위에 순서를 매겨주고 內外, 遠近, 新舊의 등급을 나타내는 것"(『繁露』「奉本篇」)이다. 사대부와 서민의 신분적 계급관계가 사회기구의 주축인 漢代에서 禮의 正名主義는 빼놓을 수 없는 것이다. 동중서가 예의 성격에 관하여 타율적 규범이라는 측면을 강하게 의식하지 않을 수 없었던 이유가 바로 여기에 있다.[28]

---

28) 위의 책, 127-129쪽.

2) 정치권력에의 저항

동중서는 광대한 군주권을 긍정하고 政敎의 필수불가결성에 대해 그 근거를 제시하였다. 시대의 요청을 배려하고 현실의 과제에 부응하였던 것이다. 그러나 그와 같은 대단한 이데올로기도 군주권의 무조건적 팽창에는 저항하였다. 그도 역시 유가였다. 『현량대책』에는 시세에 대한 무비판적인 영합이라고 할 만한 것도 없지는 않다. 『春秋繁露』의 일부에는 힘을 최후의 수단으로 보는 냉소적 권위주의와, 기교와 술책을 부려 인민을 멋대로 부려먹는 노련하고 교활한 정치이론도 없지는 않다. 다만 ‘群儒의 首’인 동중서는 법가처럼 군주권의 팽창을 무조건적으로 용인하지는 않았다. 당연히 그는 제한의 이론을 준비하였다.

군주권은 실제 ‘天’의 관념에 의해 주체성을 잃고 있었다. 그 발생이 天命에 의한 것인 한, 군주권은 천의 제약 아래 있다. 결국 군주는 하늘의 뜻을 무시할 수 없고, ‘천에 준하여’ ‘천이 행하는 바에 부응하여’ 정치를 하지 않으면 안 되었다. “君으로 하여금 천에 따르게 하고” “군을 굽히며 천을 펴는” 것이 “춘추의 대의”라고 하였다(「玉杯篇」).

하늘에 주체성을 빼앗긴 군주는 ‘元’의 사상에 의하여 그 절대성이 근원적으로 부정된다. ‘원’이란 천지만물을 지배하는 우주의 최고원리이다. 천도, 왕도, 제후도 모두 이의 통제를 받는다. 그것은 『춘추』의 필법에서 명백하다. 『춘추』의 12공은 모두 ‘元年, 春, 王의 正月, 公 卽位’의 기사(經文)로 시작하는 것을 통례로 한다. 여기에 어떠한 의미가 있는가. 즉 즉위는 정권의 시작이다. 제후는 王者를 받들어 정치를 행하기 때문에 ‘공 즉위’의 위에 ‘왕의 정월’이 놓여진다. 왕자는 하늘의 뜻을 받아 호령을 내리기 때문에 왕 위에 천의 시작인 ‘춘’을 둔다. 춘은 최고원리인 원의 통제를 받기 때문에 춘 위에 원이 놓여진다고 한다.

원의 지배 아래 있는 왕자에게는 독립성도 완전성도 없다. 군주는 천의 관념에 의하여, 나아가서는 천의 사상에 의하여 그 구체성과 절대성이 부인된다. 광대한 군주권은 일정한 틀 가운데 봉해져 있을 뿐이다. 다만 이 것은 이론에 지나지 않는다. 현실에서 일어나는 군주의 횡포와 전횡을 제지하는 데에는 보다 실제적이고 보다 효과적인 방법이 필요하다. 이를 위하여 사용된 것이 '災異說'이다. 천인합일관에 기초한 동중서의 재이사상은 군주권의 방탕을 통제하기 위한 현실적 수단으로서 구성된 것이다.

군주권의 강화를 긍정하는 한편, 그 억압의 수단을 준비한 동중서에게는 시대의 요청과 유가의 당위가 결합하고 있다. 권력에의 적응과 저항이라고 볼 수 있다. 서로 반발하는 두 요인을 어떻게 조정하는가가 그에게 부과된 사명이었다. 동시에 그것은 유가 일반의 과제이기도 하였다. 이것을 어떻게 하면 절대주의를 지향하는 국가권력과 유교적인 향당 질서를 바라는 민중의 동향 사이에서 균형을 유지시킬 수 있는가 하는 문제라고 표현한다면, 이것은 당대 지배계급의 과제이기도 하였다. 도식적으로는 국가주의 대 유교주의의 형태로서 부단한 결단을 요구한다. 그런 점에서 동중서를 포함한 漢代의 사상사가 이 두 요인의 긴장관계를 축으로 전개되었다고 하는 발상도 전혀 불가능한 것만은 아닐 것이다.[29]

---

29) 위의 책, 129-130쪽.

제2절 佛敎의 전파

1. 불교의 전파

불교가 중국에 전파되었다는 사실은 중국 역사상 아주 획기적인 사건 가운데 하나였다. 서역 인도에서 전파된 불교는 중국 문화의 일익을 담당하면서 중국의 종교, 철학, 문학, 예술 등 각 분야에 걸쳐 독특한 영향력을 행사하였다.

불교가 중국에 전파된 정확한 연대는 역사가들 사이에서 아직 해결되지 않은 상태로 남아 있다. 그러나 중국에서 불교는 아마도 기원전 1세기 반경에 발흥된 것으로 추측된다. 전통적으로는 漢代 明帝(기원후 58-75) 때에 들어왔다고 전해지지만, 명제 이전에 이미 중국에 불교가 전래되었다는 증거가 있다.

이후 불교는 중국 내부로 끈질기게 전파되면서 점진적인 발전의 과정을 거치게 되었다. 기원후 100-200년 사이에 불교는 음양가의 비술이나 도가와 큰 차이가 없는 신비한 종교로서 간주되었다는 사실을 우리는 중국의 문헌을 통해 알 수 있다. 기원후 2세기경에 어떤 학파는 불타가 노자의 여러 제자들 가운데 하나에 지나지 않는다는 이론을 전개하였는데, 이는 아마도 『史記』의 노자 한비열전에 쓰인 진술로부터 발상의 단서를 얻었을 것으로 보인다.

『老子』 한비열전에 노자는 말년에 자취를 감추어 아무도 그가 간 곳을 알지 못하였다고 쓰여 있다. 이 진술을 곰곰 생각한 도가의 열성 추종자들은 노자가 서방 인도로 가서 불타와 기타 인도인들을 가르쳤는데, 그 제자가 29명이나 되었다는 이야기를 꾸며내었다. 『大藏經』의 가르침도 단순히 노자 도덕경의 가르침을 외국적으로 변형시킨 데 불과하다는 뜻을 함축하고 있다.

그러나 3세기부터 4세기까지는 비교적 형이상학적인 성격을 띤 많은 불경들이 번역되어 불교는 중국인에게 좀더 상세히 인식되었다. 이때에 불교는 도교보다도 도가 사상, 특히 장자의 철학에 더욱 유사한 것으로 간주되었다. 그리하여 불교 저술은 종종 도가 사상이라는 맥락 속에서 해석되기도 하였다.[30)

2. 불교와 도가사상

불교가 중국으로 처음 전래될 때에는 신비, 기적 및 주술, 기도만으로도 사람의 마음을 사로잡을 수 있었지만, 그것이 고도의 문화적 전통을 가진 중국의 풍토에 적응하면서 사상계를 이끌어가기 위해서는 반드시 직면하게 되는 난관이 있었다. 그것은 앞서 잠깐 언급한 바 있지만 魏晉 시대 지식인들의 압도적인 지지를 받은 '노장사상'과의 관계를 어떻게 처리하는가 하는 것이었다. 불교가 심오한 철학을 갖춘 것인 만큼, 그것을 이민족의 처녀지에 급속히 보급시키기 위해서는 그 민족 고유의 사상적 소재에 의탁하는 것이 가장 확실하고 유효한 방법이며, 또한 부득이한 일이기도 하였을 것이다.

하지만 그 고유한 사상이 거의 고등 종교의 대체물로서의 역할을 할 수 있을 정도로 사람들 마음속에 깊숙이 침투하여 사람들이 안주하는 장소가

---

30) 풍우란, 앞의 책, 303 −304쪽.

되어 있다면, 거기에 외래 종교가 파고 들어갈 여지는 거의 없다. 설사 일시적으로는 새바람을 일으킬 수 있다고 하더라도, 부초와 같은 신흥 종교로서 시간의 흐름에 따라 흘러가 버리고 말 것이다. 불교가 전래되자마자 즉시 그 空觀 사상을 노장의 無에 '비교하는' 이른바 '格義'31)의 형태를 취한 것은 일견 현명한 행동방식임과 동시에, 잘못하면 그 특질의 골자를 빼어버리는 위험을 초래할 수도 있는 것이었다.

후에 독특한 식견으로 魏晋과 六朝의 불교사상을 총결산한 '三論宗'의 吉藏(549−623)이 "곰곰 생각해 보면 우리 중국에는 특별히 外道라고 할 만한 것이 없다. 노장이 그 극한이다"(『中論序疏』)라고 했듯이, 노장이야말로 정법의 진위를 어지럽히는 최대의 이단이라고 한다면, 격의적인 혼동에서 하루라도 빨리 벗어나지 않으면 안 되었다. 그 선구자 가운데 한 사람으로서 길장이 찬양한 사람은 동진의 僧肇(384−414)였다. 길장은 승조에 대해 다음과 같이 소개하고 있다.

肇는 노자와 장자의 책을 읽을 때마다 깊이 탄식하며 "훌륭하기는 훌륭하다. 하지만 마음의 고통을 가라앉히는 방법으로서는 아직 불충분하다"라고 하였다. 뒤에 舊譯 『維摩經』을 읽고 즐거운 나머지 삼가 받들어 친구에게 "나는 낙착할 바를 알았다"고 하였다. 이윽고 羅什(344−413)이 서울에 왔을 때 그에게서 가르침을 받고 不眞空論 등 네 가지 論을 저술하였다. 또한 『維摩經』의 주석 및 여러 經論의 序를 지었다. 나습은 감탄하여 "중국인으로 空 사상을 이해하고 있는 제1인자는 승조 그 사람이다"라고 하였다. 하지만 그는 31세의 젊은 나이로 세상을 떠났다.

이 간략한 승조의 전기에 의해서도 그가 의식적으로 노장사상에서 불교

---

31) 불가에서는 자기들의 경전을 內典이라 하고, 유가나 도가 등 그 밖의 경전을 外典이라 하는데, 내전으로 내전을 해석하는 것을 '勝義'라 하고, 내전으로 외전을 해석하는 것을 '格義'라 한다.

로 전신하여 온 경로를 읽을 수 있다.[32]

3. 불교와 유교

전통적으로 중국적 세계관의 근저에는 『易經』에서 볼 수 있는 것과 같은 천지, 인륜의 정연한 질서에 대한 신뢰가 가로놓여 있으며, 그러한 신뢰 위에 사회생활 전반을 쌓아올려 왔다. 하지만 천지, 인륜의 이면을 파고 들어간 불교는 그 표면상 매끄러운 질서의 허구를 지적하고 '통속적 믿음'을 버려 眞如 실상을 諦觀하라고 가르친다. 일찍이 "藝文 가운데 훌륭한 것으로는 '역경'이 제일이다"라고 한 道安(314-385)은 또한 유교, 도교를 능가하는 가르침으로서의 불교를 정의하여 "불교는 窮理盡性의 격언이며, 속세를 벗어나 眞諦에 들어가는 軌轍이다"라고 하였다.

도안이 여기에서 '궁리진성'이라는 『역경』의 말을 인용한 것은 단순히 수사로서 사용한 것이 아니라, '역'의 철학을 염두에 두면서 불교야말로 완전한 의미에서 '궁리진성'(우주의 원리를 다하며, 인간의 본성을 다한다)의 教學임을 과시한 것이다. 결국 이 말은 이후의 불교에서 빈번히 사용되게 된다. 특히 唐의 澄觀과 같은 이는 일대 역작인 『華嚴經疏』의 서문 가운데 이 말을 사용하면서도 "지금 이 어휘를 차용하고 있지만 그 의미를 취하는 방식은 다르다"라고 하였다. 이것은 징관의 개인적인 편법이었던 것이 아니고, 그 후를 통하여 불자들의 변함없는 태도였다. 바로 그 때문에 宋明 시대에 새로운 유학이 유행하게 되자, 이 말을 둘러싸고 유교와 불교의 논쟁은 격렬해졌던 것이다.[33]

---

32) 荒木見悟, 『중국사상사』, 178-179쪽.
33) 위의 책, 189쪽 참조

4. 불교의 번성

   중국의 불교사상은 보통 隨唐 시대가 전성기라고 말해진다. 그것은 이 시대에 이른바 '敎判'이라는 불교 전체를 총괄한 방법론이 확립되어, 독자적인 敎學 조직을 가진 각 종파가 차차 탄생되고 완성되었기 때문이다. 그 사이 '唯識法相宗'처럼 종파로서는 단명하였지만 그 精緻한 정신분석론이 오랫동안 타 종파에 영향을 준 것이 있는 반면, '眞言密敎'와 같이 전래된 뒤 즉시 교세를 잃어버린 것도 있다. 그러나 가장 주의해야 할 현상은, 홍수처럼 쏟아져 나오는 번역 불교경전 가운데 매몰되어, 이론과 실천의 정비·집성에 급급하였던 '敎相 불교(교종)'의 여러 파를 곁눈으로 흘겨보면서, 敎相적인 꾸밈이 없는 적나라한 인간의 모습을 통해 '돌연 깨닫는다(頓悟)'라는 절대적 자득을 말하는 '禪宗'이 발흥하여, 五代를 거쳐 송나라 초에 이르러 완전히 교종을 제압하기에 이른다는 사실이다.

   돌이켜 보면, 불교가 도래한 후 선종의 융성기에 이르기까지 700여 년 동안 중국인이 탐구하였던 해탈의 길은 이렇게 단순화된 '불교답지 않은 불교'였다. 선종의 입장에서 보면, 육조와 수당에 걸친 불교학 발전의 자취가 진실로 迂遠愚劣한 에너지의 낭비라고 생각될지도 모르겠다. 그러나 교상 불교가 그렇게 두터운 의상을 몸에 걸치고 있다고 할지라도, 각각의 입장에서 보면 어디까지나 현세에 존재하는 육신에 입각하여 해탈을 지향한다는 점에서 차이가 없었다. 이렇게 대승 불교 여러 파의 발전은, 자득을 가능케 하는 철학적 근원을 궁극까지 추적하여, 마침내 사람은 '본래 佛이다' '현재 佛이다'라고 하는 '본래주의'를 확립되게 함으로써, 이후 중국 사상의 발전에 획기적인 전환을 이루게 하였다. 그러므로 송명 시대 새로운 유학의 발생도 철학적으로 본다면 본래주의에 의한 유학 자체의 심화, 창조라고 할 수 있을 것이다.[34]

---

34) 위의 책, 196-197쪽.

제3절 도가사상의 부흥

1. 노장사상의 유행

앞서 살펴보았듯이, 漢代에 이르러 유학은 관학이 되어 황제 정치의 기본이 되었다. 특히 후한에 이르러서는 洛陽의 태학 학생수가 급증하고 지방의 사학도 번성하였다. 孝悌를 비롯한 유가의 사상이 농촌 사회에까지 본격적으로 침투하였다. 관료 사회에서도 유가적 교양의 필요성은 증대하였다. 그러나 황제 정치가 쇠퇴한 魏晉 시대의 유학은 정신적 지주가 되지 못하여 노장 사상이 다시 유행하게 되었다. 국가와 정치에 대한 사람들의 관심은 희박해지고, 무위의 태도로 세상으로부터 벗어나 고요히 자유를 향유하려는 풍조가 생겨났다.

위진 남북조 시대 귀족사회에서는 인물비평 등을 주제로 삼아 세련된 방법과 내용으로 논의를 행하는 '淸談'이 유행하였다. 청담은 후한말의 인물비평 '淸議'에서 유래하는데, 그것의 양태는 『世說新語』 등에 기록되어 있다. 청담의 '청'은 외척과 환관의 횡행, 금권과 권력 및 군사력에 의한 부패정치 등 정치윤리적인 의미에서의 '탁'과 대립하며, 세속사를 초월하여 감각적으로도 맑은 것을 의미한다.

청담의 저명한 인물로는 현실사회에 등을 돌리는 형태로 노장사상을 실천한 阮籍 등 竹林七賢과, 도가의 형이상학적 이론을 심화시킨 何晏 (190−249) 및 王弼(226−249) 등이 있다. 왕필은 『노자주』 2권과 『주역주』1권을 저술하였다. 도를 형이상의 무로 해석하여 독자적으로 깊은 사상적 내용을 전개하였다. 왕필과 『논어집해』를 지은 하안 사이에는 '正始의 音'이라고 불리는 유명한 청담이 있다. 인간의 감정에 관한 논의이다. 하안이 "성인에게는 희로애락이 없다"라고 주장한 데 대해 왕필은 "성인은 神明의 면에서는 보통사람보다 뛰어나지만 감정의 면에서는 보통사람과 같다. 성인도 희로애락은 있으나 번뇌하지 않는 점이 보통사람과 다르다"라고 주장하였다. 당시 사람들은 왕필의 논의가 옳다고 생각하였다. 그들은 노자에 따라 주역을 해석하고 노자, 장자, 주역을 3玄으로 중시하여 새로운 玄學을 형성하였다.[35]

2. 도교의 형성

묵자는 윤리도덕의 근본에 上帝가 있으며, 이 상제를 믿어야 한다고 하였다. 이렇게 볼 때, 도교의 원류는 묵자의 상제 신앙에 있다고도 할 수 있다. 묵자의 이러한 상제 사상은 동중서의 天人相關, 祥瑞 災異의 사상에 흘러들어, 그것이 나아가 후한말의 太平道, 三張 도교에 연결된다는 것이다.

후한말의 농민반란에서 일어난 五斗米道(天師道)는 神仙사상, 노장사상, 음양오행설, 민간신앙 등과 결합하여 도교가 성립되게 된다. 이것은 張陵, 張衡, 張魯 3대에 걸쳐 말해졌으므로 3장 도교라고도 한다. 같은 무렵 장각의 태평도가 일어나고, 양자가 도교를 형성하여 간다. 도교 교의의 중심은 신선사상을 말하는 불로장생에 있으며, 그것의 논리화를 위해 노장사상이 이용되고 불교를 본받아 교의의 체계화가 이루어졌다.

---

35) 松島隆裕 외, 『동아시아사상사』, 조성을 옮김(서울: 한울아카데미, 1991), 57-58쪽.

晉의 葛洪(284-363)은 그의 저서 『抱朴子』에서 누구라도 강한 의지와 학문, 그리고 우수한 스승을 만나기만 하면 불로장생의 仙人이 될 수 있다고 하였다. 신선 세계에서는 인간 세계와 마찬가지로 하급 선인은 상급 선인에게 복종하고 봉사하여야 한다. 그는 이렇게 신선세계를 설명하고, 여러 사상을 종합해 신신사상을 체계화하였다.

北魏의 寇謙之(363-448)는 급기야 도교의 국교화를 실현시켜, 이후 도교 교단은 국가의 보호 아래 크게 발전하였다. 茅山 도교의 개조인 陶弘景(452-563)은 교리와 신앙 대상의 조직화를 행하여 '元始天尊'을 최고의 위치에 놓았다. 원시천존은 노자를 신으로 받들어 제사지내는 것으로 불교의 석존을 본딴 것이다. 이 원시천존은 오늘날에 이르기까지 도교의 최고신으로 신앙되었다. 또 도홍경의 『眞誥』에서는 묵자가 말한 천의 세계, 인의 세계, 귀의 세계라는 3부 세계를 계승하여 천상의 신선세계, 사람의 세계, 죽은 자의 세계라는 도교의 3부 세계 이론이 이루어졌다.

이후 중국 불교의 전개에 자극을 받아 도교에서도 교의와 교단을 정리해 나간다. 신선설이 사상의 영역에서뿐 아니라 경전으로도 성립되어 전개된다. 또한 5세기에는 道士(불교의 승려에 해당), 道像(불상), 道觀(사원)이 갖추어진다. 당나라 때 도교가 왕실의 종교가 되어 특별하게 취급될 준비가 갖추어진 것이다. 또한 이후에도 도교는 불교, 유교와 더욱 결합되어 한국과 일본에도 전래되어 전통적인 사상과 생활의 면에서 상당한 영향을 주어오고 있음을 볼 수 있다.[36]

---

36) 위의 책, 59-60쪽.

제4절 朱子學의 성립

1. 朱子(1130 - 1200)의 생애

北宋에서 전개된 새로운 유학을 집대성하여 미증유의 사상체계를 수립한 인물이 南宋의 朱子였다. 시대 또한 북송에서 남송으로 이행하고 있었고, 淮水와 大散關을 잇는 선을 국경으로 하여 남북에 宋과 金이 대항하고 있던 '국난의 시대'였다. 주자의 이름은 熹이며, 字는 元晦 혹은 仲晦이고, 호는 晦庵이다. 본적은 徽州로서 지금의 江西省이지만, 출생지는 福建의 중심지인 尤溪縣이다. 이는 부친이 관리로서 이곳에 왔기 때문이다. 8-9세 무렵 부친이 조정에 출사하게 되어 부친을 따라 도읍인 臨安(杭州)으로 갔으며, 11세 때 부친의 은퇴에 따라 建陽에서 거주하게 되었다. 11세 때 아버지를 여의고, 아버지의 벗인 劉少傳의 도움을 받아 건양의 북쪽 조그만 마을에서 집과 텃밭을 일구며, 어머니를 봉양하고 면학에 정진하였다. 이때의 스승인 劉白水의 딸이 훗날 주자의 부인이 된다.

주자는 어린 시절부터 『논어』 『맹자』에 의한 유가적 교육을 받았지만, 젊은 호기심에서 노장, 문학, 시, 병법 등 모든 분야에 흥미를 갖고, 특히 禪에 심취하였던 것으로 알려지고 있다. 19세에 과거에 합격하고, 24세부터 4년간 금문도와 가까운 同安의 主簿가 되어 많은 치적을 남겼다. 사상적으로는 이 무렵부터 李延平(1093-1163)의 가르침을 받았다. 33세 때 효종의 즉위를 맞아 송나라와 금나라가 대항하는 국제정세를 분석하고 강화가 불가하다고 주장하였다. 34세 때부터는 이연평이 죽고 張南軒(1133－1180)과의 교우가 시작된다. 연평은 靜的이었지만, 남헌은 動的이었다. 38세 때 호남의 潭州에 안거하고 있던 남헌을 방문하여 그와 강론하고는 남헌의 설에 기울게 되었다.

그러나 40세가 되던 해 봄, 그는 정적인 것과 동적인 것 두 가지 입장을 조합하여 已發未發說을 이룩하고, 太極說도 골격을 완성하여, 주자 사유방법의 대강이 결정되었다. 46세 때 呂東萊(1137－1181)의 권유로 陸象山(1139－1192) 형제와 강서 鉛山의 鵝湖寺에서 만났다. 상산은 주자의 궁리설을 "지리한 사업으로서 끝내 부침한다"고 혹평하였는데, 이는 두 사람 간 학설의 차이를 보여준다. 주자가 『시경』을 탐독한 것은 47세 때 부인을 잃고 나서라고 생각된다. 다음해에 그는 『詩集傳序』를 저술하였다. 주자는 同安의 主簿 생활을 끝낸 뒤 약 20년 동안 관리를 우대하여 지급하는 연금이라고 할 수 있는 녹봉만을 받았을 뿐 전혀 현직에 나아가지 않았다.

그러나 그러는 동안 그는 『資治通鑑綱目』 등을 저술하고, 『近思錄』 등을 편집하였다. 50세 때 강서의 南康軍 知事에 부임하여 이곳에서 약 2년을 지내고, 다른 관직으로 浙江 지방에서 구황사업에 약 1년간 종사하였다. 다시 61세 때 복건 漳州의 지사를 약 1년간, 65세 때 호남의 담주 지사 겸 荊湖南路安撫使로 약 3개월간을 보냈다. 주자는 말년에 이렇게 매우 번거롭고 바쁜 생활을 보냈다. 그리고 조정에 出仕하여 侍講을 약 40일간 하였으나 반대파의 책동으로 조정에서 추방당해 건양의 考亭으로 돌아왔다. 이후 僞學 금지에 따른 당국의 탄압에도 굴하지 않고 여러 유생들에게 학문을 강론하다가 71세의 나이로 사망하였다. 이 사이에 『小學書』 등 여러 저작물을 완성하였다. 그의 사망 후에 『朱子文集』『朱子語類』가 편집되었다. 주자의 생애는 학자와 관료의 생애였으며, 따라서 이론

과 실천은 언제나 상호 반영되고 합치되어 나타났다. 주자의 방대한 저서
는 그의 학문체계의 웅대함을 말해준다.[37]

2. 太極說

　주자의 태극은 말하자면 그의 형이상학 또는 존재론이다. 그는 주체인
인간의 마음은 未發·已發로써 수렴·확산하며, 존재인 천지·자연은 겨
울과 여름, 밤과 낮처럼 陰靜·陽動으로 순환하는 것으로, 인간의 양상과
자연의 양상은 동일한 것이라고 하였다. 그리하여 이러한 자연과 인간의
세계가 모두 질서와 조화로써 움직이며 쉬지 않는 것은 무엇 때문인가 묻
는다. 이러한 음정양동, 미발이발이라는 형이하의 氣 세계를 뒷받침하는
것으로 형이상의 '태극의 理'를 정립하여, 이를 "움직여서 陽, 고요하여
陰이 되는 소이의 본체"라 하고, "조화의 樞紐, 品彙의 근저"라 하였다(『
太極解』).

　주자는 周濂溪(1017－1073)의 '誠'과 '태극'이 하나라고 보고, 이것을
程伊川(1033－1107)의 "一陰一陽하는 소이의 道", "그러한 소이의 理"
에 해당시켜 태극을 理라고 단정하였다. 이것은 또한 邵康節(1011－
1077)이 '道'와 '心'을 태극이라고 한 것과도 조응한다(『易學啓蒙』). 염
계, 강절도 태극을 이야기하였지만 이를 理라고는 하지 않았으며, 이천은
理를 말하였지만 이것을 태극이라고는 하지 않았다. 주자는 북송 여러 선
배들의 학설을 종합하여 태극이라는 理體를 정립하고, 이것을 인간과 자
연의 근본으로 삼았다. 주자에게 있어 태극은 주체와 존재의 근거이며, 형
이하 현실세계의 운동은 모두 張橫渠(1020－1077)와 정이천의 '氣'로써

---

37) 友枝龍太郎, 『중국사상사』, 245－246쪽에서 발췌인용.

설명된다. 그리고 근거의 理인 태극의 성격을 나타낼 때에는 반드시 ‘無極而太極’이라는 표현이 필요하다고 하였다. 그는 “무극을 말하지 않는다면 태극은 一物이 되어 만화의 근원이 될 수 없으며, 태극을 말하지 않는다면 무극은 空寂에 빠져 만화의 뿌리가 될 수 없다”고 하였다.

확실히 ‘태극의 理’가 현실의 사물적 존재와 동일한 것이라고 한다면 현실의 세계를 근거지울 수 없으며, 태극의 理가 현실의 사물적 존재와 상대하는 의미의 無, 즉 비존재 혹은 空無라면 이것 또한 현실세계를 근거지울 수 없다. 후일 한 학자가 “태극이 아무것도 없는 것이라 하여도 막상 태극이 없으면 안 된다”고 부연한 것은 사물적 존재로서는 ‘없는’ 것이면서도 근거를 부여하는 理로서 요청되는 것으로서는 ‘없어서는 안 되는’ 것이라는 점을 명시한 말이다. 주자가 ‘무극이태극’이라고 표현하지 않았다면 당연히 궁극자인 ‘태극의 理’의 성격을 나타낼 수 없었을 것이다.[38)

3. 性情論

주자는 心이 未發한 경우에는 여기에 ‘性’이 갖추어져 있어서, 성은 인의예지의 4덕을 갖추고 있지만, 已發의 경우에는 측은·수오·사양·시비의 4단으로서 발현한다고 하여, “仁은 溫和慈愛의 도리, 義는 斷制裁割의 도리, 禮는 恭敬撙節의 도리, 智는 分別是非의 도리”라고 규정하였다(『朱文』74 「玉山講義」). 원래 性에는 형태라는 것이 없기 때문에 4단이라는 情에서 거꾸로 추론하여 4덕이라는 性이 있음을 알 수 있을 따름이다. 그런데 인간의 情은 4단처럼 반드시 올바르게 발동한다고는 볼 수 없다. 뜻대로 안 되는 것이다. 종종 인의예지의 궤도를 이탈한다. 여기에서

---

38) 위의 책, 247－248쪽.

人心, 道心의 모순이 일어나고 성정이 서로 어긋나게 된다. 왜 그렇게 되는가 하면, 그것은 다름 아니라 사욕이 있기 때문이다. 주자는 이 사욕에서 벗어나 사욕을 억제하고 본성을 회복하면 된다고 하였다.

인의예지는 성의 대강이며, 성는 萬理를 포함한다. 虛靈不昧하여 만사에 응하는 心이 만리를 갖추는 것은 당연한 것이다. 이 만리는 주체인 심이 지닌 '所當然之則'이며, 그것은 인의예지로 총괄할 수 있다. 인의예지는 인으로 총괄되고, 인은 성과 등치되며, 성은 太極渾然의 體가 된다. 이것은 '所以然之故'이며, 이러한 태극의 理가 인간의 존재방식인 인의예지 기타의 理가 되어 나타난다. 주자의 '仁說', '옥산강의'는 모두 이 인의예지를 천지·자연의 元·亨·利·貞과 등치시키고 있다. 원형이정은 元으로 총괄되어 仁이 되는 것이므로 존재의 궁극은 주체의 궁극과 합일한다.

주자의 성정론은 정이천의 "仁은 性, 愛는 情"이라는 설과, 장횡거의 "心은 성정을 統한다"는 설을 합친 것으로, '性卽理'이다. 육상산은 성정의 미발·이발을 구분하지 않으므로 '心卽理'가 된다. 성정을 나누어 보는 주자는 이론적 천착이 생명의 흐름을 분단시킬 것을 염려하여, 인을 "천지에 있어서는 块然히 物을 낳는 心이며, 사람에게 있어서는 사람을 사랑하고 물을 이롭게 하는 마음"이라 하여, 인의 개념 규정만이 아니라 인의 사슬도 역설하였다. 이것은 바로 程明道(1032-1085)의 견해를 수용한 것이다.[39]

---

39) 위의 책, 251-252쪽.

4. 정치사상: 治民策

주자는 인간의 현실적 모습을 性과 情이 모순갈등하는 것으로 보았기 때문에 천자로부터 서민에 이르기까지 격물, 치지, 성의, 정심, 수신하여야 한다고 하였다. 이리하여 가족에 대하여는 혈연인 부, 모, 자의 관계를 중시하여 不孝, 不悌를 엄하게 경계하고, 性의 연결인 부부는 인륜의 근본이므로 그 관계를 올바르게 유지해야 할 것이라 하여 축첩, 사랑의 도피 행위를 금하고, 젊디젊은 승려에 대하여는 나이가 늙고 용모가 쇠퇴하기 전에 환속·귀가하여 혼인할 것을 주장하였다. 우리는 여기에서 인심과 남녀의 관계를 무시하지 않는 주자의 입장을 엿볼 수 있다.

촌락에 대하여는 隣保의 구성원이 家族, 宗族, 姻族, 隣里의 화합을 본분으로 하여 姦盜, 飮博, 鬪打, 論訴 등을 하여서는 안 된다는 것 및 홍수, 방화에 대비하고 도적을 규찰하며 연대책임으로써 이를 예방할 것을 교시하여, 촌락 공동체에서 인륜적 의의를 회복할 것을 희구하였다. 그러나 이것만으로는 공염불에 그치게 되므로 못자리를 만드는 방식, 퇴비를 만드는 방식, 파종 시 주의할 점, 이앙의 시기, 제초의 방법 등 벼농사 재배의 새로운 기술을 상세히 밝히고, 잉여생산에 의해 민생을 안정시킬 것을 도모하였다. 江南 개발 기에 이러한 고도의 농업기술 지도는 상당히 유명해졌다. 이것은 주자의 목표가 생산의 증강에 있었음을 말해준다.

또한 촌락의 계층분화에 대처하여 社倉을 지어 빈민을 구제하였는데, 隣保의 장부 작성에서 대출 수납에 이르는 상세한 규정은 社倉法으로서 전국에 공포되었다. 나아가 田主와 佃戶의 관계에 대하여 전주의 대출과 전호의 반환을 의무화하여 양자의 모순을 조화시키려 하였다. 특히 漳州에서는 경계를 정할 것을 청하고, 토호의 불법 겸병을 배제하였으며, 빈민을 무거운 세 부담에서 구제하려고 하였다. 이것은 量田 또는 토지개혁에 해당하며, 측량방법과 토지대장의 작성방법 등을 상세히 제시하였다. 그러나 생산관계의 변혁을 초래할 정도가 아니었음에도 불구하고 토호는 중앙 정부와 연결하여 이에 반대하였으므로 이러한 개혁안은 좌절되고 말았다.

주자의 정치사상은 恤民이 그 요체를 이루고 있다. 여러 차례 조세감면을 중앙정부에 요청하였고, 서리와 관리의 중간착취를 규탄하였다. 재상 王淮의 인척인 唐仲友를 탄핵하는 글은 검사의 논고와도 같이 준엄하여 그 목적을 달성하였으나, 이로 말미암아 주자도 관직에서 물러나야만 하였다. 주자는 重稅의 원인이 군사비의 팽창에 있다고 보고, 군정을 쇄신하는 屯田民兵論을 전개하였다. 병적을 분명히 하고 장수의 사적 선임을 배제하고자 하였다. 그리고 이러한 민정, 군정의 모순은 그 원인이 조정의 천자에게 있는 것이며, 특히 천자가 측근의 몇몇 신하와 결탁하여 국가를 사적으로 지배하는 것은 부당하므로, 재상, 각료, 고문관들과의 합의에 의하여 합법적인 지배를 행할 것을 주장하였다.

주자는 '命'을 칙명에, '心'을 관리에, '氣質'을 관리의 성향에, '情'을 사무처리에 각각 해당시켜 이해하였다. 칙명에 근거를 갖는 관리의 직무에 불법을 허용하지 않고, 또 그 근원이 되는 천자의 조정에 대하여 바르고도 선할 것을 요구하였다. 민정, 군정은 물론 대륙 북부를 상실한 남송 국가의 존재방식이 '所當然之則'에 합치하지 않는 것은 천자의 도리에 반하는 것을 의미한다. 주자가 말하는 '소당연지칙'은 '소이연지고'인 태극의 리가 드러나는 것이므로 천자, 국가를 규제하는 힘을 갖는다. 주자는 『書經』의 皇極을 "황은 人君, 극은 至極의 표준"이라고 보고, "皇(임금)이 그 有極을 세운다"고 하는 것은 임금이 한 몸으로써 지극한 표준을 천하에 세워 보이는 것이라 해석하면서, 이렇게 해석하지 않는다면 천자의 修身立政의 의미가 명확하지 않게 된다고 하였다.

육상산은 "皇은 大, 極은 中"이라 하여 "크게 그 유극을 세운다"는 것은 道로써 백성을 각성시키는 것이라고 하였다. 그렇게 되면 聖天子의 덕이 그대로 시인되어 임금을 간책하는 의미는 상실된다. 『서경』의 황극을 주자는 천자 간책의 도구로 삼았고, 육상산은 치민의 도구로 하였다고 할 수 있다. 어쨌든 주자의 치민책은 매우 구체적인 것이었으며, 현실의 모순을 분석하여 국가의 장래를 도모할 때에는 그 간책이 천자에까지 미쳤던 것이다.

한편 당시 송나라와 금나라의 대항이라는 긴박한 국제정세는 주자로 하여금 '민족주의자'가 되게 하였다. 대의를 밝혀 인심을 바르게 하고 정사를 닦아 이적을 물리치는 것은 장남헌, 육상산 등 남송 여러 유학자의 悲願이었다. 따라서 주자가 사마광의 『자치통감』을 보다 순수하게 하면서 『통감강목』을 저술하여 삼국 가운데 蜀漢의 정통성을 주장한 것도 바로 이러한 이유 때문이라고 할 수 있을 것이다.40)

주자학은 이후 동양 정치사상의 전개에 커다란 영향을 미쳤다. 중국에서는 청대에 이르기까지 관학으로서 학문과 사상의 주류를 차지하고 정통의 지위를 점하였다. 주자학은 앞서 살펴본 바와 같이 매우 질서정연하게 정리된 학문체계였다. 그 때문에 후세의 주자학파에서는 독창적인 사상가가 나오기 어려웠다. 주자학은 또한 한국과 일본에서도 절대적인 영향을 미쳤다. 한국에서는 조선시대를 거치면서 매우 독자적인 사상적 전개를 보였으며, 일본에서도 관학으로서 德川 막부체제의 막강한 사상적 지주가 되었다.

---

40) 위의 책, 255-257쪽.

제3장 근대 중국

제1절 陽明學의 전개

1. 王陽明(1472 – 1528)의 생애와 사상

1) 왕양명의 생애

왕양명(본명 守仁)은 명대 중엽 浙江의 餘姚에서 태어났다. 그의 조부인 王倫은 陶淵明, 林和靖을 좋아하는 시인이었으며, 부친 王華는 진사 시험에서 1등을 한 수재로서 南京 吏部尙書까지 역임하였다. 그의 가계를 조금 더 소급해 보면 兵部郎中, 廣東參議로서 도적 떼의 난리로 죽은 6대조 王綱과 『易微』를 저술한 4대조 王與準 등이 있다. 양명의 가계는 이렇게 군인, 학자, 시인, 고급관료 등을 배출한 명문가였다. 그런데 양명은 이들 선조들의 모든 성격을 한 몸에 체현한 것처럼 보인다.

우선 그는 용감한 군인이었다. 江西와 廣西에서 발생한 농민봉기를 진압하였고, 寧王 宸濠의 반란을 평정하여 그를 포로로 잡기도 하였다. 이 공적으로 그는 남경 병부상서가 되고, 新建伯이라는 작위를 받았다. 그는 또한 기백이 충만한 시인이기도 하였다. 젊은 시절에는 李夢陽과 교우한 '古文辭'파의 동인이었다. 뒤에 시인계를 떠나서도 그는 많은 시를 지었다. 그는 또한 鄕約法, 保甲法 등을 정하여 여러 지역의 치안유지를 꾀하려고 하였다. 그의 十家牌法은 열 집을 한 조로 하여 편성하는 일종의 안보조직으로 상당한 성공을 거두었다. 그러나 그는 무엇보다도 학자이며

사상가이고 교육자였다.[41)]

2) 知行合一論

陸象山(1139-1192)은 "博學在先, 力行在後"라 하여, 우선 널리 배워 행하여야 할 理를 알고 그런 뒤에 그것을 실천한다는 '知先行後'설을 주장하였는데, 이것은 주자의 知行論과 비슷한 것이라고 할 수 있다. 그러나 양명은 '지행합일'론을 주장하였다. 양명의 지행합일은 理를 알면 곧바로 그것을 실행에 옮겨야 한다는 단순한 실천강조론이 아니다. 알아야 할 '理'는 경서 가운데 있는 것도 아니며, 외적 사물 가운데 있는 것도 아니다. 예를 들어 '춥다'라는 지식은 자신의 심신으로 춥다고 느끼는 데서 생긴다. 추위의 체험이 없다면 추위에 대한 진정한 지식도 없다는 것이다. 이 체험은 이미 '行'의 범위에 있다고 하였다. 결국 '知'는 '行'을 통하여 성립한다는 것이다.

마찬가지로 '孝'란 부모를 사랑하는 자연스런 마음에서 발하여 부모에게 봉사하는 행위이다. 愛親의 마음이 효의 실천을 그만둘 수 없게 한다. 그리고 효를 실제로 행할 때 비로소 효의 지식은 진정한 것이 된다. 효라는 덕목을 알되, 효행의 형식을 배워 아는 것만으로는 참된 앎이라고 할 수 없다. 이렇게 知와 行은 본래 합일된 것이어서 행을 떠난 지, 지를 떠난 행이란 존재하지 않는다는 것이다.[42)]

3) 致良知說

'良知'라는 말은 『맹자』의 '良知良能'에서 유래한다. 格物致知의 지

---

41) 山下龍二, 『중국사상사』, 271쪽 참조.
42) 위의 책, 274-275쪽.

를 양지로 해석할 때 이미 양명의 치양지설의 입장은 싹트고 있었다고 할 수 있다. 그러나 격물치지를 새롭게 해석하던 시기에는 『大學』의 중심을 誠意에 두고, 그 수단으로서 치지보다도 격물을 중시하였다. 격물은 외적인 物理를 궁구하는 것이 아니라고 하는 그의 사상에는 경서를 통하여 그것을 증명하려는 경서 의존적 경향이 아직 남아 있었다. 여기에서는 '存天理 去人欲'이라는 주자학의 가르침도 아직 상당부분 인용되고 있다. 그런데 "良知라는 두 글자는 진실로 우리 聖門의 正法・眼藏이다"라고 하게 되면, 일체의 교의와 일체의 수양방법을 모두 '良知' 두 글자에 집약시키게 된다.

그러나 '치양지'는 양명이 만들어 낸 말로서 '존천리 거인욕', '心卽理' 등과 같이 경서에서 빌려온 개념이 아니다. 양지는 인간의 본래적인 심정을 가리키고 있다. 천리라든가 천명의 性이라든가 道心이라고 할 때, 그것은 하늘에서 부여된 것이라는 의식이 강하여 인간 밖에서 인간을 규제한다는 느낌을 갖게 된다. 그런데 단적으로 양지라고 하면 인간 심정 속의 진실이라는 인상을 주고, 이 내심의 양지에 따르는 행동만을 선하다고 보는 입장이 명료하게 된다. 양지는 하늘이 부여한 덕성이 아니라 도리어 천지를 만들어 내는 영명한 힘이라고까지 생각하는 것이다. 그러므로 양지는 인간의 생명력을 긍정하는 사상이다. 양지는 理임과 동시에 氣이며, 만물을 낳고 귀천상하의 구별을 넘어서는 모든 인간 고유의 것이라고도 할 수 있다. 양명의 '치양지'라는 것은 바로 이 양지를 전적으로 발휘하는 것이다.[43]

---

43) 위의 책, 276-277쪽 참조

2. 양명학의 경세론

왕양명은 교육에 의해 정치의 부패를 바로잡으려는 강한 의지가 있었다. 학교제도를 충실하게 하여 사회에 유용한 인재를 양성하자는 것이다. 이 '학교'에서는 경서만을 가르치는 것이 아니라, 농업을 중심으로 하는 생산기술도 습득시킨다. 또한 학교의 입학 자격은 사대부층의 자제에 국한되지 않고 농공상 계층을 널리 포함시켰다. 그리고 학교에서의 재능교육에 기초하여 그 신분고하에 관계없이 적재적소주의로 관리를 임용해야 한다고 주장하였다.

이같이 과거제도에 의한 관리임용을 부정하고 신분적인 제약을 타파함으로써, 진실로 재능이 있는 유덕한 인물을 관리로 등용해야 한다는 것은 당시 횡행하던 환관정치의 변혁을 지향하는 것이었다. 더구나 학교 교육을 폭넓게 개방하는 것은 기술교육의 진흥을 통하여 생산을 증대시킨다는 경제적 목표도 포함하고 있었다. 치양지설은 사대부의 마음을 수양하는 방법에 한정된 것이 아니라, 학문을 넓게 개방하여 만인의 재능을 펴서 사회를 역동적으로 발전시키려는 의도를 갖는 것이었다. 이러한 의미에서 양명의 학은 극히 '經世的'이라고 할 수 있다.

양명 자신이 생애 중에 구체적으로 향약법, 보갑법이라는 제도를 제정하였고, 실제의 정책에 있어서도 많은 업적을 올렸음은 이미 이야기한 바와 같다. 세상에 실질적으로 이바지하는 학문, 즉 '經世致用'의 학이라는 풍조가 명대 말기에 번성하게 되었다고 하지만, 그 맹아는 이미 양명에게 있었다고 할 수 있다.44)

왕양명이 죽은 뒤 양명학은 정통파로 간주되는 '왕학 우파'와 반체제적 성격의 '왕학 좌파'로 나뉘어졌다. 왕학 우파는 양명이 말한 "선도 악도

---

44) 위의 책, 290쪽.

없는 것이 심의 체이다"라는 주장을 바꾸어 심의 본체는 '至善無惡'이라
하여 心보다도 理를 중시하는 입장을 취하였고, 양명 심학에서 떠나 주자
학과 적절히 타협하였다. 반면 좌파에는 王艮(1483-1540), 王龍溪(1498-
1583), 李卓吾(1527-1602) 등이 있다. 그들은 禪學적, 반체제적이며 전
통의 부정, 유불도 3교의 일치에 대한 주장 등으로 특징지어진다. 그들은
심학에 철저하여 양지는 배우지 않고 생각하지 않아도 누구에게나 갖추어
져 있다는 입장에서 서민에 대한 교육 등에 더욱 힘을 기울였다.45)

---

45) 松島隆裕 외, 앞의 책, 73쪽.

제2절 經世致用의 學

1. 명말 청초의 학풍

명말 東林派[46] 사람들은 경세의 實學을 제창하였지만, 그 실학이란 名敎, 節義를 중시하고 그 도덕 정신을 관료로서의 직분 가운데 살린다는 것이었다. 그런데 명이 멸망하자 여기에 하나의 반성이 일어났다. 특히 청나라에서 벼슬하는 것을 좋아하지 않던 명나라 유신들은 心學이 마침내 명나라를 멸망시켰다고 생각하였다. 여기에서 장래에 좋은 정치를 확립할 수 있는 여러 방책을 심사숙고하는 풍조가 일어났다. '經世致用', '經世適用' 등의 슬로건을 주창한 것은 바로 그 때문이다. 여기에 대표적인 사람이 黃宗羲(1610−1695), 顧炎武(1613−1682) 등이다.

이들은 유교 정신이 본래 '경세'에 있는바, 經書는 성현들의 도의 근본 원리이며, 史書는 그 원리의 구체적인 전개라고 생각했다. 경학과 사학 모두 경세에 이바지하지 않으면 안 된다고 하였다. 이들은 經, 史에 대한 방대한 지식을 활용하여 현실의 정치, 정책, 제도를 자세히 논하였다. 고염무는 '淸議'를 중시하고 '變法'을 말하여 여러 제도를 논하였는데, 경서의 연구에 힘을 기울여 고대 음운의 연구에까지 이르렀다. 王夫之(1619−1692)도 호남 땅에 혼자 기거하면서 방대한 저작을 통해 자신의 정치론을

---

46) 顧憲成(1550−1612) 등을 필두로 하여 명말의 환관정치를 타파하려 한 정치운동을 말한다. 동림파는 1625년에 魏忠賢 일파의 탄압을 받아 많은 관련 인사들이 체포, 학살되었다.

전개하였다. 고염무, 왕부지 두 사람은 양명학을 혐오하여 왕용계, 이탁오 등을 名敎의 죄인이라고까지 혹평하였다. 그들은 주자학적 입장을 계승한 경세론자였다. 양명학을 계승한 황종희도 마찬가지로 경세치용의 학을 주장했다고 할 수 있는데, 그는 고염무나 왕부지보다도 더욱 급진적이었다.[47]

2. 黃宗羲(1610 – 1695)와 劉宗周(1578 – 1645)

황종희의 아버지는 黃尊素(1585 –1646)이다. 황존소는 동림파에 속하였다. 그의 집에는 양연, 좌광두 등이 드나들며 정치를 논하곤 하였다. 1646년에 황존소는 체포되어 옥사하였다. 황종희는 이러한 분위기 속에서 성장하였다. 부친이 죽은 뒤 그는 부친의 친구인 유종주를 스승으로 섬겼다.

유종주는 양명학의 흐름 가운데 있었다. 그는 『대학』, 『중용』에 있는 '愼獨'의 수양법에 대해 논하고 왕학 좌파를 혹독하게 비판하였다. 理는 氣 밖에 있는 것이 아니라 '氣卽理'라는 氣철학의 입장을 갖고 있었다. 기질의 性과 본연의 性을 구별할 수 없다고도 하였다. 또한 유종주는 농민봉기가 빈발하는 현실을 구제하기 위해 세금의 감소, 官紀의 숙정, 옥사의 폐지 등 정치와 정책에 대해서도 논하였다. 명나라가 멸망할 때 그는 단식을 하여 순국하였다.

황종희는 부친과 스승을 통하여 자연스럽게 동림의 기풍을 알게 되었고, 동시에 유교적 도덕주의의 정치개혁론이 현실에서 패배하는 모습을 바로 눈앞에서 보고 있었다. 여기에서 그 개혁론의 정신을 한층 구체화하여 제도개혁론으로서 제출한 것이 그의 『明夷待訪錄』이다.[48]

---

47) 山下龍二, 앞의 책, 295쪽.
48) 위의 책, 296쪽.

3. 명이대방록

1) 君臣論

『명이대방록』은 3대를 이상사회로 간주하고, 후세의 정치적 타락을 3대에 비추어 비판하는 논법을 취하고 있다. 정치의 원리론은 '原君', '原臣', '原法' 세 편에 제시되어 있다. "옛날의 군주는 천하를 주인으로 하고 군주를 객으로 하여 천하를 위해 봉사하였다. 그런데 후세의 군주는 군주를 주인으로 하고 천하를 객으로 하여, 천하의 이익을 모두 군주 개인의 손에 넣고 인민을 돌보지 않는다. 이것이 천하가 어지러운 이유이다"라고 하였다. 횡포한 임금 桀, 紂가 湯, 武에 의해 토벌된, 이른바 역성혁명을 그는 지지한다. 명나라가 세워졌을 당시 洪武帝는 『맹자』에서 혁명을 긍정하는 문장을 삭제하였다. 일단 혁명이 성공한 뒤에는 자기의 왕조가 영원히 존속될 것을 원했기 때문이다. 명대의 주자학은 이 입장을 지지하였다. 따라서 왕의 명을 받고 저술된 『맹자대전』에서는 군주가 아무리 악하더라도 신하가 이를 토벌해서는 안 된다는 이론을 채택하고 있다. 황종희는 이러한 주자학에 반대하였다.

군주 비판 사상은 唐甄(1630-1704)의 『潛書』에서도 엿보인다. 그는 "秦 이후의 제왕은 모두 도적이다"라고 하였다. 당견은 왕양명을 맹자 이후의 유일한 성인이라고 칭하였다. 양명의 치양지설을 이론적으로 밀고 나가게 되면 이러한 군주 비판에 이르게 된다. 다만 양명이 살았던 시대는 아직 사회적 모순이 격화되지 않았기 때문에 온건한 정도에 그친 것이다. 宋末에서 元初에 살았던 鄧牧은 자신의 『伯牙琴』 속에서 폭군, 혹리가 인민의 이익을 수탈하는 것을 격렬히 비난하고 있는데, 이것이 『명이대방록』의 선구이다. 한편 이러한 군주 비판이 행해진 것은 언제나 왕조의 교체기였다는 점을 고려하지 않으면 안 된다. 새로운 왕조의 기초가 확립되

지 않았을 때에는 사상통제가 철저하지 못하며, 그래서 말하자면 언론이
비교적 자유로울 수 있기 때문이다.49)

2) 정치개혁론

『명이대방록』의 특색은 구체적인 제도개혁론이라는 데 있으며, 그 개혁
론이 역사적, 실증적으로 뒷받침되고 있다는 점에 있다. "治人이 있은 뒤
에 治法이 있다." 즉 도덕적으로 바르고 정치적 재능을 가진 인물의 유무
에 따라 천하의 치란이 나누어지며, 법률제도와 같은 것은 오히려 말단이
라는 것이 종래의 사고방식이었다. 이에 반하여 황종희는 바른 법제를 세
우는 것이 덕이 있는 통치자의 유무보다 더욱 요긴한 것이라고 하였다. 따
라서 "치법이 있은 뒤 치인이 있다"고 하였다. 동림파나 왕학 좌파 모두
이제까지 법제의 중요성을 인식하지 못하였으므로, 황종희의 사상은 정치
개혁론으로서는 확실히 진일보한 것이라고 할 수 있다.

황종희는 宰相 제도를 부활시켜야 한다고 하였다. 명나라 시대를 거치
면서 재상제도가 폐지되고 몇 명으로 구성된 내각이 설치되었는데, 군주의
독재권은 내각 구성원을 書記化하였다. 더구나 실질적인 군주권은 측근
환관의 수중에 있었다. 여기에서 재상을 두어 정치의 책임을 분명히 하고,
정치적 업무에는 모두 과거에 합격한 인사만을 쓰며, 환관의 개입을 없애
려는 것이 황종희의 의도였다. 학교론에서는 학교를 士人을 양성하는 기
관으로 볼 뿐만 아니라, 학교에 '淸議', 즉 정치 비판 기능을 인정하라고
주장하였다. 말하자면 사대부층의 여론을 학교의 청의를 통해 정치에 반영
하려고 한 것이다. 이것은 그가 復社50) 운동에 참가한 경험에 기초하고

---

49) 위의 책, 296−297쪽.
50) 復社는 동림파의 후신이라고 할 수 있는데, 따라서 이들은 동림파의 정치
   비판 입장을 계승하고 있었다.

있다. 대학의 학장은 재상과 그 지위를 동일하게 하고, 학장은 정치에 대해 직언할 수 있도록 해야 한다고도 하였다. 이 밖에 그는 관리 등용법, 변경 방위책, 田制, 兵制, 재정 등 여러 제도의 광범위한 개혁을 주장하였다.

황종희의 이러한 개혁론은 아주 독창적인 것이었다. 그러나 그것은 사대부의 의식을 아직 완전히 벗어나지는 못한 것이었고, 나쁜 군주는 바꾸어야 한다고 하였지만 군주제의 폐지를 완전히 주장하는 사상은 아니었다. 따라서 사대부층 이외 전체 인민의 의식을 정치에 반영시켜야 한다는 민권주의, 민주주의 사상으로 보기에는 아직 이른 감이 없지 않다고 할 수 있다.[51)

또한 청나라에 들어와서는 이러한 군주제에 대한 비판 사상이 더욱 전개되지 못하였다. 황종희의 『명이대방록』이 쓰인 것은 물론 청나라 왕조로 진입한 다음의 일이었지만, 그가 이것을 쓰게 된 것은 명나라가 무엇 때문에 멸망하게 되었는지에 대한 것이었기 때문에 청나라를 직접적인 대상으로 삼지는 않았다.

청나라에 들어와 황제에 대한 비판 사상이 사라진 이유는 이민족 왕조인 청나라가 무력으로 진압한 탓도 있지만, 더욱 근본적인 이유는 청나라가 명나라와는 달리 지주층의 권익을 용인함으로써 자신의 정치권력을 확립했기 때문이었다. 청 왕조는 향촌에 대한 지주의 통치를 사실상 인정했고, 그것을 바탕으로 황제와 지주가 연합하는 정권을 세운 것이다. 바로 이것이 청나라 왕조가 송에서 명까지 이르는 왕조와 결정적으로 다른 점이다.

청나라에 들어와 군주를 비판하는 목소리가 사라진 것은 명나라 말기에 여론을 형성하는 데 앞장을 섰던 향신 계층과 더불어, 같은 지주층 출신이

---

51) 山下龍二, 앞의 책, 297−298쪽.

었기 때문에 대부분 그들과 같은 목소리를 냈던 관료 계층이 청나라 정권
의 정책에 기본적으로 찬동을 했기 때문이었다. 바꾸어 말하면, 명나라 말
기에 일어난 군주 비판 사상은 지주 계층이 전통적인 一君萬民 체제에
대해 얼마나 강한 불만을 가지고 있었는지를 보여준다. 명나라 왕조가 인
심을 잃은 이유는 일군만민 체제를 강화하려는 그들의 기본 정책이 시대
적인 추세를 완전히 역행하는 것이었기 때문이라고 할 수 있다.

절에 같은 현 출신인 朱次琦에게서 배웠지만, 다감한 성격으로 불교와 노장에 출입하기도 하고, 정치와 역사에 관한 고전을 읽기도 했으며, 홍콩과 상해로 가서 서양문화를 접촉하기도 하였다. 光緒 11년(1885)에는 산학과 기하학에 기초하여 大同사상의 맹아라고 할 수 있는『人類公理』를 저술하였다. 광서 14년 중앙에 가서 德宗 황제에게 시국의 어려움을 타개할 것을 진언하는 1차 상서를 올렸으나 받아들이지 않자, 곧 향리로 돌아가 長興學舍를 세워 오로지 제자의 교육에 힘썼다. 梁啓超(1873-1929)와 陳千秋 등의 수재가 여기에서 학습하였다. 이윽고 그는『長興學記』,『新學僞經考』,『孔子改制考』 등의 저서를 세상에 내놓았다. 그리고 이상세계를 묘사한『大同書』 초고를 양계초, 진천추 등 수제자에게 주어 교육의 자료로 삼았다고 한다.

그런데 청일전쟁(1894-1895)에서 청나라가 패하고 시모노세키 조약이 체결되자 강유위는 이 굴욕적인 강화에 반대하여 變法과 抗戰의 계속을 주장하는 2차 상서를 올렸다. 그는 이후에도 여러 차례 상서를 올려 황제의 마음을 움직이고 고관 가운데 변법 동조자의 지지도 얻었다. 여기에서 유명한 戊戌新政(1898)이 개시되었다. 그러나 그의 개혁운동은 西太后를 받드는 보수파에 의해 붕괴되고 강유위는 동지들과 해외로 망명해야 했다. 이것을 戊戌政變이라고 한다.

그는 이후에도 정치개혁운동을 계속하지만 그의 정치운동이 가진 사상사적 의의는 이 무술정변에서 끝이 난다. 이후에는 그의 개혁운동이 오히려 시대의 진행에 뒤처진 정치운동이 되어 격변하는 사상계로부터 오히려 백안시되는 경향도 보인다. 그러나 무술년까지의 그의 변법사상은 당시 절대적 영향을 가졌던 것으로, 청말 그의 사상사적 역할은 매우 컸다고 할 수 있다. 한편 그의 주저『대동서』는 뒤에 완결된 형태로 간행되어 그의 웅대한 사상 규모와 미래사회에의 비전이 사람들에게 공개되었다.[54)

3. 강유위의 계승자들

강유위는 『대동서』에서 하나의 公的인 정부가 세계를 통치하며, 계급, 인종, 남녀의 차별이 없고, 생산과 분배의 기능을 공영화하여 태평 평등의 세계(대동의 세계)를 실현할 것을 주장하였다. 여기에서 '대동'이라는 사상은 『예기』 예운편에서 '대도가 행해지면 대동의 세상이 된다'라고 하는 공양학적 입장에 근거하고 있다.

강유위 외에 그의 흐름을 따른 인물로서는 譚嗣同(1865-1898)이 있다. 담사동은 『仁學』을 저술하였다. 그는 이 책을 통해 크리스트교의 교의와 춘추공양학의 태평·대동의 설, 그리고 화엄경의 설을 통합하여 자신의 새로운 사상을 펼치고 있다. 무술정변으로 죽임을 당해 사상의 완성을 보지 못한 것이 못내 아쉽다.

한편 강유위의 수제자 梁啓超(1873-1929)는 무술정변 이후 스승의 사상을 이탈하였다. 그는 청말 민국 초의 계몽사상가로서 대단히 광범위한 사상 활동을 벌였다. 양계초는 또한 20세기 사상사학의 개척자이기도 하다. 이 밖에도 嚴復(1853-1921)은 서양사상을 번역하여 당시 중국 사상계에 커다란 영향을 미쳤다.[55]

---

54) 佐藤震二, 앞의 책, 330-331쪽에서 발췌인용.
55) 위의 책, 334쪽 참조

제4절 근대 민족주의의 발흥

1. 梁啓超(1873 - 1929)의 민족주의 자각

중국의 근대 민족주의는 중화사상적 민족주의의 인종론적 입장을 지양한 시점에서 비로소 성립할 수 있었다. 이러한 의미에서 무술변법운동의 실패(1898)와, 뒤이은 의화단운동의 좌절(1901)은 중국에서 본질적인 근대 민족주의를 성립시키는 직접적인 계기가 되었다고 볼 수 있다.

우선 변법운동의 지도자 중 한 사람이었던 양계초는 무술정변의 실패 후 일본에 망명하여 <淸議報>, <新民叢報> 등 활발한 언론활동을 전개하였다. 근대적 민족주의의 자각은 이러한 양계초에 의해 보다 명확한 형태를 띠게 되었다. 즉 그는 「애국론」을 비롯하여 「중국 인종의 장래를 논함」, 「근세 국민경쟁의 대세 및 중국의 전도」 등 1899년의 여러 논문에서 이미 열강 제국주의의 중국 침략이 시작되었다고 경고하고, 중국 국민의 애국·독립·자강의 요체를 역설하기 시작하였다. 이러한 그의 새로운 민족론, 국가론은 「新民說」에서 집중적으로 표현된다.

"16세기 이후 유럽이 발달한 까닭, 세계가 진보한 까닭은 모두 민족주의 nationalism에 의거한다. …… 이러한 主義의 발달은 이미 극에 달하여 19세기 말에 이르면 민족제국주의 national imperialism이 된다. 민족제국주의란 무엇인가. 그 국민의 실력이 내적으로 충만하면 외적으로 넘치지 않을 수 없다. 여기에서 서둘러 권력을 다른 곳으로 확장함으로써 자신의 복속물을 구한다. …… 이리하여 저들은 지금 동방 대륙에서 가장 큰 나라이면서도 가장 척박한 땅, 가장 부패한 정부, 가장 약한 국민인 우리의 내정을 탐지하고, 여기에 이른바 민족제국주의를 이식하는데, 이는 벌떼가 모이는 것과 같고, 모든 화살이 과녁을 향하는 것과 같이, 한결같이 이 모퉁이에 집중한다. …… 따라서 오늘날 열강의 민족제국주의에 대항하고 백성을 구제하려면 민족주의 정책을 실시해야 한다. 그리고 민족주의를 중국에서 행하고자 한다면 新民이 되어야 한다.”

양계초의 이러한 논의는 분명히 근대적 민족주의의 관점을 보이는 것이다. 그리고 여기에서는 열강의 민족제국주의에 대항하는 수단으로서 민족주의가 제창되고 있다. 정확히 말하자면 그는 아직 반제국주의적 민족주의의 입장에 도달해 있지는 않았고, 국내적인 反滿的 민족주의의 문제로부터는 의도적으로 눈을 돌리고 있었다. 오히려 양계초는 국민정신의 자각적 개조를 주제로 하는 ‘신민적 민족주의’를 제창함으로써 실제로는 孫文 등의 혁명운동에서의 반만적 민족주의에 대한 비판과 지양을 의도하였던 것이다. 이것이 그의 개량주의적 사상가로서의 한계였다.[56]

2. 孫文(1866 - 1925)의 민족주의

孫文(호는 中山)의 혁명운동이 근대 민족주의의 주장을 분명하게 한 것은 중국 同盟會가 성립한 시기(1905)부터이다. 물론 이것은 손문의 혁명운동이 이 시기에 시작되었다는 의미는 아니다. 이미 1880년대 말 하와이에서 귀국한 손문은 광동, 홍콩의 미선계 의학교 재학시절, 동창 가운데 뜻있는 사람들과 더불어 혁명에의 열정을 불태우고 있었다. 특히 이들 가

---

56) 後藤基巳, 『중국사상사』, 365 - 366쪽.

운데 三合會의 회장인 鄭子良의 이름을 볼 수 있는 것은 이후 손문의 혁명적 실천이 합당운동과 밀접한 관련을 갖는 계기로서 주목된다. 이것은 이 무렵의 손문이 여전히 중화사상적 민족주의의 입장에서 배회하고 있었음을 시사한다.

청일전쟁이 종결되기 직전(1894) 손문은 하와이, 홍콩에 최초의 혁명단체인 興中會를 조직한다. 흥중회는 표면적으로는 여전히 강유위의 변법론과 동일한 개량주의적 주장을 표방하고 있었지만, 그 비밀서사에서 '驅除韃虜, 恢復中國, 創立合衆政府'를 주장하고 있는 것은 이미 중화사상적 민족주의가 미국적 합중국을 모델로 하는 민주공화정의 주장과 결합되고 있음을 보여주는 것이다. 흥중회에 의한 최초의 혁명 기도는 허무하게 좌절되었다(1895). 그러나 그것이 실패한 뒤 손문은 일본, 미국을 거쳐 영국으로 가서 그곳에서 근대 민족주의의 이론적 재구성을 추진하였다. 무술정변 직후 손문은 다시 일본으로 갔다. 1900년 의화단운동의 발발을 기회로 삼아 두 번째의 봉기를 기도하였으나 또 실패하였다.

그러나 『孫文自傳』에서도 말한 바와 같이, 이 봉기는 반만 혁명의 사조를 자극, 고취한 점에서 결코 헛수고는 아니며, 여기에서 혁명 사조는 고조기를 맞이한다. 특히 이 시기 재일 유학생의 사상, 언론은 모두 혁명 문제에 집중되었고, 국내의 급진적 지식인들도 이에 호응하여 혁명을 고취하였다. 상해에서는 蔡元培 등에 의해 愛國學社가 조직되었고, 章太炎 등은 <蘇報>를 통해 혁명사상을 고취하였다. 이른바 '蘇報 사건'(1903)의 단서를 이루는 鄒容의 저서 『혁명군』은 근대적 민족주의에의 지향을 보이는 것으로서 주목된다. 그가 이 책에서 주장한 것은 유럽의 근대 민족주의의 입장에서 청조 전제정치의 열악함을 비판하고 새로운 민주공화국의 수립을 주장하는 정치강령이었다.

"오호라, 우리의 중국, 만주의 억압을 벗어나고자 한다면 혁명을 하지 않으면 안 된다. 우리의 중국, 열강과 나란히 자웅을 겨루고자 한다면 혁명을 하지 않으면 안 된다. 우리의 중국, 지구상의 이름난 나라, 지구상의 주인공이 되고자 한다면 혁명을 하지 않으면 안 된다"라는 주장과 "안으로는 만주인의 노예가 되어 만주인의 포학을 받으며, 밖으로는 열강의 능욕을 받아 몇 겹의 노예가 되었다. 진실로 망국 殄種의 어려움이다. 이것이 우리 黃帝神明의 漢민족이 오늘날 혁명·독립을 부르짖는 원인이다"라는 논의는 반만적 민족혁명과 반제적 민족혁명 양자를 훌륭하게 결합시킨 것으로, 당시로서는 근대적 민족주의에 가장 근접한 사상이라고 볼 수 있다.[57]

3. 同盟會의 민족주의와 그 한계

1900년대 초 이러한 혁명 사조는 여러 혁명단체의 대동단결로서 손문을 중심으로 조직된 '中國同盟會'의 성립(1905)에 의해 새로운 시대를 맞이하게 된다. 이 시점에서의 손문의 사상은 '驅除韃虜, 恢復中國, 建立民國, 平均之權'(「同盟會誓詞」)과 이것을 더욱 발전시킨 「民報發刊의 詞」에서의 삼민주의(民族, 民權, 民生)의 주장, 그리고 다소 늦게 발표된 「동맹회선언」에서의 "본회의 주장은 민족의 뒤에 민권과 민생을 더한다. …… 따라서 우리 당의 책임은 민족주의로 끝나는 것이 아니라 실로 민권주의와 민생주의에서 완성되는 것이다. 민족주의는 그 단서이며 민권, 민생주의는 그 궁극을 이루는 것이다"라고 주장한 데서 볼 수 있듯이, 이미 단순한 중화사상적 민족주의에 그치지 않고 민권, 민생주의에 의해 완결되는 근대적 민족주의를 의도하는 것이었다.

그러나 보다 정확하게 말하자면, 손문을 중심적 지도자로 하면서도 각종

---

57) 위의 책, 366-367쪽.

혁명단체의 대동단결로 성립된 중국동맹회가, 손문의 이른바 삼민주의에서 보이는 근대적 민족주의의 주장을 전면적으로 수용하였다고 생각되지는 않는다. 예를 들어 동맹회의 기관지인 <民報>의 주필이었던 章炳麟과 같은 사람은 손문의 근대적 민족주의보다 排滿興漢의 중화사상적 민족주의의 입장을 견지하였다. 동맹회의 성립 이후 신해혁명(1911)에 이르는 몇 차례의 혁명봉기에 대해 살펴보아도 이에 동원된 실제의 세력은 중화사상적 민족주의 색채가 농후한 회당분자와 지방민중, 병사 등이 주체였다. 따라서 더욱 비판적으로 바라보면, 손문이 의도한 근대 민족주의는 중국 민중들에 다소 앞서고 있다는 느낌을 받는다. 신해혁명이 미완성의 혁명으로 끝나고 근대 민족주의의 완성이라는 과제가 민국 이후로 넘겨지는 이유도 여기에 있다고 할 수 있다.[58]

---

58) 위의 책, 367-368쪽.

제5절 三民主義와 국민혁명

1. 손문 사상의 새로운 전개

중국혁명의 아버지라 불리는 손문이 독자적인 혁명이론으로서 삼민주의를 처음 표방한 것은 1905년 중국혁명동맹회를 결성할 무렵이었다. 그 후 1925년에 "혁명은 아직 이루어지지 않았다"고 유언하면서 죽기까지 손문은 삼민주의 혁명의 완성을 지향하며 일생을 혁명의 도정에서 살았다. 하지만 일시 성공한 것처럼 보였던 민국혁명을 포함하여 손문의 혁명운동은 모두 실패로 돌아가고 말았다.

중화민국이 성립한 뒤 민국혁명이 즉각적인 袁世凱의 배반 때문에 좌절되었던 1913년 손문은 일본으로 망명하였다. 그는 또다시 1914년에 '중국혁명당'을 결성하여 혁명운동의 재기를 꾀하였다. 그 후 1923년의 혁명이 새로운 방침으로 전환되기까지, 손문은 소수의 당원을 중심으로 정객과 관료, 나아가 군벌 및 미국의 원조에도 기대하려고 하는, 종전과 거의 동일한 혁명방식 아래 군벌에 대한 무장투쟁을 계속하였다. 1913년에서 1916년 원세개가 죽기까지 손문이 말한 '討袁의 투쟁', 이에 이은 북방 및 남방 군벌의 '거짓 共和'에 대하여 민국 헌법이 '진정한 共和'를 지킨다는 것을 슬로건으로 내건 1916년에서 1923년까지의 '護法 투쟁'이 그것이다.

이러한 혁명운동은 모두 군벌전쟁의 소용돌이에 휘말려 실패하고 말았다. 그러나 실패를 거듭하는 가운데 손문은 사상적으로 민국 후의 새로운 사상을 섭취하면서 끊임없이 사색을 깊이 하여 전진을 계속하였다. 손문은 1918년 광동 軍政府 수립에 실패하고 상해로 도망가서 서재에 침잠해 있으면서 혁명을 성공시키기 위해서는 그 전제 또는 기초로서 손문 자신의 표현대로 국민정신의 일신을 꾀하는 '心理建設'이 필요하다고 통감하기에 이르렀다. 문화혁명에서 분리되어 오로지 정치적, 군사적으로만 혁명운동을 벌여 왔던 손문이, 문화혁명보다 다소 지연되기는 하였지만 문화혁명과 마찬가지로 사상 혹은 정신의 혁신을 혁명 수행의 근본 문제로 인식하기에 이른 것이다. 이러한 자각에 입각하여 손문은 중국의 전통사상을 비판적으로 흡수하면서 독자적인 철학적 혹은 인식론적 사색을 '心理建設論' 이른바 '孫文學說'로서 종합하였다.

　이어 손문은 1919년의 5.4운동을 목격하고 러시아혁명 후 중국에서의 사회주의 사조의 고양과 노동운동의 급진화를 주시하면서 혁명운동이 노동자·농민을 조직화하는 민중적 기반 위에 재편성되지 않으면 안 된다는 것을 분명하게 인식하기에 이르렀다. 그리고 이러한 자각에서 손문은 1923년 '聯俄(소련과의 연합), 容共, 勞農援助'라는 새로운 국민혁명의 방침을 표방하여 새로운 정치운동의 실천에 착수하게 되었다.[59]

2. 신삼민주의의 전개

　'知難行易(알기는 어려우나 행하기는 쉽다)'[60]라는 자신의 철학에 따라

---

59) 山口一郎, 『중국사상사』, 390-391쪽에서 발췌인용.
60) 손문은 1917년 『建國方略』을 통해서 지난행이설을 주장하였다. 종래 유학에서는 '知易行難' 혹은 '지행합일'을 주장하였는데, 이것이 바로 중국혁명이 성공하지 못한 원인이라는 것이다. 중국 인민의 마음이 '알기는 쉬우나 행하기가 어렵다'는 소극적인 사고방식에 지배되고 있기 때문이라는 것이다.

손문은 전통사상을 근원적으로 혁신하는 인식론적 논거를 삼민주의에 부여하였다. 그리고 이 논거에 입각하여 손문은 국민들에게 삼민주의 혁명의 '知'를 계몽하고 국민의 새로운 '심리'를 건설하기 위해 1919년에 <建設>과 <星期評論> 두 잡지를 창간하여 활발한 사상운동을 시작하였다.

동시에 손문은 러시아 10월혁명 후의 사회주의 사조와 그 운동의 실제 가운데서 교훈을 얻고 5.4운동에서 나타난 대중항의의 위력을 목격함으로써 국민대중을 조직화하고 국민을 혁명에 동원할 필요성을 통감하였다. 그리하여 1919년 10월 이제까지의 중화혁명당을 중국국민당으로 개조하였다. 당을 국민당으로 개칭하면서 손문은 혁명이 소수의 당원만이 아니라 다수의 국민과 더불어 국민의 힘을 빌려 수행되지 않으면 안 된다는 것을 분명히 하였다.

물론 이제까지도 손문은 삼민주의 혁명이 '평민혁명' 혹은 '국민혁명'이며, '인민을 위한, 인민에 의한, 인민의 혁명'이지 않으면 안 된다고 주장해 왔다. 그는 국민들 가운데에서도 주로 농민을 '次植民地'의 비참한 처지에서 구하고자 하는 염원에서 혁명에 혼신의 노력을 기울여 왔다. 다만 손문은 국민 또는 인민이 주권자이기는 하지만 '不知不覺者'이므로 유능한 '先知先覺者'인 소수의 혁명가가 인민을 대신하여 인민을 위하여 혁명을 대신하지 않으면 안 된다고 생각하고, 이러한 사고방식에 입각하여 이제까지의 무장봉기를 주된 것으로서 혁명운동을 진행시켜 왔던 것이다. 중화혁명당이 당원의 자격을 엄격하게 하는 소수정예주의로 조직된 것도 바로 이러한 이유에서였다.

그런데 중화혁명당을 중국국민당으로 개칭한 것은 손문이 '부지불각자'

손문은 중국의 식민지화를 방지하고 근대국가를 건설하기 위해서는 중국 인민의 의식을 길러주는 것이 무엇보다 필요하다고 역설하였다. 과학적 진리를 아는 것은 어려우나 일단 이것을 알기만 하면 실행에 옮기기는 아주 쉽다는 것이다. 松島隆裕 외, 앞의 책, 80-81쪽 참조

이기는 하지만 주로 노동자·농민으로 구성된 국민 또는 인민의 힘에 새삼 눈을 뜨고, 노동자와 농민들 속에서 그들의 입장에 서서 노동대중과 더불어 그 힘을 활성화시켜 삼민주의 혁명을 진행시키지 않으면 안 된다는 생각을 갖기에 이르렀기 때문이다. 그리하여 '勞農援助'라는 새로운 혁명운동의 방침이 정해졌으며, 모택동 식으로 말하자면 이제까지의 '구삼민주의'에 대신하는 '신삼민주의'가 탄생된 것이었다.[61]

3. 손문 사상의 의의

손문이 '聯俄, 容共, 勞農援助'의 3대 정책을 표방하고, 신삼민주의 혁명의 주장을 명확하게 한 것은 1924년 1월 중국국민당 제1차 전국대표자대회에서였다. 대회는 삼민주의 혁명의 목적이 군벌을 타도하고 제국주의에 반대하여 인민을 해방시키는 데 있다고 선언함으로써, 국공합작의 기치 아래 국민혁명을 크게 한걸음 진전시켰다. 대회가 끝난 후 국민당 軍政府의 지도 아래 노동운동, 농민운동이 다시 격화하여, 이윽고 전국을 석권하는 혁명운동이 전개되었다.

하지만 손문은 대회 다음해인 1925년 3월 국민의회의 개최를 촉진하기 위해 북상하던 중 이 전국적인 혁명운동의 전개를 보지도 못하고 북경에서 혁명의 완성을 당원들에게 유언으로 남긴 채 오직 중국혁명 한 길만을 걸어온 일생을 마감하였다. 그러나 손문의 죽음은 도리어 그의 삼민주의를 중국혁명의 부동의 지도원리로서 중국인들의 마음속에 깊이 자리잡게 하였다.[62]

이렇게 손문은 중국 근대사에 있어서 모든 중국인들의 추앙을 받는 위

---

61) 山口一郎, 앞의 책, 394-395쪽.
62) 위의 책, 398쪽.

대한 혁명가이며 사상가였다. 그의 민족주의와 민주주의 사상은 근대적으로 완성된 체계를 갖춘 것이었으며, 아울러 그는 그것을 정치적 실천을 통해 계속 수정해나감으로써 자신의 사상을 계속 발전시켜 나갔던 것이다. 특히 앞서 살펴본 바대로 그의 말년에 이르러서는 구삼민주의를 신삼민주의로 더욱 발전시켰다. 그는 중국 민주주의 혁명의 발전에 불멸의 업적을 이룬 것으로 평가된다.

제6절 신민주주의 혁명과 모택동 사상

1. 國共분열에서 항일전쟁으로

중국에서 농촌혁명과 문화혁명이 심화되는 시기는 1931년 만주사변 후 일제의 침략이 격화되어 중국의 민족적 위기가 점차 심각해지는 시기이기도 하였다. 이 위기에 즈음하여 먼저 일어선 것은, '安內(내부 평정)'를 '攘外(외부의 적을 물리침)'보다 우선시하여 공산당 토벌에 열중하였던 장개석 정부가 아니라, 일찍이 1932년에 대일 선전포고를 하였던 중국공산당이었다. 중국공산당은 1934년 10월 북상을 선언하고 '長征'에 들어갔다. 장정 도중인 1935년 8월 1일 「항일투쟁을 위하여 전 동포에게 고함」이라는 선언을 발표하여 항일민족통일전선을 결성할 것을 촉구하였다.

동시에 학생, 학자, 문화인 등 도시 지식인들과 일반 시민 및 노동자, 농민도 항일을 위해 궐기하였다. 지식인들은 좌익은 물론 梁漱溟과 같은 전통주의자와 張東蓀과 같은 학자까지도 민족의 위기를 의식하여 가두에 서서 일치단결하여 항일할 것을 호소하기에 이르렀다. 이러한 항일의 기운을 전국에 확산시키는 계기가 된 것은 1935년 12월 9일 북경 학생들의 데모였다. 이것이 5.4운동과 더불어 자주 일컬어지는 12.9운동이다.

12.9운동의 다음해인 1936년에는 '전국각계구국연합회'가 조직되었고, 문학면에서는 '국방문학' 혹은 '민족혁명전쟁의 대중문학'이 제창되었으며, 사상·문화면에서는 '항적 민주대연합'의 슬로건을 내건 '신계몽운동'이 제

창되었다. 이 신계몽운동은 모택동의 신민주주의 문화론에 그대로 계승된다. 항일의 분위기는 전 중국에 파급되어 1936년 12월에는 蔣介石을 감금하고 그에게 내전의 정지와 공산당 및 기타 당파와 제휴하여 함께 항전할 것을 요구하는 '西安事件'이 일어났다. 그리고 1937년 7월 전면적인 항일전쟁이 시작되어 중국은 새로운 항일전쟁의 시기를 맞게 된다.[63]

2. 모택동 사상의 형성

1) 마르크스주의와 농민혁명론

모택동의 농민혁명론은 그가 중국공산당 당원인 까닭에 마르크스주의 이론의 영향을 받은 데다 부르주아 민주주의혁명의 기초를 농민의 문제로 본 레닌의 노농동맹론과 "민족문제는 실제에 있어 농민문제이다"라고 주장한 스탈린의 식민지 해방이론을 학습한 위에서 전개된 것이다.

그러나 모택동의 농민혁명론은 무엇보다도 모택동이 낙후된 중국의 농촌에서 농민과 더불어 혁명투쟁을 전개시키는 실제적 경험을 통해 이루어진 것이다. 이것은 중국 농민이 '세계사상 그 유례가 드문 찬란한 혁명의 전통'과 거대한 혁명적 에너지를 갖고 있다고 확신한 데서 성립한 것이다. 따라서 모택동의 농민혁명론은 마르크스주의를 '보편적 진리'로 보면서도 중국의 농민전쟁 전통에 입각하고 있기 때문에 민족적 특질이 농후한 것이다. 따라서 모택동의 농민혁명론은 마르크스주의적 농민혁명이론을 독자적으로 발전시킨 것이라고 할 수 있다.[64]

---

63) 山口一郞, 『중국사상사』, 408-409쪽.
64) 위의 책, 411쪽.

2) 혁명근거지론

모택동의 혁명근거지론은 그가 정강산에 들어가 '백색정권에 의해 사방으로 포위된' 곤경에 처해 있을 때, 혁명퇴조기의 중국사회를 직시하면서 정립한 것이다. 모택동은 우선 '백색정권'이 제국주의의 지원을 받고 있으며, '홍색정권'보다 월등하게 강대한 존재라는 사실을 인정하였다. 그러나 이러한 강대함은 제국주의 열강의 분할 지배, 제국주의와 결탁한 여러 군벌들의 끊임없는 내전, 나아가 지방분산적이고 낙후된 방대한 중국 농촌경제의 존재 등 '半식민지 半봉건사회'의 특수성을 배경으로 한 것이다. 따라서 이 틈새에는 '홍색정권'이 발생하고 존재할 수 있는 불가피한 약점이 있었다. 백색정권이 홍색정권을 소멸시킬 수 없었던 것은 바로 이 때문이었다. 또 홍색정권도 처음에는 농촌의 오지에 수립된 조그만 존재일 수밖에 없었다. 그러나 이 작은 존재는 홍군을 훈련시키고 대중을 조직하여 강대한 적과 맞서 진공, 퇴수하기에는 가장 적합한 혁명의 근거지가 될 수 있으며, 이 근거지를 강화하여 이것을 '파상적'으로 확대함으로써 비로소 혁명을 중국 전토에 파급시킬 수 있었다고 주장하였다.

이것이 농촌에서 힘을 양성하여 '농촌에서 도시를 포위'함으로써 도시를 점령한다는 모택동의 혁명이론이다. 도시 탈취를 우선시하는 당중앙과의 대립도 여기에서 생겨난 것이다. 따라서 '혁명근거지론'은 모택동의 농민혁명론이라는 말 그대로 근거지를 수립하는 것이며, 혁명근거지는 그저 군사상의 근거지에서 그치는 것이 아니라 정치·경제·문화에서도 민주집중제에 의한 정부의 구성, 토지개혁 및 상공업 개발에 의한 생산의 증대, 문화·교육의 보급에 의한 생활의 개선을 위한 근거지이기도 한 것이다. 그리하여 이러한 혁명근거지는 이윽고 전 중국을 뒤덮는 혁명정권의 원형을 이루어갔다.[65]

---

65) 위의 책, 414－415쪽.

3. 모택동 사상체계의 확립

1) 신민주주의론

　모택동은 자신의 저서 『신민주주의론』(1940)에서 이제까지 써왔던 여러 논문을 총괄하고 5.4운동 이후의 혁명운동 경험에 기초하며, 나아가서는 오랜 중국의 역사를 고찰하여 당시의 중국사회를 '식민지, 半식민지, 半봉건' 사회로 규정하였다. 그리고 이 반식민, 반봉건사회에서는 '가장 혁명적인' 프롤레타리아 계급, 즉 중국공산당의 지도 없이는 혁명을 성공시킬 수 없다는 것, 따라서 이 혁명이 프롤레타리아 계급이 지도하는 인민대중의 '반제, 반봉건' 혁명, 즉 '새로운 형태의 민주주의혁명'이 되지 않으면 안 된다는 것을 분명히 하였다. 더욱이 이 신민주주의 혁명은 실질적으로 '농민혁명'이며 '농민전쟁'이라고 한 것에 대하여는 이미 언급한 바 있다.

　중국사회의 특수성을 반영한 신민주주의 혁명론의 독자성은 모택동이 손문을 중국 민주주의 혁명의 위대한 선구자로 존경하고, 손문의 삼민주의 혁명을 계승, 완성시키는 데 신민주주의 혁명론의 의의가 있다고 한 점에서 엿볼 수 있다. 앞서 살펴보았듯이, 모택동은 손문의 삼민주의를 구삼민주의와 신삼민주의로 나누었다. 그리고 신삼민주의를 '신민주주의적인 삼민주의'라 해석하여 손문의 삼민주의 혁명의 이론과 정책 가운데 '聯俄, 容共, 勞農援助'의 3대 정책 및 반제적 민족주의, 인민공화국을 지향하는 민권주의, '耕者有田' 및 '節制資本'의 방침을 내건 민생주의를 살려 실현하려고 하였다. 물론 마르크스주의자로서의 모택동은 손문의 유심론적 세계관 및 사회주의혁명의 강령을 결여한 그의 한계 등을 비판하였다. 그러나 손문을 비판적으로 계승함으로써 모택동은 손문의 遺志를 보다 잘 살린 것이다. 뒤에 중공정권이 수립되었을 때 모택동이 이것을 삼민주의 혁명의 완성이라고 한 것도 여기에서 유래한다.

5.4운동 이후의 문화혁명에 대하여도 동일하게 말할 수 있다. 모택동은 신민주주의 문화를 '민족적, 과학적, 대중적 문화'라고 규정하였다. 이 규정은 5.4운동의 사상혁명과 문화혁명 및 그 후 '혁명문화의 심화' 전통을 비판적으로 계승하면서, 이것을 '해방구'의 토착적인 문화운동의 기반 가운데 수용함으로써 생겨난 것이다. 이것은 문예면에서 이 문화론을 보다 상세하게 논한 「연안문예좌담회에서의 강화」에 한층 명확하게 제시되어 있다. 「신민주주의론」과 「문예강화」는 중국적 색채가 농후한 마르크스주의 혁명론이며, 마르크스주의 문예론이었다고 하지 않을 수 없다.[66]

2) 실천론과 모순론

그런데 이와 같은 신민주주의론 및 모택동사상 전체를 총괄하는 철학상의 기초를 명확히 한 것이 그의 「실천론」과 「모순론」이다.

'실천론'은 知와 行, 즉 이론과 실천에 관한 것이며, '모순론'은 모순, 즉 대립물의 통일법칙에 관한 것이다. 양자 모두 당내 좌우의 주관주의─우익 기회주의자의 '경험주의'와 좌익 모험주의자의 '교조주의'─의 오류를 비판하는 데 주목적이 있었으며, 모택동의 인식론 혹은 변증법적 유물론 철학을 전개한 것이다.

모택동은 「실천론」에서 '교조주의자'가 이론의 기초는 실천에 있으며 '이성적 인식'이 '감성적 인식'에서 생겨난다는 것을 잊고 공식적인 이론을 휘두르는 잘못을 범하고 있는 반면, 거꾸로 '경험주의자'는 실천이 이론에 의해 지도되고 감성적 인식이 이성적으로 진전하지 않으면 안 된다는 것을 망각하여 경험을 절대시하는 오류를 범하고 있다고 논하였다. 또 「모순론」에서는 좌우의 주관주의자들이 중국사회가 갖는 복잡한 모순을 구체적, 전면적으로 분석하기를 게을리 함으로써 모순이 갖는 보편성과 특수성, 주

---

66) 위의 책, 417-418쪽.

요한 모순과 주요하지 않은 모순, 모순의 주요한 측면과 주요하지 않은 측면, 모순의 두 가지 측면의 상호대립·투쟁과 상호의존·전화 등을 보지 못하여 중국혁명을 그르쳐왔다고 논하였다.

그리고 모택동은 '실천론'과 '모순론'의 논리를, 예를 들면 민족통일전선론과 신민주주의혁명론 또는 '지구전론'과 '신단계론' 등의 군사이론 및 '三風整頓運動' 등에 구체적으로 적용하고, 나아가 이 철학상의 당내 주관주의 비판, 그리고 이와 관련된 부르주아적 혹은 봉건적 사상을, 실천을 통한 사실에 의해 비판함으로써 당내에서 모택동사상의 권위를 확립하였다.

한편 '실천론'과 '모순론'에 손문의 知와 行에 대한 견해 및 중국의 전통사상이 갖는 실천철학과 변증법적 사고의 비판적 계승이 엿보이는 점 혹은 '모순론'이 뒤에 사회주의혁명의 단계에서 최고 원칙이 되는 「인민 내부모순의 올바른 처리 문제에 대하여」로 독창적으로 발전한 것 등은 모택동사상의 독특성을 보이는 것으로서 주목할 만하다고 할 수 있다.67)

4. 중화인민공화국의 성립

1945년 오랜 고투 끝에 항일전쟁은 막을 내렸다. 그러나 어쨌든 전후부터 이제까지 유지되어 왔던 국공합작은 분열의 위기를 맞이하였으며, 이윽고 1946년 7월에는 전면적인 국공 내전이 다시 전개되기에 이르렀다.

장개석의 국민당은 전시 중에 표면상으로는 강대한 경제력과 군사력을 자랑하였지만, 내면적으로는 부패가 극에 달해 민심의 이반을 초래하여 중도파인 민주동맹 및 민족자본가의 지지마저 상실하였다. 국공 내전 초반에서의 국민당의 우세는 1948년이 되면서 급속히 붕괴하여 1949년 1월에는

---

67) 위의 책, 418-419쪽. 松島隆裕 외, 앞의 책, 82-86쪽 참조.

북경과 천진이, 4월에는 남경과 상해가 함락되었다. 그리하여 1949년 10월 북경을 수도로 하고 모택동을 주석으로 하는 중화인민공화국이 탄생하였다.

중국공산당 정권의 수립은 아편전쟁 이래 혼란에 혼란을 거듭하는 고난 가운데 독립과 자주의 근대국가 수립의 길을 탐색해 오던 중국이 어떤 의미로든 일단 그 목적을 달성한 것이라고 할 수 있다.

중국사회의 특수성과, 중국민족이 갖고 있는 혁명의 전통에 입각하여 혁명을 진행시켜 왔던 모택동을 위시하여 중국공산당이 중국의 근대사에 하나의 획을 긋고 나섰던 것이다. 그 후 중국은 문화대혁명의 소용돌이와 등소평의 개혁·개방 노선을 거쳐, 오늘날에는 동아시아뿐 아니라 세계의 강대국으로서 눈부신 성장을 보이고 있다.

제4장 근대 일본

제1절 계몽사상의 전개

1. 계몽의 의미와 과제

"계몽이란 인간이 자기의 미성년 상태를 탈각하는 것이다." 칸트는 그의 저명한 논문 '계몽이란 무엇인가라는 문제에 대한 해답'의 첫머리에서 이렇게 서술하고 있다. 즉 칸트에 따르면, 계몽이란 인간이 자기의 이성을 스스로 사용하는 자유와 용기를 갖는 상태를 성취하는 것이다. 그리고 유럽의 경우 이 미성년의 상태는 모든 사회적 권위, 권력, 가치가 초월적 존재인 신에서 유래한다고 생각하는 비천한 아첨꾼의 해석을 통하여 초래된 것이다. 따라서 이것으로부터의 이탈을 겨냥하는 계몽사상에 있어서는 종교사회와 시민사회의 구별, 교회와 정치권력의 분리 등 다소간 '세속화'의 지향을 공통의 특징으로 수반하고 있다. 인간의 이성이란 이렇게 해서 형성된 세속적 세계에 있어 사고와 행동의 원점으로서의 의미를 갖는 것이다.

明治維新 시기 일본에 있어서 계몽사상의 주된 담당자는 '明六社'에 결집한 지식인들이었다. 일본 최초의 근대적 문화집단이라고 할 수 있는 이 明六社는 1873년 모리 아리노리(森有礼, 1847-1889)의 제창에 의해 결성되었다. 이 明六社는 모리를 사장으로 하고, 니시무라 시게키(西村茂樹), 후쿠자와 유키치(福澤諭吉, 1834-1901) 등 당대 일류 학자들이 모두 참가하고 있었다. 그 충실한 진용과, 기관지 <明六雜誌>를 중심으로

한 활약상은 괄목할 만한 것이었다. '이성의 시대'로 분리된 이 계몽의 시대는 인간이 스스로의 이성을 사용함으로써 스스로의 이익과 행복을 추구하는 세속적 사고의 자립화를 역사적 과제로 삼았다.

명치유신 전 에도(江戶) 시대의 일본에는 성과 속, 영과 육의 대립과, 영의 세계의 우위가 문제가 되는 의미에서 보편적, 초월적인 종교적 권위의 지배는 보이지 않았다. 일본의 계몽사상은 세속화를 과제로 삼아야 할 정도의 초월자를 적대자로 갖고 있지는 않았다. 속세를 초월한 유일의 보편자 혹은 초월자를 갖지 않은 일본에서는 역으로 세속계의 사회적 권위와 주술적 힘의 방만함을 허용하는 결과가 된다. 따라서 명치 초기의 계몽사상에 있어서도 뿌리 깊은 인습과의 격렬한 대결이 요청되었던 것이다. <명육잡지>에 수록된 논설을 보아도 비근한 미신의 타파를 비롯하여 인간관계와 사회생활에 대한 사고방식 그 자체의 전환이 폭넓게 기도되고 있었음에서도 이것을 이해할 수 있다.

계몽시대를 이끌었던 다채로운 지식의 제공은 실제 신학적 독단에서 해방된 자유로운 정신활동 복권의 결과였다. 백과전서파의 창시자인 디드로는 백과전서의 목적은 결코 단순히 어떤 특정한 지식의 재료를 공급하는 것이 아니고, 사유방식 그 자체를 변혁하는 것이라고 서술하고 있다. 이 과제의 자각은 그 시대 모든 사상가를 분발케 하여 전혀 새로운 내면의 긴장감을 불러일으키게 하였다.

카시러(E. Cassirer)는 계몽주의의 역할을 이와 같이 사유방식 그 자체의 변혁, 즉 '사고 방법 일반을 변혁'하는 것에서 찾고 있다. '명육사'에 결집한 지식인들에게 있어서도 신지식의 제공은 말할 나위도 없고, 에도 시대의 사상계를 지배한 유교적 독단주의와 인습적 사고 방법 그 자체의 변혁이야말로 바로 그 기본적인 과제였던 것이다. 이렇게 '사고방식 일반'을 바꾼다는 것은 현실과 유리된 관념을 현실 실천 세계의 유용한 지식 추구의 학문으로 전환한다는 것을 의미한다. 즉 '실학'의 추구이다.

그러나 이러한 관념세계의 사고에서 현실세계의 사고로의 전환은 명치 시대 계몽사상에서 처음으로 시도된 것은 아니었다. 그것은 에도 시대 중기 이후 오규 소라이(荻生徂徠)의 정치론과 兵學이라든가, 스기다 겐바쿠(杉田玄白)의 서양의학, 사쿠마 쇼잔(佐久間象山)에게 있어서의 대외책 등 여러 선구적인 사상가들의 작업에 의해 서서히 그 전환의 길이 진척되어 왔던 것이다.[68]

2. 자유정신과 합리적 사고

후쿠자와 유키치(福澤諭吉, 1834－1901)는 근대 일본을 대표하는 사상가이다. 그를 당시 사람들은 '물질적 공리주의자'라고 불렀다. 이것은 후쿠자와가 세속적인 사고를 가졌다는 것을 나타내는 하나의 증거이기도 하다. 『福翁自伝』(1899)을 보면 "그렇지, 우선 일본 제일가는 부자가 되어 마음껏 돈을 써 보고 싶다"고 대답하여 형이 얼굴을 찡그렸다는 에피소드가 실려 있는데, 이것은 후쿠자와가 젊었을 때부터 세속적인 현실 지향의 정신 소유자라는 것을 잘 일깨워 준다.

명치 초기 계몽사상가로서의 후쿠자와를 대표하는 저서 『文明論之槪略』(1875)에서도 그는 "문명이란 사람의 몸을 안락하게 하고 마음을 고상하게 하는 것을 말한다"고 하였다. 그러면서도 그가 같은 책의 서언에서는 "문명론이란 사람의 정신 발달의 의논"이라고 서술한 것은 그가 문명의 문제를 기본적으로는 정신이 어떠해야 하는가 하는 문제를 단적으로 표현했다고 볼 수 있다.

후쿠자와는 문명을 일차적으로 '사람의 정신 발달' 내지 '사람의 智德

---

68) 최영, 『한 · 중 · 일의 근대정치사상』(서울: 현음사, 1998), 137－140쪽에서 발췌인용.

의 진보'에 관한 문제라고 생각하고, 그 특질을 '古習의 惑溺'에서 해방된 자유로운 정신의 작용에서 보는 한편, 그 자유로운 정신의 작용은 필연적으로 합리적, 과학적 사고 방법과 연결되어야 한다고 생각하였다.

그러한 의미에서 후쿠자와에 의한 자유와 독립의 정신에 대한 강조는 단지 '고습혹닉'이나 '고풍속박'이라고 하는 뿌리 깊은 전통으로부터의 해방을 의미할 뿐만 아니라, 이 자유로운 정신은 동시에 이성적인 사고 방법에 의해 지탱될 것이라고 생각하였다.

그리고 이 자유로운 정신은 이성적인 사고 방법을 입수함으로써 비로소 의식주의 진보와 몸의 안락이라고 하는 문명의 발달에 효용을 발휘한다고 생각하였다. 이러한 상호관련 속에서 1)정신으로서의 자유 2)방법으로서의 이성 3)원점으로서의 행복 추구는 삼위일체가 되어 통합되었던 것이다.[69]

3. 국가, 정체, 통치권력

계몽사상의 주요한 역사적 과제는 관념 세계의 영위에 불과했던 종래의 사고를 현실의 세계로 끌어내 현실의 인간이 자연의 자질로서 가지고 있었던 이해 관심에 적절히 응답하는 사상과 학문을 건설하는 데 있었다. 이른바 '실학'이 이러한 과제를 수행하는 방법으로 추구되었던 것이다.

계몽사상의 이러한 역사적 과제의 특징은 국가와 정치사회의 바람직한 태도를 둘러싼 당시 계몽사상가들의 사상과 사고 방법에도 똑같은 특징으로 각인되어 있다. 여기에서는 그들의 국가관, 정체론 등 두 가지 관점에서 살펴보도록 하자.

가토 히로유키(加藤弘之)에 의하면 "국가가 국가이기 위해서는 인간의

---

69) 위의 책, 140 −141쪽.

天賦權(安生의 길과 不敗自立을 원하는 情이라는 자연의 욕구)을 보다 잘 보전하는 목적에 적합하지 않으면 안 된다는 것이 국가 성립의 설명을 통해 이론화되어야 한다"는 것이다.

국가와 정부에 대한 계몽사상가들의 견해가 정치권력에 대한 목적의 면에서 하는 제한을 의미한다면, 또 다른 계몽사상에 있어서는 정치를 그 영역의 면에서 제한하려는 견해도 종종 있어 왔다. 니시 아마네(西 周)의 『百一新論』(1874)에서는 종래의 정교일치론과 덕치주의적 정치관에 대해 정치와 도덕의 차이가 주장되고 있는데, 그중에서 니시는 '법을 가지고 사람을 다스린다'는 정치와 '敎로써 사람을 인도하는' 도덕과의 주요한 차이점의 하나로서 "법은 바깥에 나타나는 형태에 대해 制를 세우고, 敎는 안에 존재하는 마음에 규칙을 보이는 것"이라고 서술하고 있다.[70]

---

70) 위의 책, 141 −142쪽.

제2절 자유민권사상

1. 자유민권과 부국강병

국민의 생명 및 재산의 安固와, 권리 및 이익의 확장이라는 '부국'과 '강병'은 서로 다가가고 서로 어울릴 것이라는 인식하에 이웃나라의 군사적 위협을 구실로 군비의 증강을 정당화하는 논리가 바로 부국강병의 논리이다.

이러한 부국강병의 논리에 정면으로 대항한 것이 '자유민권론'이라고 할 수 있겠는데, 자유민권론자들은 그들 주장의 근거로서 다음 두 가지를 들고 있다.

첫째, 명치 초년 이래 일본의 대조선 정책에 임오군란의 원인이 있다. 즉 구미열강에 追隨하여 이웃나라인 아시아 제국에 대해 강압적 외교방침을 전개해 온 데에 이 임오군란의 원인이 있다.

둘째, 전쟁이 국내의 변혁에 미치는 마이너스 요인에 대한 고려가 임오군란에 대한 무력간섭을 초래하였다.[71]

2. 자유민권파의 국가독립 구상

나카에 초민(中江兆民, 1847-1901)은 1881년에 자유주의 제파의 일

---

71) 최영, 앞의 책, 143쪽.

대 결집을 겨냥하여 발간된 <동양자유신문>의 주필이 되어 자유민권운동의 전선에 등장한 이래, 일정한 당파의 이해에 고집함이 없이 明治藩閥에 대해서는 일관되게 그 타도를 지향, 자유민권파의 대동단결과 통일의 문제가 생길 때에는 적극적인 역할을 담당하는 등 독자적인 행동양식을 가지고 있었다. 『三醉人經綸問答』(1887)은 이 무당파 급진주의자 나카에 초민으로서는 처음으로 구상된 것이었다.

다른 나라보다 뒤늦게 문명의 길에 올라설 수밖에 없는 소국이 독립을 여하히 보존하고 그 발전을 꾀하느냐 하는 것을 추구한 것이 '삼취인'이었다. 즉 민주주의자가 양학신사, 침략주의자가 호걸군, 자유주의자가 남해선생이었다. 그런데 독립 유지의 방법은 三者三樣이었으나, 국내의 민주주의화라는 방향에 있어서는 일치하고 있음을 알 수 있다.

양학신사는 '유형의 완력'인 군사력을 버리고 '무형의 理義', 즉 자유·평등·박애의 정신을 가지고 일거에 유럽 문명국을 추월, 민주주의 국가를 실현해야 한다고 주장하였다. 그의 비무장론은 국내체제의 철저한 민주주의적 변혁과 불가분이라고 인식되고 있다.

이에 대해 호걸군은 이웃의 대국을 침략하여 자국의 부국화를 기도코자 하는 變弱爲强의 策을 제안하는데, 이것은 동시에 割斷癌腫의 策 실행도 의도하고 있었던 것이다.

그런데 남해선생의 방위 구상은 이른바 게릴라 전쟁론이었다. 압도적인 강국의 침략군에 대항해 소국의 인민이 무장하여 자국을 지키는 것은 그 인민에게 있어서는 자국이 참으로 一命을 다해서 지킬 만한 값어치가 있는 나라로 의식되었을 때이다.

남해선생의 방위책이 실현되기 위해서는 국내의 민주주의가 철저해야 한다. 이것이 필수조건이었다. 이러한 의미에서 양학신사가 주장하는 민주주의적 변혁은 오히려 남해선생의 방위구상과 일체화되지 않으면 안 된다.

이 양학신사적 비무장론과 남해선생적 게릴라 전법과의 접점이 나카에 초민의 '토착병' 구상이다. 토착병 구상이란 한마디로 말해서 국가권력과 밀착한 징병 상비군을 해체하고 인민이 스스로 무장하는 방향으로 제기된 민병 구상이라고 할 수 있다. 즉 여기에 바로 인민의 자유권리를 철저히 보장하고, 인민이 스스로 무장해야만 자국의 방위와 독립이 유지된다고 하는 구상이 그 존재 이유를 갖는 것이다.[72]

요컨대 나카에가 『삼취인경륜문답』을 통해 주장한 바는, 그 '술취한 사람'의 하나로서 입헌질서를 비롯한 객관적 조건이 비록 이상에는 훨씬 못 미친다는 사실이 드러났을지라도, 사상논쟁과 정치투쟁을 통하여 근대 일본에서 인간의 자유를 착실히 확장해 나갈 가능성이 있다는 것이었다.[73]

3. 자유민권론과 아시아觀

아시아의 문제는 자유민권운동에 의해 비로소 서구열강의 아시아 침략에 대한 저항이라는 민족적 긴장관계 속에서 파악하게 되었으며, 또한 일본에 있어서의 민권과 국권의 확장이 아시아 문제와의 관련 속에서 여러 가지 음영을 갖고 논의되게 되었던 것이다. 일반적으로 말해서 자유민권론자의 국권론은 전제정부에 대항하는 민권의 확장을 그 기본전제로 한다. 민권과 국권의 기본적인 이러한 관계는 그들이 아시아 제국의 국권과 민권을 논하는 경우에 있어서도 원칙적으로 같은 것이었다.

---

72) 위의 책, 143−145쪽에서 발췌인용. 자유민권운동의 사상적 지도자였던 나카에 초민의 사상에 대한 간략한 소개는 나가오 다케시, 『일본사상이야기』, 박규태 역(서울: 예문서원, 2002), 258−260쪽을 참조할 것.
73) 테쯔오 나지타, 『근대일본사』, 박영재 역(서울: 역민사, 1992), 129쪽.

1) 스기다 준상(杉田鶉山)의 아시아 제일주의

스기다의 아시아 제일주의 배후에는 절박한 그의 아시아에 대한 위기의식이 있었다. 『興亞策』에서 그는 노·영·불·독의 아시아 침략정세를 상세히 분석한 후, 그 결론으로 "동양의 수치가 날로 심해가서 황색인종은 바로 백색인종에게 깨물리고자 한다"고 서술하고 있다.

그가 최초의 아시아 경륜, 아시아 관을 분명히 한 것은 1883년의 『동양회복론』에서이다. 아시아가 서양의 압박에 의해 쇠운의 길을 더듬고 있는 원인을 아시아의 나태에 두고 있다. 이러한 비굴한 아시아 제국의 인민을 각성케 하여 독립을 회복케 하는 데 일본의 임무가 있다고 스기다는 주장하고 있다.

스기다의 아시아 경륜의 사상적 근거로는 "사람은 누가 자유롭지 않겠는가. 자유는 사람의 고유한 것이다. 자유는 사람의 생명이다"라는 자유론에 있다. 그리고 그의 자유는 "우리 스스로 나아가서 취하지 않으면 존재하지 않는 것"이라는 신념이 그 밑바닥에 깔려 있었다. '자유는 나아가서 취해야 한다'는 이 사상이야말로 스기다의 민권운동, 아시아 문제에 대한 실천적 태도를 결정한 그의 중요한 사상적 확신이었다.

『동양회복론』에 나타난 스기다의 자유민권사상과 아시아 문제와의 관련성은 1883년의 저술 『흥아책』 속에서도 기본적으로 달라지지 않고 있다. 그러나 이 저술에서 최초로 서술한 바와 같이, 강력한 아시아의 위기의식이 충만하여 이로 말미암은 스기다의 아시아 인식이 더욱 심화되고 있는 것을 엿볼 수 있다.

『흥아책』의 본문에서 구체적인 흥아정책이 언급되고 있거니와, 이것은 아시아의 위기적 현실에 대한 날카로운 분석이다. 첫째, 아시아에서 자유정체의 실현. 둘째, 인민에게 자유·평등의 권리를 확보케 한다. 셋째, 구체적인 흥아정책으로 교육개혁, 병제개혁, 산업개발, 그리고 아시아 상호간의 통상진흥책이 필요하다. 넷째, 결론으로서 아시아 제국 상호간의 커뮤니케이션을 활발히 하여 '아시아의 일대연합'을 이룩하기 위해 아시아의 연대를 강조하였다.[74)]

2) 다루이 도키치(樽井藤吉)의 大東合邦論

다루이에 의하면, 한·일 양국은 정략적 비유 이상의 의미를 가지며, "그 땅은 脣齒, 그 세는 양 바퀴, 그 정은 형제와 같고, 그 의는 붕우와 같은" 관계에 있으며, 현재의 세계정세하에서 양국의 발전을 위해 가장 좋은 길은 무엇보다도 '합방'하는 일이다. 그리고 그는 합방 후의 국명을 '大東'이라고 지었다. 그러나 그가 말하는 합방은 일국이 타국을 합병 내지 병합하는 침략적 성격을 갖는 것과 엄격히 구별하지 않으면 안 된다. 그는 이렇게 말한다.

"아무튼 피차 동등은 교제의 통의이다. 따라서 만국공법을 주장하는 것은 토지의 대소, 인민의 다과를 갖고 계급을 세우지 않는다. 지금 양국의 구호에 의하지 않고, 주로 대동의 한마디로 양국에 그 冠하는 것은 이러한 우려를 피하기 위해서뿐인 것이다."

그러므로 다루이가 말하는 합방은 한·일 양국이 대등하게 합방하여 '대동국'이라는 하나의 새로운 국가를 건설하는 데 있었다. 그러나 그가 합방을 주장한 논리적 근거는 단지 그의 독창적인 오행설만은 아니었다. 그에게는 '국가는 인위의 산물'이라는 그의 국가관이 있었던 것이다.

그런데 지금까지 논의되어 온 아시아 경륜은 征韓論[75)]이건, 스기다의

---

74) 최영, 앞의 책, 147-149쪽 참조

75) '정한론'은 사이고 다카모리(西鄕隆盛)를 비롯하여 이타가키 다이스케(板垣退助) 등 유신정부의 요인들이 주장한 '조선에 대한 군사적 침략 계획'을 말한다. 원래 정한론은 조슈 번벌의 지도자 중 한 사람이었던 기도 다카요시(木戶孝允)가 일찍이 메이지 초기부터 주장했던 발상으로, 1868-9년에

그것이건 모두 청국과의 대립, 긴장이 전제가 되어 왔다. 그러나 다루이의 『대동합방론』에서의 청국 관에는 전혀 그러한 적대관계는 보이지 않았다. 다루이가 청국에 제안한 것은 합종, 즉 일종의 동맹이었다.[76]

걸쳐 도쿠가와 군과 유신정부 군 사이에 일어난 '보신(戊辰)전쟁'에 동원된 군사력을 전용하는 방책으로 제시된 것이었다. 나가오 다케시, 앞의 책, 238-240쪽 참조
76) 최영, 앞의 책, 150-151쪽.

제3절 제국주의 경향

1. 다카야마 초규(高山樗牛)의 日本主義

청일전쟁(1894) 후 '시대정신'의 일변에 대해 말하고자 할 때, 다카마야 초규(1871－1902)만큼 적합한 인물도 없다. 화려한 데뷔와, 잡지 <태양>을 주 무대로 한 그의 눈부신 활동은 그를 시대의 총아로 만들었다. 초규는 스스로의 국가주의를 '일본주의'라고 칭하였다.

일본주의는 그의 말을 빌리자면 "국민적 특성에 근거한 자주독립의 정신에 의해 건국 당초의 포부를 발휘할 것을 목적으로 한 도덕적 원리"였다. 또한 그것은 국가를 생활에 있어서의 도덕의 표준으로 하는 국민적 실행의 도덕원리였다. 일본주의를 표방함으로써 초규는 국민을 이러한 국가주의의 사도로 삼으려 했으며, '君民一家'를 국가의 내용으로 주장하였다.

그러나 일본주의 자체는 사실 이들 명치 20년대의 국수주의 또는 국가주의와의 부정적 연관을 강조하면서 주장되었던 것이다. 그러면 일본주의는 이들과의 차이를 어떻게 강조하려고 했을까. 그 강조의 방식에 청일전쟁 후 국가주의 이데올로기로서 일본주의의 특성이 있었다. 청일전쟁이 국민사상의 일대 전환점이 된 것은 일본주의가 자주 역설하는 바였다. 이 청일전쟁에 의해 새로이 등장한 일본주의는 무엇을 새로운 요소로 하고자 하였을까.

국수주의와 일본주의는 사실상 동질의 사상이 아니다. 국수주의가 평민적 입장의 사상인 데 반해 일본주의는 권력자 입장의 사상이었다. 초규는 국수주의에 일정한 의미를 인정한 후, 일본주의를 국수주의와 구별코자 하였다. 양자의 차이는 크게 두 가지 점에 있었다.

첫째, 국수주의와 歐化主義의 싸움이 '그 안계, 국내에 시종했던' 것에 비해 이제는 '널리 세계에 대하여 一國의 位地를 고찰'하는 시야가 필요하다는 점이었다.

둘째, 국수주의가 배타적인 데 반해서 일본주의는 그러한 입장을 갖지 않는다는 점이었다.

이에 대해 초규는 다음과 같이 말하고 있다. "국수주의자들은 구화주의라고 하면 그들과 선천적으로 相容할 수 없는 것으로 사유하여, 일본 재래의 것이라고 한다면 선천적으로 일치할 수 있는 성질의 것으로 속단하면서, 단지 서양과 동양의 명칭 차등에 의해 이합하였던 것이다."

그런데 일본주의의 입장은 "함부로 아불독존적 누견을 고수해서는 안 된다. 예부터 아국에 존재하였더라도, 또 아방에 고유한 것이라 할지라도, 적어도 장래의 국가국민에게 이직되지 않는 것 혹은 해로운 것은 유예없이 배척해야 한다. 말하자면 세계 일체의 사물에 대해 각자의 동서에 구애됨이 없이, 그 소재의 피아에 구애됨이 없이, 무사공평한 秤量에 의해 이것을 취사선택해야 한다"는 것이었다.

일본주의는 명치 20년대의 국수주의 및 국가주의에 대해 자기주장을 내세우고, 국가주의에 세계적 시야를 접목하면서 일본의 세계정책을 위한 논리를 제공하였다. 초규에게 있어서 세계는 인종 경쟁과 각축으로 규정되었다.

초규는 청일전쟁의 승리를 기뻐하면서도 支那帝國을 재기불능으로 타격한 것을 슬퍼하였다. 이리하여 '인종 전쟁의 최종적 대격투'가 일본에서 수행될 것이라고 예상하였다.

따라서 초규는 이인종 간의 동맹(영일, 불일 등)에 대해 깊은 불신의 생각을 감추지 않고, 또한 미국의 필리핀 영유를 비난하면서, "제국주의가 여하히 翕然히 천하의 대세를 풍미하고, 인종의 투쟁은 여하히 지나제국의 분할로 끝나는가를 보라"고 대언장담하였다. 이리하여 다카야마 초규의 일본주의는 인종적 제국주의의 경향을 강하게 띠면서 제국주의 열강과의 대결이라는 자세를 표방하고 나섰던 것이다.[77]

2. 야마지 아이잔(山路愛山)의 적자생존론

야마지 아이잔(1864 – 1917)은 평민주의 논객으로서, 청일전쟁과 러일전쟁(1904) 사이에 제국주의를 주창하였다. 幕臣의 아들이었던 아이잔의 제국주의 사상은 다음과 같은 세 가지 특징이 있었다.

첫째, 배금 풍조에 대한 깊은 혐오감이 아이잔으로 하여금 상무적 정신을 강조케 하였다는 점이다. 이 배금의 풍조야말로 "일본인을 지나인으로 만드는 것"이라고 그는 서술하고 있다. 아이잔의 반골정신은 거의 무의식적으로 낮은 생활수준을 합리화하는 결과가 되어, 적극적으로 강병사상을 표방케 되었다.

둘째, 생존권을 희구하는 태도가 대외지배에 대한 추구로 발전되어 갔다는 점이다. 아이잔은 "인간은 존재할 권리가 있다"고 말한다. 이 말은 아마도 유년 시 존재하는 것이 말소당할 운명에 처했던 아이잔의 통절한 경험이 뒷받침되고 있는 듯하다. 그러나 생존권에 대한 이러한 요구는 "나는 인간이 존재의 권리를 갖고 있다는 신념에 입각하고 있기 때문에 제국주의의 신자가 되었다"고 비약한다. 왜냐하면 "제국주의가 아니면 사람은 지상에 존재할 수 없기 때문"이라는 것이다.

---

77) 최영, 앞의 책, 160 – 163쪽.

이러한 비약을 아이잔은 다음과 같이 이론화한다. "이것은 적자의 생존이다. 이것은 하늘의 시혜이기 때문에 번영한다." 그리고 그는 더욱 비약해 나간다. "나는 부적자의 실패를 비호해야 할 종교가 있음을 믿지 않는다." 이러한 2단계의 비약에 의해 아이잔은 본래는 약자의 소리였던 생존권에 대한 요구를 적자생존이라는 강자의 소리로 바꾸어 버렸던 것이다.

셋째, 아이잔의 약자 보호의 정신이 그대로 국가권력의 강대화를 지향했다는 점이다. 이 경우 국가권력은 우선 바깥의 압력으로부터 인민을 보호하기 위해, 다른 한편으로는 부의 專制로부터 인민을 보호하기 위해 그것을 강대화시키지 않을 수밖에 없었다. 그는 이렇게 말하고 있다. "개인의 자유를 보호할 유일한 기관은 국가이며, 국가로 하여금 타국의 간섭에서 자유롭지 못하게 하면, 그 기관의 정당한 운용을 기할 수 없기 때문이다." 또한 "대부호가 이미 그 부를 이용하여 새로운 노예를 만들고자 한다. 그 횡포를 制하는 길은 오로지 대부호의 그것보다도 더 큰 부를 가지고 유효한 활동을 할 수 있도록 국가의 경영을 기다릴 뿐이다."

이리하여 아이잔은 민권의식적 또는 민족의식적 尾骶骨(꽁무니뼈)을 남겨 놓으면서도 국가권력의 강화와 무단적 경향의 조장을 지향하게 된다. 그리고 그 결과는 분명하였다. 열강에 대항의식을 가지면서 열강을 배우고, 시장 내지 식민지 획득 경쟁으로 나아가고자 했던 것이다.

강국에의 의지는 아이잔에게 있어서 아주 명료했다. 여기에는 뒤늦게 제국주의 대열에 참가한 국가의 논리가 잘 나타나고 있다. 그는 '사해동포주의' 또는 '소국주의'를 비판하면서, 세계의 정책에 容喙할 수 있는 '대국민'을 지향하는 것이었다. 이때의 초점은 중국시장의 확보였으며, 그 중국에 대해 러시아의 압력이 가장 절박하다면 당연히 러시아가 일본의 상대로 지정될 수밖에 없을 것이다. 러시아는 "일본 인민의 미래의 호시장인 北淸(아마도 동북3성)을 점령하여 자국의 外府로 삼으려 한다"는 말에서 아이잔의 대외의식이 명료하게 나타나고 있음을 알 수 있다.[78]

3. 우키다 가즈다미(浮田和民)의 윤리적 제국주의

세기의 전환기에 '윤리적 제국주의'라는 이름으로 우키다가 주장한 점은 다음과 같은 두 가지이다.

첫째, '大國'의 담당자로서 '대국민'의 육성이 지향되었다는 점이다. 우키다는 말한다. "우리는 제국주의 외교정책을 실시하기 전에 크게 제국주의 교육을 실시하여 일본 인민의 국민적 정신을 단련·개발할 필요가 있다고 생각한다." 이것은 구체적으로는 문부성 혹은 소위 교육사회의 주의 방침을 비판하는 것이었다. 왜냐하면 위대한 민족을 기초로 하여 그 자연적 팽창에 따라 발달한 제국주의야말로 가장 견고하다고 우키다는 생각하였기 때문이다. 그래서 그는 세계에 있어서 생존경쟁에 승리할 수 있는 국민을 만들기 위해서는 복종주의의 도덕보다도 자유주의의 도덕을 장려해야 한다고 주장했던 것이다.

둘째, 세계의 분할지배에 대한 구상이라는 점이다. 여기에 우키다가 '윤리적 제국주의'라고 명명한 까닭이 있었다. 그는 또한 '문명'의 입장에서 제국주의의 흐름이 필연적이라고 인식한다. 즉 '아시아 먼로주의'가 성립할 수밖에 없다는 것이다. 아시아 먼로주의가 구체적으로는 중국 보전론을 의미한다고 하는 것은 중국 분할이 더 이상 회피할 수 없다고 인식하였기 때문이다. "지나 영토 분할의 예는 이미 역사상의 사실로서 이제 와서 지나의 영토는 일체 분할을 허용치 않는다는 보전주의 또한 행해져서는 안 된다"고 하여, 우키다는 제국주의 열강과의 경쟁을 예상하지 않을 수 없었다.

아시아 대륙에 있어서는 현실로서 러시아 제국주의와 대립하고 있을 뿐만 아니라, 신세계에 있어서는 곧 미 제국주의와 대립할 수밖에 없을 것이

---

78) 위의 책, 165-167쪽 참조

라는 점을 그는 이미 주장하고 있었던 것이다.

그러나 이들 나라와 경쟁을 하면서도 결국은 함께 중국을 분할코자 한다는 것이 우키다의 구상이었다. 그리하여 중국에 대한 독점이 아니라 분할로 있게 하는 것이 침략적 제국주의가 아니라 윤리적 제국주의의 소이인 것이라고 그는 강변하였다.

때문에 우키다는 윤리적 제국주의가 침략적 제국주의와 어떻게 다른가 하는 점을 역설하고 있다. 그에 의하면, 침략적 제국주의가 우주단일국가를 겨냥하고 있는 데 반해서 윤리적 제국주의의 이상은 "금일과 같이 數多한 열국에 분열되는 것을 허용치 않음"과 동시에 "세계를 단일국가로 하는 것도 허용되어서는 안 된다"는 주장을 전개하고 있다.

즉 침략적 제국주의가 세계의 독점 지배를 겨냥하는 것과는 달리, 윤리적 제국주의는 "장래에 있어 세계는 5대륙의 지리적 형세에 따라 4내지 5개의 강대국가 혹은 대연방이 될 것"이라고 주장한 것처럼, 세계의 분할 지배, 즉 과점을 겨냥한 논리였던 것이다.

우키다가 "윤리적 제국주의는 국제법의 기준에 따른 제국주의"라고 여러 차례 강조한 것도, 그것이 열강의 공동이익 분배를 지향하고 있었기 때문일 것이다.[79]

---

79) 위의 책, 167－169쪽.

제4절 초기 사회주의

1. 明治 사회주의의 전개

일본에서 초기 사회주의의 최고 전성기는 명치시기 러일전쟁에서의 반전 활동에 있었던 것으로 알려지고 있다. 그만큼 '러일비전론'이 일본의 초기 사회주의에서 차지하는 위치는 매우 컸다. 러일전쟁이 임박한 1903년 10월 고토쿠 슈즈이(辛德秋水)와 사카가 도시히코(堺利彦)는 그들의 개전 반대론을 관철키 위해 <万朝報>를 물리치고 平民社를 창립, 11월부터 주간 <평민신문>을 발간하기 시작했다. 이것은 각지에 산재한 사회주의자들을 결집함과 아울러, 반전 활동의 거점을 만들어 내는 의미를 가졌다. 부르주아 자유주의와의 결별을 의미한 고토쿠와 사카가의 「退社辭」는 일본의 진보적 지식계급에 커다란 센세이션을 일으켰다. 요코스카 해군 공창의 직공 아라하타 가쯔죠(荒烟寒村)는 그 기사를 읽고 '불꽃이 눈을 쏜 것 같은' 충격을 느꼈다고 쓰고 있다.

평민사는 이 러일전쟁에 대한 반전 활동을 통해 좋든 싫든 국가권력과 정면으로 충돌할 수밖에 없었다. 이렇게 지상의 권력과 격돌함으로써 평민사 동인들의 사회주의 사상은 점차 단련되어 간다. 그리고 그 모양은 '非戰論'의 전개과정에 잘 나타나고 있다.

발족 당시 평민사 동인들의 비전론은 주로 무저항주의, 세계주의의 논리에 입각하고 있었다. 1903년 10월에 거행된 비전론 연설회에서 아베 이소

(安倍磯雄)는 "만일 평화가 인도라고 한다면 평화를 세계에 선언하기 위해 한 나라가 망해도 좋지 않은가"라고 서술하고 있으며, 기노시타 나오에 (木下尙江, 1869-1937)는 "우리들이 첫째로 생각하지 않으면 안 될 문제는 일본의 국민이라는 것이 아니고 인류의 일원이라는 사실이다"라고 밝히고 있었다.

러일전쟁 후의 일본 사회주의는 전전의 사회주의와 비교해 볼 때 전체로서는 커다란 변용과 진보를 나타내고 있다. 가장 현저한 변용은 '공상에서 과학으로'를 지상의 사회주의로 전환했다는 사실이다. 그리하여 일본의 사회주의자들은 1906년 2월부터 약 1년간 일본사회당이라는 정당도 결성하게 되는데, 사회민주당과 같은 지식인의 6인 정당이 아니고 도쿄를 중심으로 하면서도 전국에 걸쳐 잡다한 직업을 가진 사람들의 규합된 조직이었다.

이때 사회주의의 지상적 성격으로의 전환은 두 가지 지표로 나타나고 있다. 첫째, 라사르에서 마르크스로의 전환, 둘째, 사회주의 운동의 주체로서의 '志士仁人'에서 '凡人'으로의 전환이 그것이었다.[80]

2. 제국주의와의 대결

러일전쟁은 표면적으로는 일본을 1등국으로의 지위로 격상케 하였다. 러시아에 대한 승리 직후인 1905년 11월 일본은 대한제국을 강박해 보호조약을 체결하여 한국에 대한 일본의 보호권을 획득하였다. 그리고 이러한 한반도 지배 정책은 5년 후인 1910년에는 한일합방으로 이어져 대한제국의 말살을 가져왔다. 그리고 대륙 지배에 대한 일본의 욕망은 그 후로 더

---

80) 최영, 앞의 책, 169-171쪽 참조

욱 확대되어 갔다.

하지만 제국주의 국가로서의 일본의 성장은 실제로는 오히려 일본 국민을 궁핍으로 내몰았던 것이다. 영일동맹을 배경으로 겨우 치러야 했던 러일전쟁과, 또한 대외팽창을 추진하기 위한 전후의 경영은 국민들에게 견디기 힘든 부담을 요구했던 것이다. 국가의 경상재정이 4−5억 엔이었던 당시 러일전쟁의 임시군사비는 결산에서 17억여 엔에 달해 그 재원은 당연히 전시공채와 증세에서 구할 수밖에 없었다.

사회주의자들의 일본 제국주의에 대한 도전은 첫째, 한국의 식민지화에 대한 맹렬한 공격과 둘째, 군부에 대한 비판이었다. 그리고 일본의 사회주의자들은 그들 상호간의 여러 가지 갈등에도 불구하고 다음과 같은 세 가지 ‘視點’을 전개해 나갔던 것이다.

첫째, <혁명평론>에 모여든 미야자키 도텐(宮崎滔天, 1871−1922)과 같은 시점으로, 그들은 토지혁명에 대한 지향을 보편화하여 ‘후진국’ 혁명에 인류사의 미래를 보고자 하는 자세를 표방하게 되었다. 그 전형은 억압받으면서도 진행 중이었던 러시아 혁명과 중국 혁명이었다. 그리고 그들은 또한 후진국 혁명 외에 생활문제의 해결도 제기하고 있었다.

둘째, 가타야마 센(片山 潛)파의 사회주의자들로, 일견 더욱 합법적인 색채를 심화시켜 나갔다. 그들은 스스로를 온건사회주의자라고 표방하였다. 그러나 그러한 속에 그들은 더욱 무서운 칼날을 숨기고 있었다. 이 파의 리더 격인 가타야마는 보통선거와 공장법의 실시를 주장하였다. 이것은 우선 노동자에게 정치참여의 기회를 주기 위해서였다. 이러한 의미에서 그들의 주장은 “자본가, 지주의 정권에서 노동자, 농민의 정권으로”라는 전망에 입각하고 있었다고 할 수 있다.

셋째, 제3의 시점은 ‘무정부주의’라는 형태를 띠었다.

천황제 국가의 지배자들은 이러한 사회주의자들을 그대로 놔두어서는 안 되겠다고 생각하게 되었다. 제2차 가쓰라 내각은 1910년 5−6월 무정부주의자들에 대한 일제 검거를 행하고, 같은 해 가을에는 사회주의와 무정부주의 관련 서적을 일제히 발매금지 처분을 내렸다. 또한 대심원은 특별부를 설치하여 비공개재판을 감행했는데, 그 결과는 26명의 피고인 중 24명이 사형(선고를 받은 다음날에 '은사'라는 형식으로 무기징역으로 감형), 2명은 장기형을 선고받았다.

이때부터 사회주의자의 '겨울 시대'가 도래하였다. 그리고 이 사건은 많은 지식인에게 심각한 충격을 주었다. 이 사건은 '대일본제국'에 전면적인 대결을 벌이고 나섰던 사회주의에 대한 '국가의 압살'을 말해주고 있다. 그 결과 사회주의 형태를 취한 새로운 질서에 대한 전망의 再興은, 1차 세계대전 후 데모크라시 기운의 세계적 앙양과 러시아 혁명의 영향이 일본에 침투하여 발생한 '쌀난리(米騷動)'[81]라는 대중적 폭발이 국가를 요동케 한 후까지 기다리지 않으면 안 되었다.[82]

이후 일본은 大正(1912-26) 민주주의 시대를 거쳐, 昭和 유신의 군사 제국주의의 발흥과 태평양 전쟁(1941-45)의 감행과 패배를 거치면서 오늘에 이르고 있다. 오늘날 일본은 다시 세계의 강대국으로서의 지위를 구축해 가고 있지만, 그에 따른 여러 가지 문제가 일본 안팎에서 일어나고 있음을 볼 수 있다.

---

81) 1918년 발생한 이 사건은 쌀값 폭등에 대한 민중의 분노가 폭발한 사건이었다. 전국 규모로 쌀값 인하를 요구하는 대규모 시위와 투기적 미곡 상인에 대한 습격 사건을 가져와 정부가 군대까지 동원하는 사태에 이르렀고, 결국 여론의 반발에 따른 내각의 교체가 이루어졌다.
82) 최영, 앞의 책, 171-174쪽.

제 5 장 근대 한국

제1절 주자학과 실학

중국에서는 유교가 漢代의 武帝 이후 국교처럼 정통사상의 지위를 보장받았고, 가장 숭상되어 왔다. 宋代에 이르러서는 주자학이 최고의 유교철학이자 과거를 위한 하나의 표준 학설로서 인정받게 되었다. 또한 송대의 유학자들은 唐代 말기에서 五代에 걸친 사상적 혼란과 퇴폐풍조의 만연을 삼제키 위해 孔孟의 禮敎를 확립하고, 이와 더불어 불교를 배격하고자 하였다.

뒤이어 도래한 몽골족의 중국지배 시대인 元代에는 주자학의 이용가치를 아는 데서 그것을 일단 '官學'이라고 인정했으나, 동시에 불교(라마교)와 도교의 유행과 몽골문자의 보급이 병행되기도 하였다. 그 후 明代에 이르자, 복고적 중화사상 때문에 송대의 주자학이 다시 숭상되는 동시에 모든 외래사상이 배척되었다. 淸代에 들어서도 만주족이 지배하는 시대였으나, 지배층은 역시 주자학을 관학으로 삼았다.

이와 같은 역사적, 문화적 조건을 감안할 때, 조선 왕조가 유교의 주자학(성리학)을 관학으로 삼으면서, 불교를 배척한 것은 그리 놀라운 일이 아니었다. 이미 13세기 고려 왕조 말엽부터 주자학이 도입되기 시작했으며, 고려 말기에 이르러서는 이색, 정몽주, 정도전 등과 같은 학자들이 배출되고 있었으니, 이미 조선 개국의 사상적 준비가 갖추어진 셈이기도 하였다. 정도전은 이성계의 역성혁명에 일등공신이 되자 불교의 말살과 유교의 지도이념화를 건의하였다. 곧이어 유교가 조선의 국교로, 주자학이 당대의 유일사상으로 추앙받게 되었다.

원래 유교는 孔子(기원전 551-479)가 周 왕조 말기의 혼란에 빠진 春秋시대에 과거를 미화하여 전통적 질서를 회복하고자 창조한 윤리도덕의 교의이다. 그리고 그 이상은 士大夫 계급의 '修己治人'을 통한 王道政治의 실현이었다. 이 경우에 있어 도덕의 근간은 '仁'의 사상이었다. 그리고 '仁'의 근본은 혈연적, 세습적 가족관계에서의 孝悌이고, 그 단계적 윤리가 국가정치로 확장될 때 왕도정치가 이루어진다고 하였다.

주자학은 송대의 유학자 朱子에 의해 형성된 유교사상에 대한 형이상학적 해석과 그 계통의 학문을 지칭한다. 그것은 주자가 그의 선임자인 程伊川의 理와 氣에 관한 철학을 계승한 것이므로 '程朱學'이라고도 부른다. 그들은 우주의 원리에 관한 형이상학적 설명을 시도했으며, 그 견해를 고스란히 인간의 윤리에 관한 설명으로 옮겨 놓으려 했다.

주자학에서 말하는 '理'란 사물에 내재하는 근본원리로서, 우주와 관련해 말하자면 陰과 陽, 日과 月 운행의 형이상학적 범주를 뜻한다. 한편 '氣'란 晝夜의 교체라든지 계절의 변화 등 자연과 사회와 人性에 걸친 개별적 제 현상을 표현케 하는 것으로서 형이하학적인 의미를 갖는다.

자연계의 일월 운행 등에 理가 있듯이 인간관계에도 지켜야 할 理가 있으니, 예컨대 '仁義禮智'(四端) 혹은 '仁義禮智信'(五常)이라든지 五倫 등 도덕성이 그것이다. 한편 氣란 '喜怒哀樂愛惡欲'(七情)과 같은 것으로서, 그 표현형태는 선이 될 수도 있고 악이 될 수도 있다. 이 氣로 하여금 오로지 선으로만 나타나도록 天理에 접근시키는 것이 바로 도덕적 수양이며 정치의 기본요건이라고 본다.

자연계의 천지, 음양 등 二元的 대립이 인간관계에 있어서는 상하, 존비의 질서를 정립할 근본원리라고 설명하는 주자학의 근본철학은 전제왕조의 지배계급에게 그야말로 흐뭇한 立論이었고, 사회적 이용가치가 충분하여 官學으로 지정할 만한 것이었다.

조선왕조의 대표적 주자학자(성리학자)들인 李滉(退溪, 1501-1570)과

李珥(栗谷, 1536-1584)의 경우도 마찬가지였다. 퇴계는 우주의 만물이 理와 氣라는 이원적 요소로 구성되었는데, 理는 순선무악한 절대적인 것이며, 한편 氣는 可善可惡한 상대적 가치를 지닌 것이라고 하였다.

그런데 주자학(성리학)은 漢, 唐朝의 訓詁學과는 달라서 단편적인 격언의 해석이라든지 의례의 집적만을 맴돌지는 않았으며, 당대로서는 정연한 논리가 서있는 사상체계라고 볼만했으므로 그 사상 무장은 비타협적인 자기주장을 고무케 하기에 충분하였다. 나쁘게 말하면 그칠 줄 모르는 당쟁이 되었고, 좋게 발전하면 줄기찬 저항으로서 표현될 수도 있었다.

한편 일본에서도 1790년 주자학에 관학적 지위를 부여한 적이 있었으며, 특히 퇴계의 학문에서 배운 바가 많았던 것으로 알려지고 있다. 그러나 일본 고유의 神道와 더불어 불교가 배척당하기는커녕 존중되고 있었고, 國學도 건재하였으며, 蘭學83)도 허용되었다. 유학계 내부에서도 오규 소라이(荻生徂徠)는 주자학의 내면적 획일화를 비판하면서 제도와 치술을 강조했고, 야마가 소코(山鹿素行)는 주자학의 비인간적인 엄숙주의를 배격했는가 하면, 나카에 도쥬(中江藤樹) 등은 서민의 입장에서 陽明學을 신봉하면서 개성과 창의가 뚜렷한 사상가로 등장하기도 하였다.

말하자면 일본에서는 사상적 깊이는 차치하고라도 그런대로 사상의 다원성과 학문의 자유가 인정되고 있었던 것이다. 지방분권적 봉건제와 가치의 다원화가 나중에 그 사회의 서양문명 섭취와 근대화 운동의 가속을 보장할 수 있었다. 다른 한편 중국의 元朝 내지 淸朝도 주자학을 관학화하긴 했으나 당쟁은 별로 없었다. 북방민족 출신의 통치계급은 유교를 통치의 수단으로 보았을 뿐이지 그것을 절대화하지는 않았기 때문이다.

조선에서도 중기 이후에는 개혁적인 유학자들이 등장하기 시작하였다. '實事求是之學'의 약칭인 實學의 개혁적 유학자들이 표방한 공통적 특징

---

83) '난학'이란 에도 시대에 네덜란드어를 통해 유입된 서양의 자연과학이나 기술 전체를 일컫는 말이다.

은 이러하다. 첫째 실사구시의 학풍, 둘째 민족적 자아의식의 대두, 즉 사상적 사대주의의 점진적 극복, 셋째 조선왕조 후기의 제 모순에 대한 현실비판의 정신, 넷째 이용후생, 구국제민, 부국강병의 방책에 대한 진지한 모색, 다섯째 과학기술에 대한 왕성한 연구적 관심 등이다.

이러한 실학사상의 대두에 영향을 미친 것은 北學論 그리고 西學, 즉 기독교의 잠입이었다. 그리고 실학자의 출신성분을 보면 일찍이 사색당파의 패자인 南人派가 많았다. 뛰어난 저작을 남긴 실학의 대표적 인물로는 柳馨遠(1662-1673), 李瀷(1681-1763), 朴趾源(1737-1805), 朴齊家(1750-1815), 丁若鏞(1762-1836) 등을 들 수 있다. 그러나 실제 실학이라는 학파 또는 학풍의 지칭은 일제 통치하인 1930년대 선각적 민족주의자들이 그들을 평가하기 시작하면서 널리 알려지게 되었다.

한편 중국에서도 明末과 淸朝에 걸쳐 경세치용의 학과 민주주의, 그리고 민족의식까지 담은 실학이 존재하였던 것을 알 수 있다. 일본의 경우도 德川幕府 시대와 明治維新의 초기에 걸쳐 현실, 실용, 실천, 비판, 합리성을 따지는 실학이 존재하였다. 그런 점에서 동북아 3국이 하나의 문화권에 속해 있었음을 다시 한번 상기케 한다.[84]

그러나 조선의 경우 후기에 이르러서는 성리학과 실학이 유교사상의 맥락에서 사상계를 주도해 가는 과정에서도 유학과는 성격을 달리하는 여러 사상 형태들이 민중 속에서 나타나기 시작하였다. 불교와 도교 같은 전통사상이 재인식되면서 새로운 발전의 기회를 갖기도 하였고, 또한 邪學으로 지목되어 가장 혹독한 탄압을 받았던 천주교 신앙이 수용되었으며, 19세기에 이르러서는 西學에 맞서 崔濟愚(1824-1864)에 의해서 ‘東學’이 창도되기도 하였다. 이러한 다양한 형태의 사상의 출현은 조선후기 사상계가 지니고 있는 근대의 전환기적 특성을 잘 나타내는 것이라고 할 수 있다.

---

84) 최영, 앞의 책, 13-17쪽에서 발췌인용.

제2절 조선의 개국과 新舊사상의 대립

　1876년 조선의 개국 이후 1881－1882년에 걸친 척사 및 개화 상소에서 임오군란으로 이르는 과정은 쇄국양이로부터 개국개화에로의 이행기에 있어서 신구사상의 갈등을 증폭시키는 결정적 계기로 작용하였다.

　정부권력의 탄압에 의한 척사 상소 대신 새로운 정세에 대응한 새로운 개혁을 요구하는 개화 상소는 국내에 있어서 개화의 풍조를 고양시키는 데 있어 중요한 역할을 수행했으나, 그것이 즉각적인 개혁 활동이라는 정치적 실천으로 연결되지는 않았다. 개화사상을 국정에서 구현하기 위한 정치적 실천의 주체는 김옥균 등을 중심으로 한 개화파의 혁신분자들이었다.

　개화파와 근대 일본의 대표적인 사상가인 후쿠자와 유키치(福澤諭吉)와의 결연은 이미 이동인, 어윤중 등에 의해 비롯되거니와, 그 覊絆은 1882년 3－8월 김옥균과 서광범의 방일로 한층 더 견고해지고 있었다.

　김옥균을 중심으로 한 변법적 개화파의 사상은 개화 상소에서 보이는 '東道西器'와 같은 종류의 것이 아니라, 정부와 일반사회의 구투인습을 일변케 하기 위한 변법적 개화사상이었다. 그러한 점에서 김윤식 등과는 일정한 거리가 존재하였다.

　양자 간의 사상적 단층은 박규수가 죽은 이래 계속적으로 중인 출신 오경석, 유홍기 등의 영향을 받아온 김옥균과, 박규수의 사상 그 자체에 충실코자 한 김윤식과의 사상적 환경의 차이에서 비롯된 것이라 생각된다. 그리고 갑신정변(1884)과 갑오개혁(1894－1895)에서 나타나는 개화사상 실현 방법의 차이는 개혁 주체의 이러한 사상적 단층의 반영이라고 간주할 수 있다.

그러나 1882년의 임오군란이 청국군의 무력간섭에 의해 진압되었던 것과 관련하여 개화파의 개혁활동에는 다음과 같은 새로운 곤란이 제기되고 있었다.

그 첫 번째 곤란은 임오군란 당시 청국에 체제하고 있었던 김윤식과 어윤중은 군란을 구실로 한 일본군의 일방적 출병을 견제하였으며, 대원군에 의한 쇄국양이로의 복귀를 두려워하여 청국군의 간섭을 요청하였다. 그 결과 임오군란으로 봉기한 군인과 군중들이 청국군에 의해 진압된다. 그리고 대원군이 청국의 保定府로 납치되는 사태가 벌어졌다. 때마침 대원군을 개화파 측으로 모시려 했던 김옥균은 김윤식 등의 조치를 국권을 청국에 팔아먹으려 한 것이라고 규정, 정치적으로 결별하였다. 그리하여 개화파는 '변법적 개화파'와 '개량적 개화파'로 분열되고, 후자는 수구파와 연합했기 때문에 전자는 더욱더 고립되어 갔다.

두 번째 곤란은 사실상 가장 큰 장애라고 할 수 있겠는데, 임오군란 후 청·일 양군이 서울에 주둔했던 것, 이홍장 배하의 원세개, 마건상, 묄렌도르프 등에 의한 내정간섭과, 이들과 민씨 일파와의 사대적 결탁이 강화되었다는 것이다. 즉 이홍장은 종래 대외적으로 표명해 왔던 대로 조선을 그들의 속방으로 생각하고 내정 및 외교에 대한 간섭을 강화하고 있었던 것이다.

말하자면 민씨 일파의 정치적 입장은 사대적이고 수구적이었다. 그러나 여기서 주의해야 할 것이 하나 있다. 즉 위정척사파는 그 사상의 수구적 성격에도 불구하고, 사대 수구파의 매판적 성격과는 달리 반침략적인 민족적 입장을 견지했으며, '尊華攘夷'로서 명조가 멸망한 후 조선이야말로 '小中華'이며, 만주족의 청조를 '夷' 또는 '胡'라고 간주하고 있었다는 사실이다.

사대 수구파에 대항하여 청국과의 사대 관계를 단절하고, 국정의 변혁이

라는 개화책의 철저한 추진을 의도한 것이 김옥균 등 독립 개화파의 정치
적 입장이었다. 따라서 사대 수구파와 독립 개화파의 대립은 종래 양반계
급 내부에서의 붕당적 대립인 사색당쟁과는 본질적으로 다른 것이어서,
근대적 의미에서의 조선 최초의 정당적 대립이었다고 평가할 수 있을 것
이다.[85]

---

85) 최영, 앞의 책, 26 −29쪽 참조

제3절 동학농민혁명

1. 동학농민운동의 반봉건적 혁명이념

갑오농민전쟁(1894-5)을 조선왕조 정부는 '동학란'으로 규정해 하나의 종교단체가 일으킨 반란으로 성격을 규정하려고 하였다. 그러나 훗날의 역사학계는 그것을 동학교도만의 반란으로는 보지 않고, 동학교단의 지도에 따라 많은 농민이 참가해 일으킨 혁명 내지 전쟁으로 혹은 동학교단보다는 농민 지도층 자체의 주도로 폭발한 농민전쟁으로 이해하게 되었다.[86]

1894년 1월 10일(이하 음력)의 고부민란 이후 3월 21일의 백산기포를 거쳐 4월 27일 전주를 점령하기까지 全琫準[87]을 지도자로 한 전라도 남접 동학농민군이 중심이 되어 수행된 봉건적 정치구조 변혁에의 시도는 단적으로 당시 민비 척족 중심의 봉건 지배층 통치구조를 전면적으로 부정하고, 이를 일거에 타도하려는 혁명적 정치의식으로 나타났다.

---

86) 강만길, 『고쳐 쓴 한국근대사』(서울: 창작과비평사, 1994), 217쪽.
87) 1895년 초 관군에 체포되어 서울로 압송된 뒤 곧 처형된 전봉준. 그를 그리워하는 다음과 같은 민요가 전국적으로 유행하였다.

　　새야 새야 파랑새야 녹두 밭에 앉지 마라
　　녹두 꽃이 떨어지면 청포 장수 울고 간다.

여기서 녹두는 키가 작았던 전봉준을 일컬으며, 청포 장수는 가난한 민중을 상징하고 있다.

이와 같은 봉건 지배층 통치구조의 전면적 부정과 타도를 목적으로 한 혁명의식의 동인은 이들 봉건 지배층에 의해 봉건사회의 제반 모순 양상이 심각하게 적체·구조화되고 있었다는 데서 기인한다. 따라서 이러한 봉건체제의 구조적 모순을 극복하기 위해서는 최우선적으로 이들을 타도·전멸시키지 않고서는 아니 되었던 것이다. 그리하여 동학 농민군은 중앙 봉건 지배층의 부패와, 이에 상응·연관된 지방 봉건 관료들의 탐학 등 일련의 구체적 부패상을 적시하고, 이를 혁신키 위해 거사하였음을 천명하고 있다.

이렇게 동학 농민운동에 있어서의 정치구조 변혁에 대한 정치이념의 양상은, 봉건질서의 전반적 붕괴·해체과정에서 나타난 제반 모순현상을 온존한 채, 현상유지라는 차원에 입각하여 전통적 질서를 고수하며 자파의 정치적 이해관계를 보존하려 한 민비 척족 중심의 부패한 봉건 지배층과, 이에 연결된 지방 부패관료들에 대한 정면 대립의 혁명적 정치의식으로 표출되어 나타난 것이다. 여기에서 우리는 당시의 봉건 지배층 통치구조, 즉 봉건적 정치구조의 변혁을 지향한 혁명적 정치이념을 발견할 수 있다.

한편 동학 농민운동에 있어서의 경제구조 변혁의 지향은 첫 번째로 조선 봉건사회 경제구조의 근간인 토지제도의 전면적 개혁을 주장하고 있다는 점에서 그 경제구조 변혁 지향의 결정적 정치의식이 발견된다.

조선후기 봉건사회의 대내적 경제구조의 모순상과 연관된 두 번째의 개혁 시도는 조선후기 사회의 봉건체제 붕괴라는 관점에서 나타난 일반적 모순양상으로서의 삼정(전정, 군정, 환곡)의 문란과, 이와 관련된 봉건 지배층의 수탈, 그리고 이를 위한 수취제도의 전면적 개혁을 주장하는 움직임으로 나타났다.

그리고 이러한 대내적인 개혁 주장과 함께, 대외적으로는 제국주의 외세의 자본주의적인 경제적 침투와 관련된 조선사회 내부의 매판적 경제기구를 제거하려는 움직임도 병행되어 나타난 것을 볼 수 있다. 즉 객주, 여각,

보부상 등에 대한 대립적 정치의식의 표방이 바로 그것이었다.

또한 조선후기 봉건사회의 전반적 해체와 붕괴 과정에 나타난 사회 신분구조 변동 양상과 관련된 동학 농민운동에 있어서의 사회구조 변혁의 지향은, 우선 가부장적 봉건사회 구조를 극복하려 한 시도에서 그 면모를 살펴볼 수 있다. 이는 집강소 설립기의 폐정개혁안 속에서 "청춘과부는 개가를 허할 것"을 주장하고 있는 데서 살펴볼 수 있는 것으로, 개가의 허용이란 곧 유교적 가족제도하의 혼인제도에 대한 부정의 성격을 띤 것이므로 가부장적 가족주의의 전면적 붕괴를 알리는 것이었다.

사회구조 변혁의 지향과 관련하여 두 번째로 지적할 수 있는 것은 지배와 피지배의 권위주의적 사회구조의 성격을 반영한 봉건적 사회신분 구조를 개혁하려는 시도이다. 즉 "노비문서는 소각하고 七班賤人의 대우는 개선하라"는 노비·천인 해방을 위한 요구는 인간 기본권에 있어서의 존비의 부정으로서 유교적 봉건질서에 대한 도전이었으며, 고양되어 가는 평등의식의 단적인 표현이었던 것이다. 그리하여 이와 같은 사회구조 변혁에의 지향은 평등의식의 일반 관념으로 고양되어 가고 있었고, 이는 전반적인 동학 농민운동의 전개과정 속에서 일관되게 나타나고 있는 것이다.

이와 같이 대내적 봉건질서의 해체 과정에서 야기된 정치, 경제, 사회의 제반 구조적 모순 양태를 전반적으로 변혁하려 한 동학 농민운동에 있어서의 반봉건적 정치이념은 근대사회에서의 이행기적 역사발전 단계를 제반 반봉건적 정치이념으로 표상화한 근대화 지향적 혁명이념의 총체적 발현이었던 것이다.

그러나 봉건질서의 궁극적 상징인 전제 군주제를 부정할 만한 정치의식이 수반되지 못한 가운데, 운동의 주도층과 하부 중심역량 간에는 혁명의식의 간격이 개재해 있었으며, 또한 새로운 정치구조 수립에 대한 구체적인 대안도 불명확하였다. 그러므로 새로운 경제구조에 대한 체계적 정치이념의 정립이 수반되지 못하고, 단지 운동의 전개과정상에서 변혁의 대상으로만 제시하고 있거나 혹은 당시의 시대적 역사발전 단계에서 고양되어 오던 정치의식이 表現된 것으로의 성격이 주조를 이루었다는 점에서 그 한계성이 내재해 있었다고 할 수 있다.

그럼에도 불구하고, 이 같은 운동의 전개 양상은 봉건 지배층과의 견결한 투쟁 양상으로 전개되어, 그 추진력의 강도는 독자적인 운동 역량만으로도 완전히 봉건적 정치구조를 타도·격멸할 수 있는 것이었다. 그리하여 수구적 봉건 지배층은 외세와 결탁하여 자생적 근대화 지향의 민중역량을 탄압하지 않으면 안 될 만큼, 그 기세는 완강한 투쟁의 성격을 띠고 발전해 나갔던 것이다.[88]

2. 반제국주의적 정치이념

동학 농민운동의 반제국주의적 정치이념은 3월과 9월 起包 때를 일관하여 근대화 지향의 이행기적 투쟁단계와 결부된 근대 민족국가 지향의 민족주의 이념이었다. 그런 의미에서 동학 농민운동의 반제국주의 민족운동, 특히 9월 재기포 때의 항일반제국주의 민족운동은 후진국 민족운동의 기본방향에 접근하는 성격을 띠는 것이었다.

그러나 이와 같은 항일반제 민족운동이 실패한 것은 무엇보다도 동학 농민군 내부의 주관적인 한계성, 즉 제국주의 외세의 침략을 주체적인 역사발전 단계의 과정 속에서 이를 주도적으로 견제할 만한 대외인식의 결여와 직접적인 대응력으로서의 근대적 군사력의 결여에서 찾을 수 있다. 그러나 보다 큰 실패의 원인은 제국주의 외세로서의 일본에 의한 타율적인 제동과 이에 결탁한 친일 개화 지배층의 대내적 제동 등에 의한 객관

---

88) 최영, 앞의 책, 51－55쪽에서 발췌인용.

적 한계성에서 기인한 것이었다. 요컨대 민씨 일파의 어리석은 '외병차용' 정책의 결과, 국내적 모순의 자주적 해결을 불가능케 했던 것이다.

돌이켜 보면 수구파는 1882년의 임오군란, 1884년의 갑신정변 때 청국의 종주권에 매달려서 청국의 개입으로 겨우 정권을 유지하고 있었다. 그런데 갑오농민전쟁에 대응하기 위해 전통적인 외병차용 정책에 의한 청군의 개입이 역으로 일본군 개입의 구실이 되었다는 데서 문제의 심각성이 드러났다. 즉 외병차용책이 청일전쟁의 도화선이 되었던 것이다.

'개국이 곧 개화'라는 유사 이래 일대 전환기에 사대적 수구파 정권이 남긴 폐해는 이루 말할 수 없을 정도로 극심하였다. 조선에 본격 개입하기 시작한 일본군은 1894년 7월 23일 왕궁을 포위하여 쿠데타를 일으키고 개량적 개화파의 김홍집 내각을 성립시켰다.

대체로 김홍집, 김윤식, 어윤중 등을 개량적(온건적) 개화파라고 부르며, 김옥균, 박영효, 홍영식 등 유대치, 오경석에 사사했던 20대 젊은이들을 변법적(급진적) 개화파라고 부른다. 아무튼 일본군이 옹립한 김홍집 내각은 한편에 있어서는 농민군의 폐정개혁 요구를 기초로 하여 '갑오개혁'을 추진하면서, 또 다른 한편으로는 일본군과 연합하여 농민군을 탄압하면서 '위로부터의 개혁'에 집착했던 것이다.

불행하게도 갑오 농민군은 위정척사론자와 개화파 양쪽으로부터 탄압을 받았다. 왜냐하면 당시의 역사적 제약 아래서는 위정척사사상도 개화사상도 새로운 역사적 환경에 어떻게 대처하느냐의 유학자 내부의 사상이었기 때문에 유교적 질서에 도전하는 동학사상과는 근본적으로 대립하였기 때문이다. 또한 위정척사론자든 개화론자든 양반계급이었기 때문에 동학사상 및 그 영향하에 있는 농민, 천민, 몰락양반과는 계급적으로 대립하였다. 그럼에도 불구하고 갑오농민전쟁은 1894－1895년에 있은 일련의 '갑오개혁'의 원동력이 되어 봉건제도에 일대 타격을 주었으며, 잔존세력인 무장 농민군 집단은 각처의 항일의병운동 속으로 흡수되어 갔던 것이다.[89]

제4절 국권회복운동과 3.1운동

1. 의병운동과 위정척사사상

갑오농민전쟁이 끝난 후 그 잔여세력의 일부는 뒤이어 일어난 봉건유생 주도의 초기 의병전쟁에도 참가했으나 그 주체가 되지는 못하였다. 그러나 농민전쟁의 역사적 지향은 대한제국 시기의 각종 민란이나 영학당, 활빈당 등의 활동으로 계속 이어져 반외세, 반봉건의 민중운동으로 발전해 갔다.[90]

한편 1895–1896년의 을미. 병신년 의병운동은 위정척사 상소에서 형태전환한 무장투쟁이 주류를 이루고 있었다. 그리고 1905년 이후의 의병운동에 있어서도 이항로의 위정척사 사상 계보로 연결되는 최익현, 원용팔의 기병이 민종식의 기병과 함께 선구적 역할을 수행한 것은 말할 나위도 없다.

최익현은 순창에서의 기병전에 민종식이 홍주에서 기병했을 때 그 문인 곽한일, 남규진 등을 파견해 합류케 하였으며, 평안도 및 황해도에 많은 문인을 갖고 있었던 류인석하고도 남북이 상호협력하기 위한 연락이 있어 왔다. 최익현의 생각으로는 훈련 및 장비의 절대적 불리함을 보충하기 위한 의병 전략으로 각지에서 동시에 봉기, 적의 힘을 분산시킬 계획을 가지

---

89) 위의 책, 56–57쪽 참조.
90) 강만길, 앞의 책, 219쪽.

고 있었다.

의병운동에서 나타난 막대한 애국적 에너지가 근대적 민족주의 운동으로의 전환을 수행키 위해서는 필연적으로 위정척사사상의 희석화, 즉 지난 사상으로부터의 탈피가 사상적 전제로서 요구되었다. 말할 나위 없이 의병운동은 1905년의 을사조약, 1907년의 정미칠조약의 폐기에 의한 국권의 회복을 슬로건으로 하여 척사론자들을 비롯하여 전국의 각계각층이 참가한 애국운동이다. 그런데 군인출신 또는 평민출신 의병장이 미처 독자적인 지도사상을 갖지 못했던 당시의 역사적 조건에서 유생출신 의병장의 위정척사사상의 영향은 매우 컸다.

아무튼 1860년대 이항로, 기정진의 위정척사사상은 그 학통을 이어받은 최익현, 류인석, 기우만을 매개로 하여 조선조 말기의 의병운동과 결합하고 있었다. 그러므로 의병운동은 뜻밖에도 조선조 유학의 최후를 장식하는 역사적 무대가 되었던 것이다.

그런데 최익현은 1906년 6월의 기병을 바로 앞두고 일본정부에 棄信, 背義의 16죄를 들어 규탄하는 항의서를 보내고 있는데, 서구의 침략을 일국만으로는 막을 수 없기 때문에 아시아 3국의 연대를 강조하고 있다. 그러나 일본의 '기신, 배의'에 의해 동아시아 3국이 '同室相鬩'가 되고 제각각이 되어, 결국은 일본도 구미 열강과의 모순으로 망하고 '東洋幷亡之禍'를 자초할 것이라고 정확하게 예언하고 있다.

따라서 조선뿐 아니라 동아시아 3국이 구원을 받을 길은, 최익현에 의하면, 일본이 '기신, 배의'의 16죄를 회개하여 통감을 철수하고, 고문관과 사령관을 소환, 충신된 사람으로 공사를 파견하여 사죄케 하고, 우리나라의 독립자주권을 침해하지 않을 것, 말하자면 일본이 '守信, 明義'하는 것이라고 주장하였다.

이와 같이 위정척사사상은 그 침략적 성격을 규정하는 논리에서 유교적인 '攘夷'적 배외관념에서 탈피하여 일본 제국주의의 침략성 그 자체를 규탄하고, 일본의 '기신, 배의'의 시정을 전제로 한 동아시아 3국의 연대에 의해 구미 제국의 침략에서 아시아를 보전한다는 차원으로까지 이르고 있었다.

확실히 1910년 한일합방까지의 시점에서는 위정척사사상의 반개화론적 성격이 개화운동의 한 형태로서의 애국계몽운동과의 합류를 가로막는 사상적 장벽으로 존재하고 있었다. 그러나 의병운동에 있어서의 위정척사사상의 희석화, 위정척사사상 그 자체의 양이적 명분론에서의 탈피라는 내적 변화를 근거로 하여, 1910년을 기점으로 의병운동은 차츰 근대적 민족주의자들의 지도에 의한 독립군 운동으로 형태적 전환을 이루게 되었다.[91]

2. 개화사상과 애국계몽운동

1890년대 후반기에 있어서 국정의 개혁과 민권사상을 요구한 독립협회 및 만민공동회의 활동은 좀처럼 봉건적 권력의 두꺼운 벽을 허물지 못하고 좌절하였다.

그러나 이러한 가운데서도 개화와 민권사상에 눈을 뜬 많은 활동가가 배출되었으며, 대도시 시민을 비롯하여 광범한 대중들을 각성시켰다. 1905년을 계기로 하여 일어난 애국계몽운동은 독립협회 및 만민공동회의 여러 활동을 통해 계발된 대중적 에너지를 흡수, 발전시킨 국권회복의 구국운동이었다.

아무튼 애국계몽운동은 결정적으로 1910년 8월의 한일합방으로 말미암아 광범위한 대중 속에 반침략적 애국정신과 반봉건적 개화풍조를 침투시켜, 수많은 제약을 가지면서도 민족운동을 다시 더욱 높은 차원으로 발전

---

91) 최영, 앞의 책, 82−85쪽에서 발췌인용.

시키기 위한 실력양성이라는 역사적 사명을 수행, 1919년 3.1운동의 토대가 되었던 것이다.[92]

3. 3.1운동의 전개와 의의

의병투쟁과 애국계몽운동의 노력에도 불구하고, 1910년 조선민족은 한일합방이라는 민족적 비운을 맞고 말았다. 민족해방운동은 제국주의의 차별적, 인종적 인간관과 수탈에 대응하여 자유롭고 평등한 인간상을 추구하는 것이다. '합방' 이전에는 운동 주체에 따라 지향하는 바가 달랐지만, 1910년대를 지나는 동안 공화주의 이념과 국민주권에 바탕을 둔 운동론으로 지향점이 수렴되어 갔다.

일제의 무단통치가 시행되던 1910년대 국내 민족해방운동은 대부분 비밀결사 형태로 진행되었다. 이에 대해 일제는 '합방' 직후 신민회를 주 대상으로 이른바 총독암살 미수사건 또는 105인 사건 등을 조작하여 반일운동을 근절시키려고 하였다. 이 무렵의 비밀결사 활동은 독립의군부처럼 의병계열 단체들이 친일부호를 응징하거나 헌병분견소와 순사주재소를 습격하는 형태와, 대한광복회처럼 종교·교육활동을 표방하면서 군자금을 모아 독립운동의 거점 마련을 추진하는 형태가 있었다. 전자는 이념과 방략을 복벽주의에 두어 오래 지속되지 못했지만, 후자의 경우는 비교적 오래 지속되어 그들이 지향한 사상이 3.1운동 때까지 이어졌다.

한편 무단통치의 혹독한 탄압 속에서도 문화교육운동이 전개되어 민족교육운동으로서 서당교육과 사립학교운동이 성행했고, 일부 지역에서는 노동·농민 야학운동이 전개되었다. 각층의 반일의식이 급격히 확대되어 민

---

92) 위의 책, 85−86쪽 참조

족해방운동전선에는 종교계와 학생층은 물론 노동자, 농민층을 포함한 전 민족, 전 계층의 연대가 이루어지면서 3.1운동이 계획되었다.

먼저 1918년 상해에서 여운형, 김규식 등의 신한청년단이 구미열강에 선전활동을 벌였고, 미주지역에서도 이승만, 안창호 등이 대한인국민회를 결성하여 외교적 노력을 전개하였다. 1919년에는 동경에서도 유학생 600여 명이 '2.8독립선언서'를 발표하였다. 국외의 이러한 움직임이 국내에 알려지고, 일제가 독살했다고 소문난 고종의 인산일이 가까워오면서 시위의 분위기가 고조되었다.

3.1운동은 크게 세 단계를 거치면서 전국적인 항일운동으로 발전했다. 먼저 3월 1일에 천도교의 손병희, 기독교의 이승훈, 불교의 한용운 등 종교계 인사를 중심으로 한 '민족대표 33인'이 종로 태화관에서 독립선언문을 낭독했다. 이들은 자진 체포되어 이후에 전개된 전국적 시위운동과 직접적인 관련은 없었지만, 독립운동의 도화선 역할을 했다. 학생 등 수천 명이 파고다 공원에 모여 만세시위가 시작된 이후 전국 주요도시로 확산되면서 여기에 노동자와 상인 등이 참가하는 시위로 발전하였다. 3월 중순 이후에는 농촌으로 확산되어 적어도 두 달 이상 집중적으로 전국적인 시위가 이어졌던 것이다.

3.1운동은 전체 인구의 10%에 해당하는 200만여 명이 시위에 참가할 만큼 전 계층이 거족적으로, 전국적으로 전개한 민족해방투쟁이었다. 이는 제국주의 일본의 '쌀 난리'와 중국의 5.4운동과 함께 동아시아의 대표적인 민중운동으로 꼽히고 있거니와, 그 규모와 단결된 힘을 볼 때 3.1운동이 가장 치열했음을 알 수 있다.

3.1운동은 일제의 혹독한 진압으로 비록 목표했던 독립을 이루지는 못했지만, 일제가 '문화정치'라는 통치방식을 내세워야 할 만큼 조선인들의 민족의식을 고양시켜 대중운동이 확산되는 계기가 되었다. 3.1운동의 경험을 통하여 근왕주의를 넘어선 공화제 정부인 임시정부가 수립되었다. 그리

고 일부 의병세력과 신민회 계열의 운동가들이 간도 지역에 독립운동의 근거지 설립을 추진했던 경험이 확산되어 독립전쟁론이 독립운동의 큰 방략으로 정착될 수 있었다.[93]

이후 한국은 오랜 독립투쟁 끝에 일제로부터 해방이 되었으나 분단과 전쟁의 참화를 겪게 된다. 그러나 3.1운동의 정신은 그 후 4.19혁명과 6월 항쟁의 민주화운동 속에서 되살아나는 것을 볼 수 있으며, 이는 남북한 평화적 통일운동의 가능성을 엿보이게 한다.

---

93) 고려대학교 한국사연구실, 『한국사의 재조명』(서울: 고려대학교 출판부, 2002), 315-317쪽 참조

참고문헌

* 원전은 생략하고 참고한 개설서만을 아래에 밝혀둔다.

강만길, 『고쳐 쓴 한국근대사』(서울: 창작과비평사, 1994)
고려대학교 한국사연구실, 『한국사의 재조명』(서울: 고려대학교 출판부, 2002)
나가오 다케시, 『일본사상이야기』, 박규태 역(서울: 예문서원, 2002)
金谷治 외, 『중국사상사』, 조성을 옮김 (서울: 이론과 실천, 1996)
松島隆裕 외, 『동아시아사상사』, 조성을 옮김(서울: 한울아카데미, 1991)
안병직 외, 『변혁시대의 한국사』(서울: 동평사, 1980)
우에하라 카즈요시 외, 『동아시아 근현대사』, 한철호 외 옮김(서울: 옛오늘,
        2000)
朱日耀, 『전통중국정치사상사』, 정귀화 옮김(부산: 신지서원, 1999)
최명, 『춘추전국의 정치사상』(서울: 박영사, 2005)
최영, 『한·중·일의 근대정치사상』(서울: 현음사, 1998)
최영, 『근대한국의 지식인과 그 사상』(서울: 문학과지성사, 1997)
테쯔오 나지타, 『근대일본사』, 박영재 역(서울: 역민사, 1992)
馮友蘭 저, 『중국철학사』, 정인재 역(서울: 형설출판사, 1989)

색 인

(ㄱ)

길드사회주의(Guild Socialism) ;
254
김옥균 ; 434

(ㄴ)

나카에 초민(中江兆民,
1847-1901) ; 413
나폴레옹 ; 214
蘭學 ; 432
南人派 ; 433
낭만주의 ; 184
네오플라톤주의 ; 100
노동가치 이론 ; 181, 239
노동계급 ; 232
노동당 ; 287
노예제 ; 107, 175
老子(생존시기 불명) ; 332
노장사상 ; 358
논리학의 체계(System of Logic)
; 224
농민혁명론 ; 400
論語 ; 315
농촌혁명 ; 399
뉴딜 정책 ; 289
뉴턴 ; 221

니케아 종교회의 ; 119
니코마케안 윤리학(Nicomachean
Ethics) ; 58

(ㄷ)

다루이 도키치(樽井藤吉) ; 417
다수지배 ; 173
다아윈주의(Darwinism) ; 251
다원주의 ; 254
다카마야 초규(1871-1902) ; 419
단테(Dante) ; 130
당국자(powers that be) ; 110
譚嗣同(1865-1898) ; 388
大同書 ; 387
대동합방론 ; 418
대의민주주의 ; 260
대의제도 ; 267
大藏經 ; 358
大正(1912-26) 민주주의 ; 428
대표제 ; 211
大學 ; 376
대한광복회 ; 445
대한인국민회 ; 446
대한제국 ; 426
대항 종교개혁(Counter

(ㅂ)

(ㅅ)

사기 ; 339

四端 ; 323, 431

四德 ; 323

사유재산 ; 212

4.19혁명 ; 447

社會法 ; 370

사해동포주의 ; 422

사회계약(social contract) ; 167, 190

사회계약론 ; 184

사회주의 ; 243, 248

산업 부르주아지 ; 294

산업자본주의 ; 242

산업주의 ; 232, 241

산업혁명 ; 279

삼민주의 ; 392, 394

30년 전쟁 ; 146

3.1운동 ; 445

삼위일체 ; 86

삼정(전정, 군정, 환곡)의 문란 ; 438

三醉人經綸問答 ; 414

三風整頓運動 ; 404

상대 자연법 ; 114

商鞅 ; 343

상업 부르주아지 ; 294

上帝 ; 363

善性 ; 202

僧肇(384 -414) ; 359

생산수단 ; 244

생성론 ; 166

생시몽(Saint-Simon, 1760-1825) ; 250

샤프테스베리 백작(Earl of Shaftesbury, 1801-1885) ; 285

西學 ; 433

西安事件 ; 400

선의 형상(Form of the Good) ; 32

선입견 ; 281

성 바르돌로뮤(St. Bartholomew)의 전야 ; 141

性善說 ; 322

禪宗 ; 338, 361

성 토마스 모어(St. Thomas More) ; 248

性情 ; 327

성직매매 ; 129

세계정신(World Spirit) ; 214, 227

세계제국 ; 301

세습권 ; 304

세습귀족 ; 209

· 저자 ·

박윤형
朴允衡

·학 력·

1977년 2월 서울 경신고등학교 졸업
한국외국어대학교 노어과 졸업
한국외국어대학교 대학원 국제관계학과 졸업(정치학 박사)

·주요경력·

중앙일보 기자
러시아 민족우호대, 미국 일리노이대 초빙연구원
한국외대, 한국미디어교육센터 강사, 오산대 겸임교수 역임
현 강남대 교양강사, 뉴스앤뉴스 논설위원

·주요 논문 및 저서·

「1840년대 러시아의 정치질서관에 대한 연구」
『러시아정치사상사』
『디지털시대 미디어와 정치』
『근대 러시아 정치질서관 연구』

정치사상사

· 초판 인쇄	2008년 4월 21일
· 초판 발행	2008년 4월 21일
· 지 은 이	박윤형
· 펴 낸 이	채종준
· 펴 낸 곳	한국학술정보㈜
	경기도 파주시 교하읍 문발리 513-5
	파주출판문화정보산업단지
	전화 031) 908-3181(대표) · 팩스 031) 908-3189
	홈페이지 http://www.kstudy.com
	e-mail(출판사업부) publish@kstudy.com
· 등 록	제일산-115호(2000. 6. 19)
· 가 격	30,000원

ISBN   978-89-534-8660-7 93340 (Paper Book)
        978-89-534-8661-4 98340 (e-Book)